INVENTÁRIO E PARTILHA

Judicial e Extrajudicial

O GEN | Grupo Editorial Nacional – maior plataforma editorial brasileira no segmento científico, técnico e profissional – publica conteúdos nas áreas de concursos, ciências jurídicas, humanas, exatas, da saúde e sociais aplicadas, além de prover serviços direcionados à educação continuada.

As editoras que integram o GEN, das mais respeitadas no mercado editorial, construíram catálogos inigualáveis, com obras decisivas para a formação acadêmica e o aperfeiçoamento de várias gerações de profissionais e estudantes, tendo se tornado sinônimo de qualidade e seriedade.

A missão do GEN e dos núcleos de conteúdo que o compõem é prover a melhor informação científica e distribuí-la de maneira flexível e conveniente, a preços justos, gerando benefícios e servindo a autores, docentes, livreiros, funcionários, colaboradores e acionistas.

Nosso comportamento ético incondicional e nossa responsabilidade social e ambiental são reforçados pela natureza educacional de nossa atividade e dão sustentabilidade ao crescimento contínuo e à rentabilidade do grupo.

Paulo **C**ezar **P**inheiro **C**arneiro

INVENTÁRIO E PARTILHA

Judicial e Extrajudicial

2ª edição revista, atualizada e ampliada

- O autor deste livro e a editora empenharam seus melhores esforços para assegurar que as informações e os procedimentos apresentados no texto estejam em acordo com os padrões aceitos à época da publicação, e todos os dados foram atualizados pelo autor até a data de fechamento do livro. Entretanto, tendo em conta a evolução das ciências, as atualizações legislativas, as mudanças regulamentares governamentais e o constante fluxo de novas informações sobre os temas que constam do livro, recomendamos enfaticamente que os leitores consultem sempre outras fontes fidedignas, de modo a se certificarem de que as informações contidas no texto estão corretas e de que não houve alterações nas recomendações ou na legislação regulamentadora.

- Fechamento desta edição: *17.11.2021*

- O Autor e a editora se empenharam para citar adequadamente e dar o devido crédito a todos os detentores de direitos autorais de qualquer material utilizado neste livro, dispondo-se a possíveis acertos posteriores caso, inadvertida e involuntariamente, a identificação de algum deles tenha sido omitida.

- **Atendimento ao cliente: (11) 5080-0751 | faleconosco@grupogen.com.br**

- Direitos exclusivos para a língua portuguesa
  Copyright © 2022 by
  Editora Forense Ltda.
  Uma editora integrante do GEN | Grupo Editorial Nacional
  Travessa do Ouvidor, 11 – Térreo e 6º andar
  Rio de Janeiro – RJ – 20040-040
  www.grupogen.com.br

- Reservados todos os direitos. É proibida a duplicação ou reprodução deste volume, no todo ou em parte, em quaisquer formas ou por quaisquer meios (eletrônico, mecânico, gravação, fotocópia, distribuição pela Internet ou outros), sem permissão, por escrito, da Editora Forense Ltda.

- Capa: Fabricio Vale

- **CIP – BRASIL. CATALOGAÇÃO NA FONTE.
  SINDICATO NACIONAL DOS EDITORES DE LIVROS, RJ.**

C29i
Carneiro, Paulo Cezar Pinheiro, 1948-

Inventário e partilha: judicial e extrajudicial / Paulo Cezar Pinheiro Carneiro. – 2. ed. – Rio de Janeiro: Forense, 2022.

Inclui bibliografia e índice
ISBN 978-65-59-64256-4

1. Inventários de bens – Brasil. 2. Partilha de bens – Brasil. 3. Herança e sucessão – Brasil. I. Título.

21-74354 CDU: 347.65/.68(81)

Meri Gleice Rodrigues de Souza – Bibliotecária – CRB-7/6439

*Para os meus amores: Betinha, Paulinho, Felipe, João Paulo,
Paulo Eduardo e Maria Luiza, sempre.*

NOTA À 2ª EDIÇÃO

A segunda edição, além de acréscimos e modificações pontuais no texto em geral, foi ampliada com novos e importantes itens sobre a temática.

Por outro lado, foi produzida uma atualização minuciosa da jurisprudência dos tribunais sobre matérias controvertidas relativas ao inventário e partilha judicial e extrajudicial.

Registro o meu agradecimento aos colegas Bruna Mendonça, Flávia Pereira Hill e Vanderson Otoni, que auxiliaram na revisão completa, apresentando importantes sugestões que foram incorporadas na atualização do presente livro.

Visconde de Mauá, Maringá, outubro de 2021.

Paulo Cezar Pinheiro Carneiro

PREFÁCIO

O presente livro foi elaborado com base no novo Código de Processo Civil – Lei 13.105, de 16 de março de 2015, que apresentou importantes modificações no processo de inventário e partilha.

Por uma questão didática, adaptei a jurisprudência colacionada sob a égide do Código de 1973 ao novo Código, de forma a manter a utilidade dos acórdãos ao leitor, e, assim, sanar a ausência de decisões regidas pelas novíssimas disposições legais.

Quero fazer um agradecimento muito especial ao amigo e mestrando Daniel de Oliveira Pontes, pela inestimável colaboração em todas as fases da elaboração do livro, em especial na Introdução.

O agradecimento também é devido às amigas e Professoras Flávia Pereira Hill e Aline de Miranda Valverde Terra, que fizeram a revisão completa dos originais, apresentando importantes sugestões que foram incorporadas ao texto.

Visconde de Mauá, Maringá, setembro de 2018.

Paulo Cezar Pinheiro Carneiro

SUMÁRIO

Introdução: Direito das Sucessões 1
1. Sucessão: generalidades 1
2. As diferentes espécies de sucessão *causa mortis* 2
3. O direito de *saisine* 4
4. Sucessão legítima 6
    4.1. Generalidades e rol de herdeiros 6
    4.2. Modos de suceder 7
    4.3. A sucessão de cada um dos herdeiros 8
        4.3.1. A sucessão dos descendentes 8
        4.3.2. A sucessão dos ascendentes 9
        4.3.3. A sucessão do cônjuge e do companheiro 10
        4.3.4. A sucessão dos colaterais 13
    4.4. Herança jacente e herança vacante 13
5. Sucessão testamentária 15

Primeira Parte:
INVENTÁRIO E PARTILHA JUDICIAIS

Capítulo I – Disposições Gerais 21
1. Generalidades 21
2. As modalidades de inventário: judicial e extrajudicial 29
3. Partilha por ato *inter vivos* 30
4. Inventário negativo 31
5. Inventário: jurisdição contenciosa ou voluntária 33
6. A atividade do Ministério Público no inventário 35
7. Alvará e inventário 36
8. Prazo para o início e término do inventário. Litigância de má-fé 37
9. Competência para o processo de inventário 38
    9.1. Incompetência relativa 39
    9.2. Prevenção 43
10. Questões de direito que o juiz pode decidir 43
11. Questões prejudiciais 46

INVENTÁRIO E PARTILHA: Judicial e Extrajudicial – *Paulo Cezar Pinheiro Carneiro*

12. As questões de direito que podem ou não ser decididas pelo juiz do inventário e a jurisprudência 49
13. Recurso cabível em face das questões decididas no curso do inventário 51
14. O administrador provisório. Quem exerce tal função 52
15. O administrador provisório e a representação do espólio 54
16. A responsabilidade do administrador provisório 55

Capítulo II – Legitimidade para Requerer o Inventário 57
17. Obrigação do administrador provisório de requerer a abertura do inventário 57
18. A certidão de óbito deve instruir o pedido 57
19. Da legitimidade para requerer a abertura do inventário 58

Capítulo III – Inventariante e Primeiras Declarações 63
20. Nomeação do inventariante. Ordem de preferência. Recurso 63
21. Questões controvertidas sobre a nomeação do inventariante 68
    21.1. Dissensão entre os herdeiros 68
    21.2. Nomeação do cônjuge casado com regime diverso do da comunhão universal, ou da(o) companheira(o), como inventariante 69
    21.3. O credor do espólio, o cessionário de direitos hereditários e a inventariança 70
22. Remuneração do inventariante judicial e do dativo 72
23. Honorários advocatícios contratados pelo inventariante 74
24. O inventariante e o termo de compromisso 75
25. A representação judicial do espólio 76
26. A administração do espólio 80
27. As primeiras e as últimas declarações 80
28. Obrigação de exibir documentos e apresentar a certidão do testamento 81
29. Obrigação de trazer bens à colação 81
30. A prestação de contas do inventariante 82
31. O pedido de insolvência 86
32. Alienação de bens do espólio 87
33. Autorização para transigir 91
34. Dívidas do espólio e despesas para a conservação e o melhoramento dos bens do acervo 93
35. Conteúdo das primeiras declarações 94
36. A situação dos herdeiros quanto à sociedade comercial de que o inventariante fazia parte 97
37. A sonegação de bens em inventário. Forma de imposição das penalidades 99

SUMÁRIO | **XIII**

38. Remoção do inventariante 102
39. Processamento da remoção e defesa do inventariante 105
40. A decisão sobre a remoção do inventariante 106
41. O dever de entregar os bens e a responsabilidade do inventariante 108

Capítulo IV – Citações e Impugnações 109
42. A citação daqueles que devem figurar obrigatoriamente no processo... 109
43. A forma de citação no processo de inventário 110
44. Defesa dos interessados no processo de inventário e pronunciamento do Ministério Público 111
45. O procedimento da impugnação e o recurso cabível 114
46. Admissão no inventário de herdeiro ou legatário preterido. A situação do cônjuge ou da(o) companheira(o) 115
47. Procedimento para admissão no inventário do herdeiro preterido e do pedido de meação do cônjuge ou companheira(o). Recurso cabível 119
48. A atuação da Fazenda Pública como parte. Informação do valor dos bens de raiz 120

Capítulo V – Avaliação e Cálculo do Imposto 123
49. A avaliação judicial como elemento de prova 123
50. Como deve ser elaborado o laudo 125
51. Casos de dispensa de avaliação de bens situados em comarca diversa daquela em que tramita o inventário 126
52. Dispensa da avaliação. Valores atribuídos pelos herdeiros 127
53. Dispensa da avaliação. Valores atribuídos pela Fazenda Pública 128
54. Impugnação à avaliação 129
55. Declarações finais 131
56. Manifestação das partes sobre as últimas declarações 132
57. Elaboração do cálculo do imposto 133
58. Impugnação do cálculo 139
59. A sentença que julgou o cálculo. Natureza jurídica. Recurso cabível ... 140
60. Momento do recolhimento do imposto. Quem está obrigado a fazê-lo ... 141
61. A renúncia à herança 143

Capítulo VI – Colações 145
62. Colação. Momento da conferência e da apuração do excesso 145
63. A apuração do valor do bem a ser colacionado 150
64. Da partilha em vida. Impossibilidade da colação 152
65. A renúncia, a exclusão da herança e a colação 154
66. Possibilidade de escolha dos bens a serem colacionados 156
67. Colação de bem que não comporte divisão cômoda 157

68.	Mecanismo para proceder à colação	158
69.	Momento para proceder à colação	159
70.	O procedimento do incidente de colação. O recurso cabível	160

Capítulo VII – Pagamento das Dívidas 163

71.	O pedido de pagamento de dívidas do *de cujus*. Procedimento quando ocorre a concordância das partes	163
72.	Pedido de alvará. Obrigações outras do *de cujus* que não de natureza pecuniária	166
73.	Pedido de pagamento de dívidas dos herdeiros	167
74.	A discordância das partes, da Fazenda Pública ou do Ministério Público. A reserva de bens	169
75.	Da habilitação de crédito ainda não exigível. Natureza. Procedimento em caso de concordância	171
76.	Medidas judiciais próprias em caso de discordância. A condenação para o futuro	172
77.	Interesse do legatário na habilitação de crédito	173
78.	Nomeação de bens à penhora no processo em que o espólio for executado	174

Capítulo VIII – Partilha 177

79.	Pedido de quinhão	177
80.	Regras que devem ser observadas pelo juiz na decisão de deliberação da partilha	179
81.	Bens insuscetíveis de divisão cômoda	181
82.	A decisão sobre a deliberação da partilha. Recurso cabível	182
83.	Reserva de bens para o nascituro	184
84.	A organização do esboço de partilha pelo partidor	184
85.	A manifestação das partes sobre o esboço de partilha. O pronunciamento judicial	185
86.	O que deve conter a partilha	187
87.	O pagamento do imposto de transmissão e as certidões negativas são condições para sentença de partilha?	187
88.	A sentença que julga a partilha. Recurso	190
89.	O formal de partilha	192
90.	Possibilidade de emenda da partilha	193
91.	Modificação da partilha	195
92.	Partilha amigável. Ação anulatória	196
93.	Prazo para a ação anulatória	198
94.	Competência e procedimento para a ação anulatória	202
95.	Legitimidade para a ação anulatória. Não cabimento de ação de nulidade de partilha decorrente de processo contencioso de inventário	202

96. Cabimento da ação rescisória 205

97. Cabimento da ação rescisória para atacar outras decisões proferidas no inventário 207

98. Legitimidade 208

99. Procedimento e competência 209

100. Efeitos da rescisão 210

Capítulo IX – Arrolamento 211

101. Arrolamento. Tipos 211

102. Arrolamento sumário. Irrevogabilidade da partilha amigável 213

103. Desnecessidade da prova de quitação dos tributos 214

104. Possibilidade de conversão do inventário em arrolamento sumário ... 217

105. A petição inicial do arrolamento 218

106. A desnecessidade de avaliação dos bens do espólio 221

107. Taxa judiciária. Questões relativas aos tributos incidentes sobre a transmissão de bens do espólio 221

108. Da obrigatoriedade ou não da intervenção da Fazenda Pública 222

109. O arrolamento sumário e a posição dos credores 223

110. Arrolamento comum. Cabimento 224

111. Procedimento 225

112. Levantamento de valores sem necessidade de inventário ou arrolamento 228

113. Legitimidade 231

114. Aplicação subsidiária do procedimento comum do inventário. Cessão de direitos 232

Capítulo X – Disposições Comuns 235

115. Tutela provisória no inventário 235

116. Cessação e substituição da tutela de urgência cautelar 237

117. Sobrepartilha 239

118. Sobrepartilha dos bens sonegados 240

119. Sobrepartilha dos bens litigiosos 241

120. Sobrepartilha dos bens descobertos depois da partilha, daqueles situados em local remoto ou de difícil ou morosa liquidação 242

121. A guarda e a administração dos bens litigiosos, de difícil liquidação ou situados em lugar remoto. A inventariança na sobrepartilha 243

122. Procedimento da sobrepartilha 243

123. Nomeação de curador especial 244

124. Cumulação de inventários de herdeiros comuns 246

125. Cumulação de inventários de cônjuges ou de companheiros 246

126. Cumulação de inventários pela relação de dependência entre eles 247

127. Procedimento do segundo inventário 248

128. Cumulação de inventários. Prevalência das primeiras declarações e da avaliação 249

129. Possibilidade de partilha, no inventário do cônjuge herdeiro supérstite, de bens omitidos no inventário do cônjuge premorto 250

Segunda Parte:
INVENTÁRIO E PARTILHA EXTRAJUDICIAL

Capítulo XI – Disposições Gerais 253

130. Desjudicialização de procedimentos na perspectiva do acesso à justiça 253

131. Generalidades 256

132. Aplicabilidade da norma no tempo 257

133. A facultatividade do procedimento 257

Capítulo XII – Procedimento. Alienação de Bens 259

134. Local da realização da escritura 259

135. Requisitos 260

136. Reconhecimento da condição de herdeiro. União estável 264

137. Levantamento de dinheiro e alienação de bens 265

138. Bens localizados no exterior 266

139. Função do tabelião 266

Capítulo XIII – Requisitos e Representação 269

140. Prazo para abertura do inventário 269

141. Documentos exigidos para a realização da escritura de inventário 270

142. Descrição dos bens 271

143. Gratuidade 271

144. Emolumentos 272

145. Comparecimento dos herdeiros 273

146. A representação do espólio na escritura 273

Capítulo XIV – Dívidas e Bens 275

147. Das dívidas e demais obrigações pendentes 275

148. Pagamento de tributos. Fiscalização 275

149. Transferência de bens móveis e imóveis 276

Capítulo XV – Disposições Comuns 277

150. Cumulação de inventários 277

151. Inventário negativo 277

152. Sobrepartilha 277

153. Invalidade da partilha 278

Bibliografia 281

INTRODUÇÃO:
DIREITO DAS SUCESSÕES

A presente obra pretende abordar, primordialmente, aspectos relacionados ao inventário e à partilha de bens pela sucessão *causa mortis*. Prevalecerão, então, elementos de direito processual, previstos no Código de Processo Civil para permitir a concretização dessa transferência jurídica do patrimônio então pertencente ao falecido, bem como a análise de pontos referentes ao inventário extrajudicial, em capítulo próprio.

Nada obstante, convém que se destaquem alguns elementos de direito material, que, em última análise, são a razão de ser da criação, pelo legislador, de um procedimento especial sucessório.

É claro que, no estágio atual, é induvidosa a independência entre o direito civil e o processual. Sem embargo, em algumas hipóteses peculiares, como é o caso do inventário, faz-se necessário que a forma se ajuste à peculiaridade das relações jurídicas subjacentes,[1] promovendo uma série concatenada de atos próprios, que demonstram grande distinção em face do rito comum, além de um corte cognitivo às matérias que não se possam provar apenas documentalmente (CPC, art. 612).

Assim, pretende-se tratar, de forma muito breve, de alguns temas relevantes do direito material, que serão, certamente, aprofundados posteriormente, à medida que interajam com o procedimento de inventário e de partilha.

1.   SUCESSÃO: GENERALIDADES

O fenômeno sucessório, como se sabe, vai muito além da área capturada pelo Direito das Sucessões. Na maior parte das relações jurídicas, que são formadas por um sujeito, um vínculo e um objeto, pode se falar de sucessão, tanto no aspecto objetivo quanto no subjetivo.

---

[1]   THEODORO, JR. Humberto. *Curso de direito processual civil*: volume III – 45ª ed. – Rio de Janeiro: Forense, 2013, pp. 2-3.

No primeiro caso, diz-se real a sucessão. Nesse contexto, por exemplo, o artigo 1.719 do Código Civil, quando permite a sub-rogação convencional do bem de família, traz-nos um exemplo de sucessão no objeto de relação jurídica específica.[2]

No segundo caso, teremos uma sucessão subjetiva. Essa alteração pode se dar por ato *inter vivos*, com variados exemplos no campo do Direito das Obrigações (*vide* assunção de dívida ou cessão de crédito). Contudo, pode igualmente ocorrer *causa mortis*, apresentando-se aqui o principal objeto de estudo do Direito das Sucessões.

Nesse contexto, temos que o sucessor assume o lugar do falecido, com a sub-rogação em seus direitos, créditos e débitos, por força de lei (sucessão legítima) ou em razão de disposição de vontade (sucessão testamentária).[3]

Importante ressaltar, no entanto, que o direito material não exaure em si o tratamento da sucessão, nem mesmo a que ocorre *causa mortis*. Apesar de mais limitada, em virtude da estabilização subjetiva da demanda, ocorrida com a citação, a sucessão entre vivos é permitida no processo nos casos expressamente previstos em lei (CPC, art. 108) ou por acordo entre as partes. A sucessão em razão de falecimento é igualmente regrada no campo processual, ocorrendo por meio da habilitação (CPC, arts. 110 e 687 a 692).

De todo modo, a presente obra volta-se ao tratamento da sucessão ocorrida *causa mortis* em relação aos direitos e obrigações do *de cujus*, em específico, do procedimento que permite o seu aperfeiçoamento, tanto em juízo (inventário judicial), quanto fora dele (inventário extrajudicial).

2. AS DIFERENTES ESPÉCIES DE SUCESSÃO *CAUSA MORTIS*

A sucessão pode ser operada por força de lei ou da vontade do falecido, que se apresentam de modo complementar. Por um lado, o Código estabelece determinadas pessoas que fazem jus, pela sua mera existência, a uma parcela dos bens do *de cujus* – os chamados herdeiros legítimos (CC, art. 1.829). Dentro desse rol, fixa pessoas que são herdeiras necessárias, às quais pertencem, de pleno direito, metade dos bens da herança (CC, art. 1.845).

---

[2] FARIAS, Cristiano Chaves de; ROSENVALD, Nelson. *Curso de direito civil*: volume 7 (Sucessões) – 1ª ed. – São Paulo: Atlas, 2015, p. 3.

[3] VIEIRA DE CARVALHO, Luiz Paulo. *Direito das sucessões* – 3ª ed. – São Paulo: Atlas, 2017, pp. 15-16.

Nesse contexto, havendo herdeiros necessários, apenas metade dos bens podem ser validamente testados. Há, assim, uma restrição à autonomia privada (CF, art. 5º, *caput* e II) e ao direito de propriedade (CF, art. 5º, XXII), ambos direitos fundamentais em nossa ordem jurídica. Tal limitação, no entanto, justifica-se diante da especial proteção que se deve assegurar à família (CF, art. 226)[4] e do princípio constitucional da solidariedade (CF, art. 3º, I).[5]

Tanto é assim que disposições de vontade que firam a legítima serão devidamente reduzidas, para se adequar aos limites legais (CC, art. 1.967).

Por outro lado, se inexistirem herdeiros necessários, nada impede que o testador disponha de todo o patrimônio. Contudo, se não houver testamento, a integralidade do acervo patrimonial será partilhada entre os herdeiros legítimos. Se não forem distribuídos, por ato de vontade do testador, todos os bens da parte disponível, a parte restante também será destinada aos herdeiros legítimos.

Na sucessão testamentária pode haver herdeiros ou legatários, a depender se os bens lhes forem entregues a título universal (herança) ou singular (legados).

Para qualquer forma de sucessão, é necessária a aferição da legitimidade hereditária, como a aptidão para suceder o falecido. No âmbito da sucessão legítima, é imprescindível a existência da pessoa, nascida ou concebida,[6] no momento da morte, conforme previsto no artigo 1.798 do CC.

No que tange à sucessão testamentária, a legitimidade é ligeiramente ampliada (CC, art. 1.799). Incluem-se aqui filhos futuros de pessoas determinadas (inciso I), pessoas jurídicas existentes (inciso II), fundações a serem instituídas depois da morte (inciso III). Entretanto, a legitimidade para suceder mediante testamento traz também algumas restrições, no artigo

---

4   FARIAS, Cristiano Chaves de; ROSENVALD, Nelson. *Curso de direito civil*: volume 7 (Sucessões) – 1ª ed. – São Paulo: Atlas, 2015, p. 203.

5   TEPEDINO, Gustavo; BARBOZA, Heloisa Helena; MORAES, Maria Celina Bodin de. *Código Civil interpretado conforme a Constituição da República*: vol. IV – Rio de Janeiro: Renovar, 2014, p. 654. Alguns autores consideram que a restrição legislativa é excessiva e a proteção apenas deveria se dar a favor de herdeiros necessários incapazes. *Vide*: FARIAS, Cristiano Chaves de; ROSENVALD, Nelson. *Curso de direito civil*: volume 7 (Sucessões) – 1ª ed. – São Paulo: Atlas, 2015, pp. 315-316.

6   O termo concebido, utilizado pelo Código, atrai alguma polêmica, mormente diante do desenvolvimento de técnicas de fecundação *post mortem*. O tema é analisado com profundidade em TEPEDINO, Gustavo; BARBOZA, Heloisa Helena; MORAES, Maria Celina Bodin de. *Código Civil interpretado conforme a Constituição da República*: vol. IV – Rio de Janeiro: Renovar, 2014, pp. 562-565.

1.801 do Código Civil, sempre voltadas a proteger a livre manifestação de vontade do testador.[7]

Perdem a legitimidade para suceder aqueles excluídos da sucessão, em regime aplicável tanto a herdeiros quanto a legatários, com previsão nos artigos 1.814-1.818 do Código Civil. Trata-se de conduta indigna, no rol previsto em lei (CC, art. 1.814), que demonstra a ausência de um mínimo de respeito pelo falecido, tornando antijurídico que a pessoa possa se beneficiar dos bens deixados.

A indignidade exclui, desse modo, todos os efeitos da sucessão, resguardados direitos de terceiros de boa-fé (CC, art. 1.817). Uma vez, então, que seja reconhecida por sentença (CC, art. 1.815), ela é verdadeira pena civil, excluindo o indigno como se morto fosse (CC, art. 1.816, *in fine*). Como a pena não pode ultrapassar a pessoa do apenado (CF, art. 5º, XLV), permite-se que os herdeiros do indigno participem da sucessão por representação (CC, art. 1.816, *in limine*).

3. O DIREITO DE *SAISINE*

Em nosso ordenamento, já é tradição, ao menos desde o CC 1916,[8] a consagração da ideia de que o fato morte gera, por si e de forma imediata, a transmissão dos bens do falecido aos herdeiros, evitando a solução de continuidade dominial e da posse sobre eles. Trata-se do direito de *saisine*, uma ficção jurídica para evitar que o patrimônio deixado fique sem titular.[9]

Vale destacar que o fenômeno ocorre com a abertura da sucessão, ou seja, com a própria morte, não se confundindo com a abertura do inventário, que se realiza em juízo ou em serventia extrajudicial.

---

[7] TEPEDINO, Gustavo; BARBOZA, Heloisa Helena; MORAES, Maria Celina Bodin de. *Código Civil interpretado conforme a Constituição da República*: vol. IV – Rio de Janeiro: Renovar, 2014, p. 571

[8] CC 1916, art. 1.572. "Aberta a sucessão, o domínio e a posse da herança transmitem-se, desde logo, aos herdeiros legítimos e testamentários". Nesse sentido: TEPEDINO, Gustavo; BARBOZA, Heloisa Helena; MORAES, Maria Celina Bodin de. *Código Civil interpretado conforme a Constituição da República*: vol. IV – Rio de Janeiro: Renovar, 2014, p. 531. Há referências, também, no Brasil Império, na Consolidação das Leis Civis de Teixeira de Freitas, em 1858, segundo VIEIRA DE CARVALHO, Luiz Paulo. *Direito das sucessões* – 3ª ed. – São Paulo: Atlas, 2017, p. 73.

[9] VIEIRA DE CARVALHO, Luiz Paulo. *Direito das sucessões* – 3ª ed. – São Paulo: Atlas, 2017, p. 70.

A aceitação da herança, acontecimento posterior, confirma a transmissão, com efeitos desde a abertura da sucessão.[10] Essa aceitação pode se dar de forma expressa, tácita (CC, art. 1.803) ou presumida (CC, art. 1.807). A renúncia é sempre expressa, por instrumento público ou por termo (CC, art. 1.806), retroagindo ao momento da sucessão,[11] como se o renunciante nunca tivesse recebido a propriedade da herança, sendo vedada a sua representação (CC, art. 1.811). Seja como for, ambos os atos, de aceitar ou rejeitar, são irrevogáveis (CC, art. 1.812).

Registre-se, por relevante, que, conforme expresso no artigo 1.784 do CC, reproduzindo a disposição anterior, essa sub-rogação de pleno direito apenas é deferida em favor dos herdeiros, sejam os legítimos, sejam os testamentários. No último caso, é possível que a transmissão da propriedade, por ato de vontade, tenha sua eficácia diferida por condição suspensiva.[12]

O legatário, aquele a quem foi destinada disposição de bem individualizado pelo falecido, adquire, com a morte, o direito de pedir a coisa que lhe foi deixada. A propriedade lhe é transmitida com a abertura da sucessão, mas seu ingresso na posse não pode se dar por autoridade própria.[13] A disciplina é expressamente prevista pelo artigo 1.923, *caput* e § 1º, do CC.

A diferenciação não é despicienda, sendo certo que a *saisine* traz efeitos relevantes para os herdeiros, tanto no campo material, quanto no processual, podendo ser citados, como exemplo do primeiro, a desnecessidade de qualquer ato para a transmissão hereditária, e, do segundo, a legitimidade para ajuizar ou suceder o herdeiro no bojo de ações possessórias.[14]

É certo, ainda, que, havendo pluralidade de credores, a propriedade não será exercida de forma individual. Todos os beneficiários serão considerados

---

[10] TEPEDINO, Gustavo; BARBOZA, Heloisa Helena; MORAES, Maria Celina Bodin de. *Código Civil interpretado conforme a Constituição da República*: vol. IV – Rio de Janeiro: Renovar, 2014, p. 576.

[11] TEPEDINO, Gustavo; BARBOZA, Heloisa Helena; MORAES, Maria Celina Bodin de. *Código Civil interpretado conforme a Constituição da República*: vol. IV – Rio de Janeiro: Renovar, 2014, p. 583.

[12] VIEIRA DE CARVALHO, Luiz Paulo. *Direito das sucessões* – 3ª ed. – São Paulo: Atlas, 2017, p. 71.

[13] TEPEDINO, Gustavo; BARBOZA, Heloisa Helena; MORAES, Maria Celina Bodin de. *Código Civil interpretado conforme a Constituição da República*: vol. IV – Rio de Janeiro: Renovar, 2014, p. 531.

[14] TEPEDINO, Gustavo; BARBOZA, Heloisa Helena; MORAES, Maria Celina Bodin de. *Código Civil interpretado conforme a Constituição da República*: vol. IV – Rio de Janeiro: Renovar, 2014, p. 531.

coproprietários (e compossuidores) da herança como um todo indivisível, em conformidade com o artigo 1.791 do CC, em seu *caput* e parágrafo único.[15]

Justamente esse condomínio é o que legitima que o herdeiro promova as ações petitórias e possessórias competentes, independentemente de formação de litisconsórcio com os demais.[16]

4. SUCESSÃO LEGÍTIMA

4.1. Generalidades e rol de herdeiros

A sucessão legítima encontra-se regida nos artigos 1.829 e seguintes do Código Civil, apresentando-se uma ordem de vocação hereditária, de natureza preferencial e taxativa,[17] de pessoas que serão chamadas a suceder o *de cujus*.

Como referido no item 4, a sucessão legítima apresenta-se como equilíbrio entre autonomia privada e proteção ao núcleo familiar. Diz-se, então, que o instituto tem uma função supletiva e limitadora da vontade individual. Supletiva porque, ausente previsões testamentárias, será seguida a ordem estabelecida em lei. Limitadora, pela necessidade de subsistência do núcleo familiar, que não poderia ser deixado em completo desamparo, ao menos no que tange aos herdeiros necessários,[18] já que eles fazem jus a uma quota mínima de 50% da herança.[19] A proteção a eles pode se ver ainda em vida, já que o artigo 549 do CC proíbe doações que superem a legítima.[20]

Os herdeiros legítimos estão previstos no artigo 1.829 do Código Civil, sendo listados, nessa ordem preferencial, como o descendente, o ascendente, o cônjuge ou o companheiro[21] e os colaterais. Com a exclusão desses últimos,

---

[15] VIEIRA DE CARVALHO, Luiz Paulo. *Direito das sucessões* – 3ª ed. – São Paulo: Atlas, 2017, p. 74.

[16] VIEIRA DE CARVALHO, Luiz Paulo. *Direito das sucessões* – 3ª ed. – São Paulo: Atlas, 2017, p. 74.

[17] FARIAS, Cristiano Chaves de; ROSENVALD, Nelson. *Curso de direito civil*: volume 7 (Sucessões) – 1ª ed. – São Paulo: Atlas, 2015, p. 201.

[18] FARIAS, Cristiano Chaves de; ROSENVALD, Nelson. *Curso de direito civil*: volume 7 (Sucessões) – 1ª ed. – São Paulo: Atlas, 2015, p. 202 e 204.

[19] VIEIRA DE CARVALHO, Luiz Paulo. *Direito das sucessões* – 3ª ed. – São Paulo: Atlas, 2017, p. 464.

[20] VIEIRA DE CARVALHO, Luiz Paulo. *Direito das sucessões* – 3ª ed. – São Paulo: Atlas, 2017, p. 467.

[21] O companheiro não consta do rol expresso da lei, mas sua inclusão vem em razão do princípio da isonomia e da impossibilidade de hierarquização entre entidades familiares, conforme já decidido pelo STF, em repercussão geral, com a seguinte

todos os demais também são considerados herdeiros necessários, a teor do artigo 1.845 do Código Civil.

Os herdeiros necessários apenas deixam de receber sua quota-parte, por deserdação, caso incidam em algum ato de indignidade (CC, art. 1.961) ou nas condutas previstas nos artigos 1.962 e 1.963 do CC. A causa será expressamente declarada em testamento (CC, art. 1.964) e, após a morte, apurada judicialmente mediante ação própria do interessado (CC, art. 1.965) – o deserdado ou o herdeiro a quem aproveite a deserdação, sendo deste último o ônus de provar que o motivo foi efetivamente verificado.[22] Confirmada por sentença, a deserdação será aplicada como pena de natureza cível.

4.2. Modos de suceder

A ideia de que a ordem seja sucessiva e preferencial é levar, a princípio, que a habilitação de um herdeiro de classe anterior exclua o da seguinte. Nesse contexto, a presença do descendente exclui a do ascendente e a do ascendente exclui o colateral. Com a exclusão, o indivíduo recebe por direito próprio, também chamado de "por cabeça".[23] Herda-se por direito próprio, portanto, quando o convocado à herança pertence à classe e ao grau chamado em primeiro lugar à sucessão.[24] Por ora, apenas registre-se que a existência de ascendente ou descendente não exclui a sucessão do cônjuge ou do companheiro, havendo, para esses casos, normas próprias.

---

tese: "no sistema constitucional vigente, é inconstitucional a distinção de regimes sucessórios entre cônjuges e companheiros, devendo ser aplicado, em ambos os casos, o regime estabelecido no art. 1.829 do CC/2002" (STF, Tribunal Pleno, RE 878.694/MG (Tema 809 da Repercussão Geral), Rel. Min. Roberto Barroso, j. em 10/05/2017, *DJe* 06/02/2018).

[22] TEPEDINO, Gustavo; BARBOZA, Heloisa Helena; MORAES, Maria Celina Bodin de. *Código Civil interpretado conforme a Constituição da República*: vol. IV – Rio de Janeiro: Renovar, 2014, p. 817.

[23] FARIAS, Cristiano Chaves de; ROSENVALD, Nelson. *Curso de direito civil*: volume 7 (Sucessões) – 1ª ed. – São Paulo: Atlas, 2015, p. 219.

[24] "Assim, se uma pessoa falece deixando três filhos e dois netos descendentes do filho primogênito são chamados a suceder os três filhos, que integram a classe preferencial dos descendentes e o grau mais próximo, afastando o grau mais remoto na mesma classe. No caso, portanto, os dois netos não seriam chamados à sucessão (...). Na hipótese acima aventada, tendo o pai deixado três filhos e dois netos descendentes do filho primogênito, sucedem os filhos por direito próprio e partilham a herança por cabeça, dividindo-se o monte por igual, cabendo a cada filho um terço da herança" (TEPEDINO, Gustavo; NEVARES, Ana Luiza Maia; MEIRELES, Rose Melo Vencelau. *Fundamentos do direito civil*: direito das sucessões. Rio de Janeiro: Forense, 2020. v. 7, p. 67-68).

Pode ser também que a sucessão se dê por representação ou por estirpe,[25] que ocorre quando alguém toma na sucessão o lugar do herdeiro que pertencia à classe e ao grau chamado à sucessão, mas é impossibilitado de participar da herança. Na hipótese, o sucessor mais distante participa da sucessão, justamente representando o herdeiro de classe mais próxima (CC, art. 1.851).[26] Ela pode se dar nos casos de pré-morte, de indignidade e de deserdação[27] do ascendente, que será, então, representado por seu descendente (CC, art. 1.852).

4.3. A sucessão de cada um dos herdeiros

Em linhas muito gerais, convém se trazer noções básicas acerca da sucessão de cada uma das classes de herdeiros previstas em lei.

4.3.1. A sucessão dos descendentes

A existência dos descendentes exclui os ascendentes da sucessão, ainda que haja concorrência com o cônjuge ou o companheiro. Tal concorrência apenas seria excepcionada no caso de regime de comunhão universal, de separação obrigatória de bens ou, na comunhão parcial, se não houver bens particulares, conforme dicção da lei (CC, art. 1.829, I).[28]

---

[25] "(...) a partilha por estirpe ocorre quando há o direito de representação, sendo a estirpe o conjunto de representantes que se coloca no lugar do representado. Dentro da estirpe, divide-se por igual o quinhão do representado" (TEPEDINO, Gustavo; NEVARES, Ana Luiza Maia; MEIRELES, Rose Melo Vencelau. *Fundamentos do direito civil*: direito das sucessões. Rio de Janeiro: Forense, 2020. v. 7, p. 68).

[26] FARIAS, Cristiano Chaves de; ROSENVALD, Nelson. *Curso de direito civil*: volume 7 (Sucessões) – 1ª ed. – São Paulo: Atlas, 2015, p. 219.

[27] TEPEDINO, Gustavo; BARBOZA, Heloisa Helena; MORAES, Maria Celina Bodin de. *Código Civil interpretado conforme a Constituição da República*: vol. IV – Rio de Janeiro: Renovar, 2014, p. 644; FARIAS, Cristiano Chaves de; ROSENVALD, Nelson. *Curso de direito civil*: volume 7 (Sucessões) – 1ª ed. – São Paulo: Atlas, 2015, p. 224.

[28] O texto normativo não é muito claro, o que sujeita a diversas controvérsias doutrinárias e jurisprudenciais sobre seu alcance, em especial, acerca dos limites da sucessão no caso da existência de bens particulares, e da possibilidade de se excluir a concorrência nas hipóteses de separação convencional. Abordando com profundidade essas questões, *vide* TEPEDINO, Gustavo; BARBOZA, Heloisa Helena; MORAES, Maria Celina Bodin de. *Código Civil interpretado conforme a Constituição da República*: vol. IV – Rio de Janeiro: Renovar, 2014, pp. 630-633. Registre-se que a Segunda Seção do Superior Tribunal de Justiça prestigiou a literalidade da previsão legal, ao reconhecer a sucessão do cônjuge, como herdeiro necessário, em concorrência com os descendentes, quando casado no regime da separação convencional de bens, e que, no regime de comunhão parcial de bens, o cônjuge deve suceder apenas quanto

Uma primeira regra entre os descendentes é a da igualdade substancial (CC, art. 1.834), até mesmo em razão da proibição constitucional de tratamento discriminatório entre os filhos em razão da origem (CF, art. 227, § 6º).[29]

A segunda regra é a exclusão do grau de descendência mais remoto pela existência de descendente mais próximo, resguardado o direito de representação (CC, art. 1.833). Trata-se da regra da proximidade.[30]

Os filhos sucedem por direito próprio. Outros descendentes podem herdar por cabeça ou por estirpe, a depender se concorrem ou não com herdeiros de classes superiores (CC, art. 1.835).

4.3.2. A sucessão dos ascendentes

Não havendo descendentes, os ascendentes serão chamados a participar da sucessão, conforme previsto pelo art. 1.836, *caput*, do Código Civil. Nessa classe, o grau mais próximo sempre excluirá o mais remoto, não sendo viável que se herde por representação (CC, art. 1.836, § 1º). Isso significa dizer, por

---

aos bens particulares do de cujus. Confira-se: "Civil. Direito das sucessões. Cônjuge. Herdeiro necessário. Art. 1.845 do CC. Regime de separação convencional de bens. Concorrência com descendente. Possibilidade. Art. 1.829, I, do CC. 1. O cônjuge, qualquer que seja o regime de bens adotado pelo casal, é herdeiro necessário (art. 1.845 do Código Civil). 2. No regime de separação convencional de bens, o cônjuge sobrevivente concorre com os descendentes do falecido. A lei afasta a concorrência apenas quanto ao regime da separação legal de bens prevista no art. 1.641 do Código Civil. Interpretação do art. 1.829, I, do Código Civil. 3. Recurso especial desprovido" (STJ, 2ª S., REsp 1.382.170/SP, Rel. Min. Moura Ribeiro, Rel. p/ acórdão Min. João Otávio de Noronha, j. em 22/04/2015, *DJe* 26/05/2015). Sobre a comunhão parcial: "Recurso especial. Civil. Direito das sucessões. Cônjuge sobrevivente. Regime de comunhão parcial de bens. Herdeiro necessário. Existência de descendentes do cônjuge falecido. Concorrência. Acervo hereditário. Existência de bens particulares do *de cujus*. Interpretação do art. 1.829, I, do Código Civil. Violação ao art. 535 do CPC. Inexistência. (...) 2. Nos termos do art. 1.829, I, do Código Civil de 2002, o cônjuge sobrevivente, casado no regime de comunhão parcial de bens, concorrerá com os descendentes do cônjuge falecido somente quando este tiver deixado bens particulares. 3. A referida concorrência dar-se-á exclusivamente quanto aos bens particulares constantes do acervo hereditário do de cujus. 4. Recurso especial provido" (STJ, 2ª S., REsp 1.368.123/SP, Rel. Ministro Sidnei Beneti, Rel. p/ acórdão Ministro Raul Araújo, j. em 22/04/2015, *DJe* 08/06/2015). No mesmo sentido: STJ, 3ª T., REsp 1.844.229/MT, Rel. Ministro Moura Ribeiro, j. em 17/08/2021, *DJe* 20/08/2021).

[29] FARIAS, Cristiano Chaves de; ROSENVALD, Nelson. *Curso de direito civil*: volume 7 (Sucessões) – 1ª ed. – São Paulo: Atlas, 2015, p. 227.

[30] FARIAS, Cristiano Chaves de; ROSENVALD, Nelson. *Curso de direito civil*: volume 7 (Sucessões) – 1ª ed. – São Paulo: Atlas, 2015, p. 230.

exemplo, que a existência de um pai supérstite impede a participação dos avós maternos.

Por acaso, se falecidos ambos os pais, os avós de origem materna e paterna herdam, para cada linha, metade dos bens (CC, art. 1.836, § 2º). Dentro da linhagem, o acervo patrimonial poderá ser dividido por dois ou por um, a depender do número de avós sobreviventes.

Aqui, caso exista cônjuge ou companheiro, igualmente haverá concorrência na sucessão, sendo certo que o inciso II não traz os condicionamentos acerca de regimes de bens feitos pelo inciso I do artigo 1.829 do CC.[31]

4.3.3. A sucessão do cônjuge e do companheiro

Primeiramente, vale destacar que o Supremo Tribunal Federal, no bojo do RE 878.694/MG,[32] mencionado anteriormente, considerou inconstitucional a diversidade de regimes sucessórios entre o cônjuge e o companheiro.

Observa-se que o Supremo Tribunal Federal determinou que a tese fixada no referido julgamento se aplica apenas aos inventários judiciais em que não tenha havido o trânsito em julgado da sentença de partilha e às partilhas extrajudiciais cujas escrituras públicas ainda não tenham sido lavradas.[33,34]

---

[31] TEPEDINO, Gustavo; BARBOZA, Heloisa Helena; MORAES, Maria Celina Bodin de. *Código Civil interpretado conforme a Constituição da República*: vol. IV – Rio de Janeiro: Renovar, 2014, p. 634.

[32] No mesmo sentido: STF, Tribunal Pleno, RE 646.721/RS (Tema 498 da Repercussão Geral), Rel. Min. Marco Aurélio, Rel. p/ acórdão Min. Roberto Barroso, j. em 10/05/2017, *DJe* 11/09/2017.

[33] A modulação dos efeitos da tese fixada no Tema 809/STF se deu em razão da necessidade de se tutelar a confiança e conferir previsibilidade às relações finalizadas sob as regras antigas. Confira-se, nesse sentido, trecho do acórdão do Supremo Tribunal que deu origem à tese: "Por fim, não se pode esquecer que o tema possui enorme repercussão na sociedade, em virtude da multiplicidade de sucessões de companheiros ocorridas desde o advento do CC/2002. Levando-se em consideração o fato de que as partilhas judiciais e extrajudiciais que versam sobre as referidas sucessões encontram-se em diferentes estágios de desenvolvimento (muitas já finalizadas sob as regras antigas), entendo ser recomendável modular os efeitos da aplicação do entendimento ora afirmado. Assim, com o intuito de reduzir a insegurança jurídica, a solução ora alcançada deve ser aplicada apenas aos processos judiciais em que ainda não tenha havido trânsito em julgado da sentença de partilha, assim como às partilhas extrajudiciais em que ainda não tenha sido lavrada escritura pública" (STF, Tribunal Pleno, RE 878.694/MG (Tema 809 da Repercussão Geral), Rel. Min. Roberto Barroso, j. em 10/05/2017, *DJe* 06/02/2018).

[34] Ao analisar a aplicabilidade da tese fixada no julgamento do Tema 809/STF, a 3ª Turma do Superior Tribunal de Justiça entendeu que "aplica-se a tese fixada no

Assim sendo, conforme a tema nº 809 de repercussão geral, deve "ser aplicado, tanto nas hipóteses de casamento quanto nas de união estável, o regime do art. 1.829 do CC/2002". Destarte, ambos serão tratados em conjunto no presente tópico, de forma indistinta.

É necessário que ainda haja o vínculo com o falecido para que se tenha o direito sucessório. Caso o interessado seja separado judicialmente ou de fato há mais de dois anos, não participará da sucessão, salvo, nessa última hipótese, se provar que a convivência cessou por fato do falecido (CC, art. 1.830).

O dispositivo causa alguns debates no plano doutrinário,[35] especialmente pela questão do prazo[36,37] e das discussões acerca do elemento subjetivo, sendo também objeto de decisões judiciais conflitantes.[38]

---

tema 809/STF às ações de inventário em que ainda não foi proferida a sentença de partilha, ainda que tenha havido, no curso do processo, a prolação de decisão que, aplicando o art. 1.790 do CC/2002, excluiu herdeiro da sucessão e que a ela deverá retornar após a declaração de inconstitucionalidade e a consequente aplicação do art. 1.829 do CC/2002" (STJ, 3ª T., REsp 1.904.374/DF, Rel. Min. Nancy Andrighi, j. em 13/04/2021, *DJe* 15/04/2021). No mesmo sentido: STJ, 3ª T., REsp 1.857.852/SP, Rel. Min. Nancy Andrighi, j. em 16/03/2021, *DJe* 22/03/2021.

[35] Criticando o dispositivo legal, *vide* FARIAS, Cristiano Chaves de; ROSENVALD, Nelson. *Curso de direito civil*: volume 7 (Sucessões), São Paulo: Atlas, 2015, p. 247; VIEIRA DE CARVALHO, Luiz Paulo. *Direito das sucessões*, 3ª ed., São Paulo: Atlas, 2017, pp. 379-383.

[36] Os autores Pablo Stolze e Rodolfo Pamplona alertam que não é razoável estabelecer-se um lapso mínimo de separação de fato – como *conditio sine qua* para a legitimidade sucessória – se, antes mesmo da consumação do biênio, a parte já pode ter formado outro núcleo familiar (GAGLIANO, Pablo Stolze; FILHO, Rodolfo Pamplona. *Novo curso de direito civil*: direito das sucessões. 5 ed. São Paulo: Saraiva Educação, 2018, v. 7, p. 235).

[37] O dilatado prazo, em tese, permite que haja um cônjuge e um companheiro habilitados legalmente para suceder, conforme observado no enunciado 525 das Jornadas de Direito Civil do CJF: "os arts. 1.723, § 1º, 1.790, 1.829 e 1.830, do Código Civil, admitem a concorrência sucessória entre cônjuge e companheiro sobreviventes na sucessão legítima, quanto aos bens adquiridos onerosamente na união estável".

[38] Pela ausência de necessidade de observação do prazo, *vide*: "Direito Civil. Família. Sucessão. Comunhão universal de bens. Sucessão aberta quando havia separação de fato. Impossibilidade de comunicação dos bens adquiridos após a ruptura da vida conjugal. 1. O cônjuge que se encontra separado de fato não faz jus ao recebimento de quaisquer bens havidos pelo outro por herança transmitida após decisão liminar de separação de corpos. 2. Na data em que se concede a separação de corpos, desfazem-se os deveres conjugais, bem como o regime matrimonial de bens; e a essa data retroagem os efeitos da sentença de separação judicial ou divórcio. 3. Recurso

De todo modo, o modelo prevê que tanto o cônjuge quanto o companheiro herdarão em concorrência com os descendentes ou, na ausência desses, com os ascendentes, caso exista algum sucessor em uma dessas classes. Apenas se herdará integralmente na falta de pessoas em ambas as categorias (CC, art. 1.838).

Como visto, na concorrência com os descendentes, a sucessão do cônjuge ocorrerá, conforme disposto no art. 1.829, I, do Código Civil, quando o casamento tiver sido celebrado pelos regimes da separação total convencional, participação final nos aquestos, da comunhão parcial existindo bens particulares e nas hipóteses menos frequentes dos regimes mistos, estabelecidos por força das convenções antenupciais.[39]

Verifica-se, portanto, que o cônjuge é afastado da sucessão quando em virtude do regime de bens já tem proteção patrimonial por força da meação.[40] Registre-se que a meação a que o cônjuge ou companheiro supérstite faça jus é direito próprio, não fazendo parte dos bens da sucessão. A meação será determinada pelo regime de bens, em conformidade com as normas de Direito de Família.

Seja como for, herdando em conjunto com descendente, a lei lhe assegura quinhão igual aos demais. Sendo os filhos comuns do casal, fica

---

especial não conhecido" (STJ, 4ª T., REsp 1.065.209/SP, Rel. Ministro João Otávio de Noronha, j. em 08/06/2010, *DJe* 16/06/2010). Levando em conta a literalidade do dispositivo: "2. Na hipótese do art. 1.829, III, do Código Civil de 2002, o cônjuge sobrevivente é considerado herdeiro necessário independentemente do regime de bens de seu casamento com o falecido. 3. O cônjuge herdeiro necessário é aquele que, quando da morte do autor da herança, mantinha o vínculo de casamento, não estava separado judicialmente ou não estava separado de fato há mais de 2 (dois) anos, salvo, nesta última hipótese, se comprovar que a separação de fato se deu por impossibilidade de convivência, sem culpa do cônjuge sobrevivente (...)" (STJ, 3ª T., REsp 1.294.404/RS, Rel. Ministro Ricardo Villas Bôas Cueva, j. em 20/10/2015, *DJe* 29/10/2015).

[39] TEPEDINO, Gustavo; NEVARES, Ana Luiza Maia; MEIRELES, Rose Melo Vencelau. *Fundamentos do direito civil*: direito das sucessões. Rio de Janeiro: Forense, 2020, v. 7, p. 97.

[40] "(...) é a ausência de meação que justifica a sucessão hereditária do cônjuge sobrevivente quando em concorrência com os descendentes. A inexistência de patrimônio comum decorrente do regime de bens levou o legislador a contemplar o cônjuge sobrevivente na sucessão de seu consorte, aquinhoando-o com uma quota da herança" (TEPEDINO, Gustavo; NEVARES, Ana Luiza Maia; MEIRELES, Rose Melo Vencelau. *Fundamentos do direito civil*: direito das sucessões. Rio de Janeiro: Forense, 2020, v. 7, p. 100).

assegurado o recebimento mínimo de um quarto dos bens inventariados (CC, art. 1.832).[41]

Caso concorra com os ascendentes, a herança será deferida na forma prevista no artigo 1.833 do Código Civil. Aqui, o cônjuge ou companheiro receberá no mínimo um terço da legítima, caso haja dois ascendentes de primeiro grau. Se não, fará jus à metade.

4.3.4. A sucessão dos colaterais

Os colaterais são os únicos herdeiros legítimos que ficam excluídos da condição de herdeiros necessários. O parentesco colateral é firmado até o 4º grau, conforme conceituado no artigo 1.592 do CC. A existência do direito à sucessão pelo colateral depende necessariamente da inexistência de qualquer das pessoas mencionadas anteriormente.

Aqui, também o colateral mais próximo retira o direito à herança do mais remoto, apenas podendo se falar de direito de representação dos filhos dos irmãos (CC, art. 1.840), isto é, dos sobrinhos do autor da herança.[42]

Na concorrência entre irmãos, faz diferença se eles têm, ou não, filiação comum de ambas as linhagens. Sendo irmãos bilaterais e unilaterais, estes receberão a metade daqueles (CC, art. 1.841), com a mesma lógica aplicada a seus filhos (CC, art. 1.843, *caput* e §§ 1º, 2º e 3º). Não parece existir afronta à isonomia, porque a lei trata de forma distinta pessoas em situações efetivamente distintas.[43]

4.4. Herança jacente e herança vacante

Não havendo nenhum herdeiro legítimo conhecido, nem tendo sido deixado testamento, a herança será considerada jacente, isto é, o patrimônio ficará, como universalidade de direito, sob a responsabilidade de um curador

---

[41] Enunciado nº 527 do CJF, V Jornada de Direito Civil: "Na concorrência entre o cônjuge e os herdeiros do *de cujus*, não será reservada a quarta parte da herança para o sobrevivente no caso de filiação híbrida".

[42] VIEIRA DE CARVALHO, Luiz Paulo. *Direito das sucessões* – 3ª ed. – São Paulo: Atlas, 2017, p. 536.

[43] FARIAS, Cristiano Chaves de; ROSENVALD, Nelson. *Curso de direito civil*: volume 7 (Sucessões) – 1ª ed. – São Paulo: Atlas, 2015, p. 305. Abordando os posicionamentos contrários e favoráveis à suposta inconstitucionalidade do dispositivo, *vide* TEPEDINO, Gustavo; BARBOZA, Heloisa Helena; MORAES, Maria Celina Bodin de. *Código Civil interpretado conforme a Constituição da República*: vol. IV – Rio de Janeiro: Renovar, 2014, p. 650.

até que haja habilitação de algum sucessor ou decretação de sua vacância (CC, art. 1.819).[44]

Apesar do direito de *saisine*, que impede a solução de continuidade do domínio, não se tem, em concreto, ciência de quem deve assumir a titularidade dos bens, de modo que é necessário que se proteja e se administre a herança.[45]

Os bens devem ser arrecadados, inventariados para posterior publicação de editais, por três vezes. Então, eventuais interessados terão um ano para se habilitar, caso contrário, a herança será considerada vacante (CC, art. 1.820).

Com a sentença de declaração de vacância,[46] os bens passarão ao domínio da Fazenda Pública Municipal ou do Distrito Federal, se estes estiverem localizados nas respectivas circunscrições, podendo, ainda, ser incorporados ao domínio da União, quando situados em território federal, mas ainda não

---

[44] FARIAS, Cristiano Chaves de; ROSENVALD, Nelson. *Curso de direito civil*: volume 7 (Sucessões) – 1ª ed. – São Paulo: Atlas, 2015, p. 214.

[45] TEPEDINO, Gustavo; BARBOZA, Heloisa Helena; MORAES, Maria Celina Bodin de. *Código Civil interpretado conforme a Constituição da República*: vol. IV – Rio de Janeiro: Renovar, 2014, p. 608.

[46] "Recurso especial. Processual civil. Herança jacente. Legitimidade ativa do próprio magistrado. Poderes de instauração e instrução do procedimento conferidos pela lei processual. Poder-dever do juiz. Recurso especial parcialmente conhecido e, nessa extensão, provido. 1. O propósito recursal consiste em definir se a instauração do procedimento especial de herança jacente por um ente municipal, mas sem a devida instrução com os documentos indispensáveis, ainda que desatendida a intimação para emendar a petição inicial, enseja o indeferimento da exordial e, por conseguinte, a extinção do processo sem resolução do mérito. (...) 3. A herança jacente, prevista nos arts. 738 a 743 do CPC/2015, é um procedimento especial de jurisdição voluntária que consiste, grosso modo, na arrecadação judicial de bens da pessoa falecida, com declaração, ao final, da herança vacante, ocasião em que se transfere o acervo hereditário para o domínio público, salvo se comparecer em juízo quem legitimamente os reclame. 4. Tal procedimento não se sujeita ao princípio da demanda (inércia da jurisdição), tendo em vista que o CPC/2015 confere legitimidade ao juiz para atuar ativamente, independente de provocação, seja para a instauração do processo, seja para a sua instrução. Por essa razão, ainda que a parte autora/requerente não junte todas as provas necessárias à comprovação dos fatos que legitimem o regular processamento da demanda, deve o juiz, antes de extinguir o feito, diligenciar minimamente, adotando as providências necessárias e cabíveis, visto que a atuação inaugural e instrutória da herança jacente, por iniciativa do magistrado, constitui um poder-dever. 5. Recurso especial parcialmente conhecido e, nessa extensão, provido" (STJ, 3ª T., REsp 1.812.459/ES, Rel. Min. Marco Aurélio Bellizze, j. em 09/03/2021, *DJe* 11/03/2021).

em caráter definitivo.[47] Em cinco anos, contados do falecimento, possíveis herdeiros ainda podem se habilitar, apenas findo esse prazo há a incorporação ao erário (CC, art. 1.822). A Administração é, então, a última sucessora legal (CC, art. 1.844), ainda que não possa ser considerada, tecnicamente, herdeira.[48]

Registre-se, no entanto, que não se aplica o direito de *saisine* em favor do Poder Público, de modo que, antes da vacância, não pode reclamar qualquer direito em relação à coisa. Admite-se, então, que a propriedade seja adquirida por terceiros mediante usucapião, desde que se consume anteriormente à decretação de vacância.[49,50]

5. SUCESSÃO TESTAMENTÁRIA

Como referido acima, a sucessão pode se dar em razão de lei, na sucessão legítima, ou por ato de última vontade, caso em que a sucessão será testamentária, cujo instrumento será o testamento ou o codicilo.[51]

---

[47] TEPEDINO, Gustavo; BARBOZA, Heloisa Helena; MORAES, Maria Celina Bodin de. *Código Civil interpretado conforme a Constituição da República*: vol. IV – Rio de Janeiro: Renovar, 2014, p. 614.

[48] VIEIRA DE CARVALHO, Luiz Paulo. *Direito das sucessões* – 3ª ed. – São Paulo: Atlas, 2017, p. 316.

[49] FARIAS, Cristiano Chaves de; ROSENVALD, Nelson. *Curso de direito civil*: volume 7 (Sucessões) – 1ª ed. – São Paulo: Atlas, 2015, p. 216.

[50] "Agravo regimental. Agravo de instrumento. Herança jacente. Usucapião. Falta de argumentos novos, mantida a decisão anterior. Matéria já pacificada nesta Corte. Incidência da Súmula 83. (...) II – O bem integrante de herança jacente só é devolvido ao Estado com a sentença de declaração da vacância, podendo, até ali, ser possuído *ad usucapionem*. Incidência da Súmula 83/STJ. Agravo improvido" (STJ, 3ª T., AgRg no Ag 1.212.745/RJ, Rel. Min. Sidnei Beneti, j. em 19/10/2010, DJe 03/11/2010); "Usucapião. Herança jacente. O bem integrante de herança jacente só é devolvido ao Estado com a sentença de declaração da vacância, podendo, até ali, ser possuído *ad usucapionem*. Precedentes. Recursos não conhecidos" (STJ, 4ª T., REsp 253.719/ RJ, Rel. Min. Ruy Rosado de Aguiar, j. em 26/09/2000, *DJ* 27/11/2000, p. 169); "Civil. Usucapião. Herança jacente. O Estado não adquire a propriedade dos bens que integram a herança jacente, até que seja declarada a vacância, de modo que, nesse interregno, estão sujeitos à usucapião. Recurso especial não conhecido" (STJ, 3ª T., REsp 36.959/SP, Rel. Min. Ari Pargendler, j. em 24/04/2001, *DJ* 11/06/2001, p. 196).

[51] O ordenamento veda outras formas de transmissão de bens, como a doação *causa mortis*, permitida no CC 1916 em pacto antenupcial em favor da prole (art. 314), ou os pactos sucessórios, cujo objeto é a herança de pessoa viva (CC, art. 426). *Vide* TEPEDINO, Gustavo; BARBOZA, Heloisa Helena; MORAES, Maria Celina Bodin de. *Código Civil interpretado conforme a Constituição da República*: vol. IV – Rio de Janeiro: Renovar, 2014, p. 669. É possível, no entanto, a partilha em vida, se assegurada a legítima, em conformidade com os artigos 2.017 e 2.018 do CC

As previsões acerca da sucessão testamentária regulamentam, no plano legal, os direitos constitucionalmente assegurados à propriedade (CF, art. 5º, XXII) e à autonomia privada (CF, art. 1º, IV), ainda que se limite pela solidariedade familiar.[52]

Apesar de ser eminentemente voltado à transmissão patrimonial, nada obsta que seja usado em finalidades diversas. Exemplos apontados na doutrina[53] são, dentre outros, disposição do corpo para fins científicos (CC, art. 14), reconhecimento de filhos (CC, art. 1.609) e nomeação de tutor para filho incapaz (CC, art. 1.729, parágrafo único).

Traços marcantes do testamento são o seu caráter personalíssimo[54] e a sua natureza revogável,[55] conforme bem exposto no artigo 1.858 do Código Civil. É um ato unilateral, bastando a manifestação de vontade do testador. Ainda, qualifica-se como gratuito, por representar liberalidade. A forma é da essência do ato, de modo que o descumprimento das formalidades previstas em lei acarreta sua nulidade.[56]

(VIEIRA DE CARVALHO, Luiz Paulo. *Direito das sucessões* – 3ª ed. – São Paulo: Atlas, 2017, p. 566).

[52] TEPEDINO, Gustavo; BARBOZA, Heloisa Helena; MORAES, Maria Celina Bodin de. *Código Civil interpretado conforme a Constituição da República*: vol. IV – Rio de Janeiro: Renovar, 2014, pp. 669-670.

[53] VIEIRA DE CARVALHO, Luiz Paulo. *Direito das sucessões* – 3ª ed. – São Paulo: Atlas, 2017, p. 549-550; FARIAS, Cristiano Chaves de; ROSENVALD, Nelson. *Curso de direito civil*: volume 7 (Sucessões) – 1ª ed. – São Paulo: Atlas, 2015, p. 318-322.

[54] Tal característica impede que o testamento seja feito mediante representação, ainda que com poderes especiais (FARIAS, Cristiano Chaves de; ROSENVALD, Nelson. *Curso de direito civil*: volume 7 (Sucessões) – 1ª ed. – São Paulo: Atlas, 2015, p. 326). Esse aspecto inspira ainda a proibição aos testamentos conjuntivos, proscritos pelo art. 1.836 do CC.

[55] Mesmo a autorrestrição à revogação é inválida. O próprio testador não pode estabelecer cláusula em que proíbe a revogação (FARIAS, Cristiano Chaves de; ROSENVALD, Nelson. *Curso de direito civil*: volume 7 (Sucessões) – 1ª ed. – São Paulo: Atlas, 2015, p. 367; VIEIRA DE CARVALHO, Luiz Paulo. *Direito das sucessões* – 3ª ed. – São Paulo: Atlas, 2017, p. 561). Esse traço de irrevogabilidade impede também que terceiro venha a discutir o testamento em momento anterior à abertura da sucessão (VIEIRA DE CARVALHO, Luiz Paulo. *Direito das sucessões* – 3ª ed. – São Paulo: Atlas, 2017, p. 555).

[56] Observa-se que é possível a mitigação de falhas e omissões formais, caso reste caracterizada a inexistência de vício à vontade do testador. *Vide* TEPEDINO, Gustavo; BARBOZA, Heloisa Helena; MORAES, Maria Celina Bodin de. *Código Civil interpretado conforme a Constituição da República*: vol. IV – Rio de Janeiro: Renovar, 2014, p. 672-673; 680-682 e FARIAS, Cristiano Chaves de; ROSENVALD, Nelson. *Curso de direito civil*: volume 7 (Sucessões) – 1ª ed. – São Paulo: Atlas, 2015, p. 327-329.

Mesmo que exista e seja válida, sua eficácia é sempre diferida. A produção de efeitos apenas poderá ocorrer com a morte do testador.[57]

A capacidade de testar depende de o testador conseguir dirigir suas manifestações de vontade, afastando-a quando incapaz[58] ou quando lhe faltar discernimento para o ato (CC, art. 1.860, *caput*). O maior de dezesseis anos pode fazer seu testamento (CC, art. 1.860, parágrafo único), independentemente de assistência.[59]

O regime de invalidades pela incapacidade segue regramento comum, conforme previsto no artigo 1.861 do CC. Se superveniente a incapacidade, não prejudica o ato. Sobrevindo a capacidade, ele não será convalidado.

A lei coloca à disposição diversos tipos de testamento, que se diferenciam pelas formalidades exigidas para a edição do ato. O rol de tipos de testamento é taxativo, não sendo dado às partes criar novos ou combinar os já existentes.[60]

O testamento público é aquele lavrado perante o tabelião, em escritura pública. O testamento pode, ainda, ser cerrado, quando é entregue lacrado, sendo apenas aprovado pelo oficial de registro, sem conhecimento de seu conteúdo. Por fim, é particular quando o procedimento é todo conduzido pelo testador, com a presença de um maior número de testemunhas.

Há, ainda, os testamentos especiais, marítimo, aeronáutico e militar. Eles só podem ser utilizados em circunstâncias muito excepcionais, respectivamente, em alto-mar, em avião ou em guerra, sempre com risco de vida do testador. Nada obstante o regramento legal, o uso prático é, na realidade, diminuto, quiçá, inexistente.[61]

---

[57] VIEIRA DE CARVALHO, Luiz Paulo. *Direito das sucessões* – 3ª ed. – São Paulo: Atlas, 2017, p. 552.

[58] A acepção genérica de "incapacidade" realizada pelo CC é criticável. Melhor teria sido a delimitação aos absolutamente incapazes (menores de 16 anos, conforme artigo 3º do CC, com redação dada pela lei 13.146/15) e, no que tange aos relativamente incapazes, aqueles que não conseguem discernir seus atos (VIEIRA DE CARVALHO, Luiz Paulo. *Direito das sucessões* – 3ª ed. – São Paulo: Atlas, 2017, p. 583). Interpretar genericamente incapacidade excluiria pródigos, por exemplo, que nenhuma restrição possua para testar (FARIAS, Cristiano Chaves de; ROSENVALD, Nelson. *Curso de direito civil*: volume 7 (Sucessões) – 1ª ed. – São Paulo: Atlas, 2015, p. 334).

[59] FARIAS, Cristiano Chaves de; ROSENVALD, Nelson. *Curso de direito civil*: volume 7 (Sucessões) – 1ª ed. – São Paulo: Atlas, 2015, p. 334.

[60] FARIAS, Cristiano Chaves de; ROSENVALD, Nelson. *Curso de direito civil*: volume 7 (Sucessões) – 1ª ed. – São Paulo: Atlas, 2015, p. 340.

[61] TEPEDINO, Gustavo; BARBOZA, Heloisa Helena; MORAES, Maria Celina Bodin de. *Código Civil interpretado conforme a Constituição da República*: vol. IV – Rio de Janeiro: Renovar, 2014, p. 715.

Os codicilos são o instrumento para legar móveis, roupas e joias de reduzido valor, de uso pessoal, disposições sobre o enterro ou fazer pequenas doações a pessoas certas e determinadas (CC, art. 1.881).

As disposições testamentárias podem ser puras e simples, mas também é possível que se apresentem sob condição (CC, art. 1.897). Sendo suspensiva, é autorizado que o beneficiário pratique atos de conservação (CC, art. 130) e, uma vez implementada, opera efeitos retroativos.[62]

A disposição ainda pode se dar motivadamente, por razão determinada. Sendo falso o motivo, fica prejudicada a liberalidade (CC, art. 140).[63] Também é viável que o testamento estabeleça deixar sob encargo.

A interpretação do que for previsto no testamento deve buscar assegurar a prevalência da vontade do testador (CC, art. 1.899). Como o ato encerra uma expressão da personalidade do falecido, é apenas o seu elemento volitivo que deve ser perquirido, abstraindo-se supostas expectativas legítimas de presumidos beneficiários.[64]

Em caráter integrativo, o Código Civil estabelece alguns preceitos para suprir omissões dos testadores em cláusulas mais comuns, conforme se infere dos artigos 1.902, 1.904, 1.905, 1.906, 1.907 e 1.908.

Quando a previsão testamentária envolver legado de coisa certa, é imprescindível que ela pertença ao testador na abertura de sua sucessão (CC, art. 1.912), até mesmo porque ninguém pode transmitir mais direitos que tem.[65]

---

[62] Apesar de essa ser a orientação tradicional, a linha doutrinária dependeria de previsão legal específica eventualmente incidente ou de disposição do testador. Explicando a questão, *vide* TEPEDINO, Gustavo; BARBOZA, Heloisa Helena; MORAES, Maria Celina Bodin de. *Código Civil interpretado conforme a Constituição da República*: vol. IV – Rio de Janeiro: Renovar, 2014, p. 727.

[63] TEPEDINO, Gustavo; BARBOZA, Heloisa Helena; MORAES, Maria Celina Bodin de. *Código Civil interpretado conforme a Constituição da República*: vol. IV – Rio de Janeiro: Renovar, 2014, p. 728.

[64] TEPEDINO, Gustavo; BARBOZA, Heloisa Helena; MORAES, Maria Celina Bodin de. *Código Civil interpretado conforme a Constituição da República*: vol. IV – Rio de Janeiro: Renovar, 2014, p. 731-732. VIEIRA DE CARVALHO, Luiz Paulo. *Direito das sucessões* – 3ª ed. – São Paulo: Atlas, 2017, p. 637.

[65] TEPEDINO, Gustavo; BARBOZA, Heloisa Helena; MORAES, Maria Celina Bodin de. *Código Civil interpretado conforme a Constituição da República*: vol. IV – Rio de Janeiro: Renovar, 2014, p. 753.

Primeira Parte:
INVENTÁRIO E
PARTILHA JUDICIAIS

Capítulo I
DISPOSIÇÕES GERAIS

1. GENERALIDADES

Inobstante as infindáveis discussões filosóficas e ideológicas acerca da conveniência social e da justiça do direito sucessório, desde tempos remotos é garantido à família o direito de recolher o patrimônio deixado por um de seus membros.[1] Além das duras impugnações jusnaturalistas e socialistas,[2] a transmissão hereditária dos bens sofreu, por certo, aqui e alhures, profundas modificações. Assim é que alguns sistemas previam, *verbi gratia*, o direito da primogenitura à totalidade da herança; outros, por vezes, foram marcados pela desigualdade entre homens e mulheres na sucessão[3]. Na atualidade, reconhece-se a tendência à abolição de tais

---

[1] A Lei das XII Tábuas já continha preceitos sobre o tema. Confiram-se, a propósito, José Cretella Júnior, *Curso de Direito romano*, 21ª ed., Rio de Janeiro, Forense, 1998, p. 369 e José Carlos Moreira Alves, *Direito Romano*, 9ª ed., Rio de Janeiro, Forense, 1995, vol. 2, p. 361. Atualmente, no sistema brasileiro, o direito de herança é garantia constitucional insculpida no art. 5º, XXX, da Constituição da República. A despeito da referência, é válida a advertência de San Tiago Dantas no sentido de que as razões metajurídicas, graças às quais a lei consagra o direito de suceder, são um problema afeto à filosofia do direito (*Direitos de família e das sucessões*, Rio de Janeiro, Forense, 1991, p. 450).

[2] Sobre o tema, veja-se Carlos Maximiliano, *Direito das sucessões*, 3ª ed., Rio de Janeiro, Freitas Bastos, 1952, vol. 1, p. 34.

[3] A esse respeito, é interessante a observação do civilista Washington de Barros Monteiro: "Sem receio de errar, pode-se afirmar que, de todos os ramos do direito civil, o direito das sucessões foi aquele que mais se transformou" (*Curso de direito civil*, 13ª ed., São Paulo, Saraiva, 1997, vol. 6, p. 2). No mesmo sentido, Carlos Alberto Bittar, *Direito das sucessões*, Rio de Janeiro, Forense Universitária, 1992, p. 5. O assunto também é abordado em interessante artigo do Professor Antônio Junqueira de Azevedo ("O espírito de compromisso do direito das sucessões perante as exigências individualistas de autonomia da vontade e as supraindiuvidualistas da família – herdeiro e legatário", *Revista Brasileira de Direito de Família* 4/56).

privilégios e à retração da ordem de vocação hereditária, que, no sistema jurídico brasileiro, alcança o quarto grau de parentesco.

Para a ciência processual, insta observar que a lei material estabelece regra de suma importância: aberta a sucessão, isto é, verificado o falecimento da pessoa, a herança, ou seja, o domínio e a posse dos bens componentes do acervo, se transmite, desde logo, aos herdeiros legítimos (art. 1.784 do Código Civil). O Código Civil de 2002 (CC) não utiliza a expressão "o domínio e a posse da herança transmitem-se, desde logo, aos herdeiros legítimos e testamentários", como fazia o Código de 1916 (art. 1.572). Utiliza somente a expressão "a herança transmite-se, desde logo", a qual, na realidade, compreende os bens componentes do acervo e, assim, o domínio e a posse deles. Todavia, mais à frente, o CC, ao tratar da aceitação da herança e de sua renúncia, dá a entender que a transmissão da herança, com a morte do *de cujus*, seria provisória, e só se transformaria em definitiva com a aceitação (art. 1.804, *caput*). Na mesma linha, o diploma legal considera como não verificada a transmissão quando o herdeiro renuncia à herança (parágrafo único do art. 1.804). Tal entendimento, que decorre da redação gramatical deste novo dispositivo, não pode prevalecer. Na realidade, a herança se transmite desde logo, como escrito no art. 1.784. A aceitação é simplesmente declaratória da situação de fato e de direito, que se opera *ex vi legis*. Da mesma forma, a renúncia pressupõe a anterior transmissão e, portanto, a existência do direito. Assim, conclui-se que o CC de 2002 manteve a *saisine*, termo que assinala a imediata transmissão da herança na sucessão de bens *causa mortis*.

Transmite-se a herança, não sendo, porém, delimitadas a qualidade e a quantidade de bens que irão compor o quinhão de cada herdeiro ou a meação do cônjuge sobrevivo. Deverá ter lugar, portanto, um procedimento em que se apurem, descrevam-se e partilhem-se os bens componentes dessa universalidade. Para tanto, o direito prevê o procedimento de inventário e partilha disciplinado nos arts. 610 a 673 do CPC.[4]

Inventário, palavra de origem latina (*invenire, inventum*), significa, na acepção comum, enumeração ou descrição de algo.[5] É, pois, etapa fundamental do procedimento que visa à decisão final de partilha dos bens do *de cujus*.

---

[4]   Cândido Naves vislumbra finalidades mais amplas no inventário, já que concorrem os interesses dos herdeiros, legatários, meeiros e da Fazenda Pública, como a legalização das transferências, o pagamento das dívidas e dos impostos, as colações, entre outros (*Comentários ao Código de Processo Civil*, 1ª ed., Rio de Janeiro, Forense, 1941, vol. IV, p. 2).

[5]   Desse mesmo modo, utiliza a expressão o Código Civil brasileiro no art. 1.400, exigindo que o usufrutuário faça, às suas custas, os bens inventariados. Assim também

Em termos sucintos, no inventário serão arrolados e avaliados os bens do monte, citados ou habilitados os herdeiros, pagas as dívidas reconhecidas, colacionados os bens doados em vida pelo falecido, e calculado o imposto devido pela transmissão.[6] Trata-se, portanto, de uma espécie de descrição e liquidação do acervo hereditário a ser, em breve, partilhado, e de uma determinação de quem concorrerá nessa divisão. Entre nós, todo esse *iter* se desenvolve perante a autoridade judiciária ou por escritura pública, conforme se verá mais detalhadamente a seguir (item 2, *infra*).

A partilha, por sua vez, é a fase final do procedimento sucessório, em que se haverá de atribuir a cada um dos herdeiros a porção que lhe couber dos bens e direitos do acervo, pondo fim à comunhão hereditária.

Observa-se que a partilha não é, necessariamente, divisão e distribuição do monte, mas sim forma de extinção da comunhão *causa mortis*, já que a ela pode se suceder a comunhão *inter vivos* de um ou mais bens componentes do acervo. Couto e Silva relembra que desde o direito romano não se confunde a partilha com a simples divisão: esta desfaz a comunhão em cada um dos bens.[7]

É possível que as partes, se capazes, acordem sobre a forma de divisão do monte, procedendo-se, assim, a uma partilha amigável, conforme regulada pelos arts. 2.015 do Código Civil, 659 a 663 do Código de Processo Civil, e analisada nos itens nºs 92, 103 e 104, *infra*.

Não chegando a um acordo, ou sendo qualquer das partes incapaz, terá lugar a partilha judicial. Ao julgamento da partilha precedem os pedidos de quinhões, a deliberação da mesma e a feitura de um esboço, sobre o qual falarão os interessados.

Ao final da fase de partilha, é proferida sentença – homologatória, caso a partilha seja amigável –, na forma do art. 203, § 1º, do CPC, encerrando o procedimento em estudo. Após o trânsito em julgado dessa decisão, a cada herdeiro será entregue um formal ou, em determinados casos, uma certidão,

---

a lei de concessões manda que o concessionário mantenha em dia o "inventário" dos bens afetados à concessão (Lei nº 8.987/1995, art. 31, II).

[6] É interessante a observação feita por Luiz Felipe Difini ressaltando que para o direito fiscal não importa a *saisine*, pois o imposto será devido quando da formalização da transferência da propriedade ("Direito de saisine", *Ajuris* 45/245).

[7] Clóvis do Couto e Silva, *Comentários ao Código de Processo Civil,* 1ª ed., São Paulo, Revista dos Tribunais, 1977, tomo I, vol. XI, p. 260. No direito romano, o condomínio havido entre os herdeiros poderia ser desfeito por acordo ou pela propositura da *actio familiae erciscundae*, que Pontes de Miranda observa não ter o mesmo efeito que as da *communi dividundo* (*Comentários ao Código de Processo Civil*, 1ª ed., Rio de Janeiro, Forense, 1977, tomo XIV, p. 235).

que será o título hábil a caracterizar a partilha dos bens da herança, inclusive para fins de registro imobiliário (Lei nº 6.015/1973, art. 167, I, 25). O formal e a certidão de partilha são também títulos executivos judiciais, mas com força executiva apenas em relação ao inventariante, herdeiros e sucessores a título universal e singular (art. 515, IV, do Código de Processo Civil).

Além do procedimento aqui brevemente referido, o Código prevê a hipótese de arrolamento, forma simplificada de inventário que se operará quando todos os herdeiros forem maiores, capazes e acordes quanto ao modo de divisão dos bens (art. 659 do CPC), nas hipóteses em que houver herdeiro único (art. 659, § 1º, do CPC), ou ainda quando o valor do acervo não ultrapassar o limite legal (art. 664 do CPC).

Por fim, a última seção deste capítulo trata do procedimento de sobre-partilha – a que estão sujeitos os bens sonegados, litigiosos, de liquidação difícil ou morosa, situados em lugar remoto ou que sejam descobertos após realizada a partilha (art. 669 do CPC) – e das demais regras genéricas aplicáveis às seções antecedentes, assim as que se referem às tutelas provisórias, à cumulação de ações e à nomeação de curador especial para ausentes e incapazes; todas objeto de comentários em momento oportuno.

A essa altura, parece ser interessante traçar algumas notas, a título ilustrativo, a respeito das particularidades do procedimento sucessório no direito comparado, especialmente em ordenamentos que também seguem o sistema romano-germânico como o nosso, e que foram objeto de estudo sistemático nesta obra, a saber, o português, uruguaio, argentino, paraguaio, espanhol e italiano.

O direito processual português, como se fixou no Brasil a partir da Lei nº 11.441/2007, admite inventários extrajudiciais e judiciais, podendo ser, estes últimos, obrigatórios ou facultativos. Anteriormente à reforma introduzida pelo Decreto-Lei nº 227/94, de 8 de setembro, o inventário judicial era obrigatório sempre que a lei exigisse aceitação beneficiária da herança, isto é, sempre que a herança fosse deferida a menor, interdito, inabilitado ou pessoa coletiva, e ainda nos casos em que algum dos herdeiros não pudesse, por motivo de ausência ou de incapacidade permanente, obrigar-se em partilha extrajudicial. Havia quem entendesse, também, ter ele lugar quando fosse herdeiro o marido e estivesse sua mulher, se casados em comunhão geral, incapacitada ou inabilitada permanentemente.

Ao longo da década de noventa perpetrou-se uma ampla reforma no Código de Processo Civil português, visando a desburocratizar e modernizar o sistema processual, proporcionando, assim, maior celeridade e eficácia prática ao provimento jurisdicional. Na esteira dessa nova opção legislativa, o

Decreto-Lei nº 227/94, de 8 de setembro, reformulou o processo de inventário, sistematizando-o e simplificando-o; posteriormente, o Decreto-Lei nº 329-A/95, de 12 de dezembro, introduziu modificações pontuais. Houve poucas mudanças na disciplina do procedimento; na maioria das vezes, alterou-se apenas a redação e a numeração dos artigos. A ela, sucedeu-se a Lei nº 29/2009 e, atualmente, o rito é regido pelo anexo da Lei nº 23/2013, com uma preocupação na digitalização ao máximo dos atos praticados. O processo de inventário continua, portanto, podendo ser judicial ou extrajudicial, conforme o caso, tendo sido alteradas tão-somente as hipóteses em que o inventário judicial é obrigatório.

A transmissão hereditária dos bens nos ordenamentos dos países de língua espanhola ora analisados se realiza através de um chamado *processo sucessório*, dentro do qual se procede a uma enumeração dos bens do *de cujus*, denominada inventário. No direito uruguaio, separa-se o procedimento sucessório em intestado e testado. Em ambos os casos, havendo acordo entre os interessados, devem ser observadas as disposições relativas à jurisdição voluntária, em geral, e as presentes no capítulo referente ao processo sucessório, em especial. Surgindo, porém, qualquer conflito, a matéria passa a ser regida pelo que for estabelecido para a jurisdição contenciosa. É parte legítima para promovê-lo todo aquele que possua interesse jurídico. O procedimento da sucessão deferida por testamento aberto é exatamente o mesmo previsto para a sucessão intestada. No que tange à sucessão deferida por testamentos cerrado, especial e outorgado no estrangeiro, deve-se observar o procedimento previsto na Seção III (*Sucesión Testamentaria*) e, após a protocolização do testamento, procede-se de acordo com as normas previstas para a sucessão intestada. A disciplina do inventário judicial é bastante sucinta. Ele é facultativo, podendo ser requerido durante o processo sucessório pelos herdeiros, cônjuge supérstite, legatário ou Ministério Público. Não sendo solicitado, o rol dos bens é apresentado pelos próprios interessados, sendo submetido à análise do MP.

A disciplina do processo sucessório argentino também depende da existência ou não de testamento: a sucessão intestada realiza-se quando haja testamento sem instituição de herdeiros ou quando não haja testamento (arts. 2.424 e ss. do *Codigo Civil y Comercial* Argentino de 2014); a sucessão testada, por sua vez, tem lugar sempre que houver testamento hológrafo ou cerrado (arts. 2.462 e ss. do *Codigo Civil y Comercial* Argentino de 2014). Nos casos de sucessão intestada, procede-se à declaratória de herdeiros, cujo principal efeito é a outorga da posse da herança a quem não a tiver em decorrência apenas da morte do causante. Quanto à segunda hipótese – sucessão testada –, notificam-se os herdeiros, outorgando, igualmente, após a aprovação do testamento, a posse dos bens aos que não a tiverem de pleno direito. Diferentemente do Código brasileiro, o Código argentino é omisso quanto às pessoas legitimadas para requerer a abertura do processo sucessório, levando a crer que qualquer interessado possa fazê-lo. Pela estrutura dos procedimentos de inventário e partilha, verifica-se que jurisdição é contenciosa, ressaltando-se também que o processo sucessório não está disciplinado no livro dedicado aos processos voluntários. Cumpre destacar a possibilidade de a sucessão ser extrajudicial ou judicial (arts. 2.369 e 2.371 do *Codigo Civil y Comercial* da Argentina de 2014), assim como o inventário; este, contudo, deverá ser judicial nas hipóteses do art. 716 do *Codigo Procesal Civil y Comercial* da Argentina. A realização de inventário judicial pode ser requerida pelo interessado em qualquer fase do processo. Convém apontar, entretanto, que o inventário que se realize antes de concluída a declaratória de herdeiros ou de se aprovar o testamento será provisório.

De igual forma, o ordenamento paraguaio subdivide a sucessão em testada e intestada. Na primeira hipótese, realiza-se a aprovação do testamento, notificando-se pessoalmente, para tanto, os herdeiros e os demais beneficiários. Quanto à sucessão intestada, leva-se a efeito, tal como nos ordenamentos anteriormente referidos, a declaratória de herdeiros, cujo resultado é a transferência da posse da herança para aqueles que não a tiverem apenas pelo fato da morte. Os trâmites seguintes a tais procedimentos são iguais para ambos os casos, conforme se depreende dos arts. 739 e 750. Possuem legitimidade para promover o juízo sucessório todos aqueles que se considerem com direito à herança, isto é, todos os que tiverem um interesse legítimo. No que tange à possibilidade de realização do processo sucessório extrajudicialmente, não há, da mesma forma, qualquer dispositivo nesse sentido. Quanto ao inventário, intui-se, pela análise do art. 758, que se trata de um procedimento obrigatoriamente judicial, de natureza contenciosa – saliente-se que o Código paraguaio não distingue, em qualquer momento, a jurisdição voluntária da contenciosa, sendo absolutamente silente a esse respeito.

A *Ley de Enjuiciamiento Civil* nº 1/2000 instituiu um novo sistema de processo civil espanhol, derrogando o anterior (*Ley de Enjuiciamiento Civil* aprovada pelo Real Decreto de 3 de fevereiro de 1881). Contudo, no que tange ao procedimento de declaração de herdeiros *ab intestato*, continuaram vigendo as disposições da legislação anterior (LEC, disposição derrogatória única, apartado 1, § 2º), até a entrada em vigor da Lei sobre Jurisdição Voluntária, que viria a ser editada apenas quinze anos depois, por meio da *Ley* 15/2015.

A LEC de 2000 prevê dois procedimentos quanto à sucessão de bens *causa mortis*: um para divisão judicial da herança e outro de intervenção no acervo hereditário (Livro IV, Título II, Capítulo I).

A divisão judicial da herança tem lugar quando não haja acordo entre todos os herdeiros e legatários a respeito da partilha, ou quando não tenha o testador, ou o juiz, determinado a realização da divisão por comissário ou contador-partidor, isto é, extrajudicialmente. A divisão judicial é precedida da formação de uma Junta composta pelos herdeiros, legatários, cônjuge sobrevivente, interessados, Ministério Público e credores (art. 783). Referida Junta, então, deverá escolher um contador e um perito, que procederão à enumeração, avaliação, liquidação e divisão dos bens. As operações divisórias deverão constar de escrito firmado pelo contador, do qual também constarão a relação dos bens do acervo hereditário, bem como os termos de sua avaliação, liquidação e adjudicação a cada um dos partícipes. Das operações divisórias se dará traslado às partes, que poderão formular oposições. Não as havendo, ou logo que as partes manifestem sua conformidade, o juízo aprovará as operações e mandará protocolá-las. Sendo apresentadas oposições, o juízo convocará o contador e as partes a comparecerem ao tribunal. Nessa oportunidade, chegando-se a um acordo, o contador realizará as modificações necessárias e o juízo aprovará as operações divisórias. Não havendo consenso, o tribunal ouvirá as partes, examinará as provas por elas trazidas – desde que não sejam impertinentes ou inúteis – e decidirá, por sentença, que não fará coisa julgada, podendo os interessados recorrer ao juízo ordinário. No procedimento de divisão judicial da herança, não há qualquer menção a respeito da administração dos bens.

O procedimento de intervenção do acervo hereditário tem lugar quando: 1º) o tribunal tiver notícia do falecimento de pessoa sem testamento e sem herdeiros legítimos; 2º) os herdeiros legítimos estiverem ausentes; 3º) algum dos herdeiros legítimos for menor ou incapaz e não tiver representante legal. Essas hipóteses ensejam intervenção judicial de ofício, adotando-se as medidas indispensáveis para o enterro, se for necessário, e para a segurança dos bens, papéis, documentos, correspondências e títulos suscetíveis de subtração e ocultação. O juízo, então, procura saber, à falta de outros meios, com amigos, parentes e vizinhos, se realmente não há testamento nem herdeiros legítimos. Surgindo herdeiros legítimos ou quando for nomeado representante legal para os menores, ser-lhes-ão entregues os bens e os títulos do defunto, cessando a intervenção judicial. Confirmando-se, contudo, a situação inicial, o juiz determina que se proceda a inventário e depósito dos bens, dispondo sobre sua administração e, sendo o caso, ordena a abertura de peça separada para que seja feita a declaração de herdeiros *ab intestato*.[8]

---

[8] A declaração de herdeiros *ab intestato* é requerida perante o notário pelos ascendentes, descendentes ou cônjuge, e seu objetivo é atestar que estes são os únicos herdeiros *ab intestato*. Já a declaração judicial de herdeiros é requerida pelos demais herdeiros, que devem comprovar o falecimento, o parentesco com o defunto, a ausência

A intervenção no acervo hereditário também pode ser realizada: 4º) a pedido do cônjuge, ascendente ou descendente, não havendo testamento e desde que comprovem ter sido realizada a declaração de herdeiros *ab intestato* perante o notário; 5º) a requerimento de qualquer herdeiro ou legatário quando solicitar a divisão judicial da herança, salvo se a intervenção houver sido proibida expressamente por disposição testamentária; 6º) a pedido dos credores reconhecidos como tais por testamento ou pelos coerdeiros, ou dos credores que tenham seu direito documentado em título executivo.

Nestas três últimas hipóteses, o juiz, se necessário e se isso já não houver sido feito anteriormente, ordenará a adoção de medidas indispensáveis à segurança dos bens, livros, papéis, correspondências e títulos suscetíveis de subtração ou ocultação. Qualquer que seja a hipótese, o juiz mandará citar os interessados, marcando dia e hora para a formação de inventário. Nessa ocasião, o Secretário Judicial procederá ao inventário com todos os que concorram. Feito isto, o juiz disporá sobre a administração do acervo, sua custódia e conservação, atendendo ao que dispõe o testador e, na sua ausência, ao que determinam os arts. 795 e 797 a 805 da LEC. Cessa a intervenção judicial da herança quando se efetue a declaratória de herdeiros, a não ser que algum deles peça a divisão judicial da herança, hipótese em que poderá subsistir a intervenção, se assim for requerido, até que se faça a entrega aos herdeiros dos bens que lhes forem adjudicados.

No que tange à divisão judicial da herança, portanto, trata-se de procedimento de jurisdição contenciosa, uma vez que há possibilidade de oposição. O mesmo se aplica ao inventário, já que, igualmente, há oportunidade de as partes discordarem da inclusão de bens, o que se resolve por meio de sentença.

O Código de Processo Civil italiano difere significativamente do sistema brasileiro. O Livro IV ("Dos procedimentos especiais") possui um Título IV denominado "Dos procedimentos relativos à abertura das sucessões".

---

de disposição de última vontade e que são os únicos herdeiros. Se o MP ou o juiz entender que possa haver outros parentes de igual ou maior grau, o juiz mandará publicar editais, convocando-os. Os que entenderem ter direito à herança e não se apresentarem no prazo fixado pelos editais poderão fazê-lo antes da convocação para a Junta, fazendo acompanhar os documentos que justifiquem seu direito – não será admitida apresentação após a convocação, ficando assegurada, contudo, a via ordinária contra os que forem declarados herdeiros. Não se apresentando qualquer aspirante à herança ou não sendo reconhecido com direito os que se apresentarem, considerar-se-á a herança vacante e, a pedido do MP, ser-lhe-á dado o destino previsto na lei.

Este trata basicamente de dois procedimentos: da colocação e remoção dos *sigilli*[9] e do inventário. Quanto ao primeiro, trata-se de um procedimento nitidamente cautelar, que visa a garantir a integridade dos bens do *de cujus* até que sejam inventariados. O inventário, por sua vez, também possui feição cautelar, consistindo simplesmente no arrolamento dos bens, a cujo respeito tem-se algumas regras procedimentais. É efetuado pelo escrivão do juízo ou por notário indicado pelo juiz ou por disposição testamentária. Quanto à partilha dos bens propriamente dita, parece subsumir-se às regras do Título V, que se denomina "Do desfazimento das comunhões", aplicável não só à partilha de bens *mortis causa*, mas também a outras hipóteses de direito material, como a dissolução de sociedades. No procedimento de inventário, dado o caráter oficial do inventariante, não há disposições sobre este e nem sobre suas declarações. Não se dispõe, igualmente, sobre problemas fiscais. Não há previsão de procedimento simplificado como o nosso arrolamento.

2. AS MODALIDADES DE INVENTÁRIO: JUDICIAL E EXTRAJUDICIAL

O processo de inventário, no Brasil, poderá ocorrer na via judicial ou na extrajudicial. A modalidade extrajudicial é facultativa,[10] em respeito ao acesso à justiça, e sua aceitação depende do cumprimento de alguns requisitos, cumulativamente, quais sejam herdeiros capazes, concordes quanto à partilha dos bens e representados por advogado ou defensor público.[11]

Excepcionalmente, a lei autoriza o levantamento de determinados valores sem necessidade de inventário, judicial ou extrajudicial, ou de arrolamento. Nesse sentido, a Lei nº 6.858, de 24 de novembro de 1980, que permite a dependentes habilitados perante a Previdência Social, e independentemente de alvará, o recebimento de valores do FGTS e PIS-PASEP não pagos em vida ao empregado. Essa lei foi regulamentada pelo Decreto nº 85.845, de 26 de março de 1981, que autoriza o levantamento de valores relativos à relação de emprego nas áreas privada e pública, às restituições referentes ao imposto

---

[9] *Sigillo* (plural *sigilli*) pode ser traduzido literalmente por "sigilo", podendo em certos contextos significar também "lacre" ou "selo".

[10] *Vide* art. 2º da Resolução 35/2007 do CNJ. Abordaremos sobre o inventário extrajudicial no capítulo próprio: Segunda Parte: Inventário e Partilha Extrajudicial.

[11] WAMBIER, Teresa Arruda Alvim [et al], coordenadores, *Breves comentários ao Novo Código de Processo Civil* – São Paulo: Editora Revista dos Tribunais, 2015, p. 1.516.

sobre a renda e demais tributos recolhidos por pessoas físicas,[12] aos saldos de contas bancárias, cadernetas de poupança e contas de fundos de investimento, desde que não passem o valor de R$ 9.480,70, que hoje correspondem ao valor de 500 Obrigações do Tesouro Nacional[13]e não existam, na sucessão, outros bens sujeitos a inventário.

A Lei nº 8.213/91, que dispõe sobre os planos de benefícios da Previdência Social e dá outras providências, prescreve no artigo 112 que o valor não recebido em vida pelo segurado só será pago aos dependentes habilitados à pensão por morte ou, na falta desses, aos seus sucessores na forma da lei civil, independentemente de inventário ou arrolamento.

Nessas situações, e desde que não seja possível o levantamento diretamente pelos dependentes habilitados, bastará o requerimento de alvará junto ao juízo competente para o processamento do inventário.[14]

3. PARTILHA POR ATO *INTER VIVOS*

Muito se discutiu em doutrina se a partilha feita por ato entre vivos, por exemplo, pelo ascendente em favor dos filhos, na forma do artigo 2.018 do Código Civil, dispensaria a realização do inventário. Na realidade, tratava-se de uma falsa discussão, na medida em que a escritura pública de partilha feita pelo pai, em vida, consubstancia verdadeira doação, com a transferência, de imediato, da totalidade dos bens para seus herdeiros, devendo, neste momento, ser satisfeitas as exigências do Fisco, com o pagamento dos impostos incidentes.[15]

---

[12] O Decreto-lei nº 2.292, de 21 de novembro de 1986, dispõe que a Lei nº 6.858, de 1980, não se aplica às restituições de imposto sobre renda ou outros tributos federais.

[13] Os valores são de outubro de 2017. A Obrigação do Tesouro Nacional foi extinta pela Lei nº 7.730, de 31.01.1989 (art. 15). Para se chegar ao resultado, utilizou-se como base o REsp 1168625/MG, Rel. Ministro Luiz Fux, j. em 09/06/2010, *DJe* 01/07/2010, em que o STJ concluiu que o valor de 50 OTNs correspondiam a R$ 328,27 e determinou a correção do valor pelo índice IPCA-E a partir de janeiro de 2001.

[14] A jurisprudência do Superior Tribunal de Justiça já se encontra pacificada no sentido de ser competência da Justiça Estadual autorizar o levantamento dos valores relativos ao PIS-PASEP e FGTS que eram devidos ao *de cujus* (Enunciado da Súmula da Jurisprudência Predominante do STJ nº 161: "É da competência da justiça estadual autorizar o levantamento dos valores relativos ao PIS-PASEP e FGTS, em decorrência do falecimento do titular da conta").

[15] Em parecer, Jackson Rocha Guimarães sistematiza as três correntes a respeito da natureza jurídica da partilha em vida: a que a vê como uma sucessão antecipada; a

Assim, não seria mais necessária, quando da morte do autor da partilha, a realização de inventário, uma vez que nada haveria a ser inventariado e partilhado.[16]

O importante é não confundir a partilha realizada pelo ascendente em vida, que opera a transferência da propriedade dos bens desde logo, com a partilha amigável celebrada entre partes capazes, após a morte do autor da herança, que será necessariamente submetida à homologação judicial (arts. 657 e 659 do Código de Processo Civil), exigindo-se, para tanto, o procedimento de inventário ou de arrolamento, conforme o caso.

4. INVENTÁRIO NEGATIVO

Na verdade, o chamado inventário negativo é uma verdadeira aberração jurídica. O inventário pressupõe necessariamente a existência de bens, o que decore de sua própria natureza.[17] O Código Civil de 1916, em seu artigo 1.771, já dispunha que "no inventário, serão descritos com individuação e clareza todos os bens da herança, assim como os alheios nela encontrados". A inexistência de dispositivo semelhante no Código Civil de 2002 não retira do inventário o pressuposto da existência de bens, vez que do ponto de vista lógico ou etimológico, é impossível inventariar o que não existe.

Com a devida vênia, discordamos da maioria dos doutrinadores que entende ser possível a realização de inventário negativo.[18] Sob o ângulo moral,

---

segunda que entende ser uma partilha de caráter provisório; e a terceira, no sentido que sustentamos, de caracterizar uma verdadeira doação ("Partilha em vida. Natureza jurídica. A legítima. Regras da partilha. Possibilidade de anulação de escritura de partilha em vida"). O STJ se alinha à corrente que considera a partilha em vida como verdadeira doação. Veja-se, nesse sentido: "O ato de disposição patrimonial representado pela cessão gratuita da meação em favor dos herdeiros configura uma verdadeira doação, a qual, nos termos do art. 541 do Código Civil, far-se-á por Escritura Pública ou instrumento particular, sendo que, na hipótese, deve ser adotado o instrumento público, por conta do disposto no art. 108 do Código Civil" (STJ, 3ª T., REsp 1.196.992/MS, Rel. Ministra Nancy Andrighi, j. em 06/08/2013, *DJe* 22/08/2013). Nesse sentido, confira-se também: STJ, 4ª T., REsp 1.342.264/MG, Rel. Ministro Marco Buzzi, *DJe* 17/05/2021; STJ, 3ª T., AgInt no REsp 1.865.719/DF, Rel. Ministro Paulo de Tarso Sanseverino, j. em 15/12/2020, *DJe* 18/12/2020.

[16] Sobre esse tema, veja-se, por tudo e por todos, J. M. Carvalho Santos, *Código Civil...*, cit., pp. 389 a 411.

[17] Cf. item 1.

[18] Assim Pontes de Miranda, ob. cit., p. 10; Hamilton de Moraes e Barros, *Comentários ao Código de Processo Civil*, 4ª ed., Rio de Janeiro, Forense, vol. IX, p. 103; Ernane Fidélis dos Santos, ob. cit., p. 255; Humberto Theodoro Júnior, ob. cit., p. 265; Vicente

é inadmissível manter a mentalidade existente no Brasil no sentido de que a declaração de uma pessoa não tem qualquer valor, salvo se provar que está dizendo a verdade. As declarações devem ser aceitas, até porque a lei prevê as consequências para quem as emite falsamente.

Sob o ponto de vista legal, não há como se admitir a declaração judicial de um fato,[19] ou seja, uma pessoa morta não ter bens a partilhar.

Assim sendo, não haveria interesse em agir, na medida em que não existe necessidade nem utilidade prática deste pronunciamento.

Nem se afirme que a exigência prevista no artigo 1.523, inciso I, do Código Civil, que proíbe o casamento do viúvo ou da viúva que tiver filho com o falecido enquanto não procederem ao inventário dos bens do casal, possa justificar tal prática. Basta, na habilitação para o novo casamento, a declaração do cônjuge no sentido de que não existiam bens a partilhar. Note-se que, a rigor, se o cônjuge, apesar da existência de bens, se casasse, o novo casamento seria realizado com separação de bens (Código Civil, artigo 1.523, I).

De igual sorte, não vislumbramos qualquer interesse prático de eventuais herdeiros em tal declaração, pelo temor de futura confusão entre os bens de sua propriedade e aqueles que pertenceriam ao falecido. Tanto nesta hipótese, como naquelas do casamento do cônjuge sobrevivente, o inventário negativo não teria o condão de excluir da apreciação do Poder Judiciário demandas que tivessem por base falsas declarações que levaram à emissão de uma sentença pelo juiz competente declarando a inexistência de bens. Caso contrário, o inventário negativo poderia ser utilizado como expediente para sonegar com força de definitividade a existência de bens do falecido.

Assim, não vemos como admitir a realização de inventário negativo.

Greco Filho, ob. cit., p. 241; Alexandre Freitas Câmara, *Lições de direito processual civil*, Rio de Janeiro, Lumen Juris, 2000, vol. 3, p. 410. A criticada praxe é, inclusive, incorporada pelas próprias regras sobre custas judiciais, como no caso do Rio de Janeiro, em que há atribuição de valor diferenciado para o inventário negativo (Lei Estadual nº 3.350, de 29.12.1999).

[19] Lê-se o mesmo em obra clássica: "Em circunstâncias normais, os fatos jurídicos, que só têm importância enquanto servem à formação e à aplicação *de uma vontade de lei*, somente são certificados pelo juiz como *premissa* do silogismo que conduz à declaração dessa vontade; e só por si não podem constituir *objeto principal* de uma declaração" (Giuseppe Chiovenda, *Instituições de direito processual civil*, 1ª ed., Campinas, Bookseller, 1998, vol. 1, p. 467, trad. Paolo Capitanio, anotado por Enrico Tullio Liebman).

5. INVENTÁRIO: JURISDIÇÃO CONTENCIOSA OU VOLUNTÁRIA

No passado, a maioria dos doutrinadores entendia que o processo de inventário era de jurisdição voluntária.[20] Desde o Código de Processo Civil de 1973, entretanto, considerando também a posição topográfica, nos procedimentos especiais, mantida no CPC de 2015 (Capítulo VI, do Título III, do Livro I, da Parte Especial), a opinião é no sentido de que o inventário é um processo de jurisdição contenciosa.[21]

Existem determinadas matérias, concernentes a interesses meramente privados, que o legislador resolveu submeter à fiscalização, a um controle, à chancela do Poder Judiciário, possivelmente por causa da repercussão social daquele fato.

Essas atividades desenvolvidas pelo Poder Judiciário têm natureza judicial, porque realizadas perante o juiz, mas não têm natureza jurisdicional, caracterizando, portanto, a chamada jurisdição voluntária.[22]

O Judiciário não compõe conflito de interesses na jurisdição voluntária, mas sim promove a integração de um ato praticado pelas partes, revestindo-o de força judicial.

Na realidade, a presença do juiz seria dispensável, podendo um outro órgão do Estado praticar esta atividade.

---

[20] Entre outros: Cândido Naves, ob. cit., p. 12; J. M. Carvalho Santos, *Código de Processo Civil interpretado*, Rio de Janeiro, Freitas Bastos, 1963, p. 12; Francisco de Assis do Amaral, mesmo após o advento do atual CPC ("Conexão. Inventário e ação declaratória. Inexistência. Inaplicabilidade do art. 96 do Código de Processo Civil. Conflito de Competência procedente", *Justitia* 118/237). No direito comparado, Chiovenda, Wach, Rocco, Carnelutti e Goldschmidt, consoante relembra Ernane Fidélis dos Santos (ob. cit., p. 256). Aparentemente, também para Couto e Silva, ob. cit., p. 266, e Arnoldo Wald ("A decisão proferida em inventário não pode desconsiderar a propriedade alheia e anular cláusulas limitativas que incidem sobre a mesma", *Revista dos Tribunais* 752/67). Ressalte-se que, mesmo antes do advento do Código de 1973, José Frederico Marques já sustentava que não havia simples jurisdição voluntária na solução de algumas questões no inventário (*Jurisdição voluntária*, São Paulo, Saraiva, 1959, p. 265).

[21] Frederico Marques, ob. cit., loc. cit.; Pontes de Miranda, ob. cit., p. 7; Ernane Fidélis dos Santos, ob. cit., p. 256; Humberto Theodoro Júnior, ob. cit., p. 264; Vicente Greco Filho, ob. cit., p. 241; José da Silva Pacheco, *Inventários e partilhas*, 12ª ed., Rio de Janeiro, Forense, 1998, p. 379.

[22] A respeito do tema, vejam-se: José Frederico Marques (ob. cit.) e Alfredo de Araújo Lopes da Costa (*A administração pública e a ordem jurídica privada:* jurisdição voluntária, Belo Horizonte, B. Alvares, 1961).

Assim, para saber se uma determinada atividade desenvolvida pelo juiz é de jurisdição contenciosa ou voluntária, basta que se indague se a presença do juiz é ou não dispensável para se alcançar o resultado pretendido.

No caso do processo de inventário, tal presença parece indispensável. Em primeiro lugar, esse procedimento requer a proferição de uma decisão de mérito que irá julgar o cálculo do imposto e de uma sentença em que se decidirá sobre a partilha. Não importa indagar se existirá efetivamente conflito entre as partes e o Fisco, ou entre os próprios herdeiros, mas sim se esta possibilidade existe, como em qualquer processo jurisdicional de natureza contenciosa.[23]

Já o procedimento de arrolamento, regulado pelos artigos 659 a 663, embora enquadrado, na sistemática do Código, entre os procedimentos de jurisdição contenciosa (Seção IX, do Capítulo VI, do Título III, do Livro I, da Parte Especial), caracteriza, no nosso entendimento, atividade de jurisdição voluntária. Isso porque ele pressupõe, em primeiro lugar, a concordância de todos herdeiros que, em conjunto, devem celebrar uma partilha amigável, impedindo como consequência qualquer conflito.

Por outro lado, nesse tipo de arrolamento, nos exatos termos do artigo 662 do Código de Processo Civil, "não serão conhecidas ou apreciadas questões relativas ao lançamento, ao pagamento ou à quitação de taxas judiciárias e de tributos incidentes sobre a transmissão da propriedade dos bens do espólio". Esse tipo de arrolamento somente terá natureza contenciosa se existirem credores do espólio.

Quanto ao procedimento de arrolamento previsto no artigo 664 do Código de Processo Civil, trata-se de procedimento de jurisdição contenciosa, como se depreende da leitura dos §§ 1º, 2º, 3º, 4º e 5º do artigo citado e, ainda, do artigo 667 do mesmo diploma legal.

---

[23] O professor Moacyr Amaral Santos trata do assunto de forma didática: "Todavia, a jurisdição não se exerce apenas em face de litígios. Visa-se, assim, com o seu exercício, à composição de conflitos de interesses, mas que não são necessariamente litigiosos. A pretensão, sobre a qual terá que se manifestar na decisão o órgão jurisdicional, para acolhê-la ou repeli-la, poderá não ser contestada" (*Primeiras linhas de direito processual civil*, São Paulo, Saraiva, 1998, vol.1, p. 76). No mesmo sentido, a jurisprudência: "Se o Código escolheu, por opção do legislador, a natureza de processo contencioso para o inventário e partilha, a conclusão forçosa é que a sentença que julga a partilha, com ou sem impugnação, é, sempre, de mérito. E, assim, a rescindibilidade dela só é de se alcançar através da ação do art. 485 do Código de Processo Civil [art. 966 do CPC de 2015]" (TJMG, Emb. Infr. Ação Rescisória nº 722, *apud* Humberto Theodoro Júnior, *Sucessões:* doutrina e jurisprudência, Rio de Janeiro, AIDE, 1990, p. 148).

6. A ATIVIDADE DO MINISTÉRIO PÚBLICO NO INVENTÁRIO

O Ministério Público oficiará como fiscal da lei nos inventários em que existam interesses de herdeiros ou legatários incapazes, bem como naqueles nos quais exista testamento a ser cumprido (artigo 178, I e II, do Código de Processo Civil). Oficiará também nos incidentes em que exista interesse de incapazes, como ocorrerá, por exemplo, se um menor for credor do espólio.

A doutrina e jurisprudência não cogitam da intervenção do Ministério Público em razão de possível interesse público decorrente do recolhimento dos impostos devidos. Nesse passo, o entendimento é de que a Fazenda Pública, que obrigatoriamente intervém nos inventários, deverá fiscalizar o correto recolhimento dos impostos e taxas devidos.

De igual forma, não existe qualquer fundamento que justifique a intervenção do Ministério Público em determinados incidentes do processo de inventário de que participem órgãos públicos.[24]

É evidente que a atuação do Ministério Público nas hipóteses em que ele obrigatoriamente deverá intervir se dará visando ao estrito cumprimento da lei,[25] pouco importando que o seu parecer venha ou não de encontro aos interesses dos incapazes que figurem no processo de inventário.

Importa destacar que, mesmo nas causas em que a intervenção do Ministério Público é obrigatória, a exemplo do que dispõe o art. 178, II, do CPC – processos que envolvam interesse de incapaz –, a falta dessa intervenção, por si só, não gera a nulidade do processo.[26] É necessária a demonstração de

---

[24] A propósito desse assunto, veja-se ementa de acórdão no Recurso Especial nº 21.585/PR do Superior Tribunal de Justiça, publicado no *Diário de Justiça*, de 10 de março de 1997, p. 51.971, sendo Relator o Ministro Barros Monteiro, *verbis*: "Alvará. Contrato a ser celebrado pelo espólio com a Companhia Energética do Estado de São Paulo, Cesp. Mero incidente no inventário. Inexistência de interesse indisponível. Desnecessidade de intervenção do MP".

[25] Sobre o tema, Cristiano Chaves de Farias e Nelson Rosenvald lecionam que, "atuando como fiscal da lei, o *Parquet* não se vincula aos interesses de quaisquer das partes, nem mesmo ao titular do direito indisponível. Significa que não terá de se posicionar, necessariamente, em favor da parte que gerou a sua intervenção no processo (no caso em tela, o investigante), devendo, antes de tudo, manifestar-se pela prevalência da ordem jurídica. Coaduna-se tal entendimento com o princípio da autonomia e liberdade funcional, pelo qual o Promotor de Justiça deve obedecer à sua consciência" (FARIAS, Cristiano Chaves de; ROSENVALD, Nelson. *Direito das famílias*, 2. ed., Rio de Janeiro: Lumen Juris, 2010, p. 629-630).

[26] Sobre o tema, confira-se: STJ, 3ª T., AREsp 1.370.845/CE, Rel. Ministro Ricardo Villas Bôas Cueva, DJe 05/08/2021; STJ, 2ª T., REsp 1.922.349/MG, Rel. Ministra

prejuízo para que se reconheça a nulidade. Assim, de acordo com o art. 279 do CPC,[27] a nulidade só poderá ser decretada após a intimação do *Parquet*, para que se manifeste sobre a existência ou não de prejuízo. Por outro lado, deverá oficiar no processo de inventário um único representante do Ministério Público, mesmo que exista, de um lado, interesses de incapazes e, de outro, testamento a ser cumprido, pela óbvia razão de que o MP, enquanto fiscal da lei, tem uma única diretriz a cumprir, nada havendo que justifique o fato de mais de um representante oficiar no mesmo processo.[28]

7. ALVARÁ E INVENTÁRIO

Conforme examinado no item 2, *supra*, só será cabível pedido de alvará judicial, sem a existência de bens do inventariado e naquelas hipóteses previstas nas Leis nos 8.213/91 e 6.858/80. No mais, o alvará só poderá ser requerido no bojo do inventário, como é bastante comum, para levantamento de valores e venda de bens, antes do término do inventário.[29]

Assusete Magalhães, *DJe* 23/03/2021; STJ, 3ª T., REsp 1.815.859/MG, Rel. Ministro Marco Aurélio Bellizze, *DJe* 24/03/2020.

[27] "Art. 279. É nulo o processo quando o membro do Ministério Público não for intimado a acompanhar o feito em que deva intervir.

§ 1º Se o processo tiver tramitado sem conhecimento do membro do Ministério Público, o juiz invalidará os atos praticados a partir do momento em que ele deveria ter sido intimado.

§ 2º A nulidade só pode ser decretada após a intimação do Ministério Público, que se manifestará sobre a existência ou a inexistência de prejuízo".

[28] Sobre a desnecessidade da atuação de dois membros do Parquet num único processo de inventário, veja-se: Paulo Cezar Pinheiro Carneiro, O Ministério Público no processo civil e penal. Promotor natural. Atribuição e conflito, 5. ed., Rio de Janeiro: Forense, 1999, p. 186-187. O Superior Tribunal de Justiça já se pronunciou sobre este assunto no Recurso Especial 8.780/SP, publicado no *Diário de Justiça* de 13 de abril de 1992, p. 4.993, sendo relator o Ministro Cláudio Santos, da 3ª Turma, com o seguinte teor: "Funcionando no inventário o curador de resíduos, inexiste a alegada nulidade pela falta de atuação do curador de família, até porque a instituição do Ministério Público é uma e indivisível".

[29] O Superior Tribunal de Justiça, no Acórdão nº 6.493/PA, publicado no *Diário de Justiça*, de 20 de maio de 1996, p. 16.701, sendo Relator o Ministro Nilson Naves, decidiu que é nulo o ato de expedição de alvará processado perante outro juízo que não o do inventário, por lhe faltar regular processo. O alvará tem natureza jurídica de autorização para que o inventariante possa praticar determinado ato, e pode ser requerido pelo mesmo ou por terceiro interessado para obter do inventariante o cumprimento de obrigação deixada pelo *de cujus*. Nesse caso, deverá ser ouvido o representante legal do espólio e, havendo recusa do inventariante, o terceiro deve

Quando se tratar de venda de bens, especialmente de imóveis, que possam ensejar o pagamento de imposto de renda sobre o lucro imobiliário, é fundamental que se verifique previamente qual o valor lançado pelo autor da herança na respectiva declaração do ano anterior ao seu falecimento. Isso porque, se esse valor, pelo tempo, for inferior àquele da venda, o lucro imobiliário, correspondente, hoje, a 15%, incidente sobre a diferença entre o valor lançado no imposto de renda e o preço de venda, poderá ser bastante representativo. Assim, nessa hipótese, seria mais conveniente proceder à avaliação do imóvel pelo preço atual, de mercado, realizar a partilha, e só depois efetuar a venda, o que possivelmente evitaria o pagamento de lucro imobiliário.

8. PRAZO PARA O INÍCIO E TÉRMINO DO INVENTÁRIO. LITIGÂNCIA DE MÁ-FÉ

O legislador fixou um prazo para a abertura do inventário, bem como para o seu respectivo término. Pela redação do artigo 611, somente o prazo para a conclusão do inventário poderá ser prorrogado pelo juiz, desde que exista motivo justo. Assim, não existe a possibilidade de prorrogação do prazo de abertura pelo juiz, mas é evidente que, se houver algum impedimento para a instauração do inventário, tal como greve, recesso forense ou outro motivo, aquele será postergado.

Quanto ao prazo para o término do inventário, o juiz poderá prorrogá-lo, desde que haja motivo justo, qualquer que seja, tal como a demora no cumprimento de precatória, na apuração de haveres de sociedade comercial, avaliação de grande quantidade de bens e assim por diante.

O Código de Processo Civil não prevê qualquer sanção para o retardamento da abertura do inventário, mas diversos Estados federados fixam uma multa pelo descumprimento de tal prazo.[30]

Não prevê o Código de Processo Civil uma sanção específica para o descumprimento do prazo para o término do inventário. Todavia, aplica-se a esse processo, como a qualquer outro, a teoria geral no que toca à litigância de má-fé, como prevista nos artigos 77 a 81 do Código de Processo Civil.

Nessa linha, se houver litigância de má-fé por qualquer das partes que figure no processo de inventário (inventariante, herdeiros, legatários, Fazenda

---

recorrer às vias ordinárias. Veja-se sobre o tema: Euclides Benedito de Oliveira, "Terceiro pode requerer alvará em inventário", *RT* 692/206.

[30] O STF, na Súmula nº 542, entende que a multa aplicada pelos Estados pelo descumprimento do prazo para a abertura do inventário não é inconstitucional.

Pública), o juiz deverá aplicar a sanção prevista no artigo 81 do Código de Processo Civil, ou seja, multa entre 1 e 10% sobre o valor da causa ou de até 10 salários mínimos se irrisório o valor da causa, e a obrigação de indenizar a parte contrária pelos prejuízos que esta sofreu, mais os honorários advocatícios e as despesas que efetuou.

A litigância de má-fé no inventário poderá ser caracterizada desde que ocorra qualquer das hipóteses do artigo 80, sendo certo que o valor da indenização, a teor do § 3º do art. 81, será fixado desde logo pelo juiz.[31]

Especificamente com relação ao inventário, a lei também prevê a possibilidade de remoção do inventariante que não prestar no prazo legal as primeiras e as últimas declarações, bem como quando não der ao inventário andamento regular, suscitando dúvidas infundadas e praticando atos meramente protelatórios (artigo 622, nºs I e II, do Código de Processo Civil).

Aplicam-se, também, ao testamenteiro esses mesmos princípios, podendo ele também ser removido e perder o prêmio se deixar de cumprir as obrigações testamentárias, bem como prestar contas, no juízo do inventário, do que recebeu e despendeu (artigos 735, § 5º, do Código de Processo Civil e 1.989 do Código Civil).

Existe também a possibilidade de o juiz do inventário determinar, de ofício, a remoção do inventariante por omissão, como se verá em momento próprio (*vide* item nº 40, *infra*).

O juiz não tem como se utilizar dos mecanismos previstos nos incisos II e III do artigo 485 do Código de Processo Civil. Desse modo, para que o inventário possa terminar, caberá ao juiz, utilizando-se dos seus poderes de impulsão e de disciplina, substituir o inventariante omisso.[32]

9. COMPETÊNCIA PARA O PROCESSO DE INVENTÁRIO

De acordo com o artigo 23, II, do Código de Processo Civil compete à autoridade judiciária brasileira, com exclusão de qualquer outra, proceder a inventário e partilha de bens situados no Brasil, ainda que o autor da herança seja estrangeiro e tenha residido fora do território nacional.

---

[31] Sobre o assunto, v. José Carlos Barbosa Moreira, "A responsabilidade das partes por dano processual no direito brasileiro", *Temas de direito processual*, 1ª série, São Paulo, Saraiva, 1977, p. 16.

[32] Nesse sentido, Nelson Nery Junior, ob. cit., p. 1.137, citando acórdão do STF publicado na *Revista Trimestral de Jurisprudência* 109/751.

É evidente que a Justiça brasileira só será competente, em qualquer hipótese, para o processo de inventário de bens situados no país, devendo os bens situados no estrangeiro ser inventariados no local onde se encontrarem.[33]

Excepcionalmente, admite-se a aplicação da lei material alienígena à sucessão de bens de estrangeiros situados no país, desde que mais favorável ao cônjuge ou aos filhos brasileiros (Lei de Introdução às Normas do Direito Brasileiro, art. 10, § 1º, e Constituição Federal, art. 5º, XXXI). Todavia, no que toca ao processo, aplicar-se-á sempre e necessariamente a lei processual brasileira.[34]

De acordo com o artigo 48 do Código de Processo Civil, o foro do domicílio do autor da herança, no Brasil, é o competente para o inventário e a partilha. Caso o autor da herança não tenha domicílio certo, será competente o foro da situação dos bens (inciso I, parágrafo único, do artigo 48, do Código de Processo Civil), aplicando-se esta mesma regra, por analogia, no caso de o autor da herança ter domicílio no estrangeiro. Será competente o foro de quaisquer das localidades, caso haja bens imóveis em locais diferentes (inciso II, parágrafo único, do artigo 48 do Código de Processo Civil). Se o autor da herança não tiver domicílio certo e nem possuir bens imóveis, o foro competente será aquele em que se encontrar qualquer dos bens do espólio (inciso III, parágrafo único, do artigo 48 do Código de Processo Civil).

9.1. Incompetência relativa

Tratando-se de regras de competência do foro, de natureza territorial, a eventual incompetência do juiz do local onde o processo de inventário

---

[33] Proclamando não competir à Justiça brasileira inventário e partilha de bens situados fora do país: *RT* 520/119, *RF* 269/208 e *RTJ* 110/750.

[34] "Em matéria processual impera a *lex fori*, lei do local da ação, pois não se admite que o tribunal de um país processe por outras normas processuais que não as suas próprias" (Jacob Dolinger, *Direito internacional privado*, 3ª ed., Rio de Janeiro, Renovar, 1994, p. 277). Sobre a lei aplicável às questões de direito material, é importante destacar dentre os clássicos, parecer elaborado pelo Professor Oscar Tenório, cuidando da lei aplicável à sucessão do *de cujus* que era domiciliado no Brasil ("Sucessão: universalidade, domicílio do defunto, aplicação da lei brasileira", *Revista Forense* 256/171) e artigo do Professor Haroldo Valladão, a respeito da aplicação da lei mais favorável ("O princípio da lei mais favorável no direito internacional privado", *Revista dos Tribunais* 549/11). Sobre o tema, confira-se: TJDFT, 1ª CC, CC Civ. 0720600-68.2019.8.07.0000, Rel. Des. Eustáquio de Castro, j. em 05/02/2020, *DJe* 18/02/2020; TJSP, 6ª Câmara de Direito Privado, AI 2146717-83.2019.8.26.0000, Rel. Des. Rodolfo Pellizari, j. em 02/09/2019, publ. 02/09/2019; TJRS, 8ª CC, Apl. Cível 70075364786 RS, Rel. Des. Ricardo Moreira Lins Pastl, j. em 14/12/2017, publ. 22/01/2018.

for iniciado será relativa, não podendo o mesmo, de ofício,[35] pronunciá-la. Caberá aos herdeiros, legatários, ou ao próprio Ministério Público, no caso de interesses de incapazes, alegá-la através de arguição de incompetência (artigo 64 do Código de Processo Civil), sob pena de prorrogação (artigo 65 do Código de Processo Civil).[36]

Não existe qualquer fundamento legal que autorize o entendimento de que o juiz pode, de ofício, declinar de sua competência se o inventário for proposto em foro diverso do domicílio do autor da herança. Todas as regras que tratam da competência territorial, e, portanto, da competência de foro, ensejam possível caso de incompetência de natureza relativa, salvo quando o legislador expressamente afirmar o contrário, como ocorre quando o litígio versar sobre direito de propriedade, vizinhança, servidão, divisão e demarcação de terras e nunciação de obra nova (artigo 47, § 1º, do Código de Processo Civil), bem como nas ações possessórias (artigo 47, § 2º, do CPC). Somente nessas hipóteses é que a incompetência do foro será de natureza absoluta, não admitindo prorrogação.

Nem se afirme a existência de interesse público a justificar que o inventário seja necessariamente iniciado no foro do domicílio do autor da herança. Acontece, não raras vezes, que o autor da herança tenha domicílio em determinado local e todos os seus bens estejam situados em outro, assim como o domicílio de todos os herdeiros.

Na realidade, haveria mais vantagem em se realizar o inventário no foro do local onde se encontram os bens. Todavia, esse fator não está em jogo. Caberá, exclusivamente, ao interesse das partes no processo de inventário

---

[35] Súmula nº 33/STJ: "A incompetência relativa não pode ser declarada de ofício".

[36] "Ministério Público. Processo em que atua como *custos legis*. Intervenção em razão da qualidade da parte. Incapaz interessado em inventário. Legitimidade do *parquet* para arguir a exceção de incompetência (relativa). Necessidade de demonstração do interesse do assistido no deslocamento do processo para outro foro. Forma de arguição por cota nos autos. Mera irregularidade cujos efeitos devem ser mitigados em atenção aos fins instrumentais do processo" (STJ, Recurso Especial nº 100.690/DF, Rel. Ministro Sálvio de Figueiredo Teixeira, *Diário de Justiça* do dia 8 de março de 1999, p. 228). Ainda: "(...) Não obstante a competência territorial possua natureza relativa e não possa ser declarada *ex officio*, no caso em liça, foi o Ministério Público atuante na instância a quo que exarou o parecer de fls. 89/90 requerendo o declínio de competência. Logo, ao contrário do que foi sustentado pelo Juízo Suscitante, o Suscitado não procedeu ao declínio de ofício mas sim por provocação do Parquet, inexistindo, portanto, qualquer violação à súmula 33 do STJ. (...)" (TJCE, 4ª Câmara de Direito Privado, CC 00024090920208060000, Rel. Desa. Maria do Livramento Alves Magalhães, j. em 16/02/2021, *DJe* 16/02/2021).

iniciá-lo onde reputem mais conveniente. Se houver oposição de qualquer herdeiro ou de outra parte qualquer, ela deverá ser manifestada.[37]

Não se cogita de eventual arguição pela Fazenda Pública, uma vez que não existe qualquer prejuízo para o recolhimento dos impostos devidos, que deverão ser pagos no local onde os bens se encontrarem. Por outro lado, o pagamento da taxa judiciária será efetuado em favor do Estado onde o inventário tramitar, por corresponder à prestação de serviços judiciários. Se esses não foram realizados em outro local, não há como se vislumbrar interesse da Fazenda do Estado do lugar onde o inventário não foi processado, mesmo que corresponda ao domicílio do autor da herança.

O entendimento de ser relativa a incompetência do foro do inventário já é, há muito, sedimentado na jurisprudência, inclusive com a existência de Súmula do antigo Tribunal Federal de Recursos (Enunciado nº 58, *verbis*: "Não é absoluta a competência definida no artigo 96, do Código de Processo Civil [de 1973], relativamente à abertura do inventário, ainda que existente interesse de menor, podendo a ação ser ajuizada em foro diverso do domicílio do inventariado").[38]

Nada obstante, inúmeros juízes de primeiro grau têm declinado de ofício de sua competência, em decisões que têm sido reformadas pelos Tribunais estaduais, reafirmando o caráter relativo dessa incompetência.[39]

---

[37] Nos Estados onde exista previsão de competência funcional para processamento do inventário, como no Estado do Rio de Janeiro relativamente a algumas varas regionais, a incompetência será absoluta.

[38] A jurisprudência que ensejou a edição dessa súmula pode ser encontrada na *Revista do Tribunal Federal de Recursos* nº 79, pp. 222 a 234. O Superior Tribunal de Justiça já se pronunciou sobre esse tema no REsp 630.968/DF, sendo Relator o Ministro Humberto Gomes de Barros, publicado no *Diário Justiça* de 14 de maio de 2007, p. 280, *verbis*: "Processo civil. Ministério Público. *Custos legis*. Inventário. Qualidade de parte. Incapaz. Competência relativa. Legitimidade do MP para arguir exceção de incompetência". No mesmo sentido: TJRJ, CC nº 0019723-44.2016.8.19.0000, Des. Lindolpho Moraes Marinho, j. 19/07/2016. Na doutrina, temos as opiniões de Alexandre Freitas Câmara, *Lições de Direito Processual*, p. 412 e Humberto Theodoro Júnior, *Curso de Direito Processual Civil*, p. 266, entendendo também ser relativa a incompetência do foro do inventário.

[39] "Agravo de instrumento. Inventário. Declínio da competência *ex officio*. Impossibilidade. Competência relativa. Súmula nº 33 do STJ. (...)" (TJRJ, 14ª CC, AI nº 0012975-59.2017.8.19.0000, Rel. Des. Cleber Ghelfenstein, j. em 07/06/2017). No mesmo sentido: "Conflito negativo de competência. Inventário. Competência relativa, de acordo com a Súmula 71 do TJSP. Declinação de ofício. Impossibilidade. Inteligência da Súmula 33 do Superior Tribunal de Justiça. Conflito julgado procedente. Competência do Juízo suscitado" (TJSP, Câmara Especial, CC nº 0016325-

O mesmo princípio, de ser relativa a incompetência, se aplica a todas as demais ações em que o espólio for réu. Assim, promovida uma ação contra o espólio em foro diverso daquele onde tramita o inventário, caberá ao inventariante, se quiser, arguir a incompetência, com base no artigo 64 do Código Processo Civil. Não o fazendo, a incompetência relativa estará sanada, com a prorrogação da competência do juízo onde foi proposta a ação. Aqui também prevalece o interesse das partes e não o interesse público, a justificar que a incompetência, nesses casos, seja de natureza relativa.[40]

Alguns exemplos podem ser mencionados relativamente ao que antes se falou. Imagine-se que o autor da herança houvesse, no passado, celebrado um contrato com cláusula de eleição de foro, obrigatória a herdeiros e sucessores. Nesse caso, apesar da regra do artigo 48 do Código Processo Civil, a ação deveria ser promovida no foro de eleição, não havendo na lei, repetimos, qualquer dispositivo semelhante àquele do artigo 47 do Código de Processo Civil, que proíba a aplicação de tal cláusula em caso de falecimento

---

60.2017.8.26.0000, Rel. Des. Salles Abreu, j. em 08/05/2017). Também "Conflito de competência. Inventário. Remessa, de ofício, ao foro do último domicílio do autor da herança, segundo consta da certidão de óbito. Impossibilidade. Competência relativa que não pode ser declinada de ofício – informações dos herdeiros de que não era o verdadeiro último domicílio. Inteligência das Súmulas 71 deste Tribunal e 33 do STJ. Conflito procedente. Competência do Juízo suscitado" (TJSP, Câmara Especial, CC nº 0012342-87.2016.8.26.0000, Rel. Des. Ademir Benedito, j. em 08/05/2017). Também: "Conflito de competência. Inventário. Remessa, de ofício, ao foro do último domicílio do autor da herança, segundo consta da certidão de óbito. Impossibilidade. Competência relativa que não pode ser declinada de ofício. Informações dos herdeiros de que não era o verdadeiro último domicílio. Inteligência das Súmulas 71 deste Tribunal e 33 do STJ. Conflito procedente. Competência do Juízo suscitado" (TJSP, Câmara Especial, CC 0012342-87.2016.8.26.0000, Rel. Des. Ademir Benedito, j. em 08/05/2017). Em acréscimo, confira-se: TJDF, 1ª Câmara Cível, Apl. Cível 07189233220218070000, Rel. Des. Fábio Eduardo Marques, *DJe* 21/06/2021; TJRJ, 4ª CC, AI 00140970520208190000, Rel. JDS. Fabio Uchoa Pinto de Miranda Montenegro, j. em 10/09/2020, *DJe* 14/09/2020.

[40] Os professores Alexandre Freitas Câmara e Humberto Theodoro Júnior, nas suas obras citadas na nota nº 34, sustentam que a regra da universalidade, no inventário, é a do foro e não a do juízo. Existem inúmeros julgados sobre esse assunto, dentre eles: "Mesmo havendo interesse de menores, em se tratando de venda de imóvel, o foro da situação deste (CPC, artigo 95) deve prevalecer sobre o foro do inventário (CPC, artigo 96), regendo-se aquele por critério de competência absoluta" (*Revista do Superior Tribunal de Justiça* nº 11, p. 66); "Nas ações de desapropriação (Decreto-lei nº 3.565/41, artigo 11), o foro competente é o da situação do imóvel, ainda que o inventário dos bens do autor da herança corra no foro do domicílio deste" (Superior Tribunal de Justiça, conflito de competência nº 5.579/RJ, publicado no *Diário de Justiça* de 13 de dezembro de 1993, p. 27.370).

de um dos contratantes. De igual modo, temos as ações reivindicatórias, de desapropriação, de divisão e demarcação de terras e outras.

9.2. Prevenção

Naquelas hipóteses nas quais existem mais de um foro competente para processar o inventário, como, por exemplo, a existência de duplo domicílio do autor da herança, a regra é a de que a competência será determinada pela prevenção. Assim, se os inventários forem distribuídos em comarcas diversas, a prevenção ocorrerá em favor do local em que se deu o registro primeiro ou a distribuição na forma do artigo 59, combinado com artigo 626, ambos do Código de Processo Civil.

10. QUESTÕES DE DIREITO QUE O JUIZ PODE DECIDIR

Para melhor compreensão e sistematização da análise sobre a cognição no presente procedimento especial, é fundamental que sejam precisadas quais as questões de direito que o juiz do inventário pode decidir, ou seja, pode julgar, com todas as consequências daí advindas, inclusive a coisa julgada material, e quais as que ele não pode decidir, a partir do art. 612 do CPC.

É evidente que o juiz do inventário somente poderá decidir e, portanto, julgar as questões inerentes ao objeto do inventário e da partilha. Outras espécies de questões estarão fora da competência do juízo do inventário, ressalvado o exame e o conhecimento de eventuais questões prejudiciais que, no entanto, não serão decididas pelo juízo do inventário, como adiante se demonstrará.

A primeira conclusão, portanto, é a de que o juiz do inventário tem competência para decidir as questões inerentes ao objeto desse processo, assim definidas no Código Civil e no seu respectivo procedimento, só não o fazendo naqueles casos em que o julgamento dessas questões depender de dilação probatória.

A redação anterior, do artigo 984 do Código de 1973,[41] dava margem à confusão, pois dizia que o juiz do inventário não decidiria as questões que demandassem alta indagação ou dependessem de outras provas. Diferentemente, o Código de 2015, no art. 612, tal como era o de 1939, nesse aspecto, é mais claro, porque considera que toda questão que não esteja provada através de documento deverá ser remetida para as vias ordinárias.

---

[41] Essa ideia de questão de alta indagação como aquela vinculada à necessidade de provas longas e difíceis vem desde a época das Ordenações Filipinas, conforme demonstrado por Pontes de Miranda, nos seus *Comentários* (ob. cit., pp. 17-18).

Em suma, o juiz só não deve conhecer daquelas questões que dependam de dilação probatória ou que a lei, expressamente, em face de determinada condição, não permita que o juízo do inventário decida.

Pouco importa a complexidade da questão de direito; se não existe necessidade de dilação probatória, compete ao juiz do inventário decidi-la. Não haveria qualquer lógica em admitir que um outro juiz, que não aquele do inventário, estivesse mais preparado para decidir uma questão de direito. Pelo contrário, qualquer juiz deve estar apto a decidir quaisquer questões. Para isso ele foi investido no cargo.

Vamos, então, precisar quais são essas questões.

Como já examinado anteriormente, o processo de inventário e partilha possui duas fases distintas. A primeira fase compreende, em resumo, o procedimento relativo à abertura do inventário, à nomeação do inventariante, à delimitação dos bens que deverão ser partilhados, com as respectivas avaliações, à identificação dos herdeiros, a eventuais colações, ao pagamento das dívidas e ao julgamento do cálculo do imposto, enquanto a segunda fase trata especificamente da partilha propriamente dita.

No decorrer desse complexo procedimento, inúmeras questões relativas aos temas antes citados surgem e, por constituírem objeto do inventário ou da partilha, devem ser decididas.

Não é preciso grande elucubração para sistematizar tais questões. Basta verificar o procedimento para apontá-las. Quem tiver o cuidado de examinar, casuisticamente, todos os casos que a jurisprudência aponta como passíveis de decisão pelo juízo do inventário, poderá verificar que eles certamente estarão compreendidos, direta ou indiretamente, em uma daquelas hipóteses inerentes ao objeto do inventário previstas no Código Civil, ou no próprio procedimento, até porque o juiz do inventário só tem competência para decidir, com força de coisa julgada, tais questões (*vide* item nº 12, *infra*).

Seguindo a linha preconizada, apontamos, inicialmente, as questões previstas nos artigos 627, I, II e III, e 628 do CPC, ou seja: erros ou omissões nas primeiras declarações (nº I); discussão sobre a nomeação do inventariante (inciso II); e a contestação da qualidade de quem foi incluído no título de herdeiro (inciso III) ou preterido (artigo 628).

Quanto a essas questões, a lei fornece opções ao juiz. Aquelas relativas aos incisos I e II do artigo 627 o juiz deverá necessariamente decidir. Quanto às questões que tratam da condição de herdeiro incluído (inciso III do mesmo artigo) ou preterido (art. 628 do CPC), o juiz poderá decidir, se tiver elementos para tanto, ou remeter a parte para os meios ordinários, podendo, em qualquer hipótese, reservar o quinhão que caberia ao impugnante. Importante consignar que o legislador, no § 2º do artigo 628, prevê a possibilidade da remessa aos meios ordinários quando o juiz do inventário necessitar de uma dilação probatória para que possa formar o seu convencimento (ver, com mais detalhes, os itens nºs 11 e 12, *infra*).

O artigo 635 do CPC trata de questões relativas à avaliação, as quais o juiz do inventário deve decidir, "à vista do que constar dos autos" (parte final do § 1º do artigo 635), enquanto do artigo 636 infere-se a possibilidade do surgimento de pontos duvidosos (questões), por ocasião da apresentação das últimas declarações, quando o inventariante poderá emendar, aditar ou completar as primeiras, também decididas pelo juiz do inventário.

O artigo 638 do CPC trata das questões sobre o cálculo, que serão necessariamente decididas pelo juiz do inventário.

As questões relativas a eventuais colações, bem como à conferência de liberalidades recebidas pelo herdeiro que renunciou à herança (artigos 639 e 640 do CPC) poderão ser decididas pelo juiz, desde que exista prova documental suficiente para tanto. Caso contrário, deverá remeter o herdeiro aos meios ordinários, o qual não poderá receber o seu quinhão sem prestar caução correspondente ao valor dos bens sobre que versar a conferência (§ 2º do artigo 641 do CPC).

As questões relativas às dívidas do espólio somente serão decididas pelo juiz se houver a concordância "de todas as partes sobre o pedido de pagamento feito pelo credor" (artigo 643 do CPC), caso contrário deverão ser discutidas nas vias ordinárias, facultado ao juiz determinar a reserva de bens para pagar o credor, "quando a dívida constar de documento que comprove suficientemente a obrigação e a impugnação não se fundar em quitação" (parágrafo único do artigo 643 do CPC).

As questões relativas ao monte a ser partilhado, inclusive à meação do cônjuge ou da(o) companheira(o) (*vide* item 19, *infra*) e à meação disponível, devem ser decididas pelo juiz, desde que exista prova documental inequívoca para tanto, de preferência na primeira fase do processo ou, dependendo do caso, por ocasião da elaboração do esboço de partilha. Caso contrário, o juiz deve remeter as partes aos meios ordinários, sem prejuízo da emissão da sentença de partilha, reservando, se for o caso, bens que garantam aquele que não foi contemplado.

Na ocasião da partilha, o juiz proferirá a sentença definitiva, decidindo todas as questões que tenham por objeto os quinhões hereditários e os legados, sendo facultado ao mesmo remeter as questões que dependam de dilação probatória para as vias ordinárias, procedendo, se for o caso, à reserva dos valores em discussão, até que resolvida no juízo competente a pendenga.

O Código Civil contém uma série de disposições legais relativas à sucessão em geral, as quais podem gerar questões que devem ser decididas pelo juiz do inventário, porque constituem objeto desse processo,[42] aplicando-se aqui, também, o mesmo princípio definido no Código do Processo Civil, no que tange à remessa para as vias ordinárias daquelas questões que demandarem dilação probatória.

Dentre as questões contidas no Código Civil podemos destacar: a) questão relativa a quem deve ficar na posse da herança até a partilha; b) questão relativa à renúncia da herança; c) questão relativa à herança jacente; d) questão relativa ao direito real de habitação do cônjuge viúvo etc.

A regra, repetimos para concluir, é a de que todas as questões de direito inerentes ao objeto do inventário e da partilha devem ser decididas pelo juiz do inventário, salvo aquelas que exigirem dilação probatória ou que a própria lei retire, de alguma forma, da sua competência, como ocorre, por exemplo, no caso de exclusão de herdeiro ou legatário da sucessão, hipótese em que a lei exige sentença judicial, que reconheça caso de indignidade ou de deserdação passível de gerar a exclusão.

11. QUESTÕES PREJUDICIAIS

É importante não confundir as questões de direito acerca das quais o juiz do inventário estará apto a proferir decisão com força de definitividade, com as chamadas questões prejudiciais, das quais o juiz conhecerá *incidenter tantum*, ou seja, como premissas necessárias para que possa se pronunciar sobre aquelas.[43]

Como já consignado anteriormente, o juiz do inventário não tem competência para decidir questões de direito que não estejam previstas no procedimento do inventário, que não constituem objeto dele. Assim, a discussão sobre a inconstitucionalidade de uma determinada lei que tenha criado um novo imposto a ser pago pelos herdeiros é uma questão de direito

---

[42] Sobre a noção de objeto do processo, v. Cândido Rangel Dinamarco (*Fundamentos do processo civil moderno*, São Paulo, Malheiros, 3ª ed., 2000), em que anota: "Assim é o *objeto do processo*, que se coloca diante do juiz, à espera do provimento que ele proferirá a final. Por *objeto do processo* designa-se o conteúdo deste, posto diante do juiz através do ato de iniciativa. Ele é, afinal, a *res in judicium deducta*, da linguagem tradicional".

[43] Por tudo e por todos, sobre o conceito de questão prejudicial, veja-se José Carlos Barbosa Moreira, "Questões prejudiciais e questões preliminares", *Direito Processual Civil. Ensaios e pareceres*, Rio de Janeiro, Borsoi, 1971, pp. 73-94.

que não pode ser decidida pelo juiz do inventário. Todavia, sobre ela deverá se pronunciar no momento de julgar o cálculo, como premissa necessária (prejudicial) para que possa decidir a questão de direito de sua competência, ou seja, se os herdeiros estarão ou não obrigados a recolher o imposto.

Quando surge uma questão prejudicial, em qualquer processo contencioso, caberá ao juiz conhecê-la, *incidenter tantum*. No inventário, como não cabe dilação probatória, é possível que o juiz não possa conhecer da questão prejudicial que necessite de prova, devendo nesta hipótese, igualmente, remeter as partes para a via ordinária, tomando, se for o caso, as providências cautelares adequadas a assegurar o resultado prático daquela situação até o julgamento da prejudicial em sede própria.

Imagine-se, como exemplo desta última situação, a discussão sobre a validade do ato de naturalização do autor da herança realizado em outro país (questão prejudicial), que dependeria de exame técnico (pericial)[44] e, também, da prova da vigência do alegado direito estrangeiro, para que o juiz do inventário pudesse decidir a questão relativa à partilha (questão principal) com base na lei material mais favorável aos filhos brasileiros (Constituição Federal, artigo 5º, XXXI).

Mesmo que o juiz orfanológico pudesse conhecer, desde logo, dessa questão prejudicial, porque existente prova documental inequívoca sobre a nacionalidade do autor da herança, esta questão não seria objeto de decisão, mas sim aquela relativa à partilha (questão principal, subordinada ao modo pelo qual o juiz conhecerá da prejudicial). Nessa linha, não haverá qualquer impedimento a que, em outro processo, essa mesma questão possa ser conhecida de forma diversa, se prejudicial, ou mesmo julgada, desde que funcione como questão principal de outro processo. Todavia, do ponto de vista do inventário, a sentença sobre a partilha produziu coisa julgada material e, portanto, estará imune à modificação, salvo por meio de ação rescisória, mesmo que a questão sobre a nacionalidade venha a ser decidida, com força de coisa julgada, em outro processo, de forma diversa.

Por outro lado, é de se reconhecer ao juiz do inventário a possibilidade de declaração de nulidade de ato jurídico ou documento como verdadeira decisão de questão prejudicial, com força de coisa julgada, se as razões para tanto se encontram suficientemente comprovadas por prova documental inequívoca nos autos do inventário (ver arts. 166 a 168 do Código Civil). No

---

[44] O mesmo pode se dizer do incidente de falsidade ideológica. Sobre o tema v. Arruda Alvim, "Incidente de falsidade ideológica em processo de inventário", *Revista de Processo* 16/201.

entanto, o mesmo raciocínio não é aplicável às hipóteses de anulabilidade, pois sua verificação, como sabido, depende de ação própria.[45]

Questão polêmica que surge com o Código de Processo Civil de 2015 é a possibilidade de a questão prejudicial fazer coisa julgada. O CPC, art. 503, §§ 1º e 2º, estabelece os critérios para que uma questão conhecida como prejudicial possa adquirir a qualidade de imutável. Primeiro, é necessário que ela seja decidida de forma expressa e incidental. Segundo, a resolução do mérito deve depender dessa prejudicial. Terceiro, imperioso que haja contraditório prévio e efetivo. Quarto, o juiz deve ser competente em razão da matéria e da pessoa para resolver a questão. Por fim, o procedimento não deve apresentar restrições probatórias ou cognitivas. Registre-se que todos esses requisitos devem ser observados cumulativamente.[46]

Nesse último ponto, reside o cerne da controvérsia, quando projetada para o âmbito do inventário, tendo em vista que o art. 612 do CPC limita a instrução à prova documental. Ocorre que, aqui, não há propriamente uma restrição probatória, mas sim um caso em que a dilação é desnecessária para o deslinde do caso. Parece, então, que, estando presentes os demais requisitos,

---

[45] Em respaldo ao sustentado, vejam-se as seguintes ementas: "Não se configura questão de alta indagação, a ser deslindada nas vias ordinárias, aquela que independe de prova e consiste em nulidade, exposta a declaração de ofício" (STJ, 3ª Turma, REsp. nº 32.525/BA, Rel. Min. Eduardo Ribeiro, j. em 15/12/1993, *DJ* de 18/04/1994); "Segundo o que preceitua o art. 146 do Código Civil, uma vez provada, a nulidade deve ser pronunciada de ofício, quando conhecer do ato o juiz, ainda que nisso convenham a todos os interessados. Só exigirá ele a ação nos casos em que surgir alguma controvérsia sobre os fatos constitutivos da mesma. A esposa, nos casos de registro feito pelo marido, incapaz, comprovado o dolo de terceiros tem interesse no ajuizamento da ação competente de anulação, e se a certidão contendo a nulidade for apresentada no inventário dos bens por ele deixados, uma vez que é 'comunheira'" (TJRJ, 6ª CC, Ap. Cív. nº 1994.001.07343, Des. Luiz Carlos Perlingeiro, j. em 27/06/1995, *DJ* de 11/08/1995). Diferentemente, porém, decidiu o STJ em acórdão publicado na *RSTJ* 53/165. "Na sede de processo de inventário não tem lugar ação de invalidar documentos públicos, tais como certidões de nascimentos destinadas à habilitação de herdeiros no inventário. Adequação das vias ordinárias para tal entendimento, onde a amplitude das discussões permite contestar-se a validade dos documentos"; "O juízo do inventário não se ocupa da anulabilidade de ato praticado com fraude contra os interesses da herança" (STJ, REsp. nº 201.400/MG, Rel. Min. Ruy Rosado, *DJ* de 01/07/1999). Na doutrina, consultem-se Pontes de Miranda, ob. cit., p. 21, Hamilton de Moraes e Barros, ob. cit., p. 114, Nelson Nery Junior, ob. cit., p. 1.317 e Arnoldo Wald, ob. cit., p. 47.

[46] Nesse sentido, o Enunciado 313 do Fórum Permanente de Processualistas Civis "São cumulativos os pressupostos previstos nos § 1º e seus incisos, observado o § 2º do art. 503".

em especial a competência, há a possibilidade de reconhecimento da coisa julgada em relação a questões prejudiciais do processo de inventário.[47]

12. AS QUESTÕES DE DIREITO QUE PODEM OU NÃO SER DECIDIDAS PELO JUIZ DO INVENTÁRIO E A JURISPRUDÊNCIA

A jurisprudência tem se manifestado sobre uma série de situações em que o juiz do inventário estaria autorizado a proferir decisão sobre determinadas questões e outras não.

É importante fazer um balanço dessas decisões para verificar, na prática, como tem sido a orientação dos tribunais, no que concerne ao âmbito de abrangência do artigo 612 do Código de Processo Civil.

Casuística das questões que devem ser resolvidas no âmbito do inventário, assim reconhecidas pela jurisprudência: a) condição de filho e herdeiro, e a de companheira(o) do *de cujus*, desde que documentalmente provados os fatos e sem necessidade de procurar provas fora do processo de inventário (STJ, *RT* 734/257; TJSP, 10ª Câmara de Direito Privado, AI nº 2261674-39.2015.8.26.0000, Des. J.B. Paula Lima, j. em 1406/2016, p. em 16/06/2016; TJRJ, 13ª CC, AI nº 0032722-68.2012.8.19.0000, Des. Helda Lima Meireles, j. em 05.09.2012, *DJ* de 14/09/2012); b) a dívida do falecido, se comprovada documentalmente e não contestada pelos herdeiros (TJMS, *RT* 724/401); c) declaração de isenção de imposto (STJ, REsp. nº 111.566/RJ, Rel. Min. Milton Pereira, *DJU* de 09/08/1999, p. 153), exceto se o inventário for processado na modalidade de arrolamento sumário (STJ, 1ª Seção, REsp 1150356/SP, Rel. Ministro Luiz Fux, j. em 09/08/2010, *DJe* de 25/08/2010); d) declaração de nulidade de incorporação de bens à sociedade (STJ, 3ª T., REsp. nº 32.525/BA, Rel. Min. Eduardo Ribeiro, j. em 15/12/1993, *DJ* de 18.04.1994); e) declaração de nulidade de doação realizada pelo *de cujus* (STJ, 4ª T., REsp 450.951/DF, Rel. Ministro Luis Felipe Salomão, j. em 23/03/2010, *DJe* de 12/04/2010; STJ, 4ª T., REsp 114.524/RJ, Rel. Ministro Sálvio de Figueiredo Teixeira, , j. em 27/05/2003, *DJ* de 23/06/2003, p. 371), f) ação de cobrança de um herdeiro em face de outro cobrando o aluguel pelo tempo de ocupação de um dos bens deixados em testamento pelo falecido (STJ, 4ª T., REsp 190.436/SP, Rel. Ministro Sálvio de Figueiredo Teixeira, j. em 21/06/2001, *DJ* de 10/09/2001, p. 392).

---

[47] Em sentido contrário: DIDIER JR., Fredie, et al. *Curso de Direito Processual Civil – vol. 2: teoria da prova, direito probatório, decisão, precedente, coisa julgada e tutela provisória*, 10ª edição – Salvador: Editora JusPodium, 2015, p. 538.

Casuística das questões de alta indagação que deverão ser resolvidas nas vias ordinárias, assim reconhecidas pela jurisprudência: a) existência de sociedade de fato entre o inventariado e a companheira, e o direito desta à partilha de bens adquiridos pelo esforço comum (STJ, *RSTJ* 4/1414; TJSP, 4ª Câmara de Direito Privado, Rel. Des. Natan Zelinschi de Arruda, j. em 29/09/2016; p. em 04/10/2016; TJSP, 1ª Câmara de Direito Privado, Rel. Des. Alcides Leopoldo e Silva Júnior, j. em 26/07/2016, p. em 27/07/2016); b) comprovação das causas de deserção, ainda que em autos apartados e sem resistência por parte do deserdado (TJSP, *RT* 726/269); c) ação de invalidação de documentos públicos, tais como certidões de nascimento (STJ, *RSTJ* 53/165); d) anulabilidade de ato praticado com fraude contra os interesses da herança (STJ, 4ª T., REsp. nº 201.400/MG, Rel. Min. Ruy Rosado de Aguiar, *DJU* de 01/07/1999, p. 183); e) incidente de falsidade de documentos (TJSP, 5ª Câmara de Direito Privado, Rel. Des. J.L. Mônaco da Silva, j. em 21/09/2016, p. em 26/09/2016); f) averiguação da suposta inoficiosidade da liberalidade, pela avaliação da metade disponível dos doadores à data das doações (TJSP, *RT* 720/109); g) discussão acerca da validade de escritura pública de dissolução do vínculo adotivo (STJ, 3ª T., REsp. nº 64.403/SP, Rel. Min. Waldemar Zveiter, j. em 15/12/1998, *DJU* de 19/04/1999, p. 132); h) relação de direito tributário, estabelecida em contrato de direitos hereditários (STJ, 2ª T., REsp. nº 15.553-0/RJ, Rel. Min. Hélio Mosimann, j. em 30/11/1994, *DJU* de 19.12.1994, p. 35.295); i) reintegração de posse (TJRJ, 6ª CC, AI nº 1993.002.01263, Des. Itamar Barbalho, j. em 07/12/1993, *DJ* de 20/12/1993); j) interpretação de cláusula contratual de sociedade comercial (TJRJ, 5ª CC, AI nº 1998.002.09245, Des. Carlos Raymundo Cardoso, j. em 02/03/1999, *DJ* de 10/03/1999); k) prova de erro na avaliação dos bens (TJRJ, 4ª CC, AI nº 1998.002.06751, Des. Wilson Marques, j. em 03/04/1999, *DJ* de 22/10/1999); l) interpretação de cláusula testamentária que demanda análise profunda da vontade do testador (STJ, Ag. nº 220.857/GO, Min. Sálvio de Figueiredo Teixeira, j. em 24/09/1999, *DJ* de 14/10/1999, p. 287); m) discussão acerca de bem vendido a descendente sem o consentimento dos demais (STJ, 3ª T., REsp. nº 8.803/SP, Min. Eduardo Ribeiro, j. em 10/12/1991, *DJ* de 17/02/1997); n) aferição do esforço comum na aquisição dos bens adquiridos na constância do casamento celebrado sob o regime da separação legal (TJRJ, 2ª CC, Rel. Des. José Pimentel Marques, AI nº 5.364/96 *in ADV/COAD Nossos Tribunais* 19/98, ac. nº 82.897, p. 424); o) anulação de testamento (TJMG, *Jurisprudência Mineira* 21/116, *apud* Orlando Soares, *Inventários e partilhas*, São Paulo, Sugestões Literárias, 1974, p. 33.

O acórdão citado na letra *g* da casuística das questões de alta indagação merece ponderações. Apesar de, por unanimidade, a Turma não conhecer do recurso, as razões para assim se decidir foram divergentes. O Ministro Waldemar Zveiter não conheceu do recurso por entender não ser cabível, no inventário, invalidação de documentos públicos (tal como se fez no acórdão da letra *c*, entendimento do qual se discorda, conforme visto no item nº 10, *supra*. Não obstante, o voto do Ministro Carlos Alberto Menezes Direito reconheceu que a nulidade da escritura de dissolução de adoção é, na espécie, questão de direito e, como tal, passível de decisão pelo juízo do inventário. Da mesma forma, a princípio, não são de alta indagação questões relativas à interpretação de cláusula contratual ou testamentária (letras *j* e *l*, *supra*), a menos que imprescindível a dilação probatória, tal como se verificou no caso da letra *l*, e não simplesmente por não se tratar de matéria sucessória, como quer o acórdão referido na letra *j*. O mesmo pode ser afirmado quanto ao reconhecimento da condição de herdeiro ou da sociedade de fato entre o *de cujus* e a companheira (letra *a* de ambas as enumerações anteriormente citadas).[48] Não se trata de questões, *a priori*, excluídas da apreciação do juízo orfanológico, muito embora possam carecer de outros meios de prova dos fatos, que não o documental.

13. RECURSO CABÍVEL EM FACE DAS QUESTÕES DECIDIDAS NO CURSO DO INVENTÁRIO

Todas as decisões proferidas pelo juiz do inventário relativas às questões de direito que constituem o objeto do processo de inventário, salvo a que julga a partilha, são impugnáveis através de agravo de instrumento. O fato de elas se constituírem em questões de mérito não traz qualquer consequência prática, na medida em que são de natureza interlocutória as decisões que as apreciam, pois não põem fim ao processo de inventário (artigo 203, § 2º, do CPC).[49] Lembrando que, por expressa disposição do art. 1.015, parágrafo único,

---

[48] Há quem sustente que o reconhecimento de sociedade de fato no âmbito do inventário depende da ausência de impugnação de qualquer dos interessados (Sebastião Luiz de Amorim, "A sociedade de fato ante o processo de inventário", *RT* 563/265).

[49] Nessa linha, veja-se o acórdão do TJRJ, relatado pelo Desembargador Gilberto Fernandes: "Agravo de instrumento. Decisão proferida nos autos de inventário, que declarou habilitado o viúvo meeiro, casado com a falecida sob o regime de separação legal de bens. Recurso de apelação não recebido. A referida decisão desafia recurso de agravo de instrumento. Com o advento da Lei nº 9.139/95, que modificou o processamento dos agravos, é inaplicável à hipótese o princípio da fungibilidade dos recursos. Recurso desprovido. Decisão confirmada" (13ª CC, AI nº 1998.002.8141, j. em 15/04/1999, *DJ* de 30/04/1999). No mesmo sentido: TJRJ, 8ª CC, AI nº 1988.002.00105, Des. Celso Guedes, j. em 13/10/1988, *DJ* de 05/12/1998; TJRJ, 13ª CC, AI nº 1998.002.08141, Des.

todas as decisões interlocutórias no processo de inventário são agraváveis, tendo um regime recursal distinto do procedimento comum.

É cabível, também, o recurso de agravo de instrumento em face da decisão interlocutória, proferida pelo juiz do inventário, que remete a questão duvidosa para ser decidida nas vias ordinárias, inclusive a questão prejudicial, pois, tal decisão, em tese, pode causar prejuízo a uma das partes pela demora que ela possa causar para o encerramento do inventário ou, até mesmo, a partilha total dos bens. Por outro lado, estará descumprindo a lei o juiz que remete as partes para as vias ordinárias quando ele próprio deveria decidir tais questões.[50]

A sentença que julga a partilha será impugnada através de recurso de apelação, porque põe termo ao processo (artigo 203, § 1º, do CPC).

14. O ADMINISTRADOR PROVISÓRIO. QUEM EXERCE TAL FUNÇÃO

Aberta a sucessão, o domínio e a posse dos bens da herança transmitem-se imediatamente aos herdeiros legítimos e testamentários (CC, art. 1.784), sendo certo que, aos legatários, a transmissão da posse depende do seu prévio pedido (CC, art. 1.923, § 1º). Seja como for, do ponto de vista prático, é preciso que alguém administre tais bens até que o processo de inventário seja instaurado e nomeado o inventariante. Pode ocorrer a necessidade da prática de atos de administração, como pagamentos de empregados, recebimento de aluguéis, atos de conservação de bens que reclame medidas judiciais, e assim por diante.

Nessas circunstâncias, podemos concluir, em primeiro lugar, que o administrador provisório não ostenta esta qualidade, em princípio, por

---

Gilberto Fernandes, j. em 15/04/1999, *DJ* de 30/04/1999. Entendendo, porém, caber apelação do indeferimento de pedido de pagamento de crédito em inventário: TJRJ, 5ª CC, Ap. Cív. nº 0.001.26034, Des. Barbosa Moreira, j. em 31/05/1983, *Ementário* 61/98, nº 26, 29/11/1984.

50 É pacífico o entendimento jurisprudencial de ser cabível o recurso de agravo de instrumento contra a decisão que remete as partes às vias ordinárias. Confiram-se, a propósito, os acórdãos publicados na *RJTJESP* 202/228, *RJTJESP* 105/328. Acórdão sustentando entendimento isolado foi publicado na RP 6/325, no qual se assevera a falta de interesse em recorrer da decisão em tela, por não haver gravame. Na doutrina, o entendimento que prevalece é o mesmo dos tribunais, ressalvando-se a opinião de Ernane Fidélis dos Santos dos Santos, para quem não cabe qualquer recurso, "pois não houve propriamente uma decisão, mas simples negativa de julgamento de ordem procedimental" (ob. cit., p. 261)

força de nomeação judicial, mas sim por uma questão de fato: encontrar-se na posse corporal e na administração dos bens do autor da herança, ao mesmo tempo em que tem, também, a posse direta de parte de tais bens ou da outra metade.[51]

Essas características do administrador provisório estão indicadas no Código Civil. Assim, quem administra provisoriamente a herança, até que o inventariante seja nomeado, é o cônjuge, independentemente do regime de bens (*vide* item 19, *infra*), ou companheiro sobrevivente, se com o outro convivia ao tempo da abertura da sucessão (artigo 1.797, I, Código Civil),[52] ou, na falta deste, o herdeiro que estiver na posse e administração dos bens,[53] sendo o herdeiro mais velho o administrador, no caso de existir mais de um herdeiro nessas condições (artigo 1.797, II, Código Civil). Em não havendo herdeiros, caberá a administração ao testamenteiro (inciso III do mesmo dispositivo do Código Civil). Note-se que somente na falta ou escusa de alguma das pessoas anteriormente indicadas, ou quando tiverem de ser afastadas por motivo grave levado ao conhecimento do juiz, este irá nomear pessoa de sua confiança para realizar a administração da herança. Dessa forma, não há, em princípio, necessidade de nomeação judicial do administrador, que só será imprescindível na remota hipótese aventada.

Aberto o inventário, nada impede que o juiz do processo substitua o administrador provisório, que pressupõe, antes do ajuizamento do inventário, repetimos, uma condição de fato, por outro que melhor atenda aos interesses dos herdeiros até a nomeação do inventariante. É certo, todavia, que a pessoa que esteve na posse corporal ou na administração dos bens da herança até aquele momento deverá prestar contas do seu trabalho.

---

[51] Nelson Nery Junior, no seu *Código comentado* (ob. cit., p. 1.318), e Ernane Fidélis dos Santos (ob. cit., p. 263) entendem que o administrador provisório só passa a ter esta condição em virtude de nomeação judicial ou "mero assentimento do juiz".

[52] Observe-se que proclamou o Superior Tribunal de Justiça não ser o cônjuge supérstite casado sob o regime de comunhão de bens necessariamente o administrador provisório, salvo se estiver na posse da massa hereditária (*RT* 670/177 e *RSTJ* 20/333). O novo Código tem redação praticamente idêntica ao antigo, em razão do que a jurisprudência continua valiosa.

[53] Pontes de Miranda (ob. cit., p. 28) entende que "pode bem ser que, em vida, o decujo haja entregue os bens a alguém, pessoa física ou jurídica, que se encarregava da administração, e há de nela continuar até que lhe cesse a função de administrador provisório". Nada impede que este entendimento possa ser mantido mesmo com o novo Código, visto que as redações são praticamente idênticas.

15. O ADMINISTRADOR PROVISÓRIO E A REPRESENTAÇÃO DO ESPÓLIO

A representação judicial do espólio (ativa e passiva) caberá, dependendo da hipótese, como examinado, ao cônjuge sobrevivente, ao herdeiro que estiver na posse corporal dos bens ou na administração deles, ou, ainda, ao herdeiro mais velho, caso mais de um ostente uma destas condições, a representação do espólio.[54]

Como já mencionado anteriormente, pode ser que exista a necessidade de o espólio promover alguma ação judicial antes da abertura do inventário, assim como também é possível que uma terceira pessoa precise promover imediatamente uma ação contra o espólio nessa mesma circunstância.

Qualquer ação promovida contra o espólio, com pedido de medida liminar deferida, exige a citação da outra parte, que ainda não foi ouvida, para a prática ou abstenção do ato determinado pela decisão. Pode ocorrer que o cumprimento da liminar não possa esperar a abertura de inventário com a nomeação do inventariante, para que este último seja intimado e, ao mesmo tempo, citado para responder à ação.

Em outras ocasiões, pode ocorrer que o herdeiro ou mesmo todos os herdeiros não tenham interesse em abrir o processo do inventário, resultando daí a dificuldade de um terceiro promover a ação judicial contra o espólio. Não seria razoável que este terceiro estivesse obrigado a requerer a abertura do inventário, a nomeação do inventariante, para aí então promover a sua demanda. Antes, com base no artigo 614 do CPC, poderá o terceiro promover, desde logo, a ação citando o espólio na pessoa do seu administrador provisório.

A pessoa que for citada como administrador provisório para responder a uma ação promovida contra o espólio poderá discutir sua qualidade, desde que, efetivamente, não exerça tal função na prática. Caso contrário, poderá ser considerada litigante de má-fé.

---

[54] Nesse sentido, confira-se o acórdão do TJSP, citado por Humberto Theodoro Júnior (ob. cit., p. 266) e publicado na *RT* 596/87, assim ementado: "O administrador provisório é o cônjuge sobrevivente ou herdeiro que se encontra na posse dos bens, nada havendo que o impeça de representar o espólio em juízo, até a nomeação do inventariante". Vale ressaltar, também, o que decidiu o mesmo tribunal, quanto à possibilidade de representação do administrador provisório, ante a renúncia do inventariante: "Havia inventariante compromissada, que renunciou ao posto. Por isso, até sua substituição efetiva, esta e não o outro indicado é que, em realidade, tinha condições legais para eventualmente assumir a defesa dos interesses do Espólio" (*RJTJESP* 113/214, *apud* Nelson Nery Junior, ob. cit., p. 1.318).

O que o legislador pretendeu, na realidade, foi garantir o acesso à justiça, sem impor ao autor da ação encargos que ele não deve ter.

Por outro lado, não se aplica ao administrador provisório o § 1º do artigo 75 do CPC, salvo a hipótese de ele ser dativo (artigo 1.797, IV, do Código Civil), não havendo necessidade, por conseguinte, de participarem como partes todos os herdeiros e sucessores do falecido. O administrador provisório é, em regra, pessoa interessada diretamente na sucessão e que deve ter a posse e a administração dos bens da herança. Somente existirá a figura do administrador provisório dativo na remota hipótese, já levantada, de falta ou escusa do cônjuge ou companheiro que convivia com o falecido à época da abertura da sucessão, do herdeiro possuidor e administrador dos bens a serem inventariados, e do testamenteiro (art. 1.797, Código Civil).[55]

Aliás, o artigo 110 do Código de Processo Civil corrobora esta afirmação anterior, na medida em que, ocorrendo a morte de uma das partes, a sucessão se dará pelo seu espólio ou pelos seus sucessores. Quem representa ativa e passivamente o espólio é o inventariante ou o administrador provisório. Assim, só haverá necessidade da habilitação de todos os herdeiros (sucessores), nos casos de inventariante ou administrador dativos.

16. A RESPONSABILIDADE DO ADMINISTRADOR PROVISÓRIO

Conforme prevê o artigo 614 do CPC, o administrador provisório é o responsável pela adequada administração dos bens do espólio, como se seus fossem, desde a abertura da sucessão até o momento em que o inventariante prestar o compromisso (parágrafo único do artigo 617 do Código de Processo Civil).

A redação deste artigo deixa absolutamente claro que o administrador provisório existe antes da abertura do inventário, pois está obrigado a trazer os frutos que percebeu desde o momento da abertura da sucessão, fato que ocorreu com a morte do autor da herança (artigo 1.784, Código Civil), como

---

[55] Há quem defenda a necessidade de prévia nomeação do administrador provisório, preferencialmente por termo assinado (v. nota 56). O já mencionado acórdão do TJSP, publicado na *RJTJESP* 113/214, cuidou de amenizar tais formalidades, acrescentando que a nomeação pode ser por qualquer ato judicial, "inclusive a simples admissão formal pelo Juiz da situação fática". Proclamando caber ao administrador provisório a representação do espólio em juízo, enquanto ainda não prestado o compromisso pelo inventariante: STJ, 3ª T., REsp. nº 81.173/GO, Rel. Min. Costa Leite, j. em 21/05/1996, *DJU* de 02/09/1996, p. 31.077.

também tem direito ao reembolso das despesas necessárias e úteis que fez, respondendo, outrossim, pelos danos que tenha causado nesse interregno, uma vez caracterizado o dolo ou a culpa.

Não havendo impugnação, a prestação de contas do administrador provisório pode ser realizada no próprio inventário. Caso contrário, e ainda naquelas hipóteses de apuração de dano que tenha causado, o caminho será a via ordinária, podendo o juiz do inventário, por medida cautelar, determinar a reserva do quinhão, ou de parte dele, do cônjuge ou do herdeiro que esteja sendo responsabilizado, de sorte a garantir a eventual eficácia prática da decisão a ser proferida no outro processo.

Capítulo II
LEGITIMIDADE PARA REQUERER O INVENTÁRIO

17. OBRIGAÇÃO DO ADMINISTRADOR PROVISÓRIO DE REQUERER A ABERTURA DO INVENTÁRIO

Constitui uma obrigação legal da pessoa que estiver na posse e administração dos bens do espólio requerer a abertura do processo de inventário e partilha no prazo de trinta dias, contados do óbito.

Como examinado anteriormente (*vide* itens nºs 14 a 16, *supra*), caberá, em princípio, ao administrador provisório tal tarefa, na medida em que ele se encontra na posse e administração dos bens da herança.[1]

O não cumprimento dessa obrigação poderá acarretar a responsabilização do administrador provisório pelos danos eventualmente sofridos pelos demais herdeiros ou terceiros que dependeriam da abertura do inventário para a constituição de determinado direito. No caso, basta para caracterizar a negligência do administrador provisório e, portanto, a sua culpa, o simples fato de não ter requerido, no prazo, a abertura do inventário, salvo eventual motivo de força maior.

18. A CERTIDÃO DE ÓBITO DEVE INSTRUIR O PEDIDO

O pedido de abertura de inventário deverá ser requerido por quem tenha legitimidade para tanto e, obrigatoriamente, instruído com a certidão de óbito do autor da herança. Trata-se de documento indispensável à pro-

---

[1] A maioria dos autores (dentre eles Nelson Nery Junior, ob. cit., p. 1.319; Vicente Greco Filho, ob. cit., p. 241; Pontes de Miranda, ob. cit., pp. 35-36) leciona que a abertura do inventário deverá ser requerida por quem estiver na posse e na administração do espólio, sem prejuízo dos demais legitimados ativos concorrentes. O primeiro doutrinador citado diz que "exige-se que seja comprovada por documento a qualidade da pessoa que se apresenta com legitimidade para o pedido, de sorte que possa ser aquilatado se se encontra no rol daquelas do CPC 988 [CPC de 2015, art. 616]".

positura da ação. Sua falta enseja o indeferimento da petição inicial, caso o autor não supra tal defeito no prazo de dez dias, que o juiz deverá conceder para tanto ao despachar a petição inicial (artigos 320, 321 e parágrafo único, ambos do CPC).[2]

Se houver motivo de força maior que impeça a expedição da certidão de óbito pelo registro civil competente, como no caso de greve por mais de 30 dias, é evidente que o administrador provisório não poderá ser responsabilizado pela demora, nem será devida eventual multa pelo atraso na abertura do inventário.

Na hipótese da necessidade de medidas urgentes que não possam esperar a expedição da certidão de óbito ou ainda da situação concreta que não permita que o administrador provisório possa resolver o assunto, é possível a instauração de um processo cautelar preparatório, no qual o autor apresentará os elementos de que dispõe para demonstrar o óbito e a impossibilidade de obter a competente certidão, além de sua legitimidade para tanto, e requererá as medidas necessárias.

É importante não confundir a falta da certidão de óbito, porque não expedida, com a retificação da mesma. Esta última hipótese não impede a abertura do inventário e não poderá servir de justificativa para o atraso.

19. DA LEGITIMIDADE PARA REQUERER A ABERTURA DO INVENTÁRIO

Todas as pessoas indicadas no corpo do artigo 616 do CPC têm legitimidade para requerer a abertura do inventário, sendo irrelevante o fato de estarem ou não na posse ou administração de bens do espólio.

Não existe qualquer impedimento para que o cônjuge sobrevivente, casado sob regime de bens diverso do da comunhão, possa requerer a abertura do inventário. Haverá sempre interesse do cônjuge, mesmo casado sob o regime da separação total de bens, em precisar quais os bens que pertenciam ao seu falecido consorte e os seus, para evitar que, no futuro, dúvidas possam surgir.

---

[2] Ernane Fidélis dos Santos, no seu livro *Dos procedimentos especiais*, p. 268, diz que "se não existir o registro do óbito, (...) há de haver justificação prévia, que o supra (art. 109 da Lei de Registros Públicos)". Este artigo, porém, trata da restauração ou da retificação do assentamento no registro civil e não do próprio registro em si, como é o caso. Pontes de Miranda, em seus *Comentários* (ob. cit., p. 36), preleciona que se há razão para o retardamento da vinda da certidão, o legitimado pode requerer a abertura expondo o que se passa.

De igual forma, poderá também a(o) companheira(o) promover a abertura do inventário desde que demonstre, por meio de prova documental inequívoca, essa qualidade. Por força de preceito constitucional, artigo 226, § 3º, não deve haver discriminação entre o cônjuge e a(o) companheira(o).[3] A legitimidade agora consta expressa do CPC de 2015.

O Código Civil discriminou a companheira ou o companheiro, dispondo, no artigo 1.790, que um só participará da sucessão do outro quanto aos bens adquiridos onerosamente na vigência da união estável, conferindo-lhe uma cota equivalente à que for atribuída ao filho comum; se concorrer somente com descendentes do autor da herança, tocar-lhe-á a metade do que couber a cada um daqueles, e um terço da herança, se concorrer com outros parentes sucessíveis. Só terá direito à totalidade da herança em não havendo parentes sucessíveis. Como anteriormente afirmado, a Constituição Federal, no artigo 226, parágrafo 3º, reconheceu a união estável entre o homem e a mulher como entidade familiar, não podendo, assim, a companheira ou o companheiro ter tratamento diverso daquele que a mulher oficialmente casada teria. Assim, o artigo 1.790 do Código Civil é inconstitucional.[4] Note-se que o mencionado dispositivo foi escrito bem antes da Constituição de 1988, sendo certo que as disposições do novo cônjuge relativas aos direitos sucessórios do cônjuge aplicar-se-ão ao companheiro ou companheira, pelo que eles serão considerados herdeiros necessários no inventário do outro, sem prejuízo da aplicação de outros dispositivos legais que regulam tal situação.

Mesmo o cônjuge separado judicialmente ou a(o) concubina(o) que não ostente, nos termos da lei, a condição de companheira(o) poderão requerer a abertura do inventário, caso tenham algum interesse jurídico prático a resolver, como, por exemplo, alvará para a retirada de determinados bens de sua propriedade (demonstrada através de prova documental inequívoca), que estariam na residência do *de cujus*, ou necessidade da prática de algum

---

[3]   Nesse mesmo sentido, Nelson Nery Junior, ob. cit., p. 1.320 e Alexandre Freitas Câmara, ob. cit., p. 417 e Antonio Carlos Marcato, ob. cit., p. 171.

[4]   O artigo 1.725 do Código Civil, constante do Livro IV – Direito de Família –, Título III, que trata da união estável, dispõe que esta terá o regime idêntico ao da comunhão parcial de bens, salvo contrato escrito entre os companheiros, disposição esta que conflita com o escalonamento realizado pelo artigo 1.790 do mesmo diploma legal. A inconstitucionalidade do art. 1.790 do CC foi reconhecida por maioria no STF, no âmbito do RE 878.694/MG, de relatoria do Min. Luís Roberto Barroso, julgado em 10 de maio de 2017. Na ocasião, foi fixado o tema 809 da repercussão geral, que dispõe: "É inconstitucional a distinção de regimes sucessórios entre cônjuges e companheiros prevista no art. 1.790 do CC/2002, devendo ser aplicado, tanto nas hipóteses de casamento quanto nas de união estável, o regime do art. 1.829 do CC/2002".

ato que competia ao falecido, como a efetivação de uma escritura de compra e venda, e assim por diante.

É evidente a legitimidade do herdeiro, do legatário, qualquer que seja ele, inclusive o do fideicomissário (artigo 1.951 do Código Civil), bem como do testamenteiro para requerer a abertura do inventário, dispensando-se maiores considerações a respeito.

Questão interessante se refere à possibilidade de a pessoa beneficiada por um codicilo requerer a abertura de inventário. O Código Civil não reconhece o codicilo como testamento (artigo 1.862 do Código Civil). Por outro lado, pode ocorrer que exista algum interessado contemplado no codicilo. Nessa hipótese, se o inventário não for aberto no prazo legal, será possível ao referido beneficiário requerer tal medida. Sua legitimidade será subsidiária, na medida em que ele tem interesse jurídico no processamento do inventário. Esse princípio vale também para terceiros que eventualmente estejam em condição semelhante, devendo, todavia, tais interesses ser demonstrados através de prova documental inequívoca.

O parágrafo segundo do artigo 1.733 do Código Civil prevê a possibilidade de o testador nomear um curador especial para velar pelos bens do menor herdeiro ou legatário instituído, ainda que eles se achem sob o pátrio poder, ou sob tutela. Assim, nessa hipótese específica, terá legitimidade para requerer a abertura do inventário, em nome próprio, o curador especialmente nomeado, na medida em que, do ponto de vista legal, não é representante do menor, até porque não se trata de curatela, tal como definida nos artigos 1.767 e seguintes do Código Civil.[5]

É perfeitamente possível que o herdeiro ou legatário promova a cessão de parte ou da totalidade dos seus direitos hereditários, que houve desde a abertura da sucessão,[6] salvo a instituição de gravame pelo autor da herança, em testamento, que impeça. Nesse caso, o cessionário, provando a sua qualidade, poderá pleitear a abertura do inventário para que possa concorrer à partilha, recebendo parte ou a totalidade do quinhão que caberia ao herdeiro ou legatário cedente. É necessário que a cessão de direitos hereditários[7] seja

---

[5] Nelson Nery Junior, ob. cit., p. 1.320, entende que o curador especial pode requerer a abertura do inventário como representante dos herdeiros ou legatários incapazes.

[6] O artigo 426 do Código Civil proíbe contratos de cessão de direitos hereditários futuros, ou seja, os que tenham por base herança de pessoa viva.

[7] Sobre o tema, o Superior Tribunal de Justiça já decidiu que são cabíveis embargos de terceiro na defesa de posse originada de cessão de direitos hereditários. Confira-se o acórdão, assim ementado: "(...) 5. A cessão de direitos hereditários sobre bem singular,

realizada por instrumento público, tendo em vista o teor do artigo 80, II, do Código Civil, *ex vi* do artigo 215, do mesmo estatuto legal, sendo a forma, no caso, da substância do ato (CC, art. 104, III).

Somente o credor de dívida líquida e certa, mesmo ainda não vencida, suficientemente comprovada, do herdeiro, do legatário ou do autor da herança, terá legitimidade para requerer a abertura do inventário, até porque a lei só admite a habilitação de credor, no processo em curso, que preencha tais condições (artigo 644, CPC). Se o título não preencher essas condições, deverá o credor promover no juízo competente a ação própria para a obtenção do seu crédito.

Caso haja necessidade de processo cautelar para garantir eventual efeito prático da futura sentença, como, por exemplo, reserva de frutos da herança, deverá figurar como réu nessa ação o espólio representado pelo administrador provisório. Favorável que venha a ser o processo principal, poderá o credor requerer a abertura do inventário, habilitando-se ao recebimento do seu crédito, cujo pagamento não poderá ser recusado, em razão de ter sido reconhecido por anterior sentença transitada em julgado.

Nada obstante o disposto no artigo 618, VII, do CPC, a nosso sentir, o Ministério Público, em princípio, terá legitimidade para requerer a abertura do inventário em qualquer hipótese, pouco importa que exista ou não interesse de herdeiros incapazes, ausentes, ou testamento a ser cumprido, pois haverá sempre interesse público para tanto, na medida em que existe interesse da Fazenda Pública na arrecadação de impostos devidos.

O fato de o Ministério Público estar legitimado para requerer a abertura do inventário não significa que existirá interesse público em sua atuação nas etapas seguintes do processo. Ao contrário, a regra é a de que, aberto o inventário, caberá à Fazenda Pública oficiar no interesse do Estado ou da União (imposto de renda, por exemplo), devendo o Ministério Público intervir, a seu exclusivo critério, desde que entenda existir interesse público que justifique a sua participação, além, evidentemente, dos casos em que exista interesse de menores, ausentes, ou testamento a ser cumprido.

---

desde que celebrada por escritura pública e não envolva o direito de incapazes, não é negócio jurídico nulo, tampouco inválido, ficando apenas a sua eficácia condicionada a evento futuro e incerto, consubstanciado na efetiva atribuição do bem ao herdeiro cedente por ocasião da partilha. 6. Se o negócio não é nulo, mas tem apenas a sua eficácia suspensa, a cessão de direitos hereditários sobre bem singular viabiliza a transmissão da posse, que pode ser objeto de tutela específica na via dos embargos de terceiro. (...)" (STJ, 3ª T., REsp 1.809.548/SP, Rel. Min. Ricardo Villas Bôas Cueva, j. em 19/05/2020, *DJe* 27/05/2020).

A Fazenda Pública, em regra, sempre terá interesse na abertura do inventário para verificar e exigir o recolhimento do imposto, ou mesmo fiscalizar a correção de eventual isenção. Para aqueles que defendem a possibilidade da existência de inventário negativo, a Fazenda Pública, nessa hipótese, não estaria legitimada.

A previsão constante do art. 989 do CPC de 1973, que autorizava que o juiz desse início ao inventário de ofício, não foi reproduzida pelo Código de 2015. Desse modo, tal possibilidade resta definitivamente afastada de nosso sistema processual.

Capítulo III

INVENTARIANTE E PRIMEIRAS DECLARAÇÕES

20. NOMEAÇÃO DO INVENTARIANTE. ORDEM DE PREFERÊNCIA. RECURSO

O CPC, no art. 617,[1] estabelece uma ordem de preferência para a nomeação do inventariante. Em princípio, ela deve ser seguida pelo juiz, salvo se não consultar aos interesses do espólio, do mesmo modo no que concerne à indicação por consenso de todos os herdeiros e eventuais legatários.

Assim, antes de tudo, é preciso balizar quais são os interesses do espólio que autorizariam a nomeação do inventariante fora da ordem legal.

O processo de inventário, como qualquer outro processo contencioso, visa à satisfação de um direito material, no caso, a formalização da distribuição do patrimônio do autor da herança aos herdeiros legítimos ou testamentários, além do conhecimento de tantas outras questões de fato e de direito.

---

[1] Art. 617. O juiz nomeará inventariante na seguinte ordem:

I – o cônjuge ou companheiro sobrevivente, desde que estivesse convivendo com o outro ao tempo da morte deste;

II – o herdeiro que se achar na posse e na administração do espólio, se não houver cônjuge ou companheiro sobrevivente ou se estes não puderem ser nomeados;

III – qualquer herdeiro, quando nenhum deles estiver na posse e na administração do espólio;

IV – o herdeiro menor, por seu representante legal;

V – o testamenteiro, se lhe tiver sido confiada a administração do espólio ou se toda a herança estiver distribuída em legados;

VI – o cessionário do herdeiro ou do legatário;

VII – o inventariante judicial, se houver;

VIII – pessoa estranha idônea, quando não houver inventariante judicial.

Parágrafo único. O inventariante, intimado da nomeação, prestará, dentro de 5 (cinco) dias, o compromisso de bem e fielmente desempenhar a função.

64 | INVENTÁRIO E PARTILHA: Judicial e Extrajudicial – *Paulo Cezar Pinheiro Carneiro*

Todavia, ele tem uma característica diferente da maioria dos outros processos, que é a existência de uma função destinada a administrar o espólio e a representá-lo ativa e passivamente em juízo (artigo 618, I e II, do CPC), impulsionando o processo de inventário, com o cumprimento das diversas etapas deste procedimento até a partilha, de sorte a permitir a realização do direito material.[2]

A fim de que o inventário pudesse chegar a bom termo, o legislador adotou uma ordem de nomeação para tal função, com base em regras de experiência que melhor atendessem à finalidade do processo.

Uma simples leitura dos diversos incisos do art. 617 do CPC revela que, possivelmente, o cônjuge sobrevivente casado sob o regime de comunhão seria a pessoa mais adequada para desempenhar essa função, seja do ponto de vista moral e ético, seja do ponto de vista legal, pois é proprietário, por direito próprio, de metade de todo o patrimônio.

De igual modo, a lei coloca como segundo na ordem de preferência o herdeiro que se achar na posse e administração do espólio. Ora, à falta do cônjuge, ninguém se desincumbiria melhor da função de inventariante, de acordo com as regras de experiência comum, do que o próprio herdeiro que tem a posse e a administração de tais bens.

Não havendo qualquer herdeiro na posse dos bens e administração do espólio, qualquer um deles poderá ser nomeado, devendo o juiz, é evidente, indicar aquele que possa melhor desempenhar o encargo. Por exemplo, se o espólio tiver uma grande quantidade de bens, empresas etc., seria mais conveniente a nomeação do herdeiro que tem formação em Administração de Empresas do que o outro, com formação em Artes. Se nenhum deles tiver qualquer formação, melhor representaria o espólio o herdeiro que tivesse residência na cidade onde tramita o inventário, do que aquele que residisse em outro Estado ou mesmo no exterior. Enfim, mais uma vez o juiz deve se valer de regras de experiência, ainda que não alinhadas pelo dispositivo.[3]

---

[2] Algo semelhante ocorre no processo de falência e de recuperação judicial, com a função do administrador judicial (arts. 21 a 25 da Lei nº 11.101/2005).

[3] Pontes de Miranda, ob. cit., pp. 50 e 53, afirma que, dentre os que não têm a posse e a administração, prefere-se o mais idôneo, em analogia ao artigo 617, e porque no CPC de 1939 havia explicitude. Idoneidade, para o autor, significa ter maiores indicações para o cargo (morais, econômicas, de trato dos negócios ou forenses, de confiança, ou simplesmente de estima ou respeito dos outros herdeiros). Observa, ainda, que o herdeiro testamentário é tratado pela lei como herdeiro legítimo, inclusive necessário. José da Silva Pacheco (ob. cit., p. 395) leciona que "não se

O legislador do CPC de 2015 houve por bem acrescentar, um nível abaixo dos herdeiros em geral, o herdeiro menor, que será representado em juízo pelo representante legal (CPC, art. 71), de modo a regularizar sua capacidade processual.[4] A lei, assim, foi em sentido contrário à jurisprudência

---

distingue entre herdeiro legítimo ou instituído. (...) Prefere-se, entre os herdeiros, o mais idôneo, de maior capacidade ou aptidão, o que convivia com o *de cujus*, o mais idoso, e que conte com o apoio da maioria dos interessados". A jurisprudência também tem se posicionado no sentido de que, para a nomeação de inventariante, a lei não distingue entre herdeiro legítimo ou testamentário: confira-se a seguinte ementa do acórdão do Superior Tribunal de Justiça "Processo civil. Recurso especial. Inventário. Testamento. Nomeação de inventariante. Ordem legal. Art. 990 do CPC. Nomeação de testamenteiro. Impossibilidade. Herdeiros testamentários, maiores e capazes. Preferência. – Para efeitos de nomeação de inventariante, os herdeiros testamentários são equiparados aos herdeiros necessários e legítimos. (...)" (STJ, 3ª T., REsp 658.831/RS, Rel. Ministra Nancy Andrighi, julgado em 15/12/2005, *DJ* 01/02/2006, p. 537). Entendendo que a herdeira instituída que se achar na posse e na administração dos bens do espólio prefere aos outros herdeiros, inclusive aos necessários, para o exercício da inventariança, o acórdão proferido pela 5ª Câmara Cível do Tribunal de Justiça do Rio de Janeiro no agravo de instrumento nº 9.858, Relator Desembargador Barbosa Moreira, j. em 17.09.1985, *DJ* de 21.10.1985. Sobre o tema, confira-se ainda: "Agravo de instrumento. Inventário. Nomeação do requerente de fls. 03, como inventariante, em razão de seu domicílio na comarca onde estão situados os bens dos espólios e na qual se processa o presente feito, a facilitar a administração. Irresignação. Preferência estabelecida pelo art. 617, do CPC/15, que embora não se afigure absoluta, apenas pode ser mitigada em situações excepcionais. Recorrente que demonstra através de documentos acostados ao presente feito o exercício da administração dos bens do espólio. Necessidade de observância da ordem legal estabelecida no inciso II, do mencionado dispositivo legal. Possibilidade, ademais, de remoção no caso de desatendimento das obrigações estabelecidas no art. 622, do CPC/15. Precedentes do c. STJ. decisão reformada. recurso conhecido e provido, nos termos do art. 932, VIII, do CPC/15, combinado com o art. 31, VIII, do RITJ" (TJRJ, 16ª CC, AI 0029501-04.2017.8.19.0000, Rel. Des. Mauro Dickstein, j. em 11/07/2017, *DJ* 13/07/2017); "Agravo de instrumento. Inventário judicial. Nomeação de inventariante. Insurgência calcada em alegação de desídia. Recorrente que afirma, ainda, possuir melhores condições para o desempenho do encargo. Nomeação que respeita a ordem de preferência prevista no artigo 617 do Código de Processo Civil de 2015. Afastamento do aludido preceito legal que só se permite mediante verificação de circunstâncias fáticas excepcionais, tais como o descumprimento comprovado de deveres pelo inventariante ou o tumulto causado à regular marcha processual. Precedentes do Superior Tribunal de Justiça. Manutenção da decisão impugnada. Recurso a que se nega provimento" (TJRJ, 10ª CC, AI 0042842-34.2016.8.19.0000, Rel. Des(a). Patrícia Ribeiro Serra Vieira, j. em 12/09/2016, *DJ* 15/09/2016).

[4] WAMBIER, Teresa Arruda Alvim [et al], coordenadores, *Breves comentários ao Novo Código de Processo Civil*, ob. cit., p. 1.524.

e à doutrina então prevalentes, que afirmavam que, sendo personalíssima a função do inventariante, ela não poderia ser exercida por incapazes.[5]

Em seguida à preferência do herdeiro, o legislador indica o testamenteiro, se lhe foi confiada a administração do espólio ou se a herança estiver distribuída em legados. Aqui, também é evidente que, possivelmente, a pessoa indicada pelo próprio autor da herança como capaz de fazer cumprir a sua vontade e administrar o espólio será a mais adequada a exercer a inventariança, na falta daquelas outras anteriormente indicadas.

Após o testamenteiro, o CPC traz o cessionário do herdeiro ou do legatário para assumir a função de inventariante.

No caso de nenhuma daquelas pessoas anteriormente indicadas poder exercer a inventariança, ela deverá ser confiada ao inventariante judicial, que é um cargo público existente nos quadros da justiça, destinado ao exercício de tal função.

Finalmente, o juiz poderá nomear um inventariante dativo, ou seja, uma pessoa estranha, mas idônea, e capaz de bem desempenhar a função, onde não houver o inventariante judicial.

Como por vezes já mencionado, a ordem de preferência foi elaborada com base em regras de experiência do que comumente ocorre. Para afastá-la, é preciso que existam motivos suficientemente fortes que possam levar à conclusão de que o inventário poderia não chegar a bom termo, caso a ordem legal fosse rigorosamente seguida.[6]

---

[5] STJ, 3ª T.,REsp 658.831/RS, Rel. Ministra Nancy Andrighi, julgado em 15/12/2005, *DJ* 01/02/2006, p. 537; Também defendendo a impossibilidade de menor ser nomeado inventariante, Pontes de Miranda (ob. cit., p. 52)

[6] A grande maioria dos doutrinadores entende não ser inexorável a preferência legal, dentre eles: Hamilton de Moraes e Barros (ob. cit., p. 124); Nelson Nery Junior (ob. cit., p. 1.322) e Vicente Greco Filho (ob. cit., p. 244). Para este último, a ordem deve ser cumprida, salvo relevante razão de direito, que define como incapacidade ou inidoneidade da pessoa. O entendimento do STJ firmou-se no sentido de que é admissível a flexibilização da ordem de nomeação do art. 617 do CPC. Confira-se: "Agravo interno no agravo em recurso especial. Agravo de instrumento. 1. Reconsideração da decisão da presidência do STJ para nova análise do agravo em recurso especial. 2. Nomeação de inventariante. Ordem. Art. 617 do CPC/2015. Rol não taxativo. Consonância do acórdão recorrido com a jurisprudência do STJ. 3. Ausência de comprovação da administração dos bens do casal. Necessidade de reexame do conjunto fático-probatório. Súmula 7/STJ. 4. Agravo conhecido para negar provimento ao recurso especial" (STJ, 3ª T., AgInt no REsp 1.824.697, Rel. Ministro Marco Aurélio Bellizze, DJe 25/05/2021). No mesmo sentido: STJ, 4ª T., AgInt no AREsp 1.397.282/GO, Rel. Ministro Marco Buzzi, j. em 02/04/2019, *DJe*

Nessa linha, não basta que um herdeiro seja mais organizado ou melhor administrador do que o cônjuge sobrevivente para que a ordem seja alterada. É preciso, antes de tudo, concluir que o cônjuge sobrevivente não teria condições adequadas para administrar os bens do espólio, dando cumprimento às obrigações legais que lhe competem.

Do mesmo modo, a ordem também não deve ser alterada se o herdeiro que se achar na posse e na administração do espólio não for o mais capaz para tal missão.

A regra a ser seguida é a de observar a ordem de preferência para a nomeação do inventariante, salvo se existirem elementos, devidamente comprovados, que permitam concluir a possível e provável existência de prejuízos para a administração dos bens do espólio, do cumprimento das obrigações próprias da função, ou do desenvolvimento regular do processo. Enfim, é preciso que o inventariante tenha legitimidade adequada para o desempenho da função, inclusive na hipótese em que a indicação decorrer de consenso.

Parece necessário admitir-se que o inventariante recuse o múnus. Entendimento contrário se mostraria, com todo o respeito, inútil, já que poderia levar à nomeação de uma pessoa descompromissada com o bom exercício do cargo. No caso de inventariante dativo, com ainda mais razão, é possível a recusa da função, sem prejuízo do dever do magistrado de, em qualquer dos casos, nomear outro para exercício desse encargo.[7]

De modo a garantir segurança jurídica ao espólio e de terceiros que tenham com ele relações jurídicas, não se afigura possível a escolha de mais de um inventariante, devendo situações de discordância ser tratadas mediante recurso ou, sendo o caso, pela remoção de inventariante.

05/04/2019; STJ, 4ª T., AgInt no AREsp 1.235.431/RS, Rel. Ministro Antonio Carlos Ferreira, *DJe* 21/05/2018; STJ, 3ª T., AgInt no AREsp 1.013.581/RJ, Rel. Ministro Ricardo Villas Bôas Cueva, *DJe* 13/06/2017.

[7] "Civil e processual civil. Inventário. Nomeação de inventariante dativo. Dever legal do magistrado. (...). Sobrevindo a recusa do inventariante nomeado pelo Tribunal, não pode o juízo se escusar de nomear outro, sob pena de deixar acéfalo o espólio. (...)" (TJRJ, 13ª CC, AI nº 0034043-75.2011.8.19.0000, Rel. Des. Luiz Fernando Ribeiro de Carvalho, j. em 23/11/2011); "Agravo de instrumento. Inventário. Ação ajuizada por credor do espólio. De cujus que não deixou herdeiros conhecidos. Nomeação do credor como inventariante. Nomeação de terceiro para o encargo que não observa a ordem legal prevista no art. 617 do CPC. Recusa que deve ser aceita, devendo o juízo a quo proceder à nomeação de inventariante judicial. Decisão agravada reformada em decisão monocrática. Agravo de instrumento provido" (TJRS, 7ª CC, AI 70080227622, Rela. Desa. Sandra Brisolara Medeiros, j. em 01/03/2019, *DJe* 06/03/2019).

68 | INVENTÁRIO E PARTILHA: Judicial e Extrajudicial – *Paulo Cezar Pinheiro Carneiro*

A decisão do juiz que nomeia o inventariante é de natureza interlocutória e, portanto, o recurso cabível é o de agravo de instrumento, conforme a sistemática do art. 1.015, parágrafo único, do CPC.

21. QUESTÕES CONTROVERTIDAS SOBRE A NOMEAÇÃO DO INVENTARIANTE

21.1. Dissensão entre os herdeiros

A falta de acordo ou mesmo a disputa pela inventariança entre os herdeiros não autoriza a nomeação do inventariante judicial ou do dativo. É preciso que nenhum deles esteja em condições de exercer o cargo ou, ainda, que as circunstâncias de fato, concretas, indiquem prováveis prejuízos para o desenvolvimento do processo em decorrência da prática de atos processuais por todos os herdeiros, que possam, em tese, caracterizar uma daquelas situações descritas nos artigos 77 e 80 do CPC.[8]

---

[8] Para o STF, a desavença entre os herdeiros autoriza a inobservância da ordem do artigo comentado, impondo, inclusive, a nomeação de inventariante judicial. Assim: STF, *RT* 478/231 e *RTJ* 71/881, em cuja ementa se lê: "Inventário. Havendo flagrante dissensão entre os interessados, impõe-se a nomeação de inventariante judicial, pessoa estranha e acima dos interesses conflitantes"; *RTJ* 101/667 (teor do voto do Relator Min. Cunha Peixoto); *RTJ* 54/495. O STJ também tem decisão no mesmo sentido: "A ordem de nomeação de inventariante, prevista no art. 990 do CPC [de 1973, art. 617 do CPC/2015], não apresenta caráter absoluto, podendo ser alterada em situação de fato excepcional, quando tiver o Juiz fundadas razões para tanto, forte na existência de patente litigiosidade entre as partes. Evita-se, dessa forma, tumultos processuais desnecessários" (STJ, 3ª T., REsp 1055633/SP, Rel. Ministra Nancy Andrighi, julgado em 21/10/2008, *DJe* 16/06/2009). Outros tribunais o mesmo têm decidido: "Ordem do artigo 617 do CPC que não tem caráter absoluto, podendo ser alterada - Litigiosidade das partes a recomendar a nomeação de inventariante dativo" (TJSP, 10ª Câmara de Direito Privado, AI 2084427-37.2016.8.26.0000, Rel. J.B. Paula Lima; j. em 07/11/2016); "Nomeação de inventariante dativo. Existência de divergência entre os herdeiros. Manutenção da decisão. O rol do artigo 617 do Código de Processo Civil não apresenta caráter absoluto, podendo ser relativizado pelo magistrado em razão das circunstâncias do caso concreto" (TJRJ, 3ª Câmara Cível, AI 0027663-60.2016.8.19.0000. Rel. Des. Mario Assis Gonçalves, j. em 21/09/2016, p. 09/09/2016); "Nomeação de inventariante dativo em substituição. Animosidade entre os herdeiros. Cabimento. De ser mantida a decisão que nomeou inventariante dativo, ante a beligerância entre o agravante e a agravada" (TJRS, 7ª Câmara Cível, AI 70070398201, Rel. Des. Jorge Luís Dall'Agnol, j. em 26/10/2016, p. em 03/11/2016).

21.2. Nomeação do cônjuge casado com regime diverso do da comunhão universal, ou da(o) companheira(o), como inventariante

Inicialmente, é preciso deixar claro que o atual Código de Processo Civil não faz qualquer distinção quanto ao tipo de regime de comunhão de bens, seja total ou parcial, para que o cônjuge sobrevivente possa exercer, com preferência, a inventariança.[9]

Poderá o cônjuge casado sob o regime da absoluta separação de bens exercer a inventariança, desde que exista somente herdeiro menor, filho do casal, e esteja na posse e administração do espólio. Não existe aqui qualquer interesse prático na nomeação do inventariante judicial, na medida em que, mesmo após a partilha, enquanto forem incapazes os herdeiros, caberá à mãe a administração dos bens.[10]

A conclusão da afirmação anteriormente mencionada está a indicar que o juiz, no interesse do espólio ou do próprio desenvolvimento do processo – imagine-se que o inventariante judicial não consegue dar conta dos processos que tem em razão do volume –, poderá nomear pessoa estranha, idônea, mesmo que funcione junto ao juízo o inventariante judicial.

Do mesmo modo, e por força de expresso texto de lei, que deve ser cumprido, não tem o cônjuge sobrevivente, separado de fato do cônjuge falecido, preferência para o exercício da inventariança, caso exista herdeiro capaz ou testamenteiro a quem foi confiada a administração do espólio.[11]

---

[9] A doutrina é praticamente unânime quanto a essa posição: Hamilton de Moraes e Barros, em *Comentários...*, cit., pp. 124 e 127; Pontes de Miranda, em *Comentários...*, cit., pp. 43-44; Ernane Fidélis dos Santos, em *Dos procedimentos...*, cit., p. 270 e José da Silva Pacheco, em *Inventários...*, cit., p. 393. A jurisprudência também assim tem se posicionado: "Para que o cônjuge supérstite desfrute de primazia na nomeação à inventariança, basta que o seu casamento tenha sido o da comunhão parcial" (STJ, *RSTJ* 58/344); "Inventariança. Tem direito a ela o cônjuge sobrevivente que, não obstante casado sob o regime de separação legal de bens, tinha a posse e a administração do espólio, em razão do direito à meação de bens adquiridos durante o matrimônio" (STF, *RTJ* 89/895 e *RJTJESP* 55/172).

[10] Veja-se a jurisprudência citada na nota anterior.

[11] Em sentido contrário, Pontes de Miranda, em seus *Comentários*, p. 43, entendendo que, "se a mulher ou o marido morre antes da homologação do desquite, o sobrevivente meeiro é inventariante". O professor Ernane Fidélis dos Santos, na ob. cit., p. 271, apresenta uma colocação muito interessante afirmando ser condição "que o cônjuge sobrevivente estivesse vivendo com o outro ao tempo da morte deste. A lei não estabeleceu a noção de tempo de separação, nem as condições de tal separação. Tanto o tempo e as circunstâncias especiais do afastamento deverão ser levados em conta, de modo tal que permitam ao juiz entender que, de fato, havia separação de

A(o) companheira(o), assim reconhecida(o) sem impugnação, terá o mesmo direito de preferência para exercer a inventariança do cônjuge sobrevivente, casado sob o regime de comunhão total ou parcial, valendo aqui as mesmas ponderações anteriormente citadas quanto à existência ou não de filho menor como herdeiro único.[12]

Atualmente, a lei concebe dois tipos de união entre duas pessoas: o casamento e a união estável, concedendo a cada um deles os seus respectivos direitos. Assim, não deve haver qualquer tipo de diferença quanto à condição de cônjuge casado ou de cônjuge companheiro para o eventual exercício da inventariança, uma vez que são as mesmas razões que colocaram o cônjuge casado na ordem de preferência que autorizam igual tratamento para a(o) companheira(o) que ostente, legal e reconhecidamente, essa condição (*vide* item nº 19, *supra*).

Se houver impugnação da condição de companheira(o), ela(e) não poderá exercer a inventariança, pois necessitará demonstrar, na via judicial própria, sua qualidade. Poderá, sim, desde que presentes os requisitos legais que o autorizam, especialmente o *fumus boni iuris*, requerer tutela cautelar, antecedente ou incidental, para garantir eventual reserva do patrimônio que reivindica.[13]

21.3. O credor do espólio, o cessionário de direitos hereditários e a inventariança

Não é conveniente que o credor do espólio funcione como inventariante, mesmo na condição de dativo, única categoria que poderia habilitá-lo a tanto.

---

caráter sério e duradouro". Observa, também, que "a preocupação do legislador foi a de dar prevalência à posse e domínio da herança e da própria meação". E conclui: "Daí, não se justificar que o cônjuge separado de fato de outro, mas casado sob o regime de comunhão e de posse de todo o acervo, fique obstado de exercer o cargo. Mas, *legem habemus*, a restrição existe".

[12] O CPC de 2015 veio pacificar a divergência outrora existente sobre a possibilidade de o companheiro exercer a inventariança, permitindo-o expressamente (art. 617, I).

[13] Nesse sentido, confira-se acórdão do TJSP "Agravo de instrumento. Inventário. Herdeiro (agravante) que requereu a habilitação de companheira (também agravante) no processo. Indeferimento. Recurso dos interessados. Alegação de que foram juntadas provas suficientes da existência de união estável. Descabimento. Ausência de declaração judicial reconhecendo a condição de companheira dos postulantes. Questão de alta indagação que demanda o ajuizamento de ação autônoma. Inteligência do art. 984 do CPC. Precedentes desta Corte. Possibilidade de reserva de bens, se o caso" (TJSP, 7ª Câmara de Direito Privado, Rel. Des. Miguel Brandi, j. em 26/11/2015).

Em regra, costuma existir um conflito de interesses entre os herdeiros ou legatários e o credor do espólio. Este último pretende, como a própria lei faculta, receber desde logo, se possível em dinheiro, o seu crédito (§ 2º do artigo 642 do CPC), ou promover a separação dos bens necessários a tal fim, que deverão ser alienados em praça ou leilão (§ 3º do artigo 642 do CPC), ou mesmo a própria adjudicação dos bens reservados (§ 4º do artigo 642 do CPC). Já o inventariante tem a incumbência de administrar os bens do espólio, utilizando ou otimizando seus frutos, e efetuando o pagamento das dívidas na forma que melhor atenda aos interesses dos herdeiros e legatários.

São atividades normalmente antagônicas, razão pela qual só excepcionalmente – como, por exemplo, quando o crédito é superior à totalidade dos bens existentes e não há quem possa ou queira ser nomeado inventariante – deverá o credor exercer tal função.[14]

Totalmente diversa é a situação do cessionário que passa a ter a condição de proprietário ou coproprietário, caso existam outros herdeiros legítimos ou testamentários, do patrimônio do autor da herança, ressalvada, é claro, a existência de legados a serem cumpridos.

É evidente que a condição de herdeiro tecnicamente concebida é personalíssima e, portanto, não se transfere ao cessionário. Todavia, sua legitimidade para o processo de inventário, ou eventual exercício da função

---

[14] De longa data, A jurisprudência não encontrou um denominador comum sobre essa questão. A propósito, José da Silva Pacheco, *Inventários...*, p. 397, apresenta: "Em relação ao credor, decisões dos tribunais têm sido as mais variadas e servem de roteiro a quem deseja examiná-las. Veem-se as seguintes orientações: a) não retira a idoneidade para o exercício da inventariança o fato de ser credor do espólio (*RT* 44/358); b) não pode ser inventariante o herdeiro que, sendo credor hipotecário do espólio, está sujeito à prestação de contas por ter exercido o mandato do *de cujus* (*RT* 156/576); c) não pode ser nomeado o que era credor do espólio antes da nomeação, mas não está impedido o que se tornou credor por adiantamento no decorrer do processo (*RT* 108/649)". O STJ já decidiu que "O conteúdo normativo do artigo 988 do Código de Processo Civil [de 1973, art. 616 do CPC de 2015] (...) não autoriza o credor do *de cujus* a imitir-se na condição de inventariante, autorizando-o somente a requerer abertura do processo de inventário. IV. A análise do artigo 990 do Código de Processo Civil, revela-se desinfluente, no caso concreto, para determinar a manutenção do credor (...) no cargo de inventariante. É que, ainda quando se admita que a expressão 'pessoa estranha idônea' constante do inciso VI daquele artigo, possa alcançar terceiro interessado na causa, tal como o credor, ele não exclui a possibilidade de a autoridade judiciária (...) nomear aquele com melhores condições para o exercício de tal mister" (STJ, 3ª T., AgRg nos EDcl no REsp 804.559/MT, Rel. Ministro Sidnei Beneti, julgado em 16/03/2010, *DJe* 14/04/2010).

de inventariante, como inerente ao próprio procedimento, é questão diversa daquela de direito material.[15]

Se adotarmos para o procedimento do inventário a mesma regra prevista para a alienação da coisa vinculada a um processo de natureza contenciosa (artigo 109 do CPC), podemos concluir que, se o processo de inventário já estiver em curso com a citação das partes interessadas, o cessionário somente poderá substituir o herdeiro cedente com a concordância dos demais, podendo, em qualquer hipótese, intervir como assistente litisconsorcial (§ 2º do mencionado dispositivo). Todavia, se os direitos hereditários foram adquiridos antes da abertura do inventário e da formação da relação jurídica, poderá o cessionário não só requerer a instauração do inventário, como expressamente lhe faculta o artigo 616, V, como também exercer a inventariança.

Seria um contrassenso que o cessionário da totalidade dos direitos hereditários, ou mesmo da maior porção de tais direitos, não pudesse, durante o inventário, administrar os bens que são seus e representar espólio na defesa desse patrimônio.

Mais uma vez, é importante repetir que o legislador procurou, na ordem de preferência, indicar as pessoas que melhor poderiam se desincumbir das tarefas de inventariante, priorizando, sempre, aquelas que fariam jus ao recebimento do patrimônio do *de cujus*. Se o cessionário preenche, como de fato preenche, tal condição, não há por que lhe negar tal possibilidade, em igualdade de condições com aquele que, na ordem de preferência, cedeu-lhe seus direitos.

Interessa menos aqui discutir a questão sobre a intransferibilidade da condição hereditária, mas sim sobre as finalidades do processo, que possivelmente serão alcançadas, de forma mais adequada e célere, se houver a possibilidade de o cessionário exercer, quando conveniente, a inventariança.

Por isso, resolvendo a questão, o legislador de 2015 previu o cessionário na ordem de preferência para a inventariança, logo abaixo do testamenteiro, no inciso VI.

22. REMUNERAÇÃO DO INVENTARIANTE JUDICIAL E DO DATIVO

Não existe no Código de Processo Civil ou no Código Civil norma que estabeleça remuneração para o inventariante judicial ou para o inventariante

---

[15] Pontes de Miranda, nos seus *Comentários...*, cit., p. 50, descarta a possibilidade de o cessionário ser inventariante sustentando que "se está em juízo *familiae erciscundae*, e a qualidade hereditária é intransferível".

dativo, à semelhança daquela que confere ao testamenteiro uma remuneração, sob forma de prêmio, de 1% a 5%, a ser arbitrada pelo juiz, sobre toda a herança líquida (artigo 1.987 do Código Civil).

Em rigor, o próprio Código Civil de 1916, a princípio, excluía o direito à remuneração do inventariante, pois o parágrafo único do artigo 1.770 desse diploma[16] estabelecia que o inventariante omisso seria simplesmente removido, enquanto, se ele exercesse também a função de testamenteiro, ficaria privado do prêmio. Portanto, pela dicção do Código Civil de 1916, o inventariante somente teria direito à remuneração caso exercesse, também, a testamentaria.

Não nos parece, porém, a conclusão mais adequada, nem mesmo havendo qualquer norma nesse sentido no atual Estatuto Civil.

O inventariante judicial é um auxiliar da justiça e deverá, à semelhança de outros, como o oficial de justiça, o avaliador judicial, o contador e o partidor, ser remunerado pela atividade que desenvolve, de acordo com a tabela de custas, aprovada pelos respectivos tribunais.

No que concerne ao inventariante dativo, auxiliar eventual, que não ocupa cargo público ou tem qualquer vínculo com o Estado, é evidente que ele deverá ser remunerado pelos serviços que prestar nessa qualidade. Caberá ao juiz fixar tal remuneração de acordo com a importância da herança e o trabalho desenvolvido pelo inventariante dativo, aplicando, para tanto, por analogia,[17] o artigo 1.987 do Código Civil, anteriormente citado.

---

[16] "Art. 1.766. Parágrafo único. Quando se exceder o último prazo deste artigo, e por culpa do inventariante não se achar finda a partilha, poderá o juiz removê-lo, se algum herdeiro o requerer, e, se for testamenteiro, o privará do prêmio, a que tenha direito."

[17] "Agravo de instrumento. Inventário. Remoção da inventariante, de ofício. Nomeação de inventariante dativo, com fixação da sua remuneração. Cerceamento de defesa não configurado. Desnecessidade de observância do artigo 996, parágrafo único, do CPC. Preliminar rejeitada. Nomeação de inventariante dativo. Possibilidade, diante da animosidade existente entre as partes e entrave à tramitação do inventário. Poder geral de cautela que faculta ao magistrado a adoção de medidas suficientes para promover o regular andamento do processo. Nomeação de terceiro equidistante. Providência recomendável. Honorários do inventariante dativo. Fixação, por analogia ao artigo 1.987 do Código Civil. Redução, que se impõe. Agravo de instrumento parcialmente provido, para reduzir os honorários fixados para o inventariante dativo para 2% sobre o valor da herança líquida" (TJRJ, 6ª CC, AI 0055531-81.2014.8.19.0000, Rel. Desª. Claudia Pires, j. em 28/01/2015).

23. HONORÁRIOS ADVOCATÍCIOS CONTRATADOS PELO INVENTARIANTE

Em princípio, os honorários do advogado contratado pelo inventariante constituem encargo da herança, desde que ele represente todos os herdeiros, ou seja contratado pelo testamenteiro que não seja cônjuge ou herdeiro, pelo inventariante judicial, ou pelo inventariante dativo. Nestas três últimas hipóteses, o juiz deverá, previamente, aprovar a contratação e o valor da verba honorária.

Caso uma das partes que são necessariamente citadas para o processo de inventário – cônjuge e herdeiros necessários ou testamentários, e mesmo os legatários, quando toda a herança foi distribuída em legados – resolva contratar o seu próprio advogado, não deverá suportar no seu quinhão a cota-parte que caberia ao advogado contratado pelo cônjuge ou herdeiro inventariante.[18]

---

[18] A doutrina tem apresentado várias posições para esse tema. Humberto Theodoro Júnior (ob. cit., p. 309) entende que, em rigor, a herança deve suportar os gastos com a remuneração do advogado do inventariante. Porém, se "há interesses conflitantes entre os sucessores e cada um se faz representar por advogado próprio no processo sucessório, cada um pagará o procurador que contratou". Já Ernane Fidélis dos Santos (ob. cit., p. 271) tem entendimento diverso: "Tampouco responderá o acervo por honorários do advogado por ele contratado, pois a inventariança não deixa de ser também um privilégio". Para o mesmo autor, todavia, no caso do testamenteiro, "deverá o monte responder por honorários advocatícios, devidamente homologados pelo juiz, pois, neste caso, são despesas decorrentes da própria situação do inventário". Pontes de Miranda (ob. cit., p. 69) assevera que "o contrato do inventariante com o advogado, se não foram ouvidos sobre ele e com ele não acordaram os interessados, é *res inter alios acta*. Isso não significa que não possa o inventariante alegar e provar que precisa contratar advogado". José da Silva Pacheco (ob. cit., pp. 396 e 412) afirma que "ficam a cargo do espólio os honorários de advogado, contratado pelo inventariante, uma vez que o ingresso das partes em juízo, para pedir o inventário e partilha, exige a atuação de profissional".

A jurisprudência também tem variado ao longo do tempo, cabendo destacar o entendimento que se pacificou no STF, quando aquela corte se achava incumbida de interpretar a legislação de natureza infraconstitucional, no sentido de que, somente quando não houvesse dissídio entre os herdeiros, é que os honorários do advogado constituído pelo inventariante seriam suportados pela herança, para efeito de partilhamento entre os herdeiros (STF, *RTJ* 85/302). O STJ decidiu que: "Honorários de advogado. Inventário. Meação. Os honorários do advogado contratado pela inventariante e pelos herdeiros para promover o inventário e partilha dos bens do *de cujus*, casado em comunhão de bens, e que atua na defesa dos interesses de todos os interessados, são calculados sobre o valor dos bens da herança e da meação (...)" (STJ, 4ª T, REsp 215.638/SP, Rel. Ministro Ruy Rosado de Aguiar, j. em

No que toca à contratação, pelo inventariante, de advogado para representar o espólio no interesse da herança em outro processo, é evidente que os honorários constituirão encargo da herança.

Todavia, se o inventariante não obtiver prévia concordância dos demais interessados ou até mesmo, dependendo do caso, autorização do juízo sucessório, poderão as outras partes do processo de inventário se insurgir quanto ao valor contratado. Nessa hipótese, caso o advogado e os herdeiros não cheguem a um consenso, a questão deverá ser discutida nas vias ordinárias, devendo o juiz do inventário fazer a reserva da verba correspondente, até o término do litígio.

24. O INVENTARIANTE E O TERMO DE COMPROMISSO

O inventariante nomeado deverá ser intimado pessoalmente da designação para que, no prazo de cinco dias, preste o compromisso formal de bem e fielmente desempenhar o cargo.

Na prática, porém, a intimação se faz pela publicação da decisão que designou o inventariante no *Diário Oficial* ou no jornal que funcione como tal, sendo certo que o próprio advogado contratado, desde que tenha poderes para tanto na procuração, costuma assinar o termo de compromisso.

É perfeitamente possível a prorrogação do prazo em decorrência de motivo que o juízo considere relevante, da mesma forma que tal prazo pode ser suspenso por convenção das partes (inciso II do artigo 313 do CPC), quando arguido o impedimento ou a suspeição do juízo (inciso III do mesmo dispositivo, por motivo de força maior (inciso VI do artigo 313 do CPC), ou em algum outro caso que a lei autorize.

Não existe qualquer consequência legal expressa para o caso de o inventariante deixar de prestar o compromisso no prazo legal. Caberá ao juiz, caso a caso, determinar nova intimação, prorrogar o prazo ou designar

---

25/04/2000, *DJ* 12/06/2000, p. 114); Recurso especial. Processual civil. Inventário. (...) Interesses antagônicos dos herdeiros. Procuradores diferentes. Honorários de advogado. Pagamento pelo espólio. Impossibilidade. (...) 2. Existindo herdeiros com interesses antagônicos, cada qual responde pelos honorários do seu advogado. (...) (STJ, 4ª T. REsp 972.283/SP, Rel. Ministro João Otávio de Noronha, julgado em 07/04/2011, DJe 15/04/2011). Nesta linha, o entendimento do TJRJ: "Inventário. Honorários de advogado. Contratação pelo inventariante e testamenteiro. Recusa da herdeira universal. (...) Se há recusa da herdeira à contratação de advogado pelo espólio, não pode ele ser onerado. Responsabilidade pessoal de quem contrata" (TJRJ, 2ª CC, Des. Carlos Eduardo da Rosa da Fonseca Passos, j. em 19/07/2006).

outro inventariante em substituição.[19] Nesta última hipótese, caberá recurso de agravo de instrumento.

25. A REPRESENTAÇÃO JUDICIAL DO ESPÓLIO

O espólio não tem personalidade jurídica no campo do direito civil, todavia, como pessoa formal que é, tem capacidade para ser parte no processo (artigo 75, VI, do CPC). Por isso, a primeira das funções listadas pelo art. 618, em seu inciso I, é que o inventariante representa judicialmente o espólio.

A representação do espólio é feita pelo inventariante, se já estiver nomeado ou, caso contrário, pelo administrador provisório, ou, ainda, à falta deste, por todos os herdeiros.[20]

Em regra, a representação é exclusiva do inventariante para discutir questões em que o espólio deve figurar como autor ou réu, como, por exemplo, cobrança de uma dívida, ação de despejo, requerimento de falência. A opção do legislador foi a de facilitar o acesso à justiça, aqui entendido não só em benefício do próprio espólio, mas também da parte contrária, e, em especial, dos fins a que o processo se propõe como instrumento para garantir a realização do direito material. Ora, se cabe ao inventariante e somente a ele administrar os bens do espólio, nada mais lógico que a representação judicial também lhe caiba com exclusividade.[21]

---

[19] "Inventariante que, devidamente intimado, deixa de comparecer ao juízo para assinar termo de compromisso e prestar primeiras declarações. Despacho que revogou despacho anterior de nomeação de inventariante. Agravo. Possibilidade de revogar o despacho por desatendimento ao disposto no art. 990, parágrafo único, CPC. Agravo improvido" (TJPR, 3ª CC, AI nº 9.862, Des. Abrahão Miguel, publ. em 10.10.1994).

[20] "Direito de família e das sucessões. Ação de reconhecimento de sociedade de fato, proposta por ex-companheiro do *de cujus* em face do espólio. (...) O art. 12 do CPC [de 1973, art. 75 do CPC de 2015] atribui ao espólio capacidade processual, tanto ativa, como passiva, de modo é em face dele que devem ser propostas as ações que originariamente se dirigiriam contra o *de cujus*. (...) Antes da partilha, todo o patrimônio permanece em situação de indivisibilidade, a que a lei atribui natureza de bem imóvel (art. 79, II, do CC/16). Esse condomínio, consubstanciado no espólio, é representado pelo inventariante. Recurso especial improvido. (STJ, 3ª T., REsp 1080614/SP, Rel. Ministra Nancy Andrighi, Terceira Turma, julgado em 01/09/2009, *DJe* 21/09/2009); "(...) O espólio tem legitimidade para figurar no polo passivo de ação de execução, que poderia ser ajuizada em face do autor da herança, acaso estivesse vivo, e será representado pelo administrador provisório da herança, na hipótese de não haver inventariante compromissado (...)" (STJ, 3ª T, REsp 1386220/PB, Rel. Ministra Nancy Andrighi, j. em 03/09/2013, *DJe* 12/09/2013).

[21] Em sentido contrário, Pontes de Miranda, ob. cit., p. 66, que afirma que o artigo 12, V, e o artigo 991, I, do CPC de 1973 [art. 75, VI e art. 618, I, do CPC/2015] tratam de

Se houver conflito de interesses em uma determinada ação que envolva o espólio como um todo e o inventariante, deverá o juiz do inventário nomear outro herdeiro para representar a universalidade do espólio ou, na falta, todos os interessados devem figurar como parte.[22]

Nessa hipótese, caso não se disponha o inventariante a solicitar a nomeação de herdeiro para substituí-lo na representação do espólio, poderá outro herdeiro ou legatário diretamente interessado requerer no juízo do inventário a remoção do inventariante (artigo 622 do CPC), sem prejuízo de sua responsabilidade pelos danos que causar (artigo 614 do CPC, por analogia), bem como da possibilidade de ser condenado como litigante de má-fé (artigo 80 do CPC).

Não fica afastada, outrossim, a possibilidade de se arguir no juízo onde a ação tramita a suspeição ou o impedimento do inventariante, com base no artigo 148, nº II, do Código de Processo Civil, aqui aplicado analogicamente. Caso assim não se entenda, pode ser postulada a suspensão do processo enquanto não decidida no juízo do inventário a questão da remoção (artigo 313, V, considerando o incidente de remoção como uma causa pendente de julgamento – interpretação extensiva).

Em qualquer das hipóteses anteriormente mencionadas – seja naquela de representação exclusiva, seja no caso de conflito de interesses – haverá sempre a possibilidade da intervenção de qualquer coerdeiro ou legatário diretamente interessado, na qualidade de assistente litisconsorcial (artigo 124 do CPC).[23]

---

representação dos herdeiros, dos legatários e demais. Para o autor, tal representação não exclui os representados e, portanto, esses podem ser litisconsortes, ou mesmo pleitear em juízo se o inventariante se recusar a fazê-lo.

[22] O STJ entende que pode haver legitimação concorrente em face do art. 1.580 do CC de 1916, correspondente ao art. 1.791 do atual CC. Confira-se a ementa do acórdão relatado pelo Min. Sálvio Teixeira no REsp. nº 3.7150/SP, *DJ* de 09/12/1996, p. 49.280: "A legitimidade ativa nas ações de reconhecimento e dissolução de sociedade de fato, diferentemente da passiva, é, em regra, do espólio. Havendo conflito entre interesses de um dos herdeiros e do inventariante, possível é o ajuizamento da ação pelo próprio herdeiro, em razão de sua qualidade de defensor da herança".

[23] Nesse sentido, STJ, AGA nº 122.092/MG, Rel. Min. Cid Flaquer Scartezzini, j. em 02/12/1998, *DJ* de 29/03/1999, p. 57, assim ementado: "Processo Civil. Herdeiro. Assistente litisconsorcial. Requisitos. Espólio. Processo de habilitação. 1. O herdeiro pode ser assistente litisconsorcial nas causas em que o espólio, representado pelo inventariante, é parte. 2. Para que o espólio figure na relação processual em substituição ao *de cujus*, é necessário que se promova o processo de habilitação. Agravo regimental desprovido". Igualmente: STJ, 3ª T., REsp 1080614/SP, Rel. Ministra

O inventariante deverá permanecer como representante legal do espólio até que ocorra a partilha com a entrega aos herdeiros ou legatários da totalidade dos bens da herança, ou seja, o trânsito em julgado da sentença que julgar a partilha, sem qualquer ressalva e desde que não existam bens a sobrepartilhar. A partir desse evento, o espólio deverá ser substituído como parte pelos seus sucessores.[24]

A representação também poderá ser exercida pelos herdeiros individualmente quando a questão controvertida tiver por base a própria herança em si, como, por exemplo, na hipótese prevista na parte final do artigo 1.824 do Código Civil, que permite a qualquer coerdeiro reclamar a universalidade da herança ao terceiro que indevidamente a possua.[25] Outro exemplo, bastante comum, ocorre na ação proposta pela(o) companheira(o) para reclamar parte dos bens, componentes do acervo hereditário.[26]

Nancy Andrighi, Terceira Turma, julgado em 01/09/2009, *DJe* 21/09/2009; "(...) 1) O assistente litisconsorcial que tem o interesse direto no litígio atua como parte e não mero assistente (art.124 do CPC). Não há dúvida de que a herdeira possui interesse jurídico no litígio, posto que qualquer decisão influirá nas relações jurídicas pendentes sobre o seu quinhão hereditário. A representação processual pelo espólio não tem o condão de lhe retirar tal interesse, assim como a qualquer outro herdeiro, tendo em conta que os efeitos da coisa julgada também lhe atingirão. Deferimento do pedido de ingresso no feito que se impõe. (...)" (TJRJ, 6ª CC, Apl. Cível 0034102-50.2017.8.19.0001, Rel. Desa. Inês da Trindade Chaves de Melo, j. em 10/02/2021, *DJe* 22/02/2021).

[24] Nesse sentido, a doutrina predominante, destacando-se Humberto Theodoro Júnior, ob. cit., p. 290, *verbis*: "Com o julgamento da partilha ou com a adjudicação, cessam as funções do inventariante. Se houver alguma causa pendente de interesse do espólio, os herdeiros deverão recebê-la no estado em que estiver"; Nelson Nery Junior, ob. cit., p. 1323, "Depois do trânsito em julgado da sentença de partilha (CPC, 1.027 [de 1973, art. 655 do CPC de 2015]), os herdeiros, exibindo o formal de partilha, podem postular habilitação em juízo, no lugar do espólio, sendo vedado ao inventariante continuar na representação do espólio. O juiz da causa que tramitava, tendo como parte o espólio que deixou de existir, pode determinar a suspensão do processo até que seja regularizada a situação (CPC, 148)". Assentando que as funções do inventariante vão até o trânsito em julgado da partilha, a jurisprudência citada por Theotônio Negrão (ob. cit., p. 837): *RT* 503/70, *RT* 505/71, *RJTJESP* 46/107, *RJTE* 121/201, *JTA* 99/221.

[25] O Tribunal de Justiça do Rio Grande do Sul, em acórdão relatado pelo Des. Galeno Lacerda, proclamou ser o espólio litisconsorte necessário nesses casos (v. Galeno Lacerda, *Sucessões e partilhas* (*obras selecionadas*), Rio de Janeiro, Forense, 2000, vol. IV, caso nº 16).

[26] A propósito, a colocação de Ernane Fidélis dos Santos, *Dos procedimentos...*, cit., p. 272, no sentido de que a representação do inventariante se limita às ações do

Quando o inventariante for dativo, deverão figurar como partes, em litisconsórcio necessário, todos os herdeiros e sucessores do falecido, apesar da duvidosa redação do § 1º do artigo 75 do CPC, *verbis*: "Quando o inventariante for dativo, os sucessores do falecido serão intimados no processo no qual o espólio seja parte".

A interpretação gramatical do artigo antes citado parece indicar que a parte será o espólio, que, todavia, será representado por todos os herdeiros e sucessores. Esse entendimento poderia levar a situações paradoxais e de difícil solução. Imagine-se, por exemplo, a absoluta falta de consenso na nomeação do advogado que deveria conduzir a causa, ou na própria conveniência de promover uma ação.

Na primeira hipótese, seria um paradoxo o espólio, como parte, ser representado por diversos advogados, cada qual indicado por um dos representantes legais e com a sua linha de defesa própria. Poderíamos ter cinco petições iniciais para uma única ação, ou cinco contestações.

Na segunda hipótese, dificilmente uma solução poderia ser encontrada, pois bastaria que um dos herdeiros não quisesse exercer no caso concreto, como autor, a representação do espólio para que a ação não pudesse ser proposta.

A melhor solução parece indicar que deverão figurar em nome próprio, como partes principais, os herdeiros e sucessores do falecido.[27]

O problema relacionado à situação de o espólio figurar como réu estaria solucionado pela citação de todos os herdeiros que, como litisconsortes necessários, com o regime especial ou unitário, estariam aptos cada um a

---

espólio ou contra o espólio, e não às relativas à herança, instituto ontologicamente distinto. Na jurisprudência: "Os descendentes co-herdeiros que, com base no disposto no parágrafo único do art. 1.580, CC [*correspondente ao art. 1.797 do CC de 2002*], demandam em prol da herança agem como mandatários tácitos dos demais coerdeiros, aos quais aproveita o eventual reingresso do bem na *universistas rerum*, em defesa também dos direitos destes. Um dos herdeiros, ainda que se a interveniência dos demais, pode ajuizar demanda visando à defesa da herança, seja em seu todo, que vai assim permanecer até a efetiva partilha, seja o quinhão que lhe couber posteriormente" (STJ REsp nº 36.700, Rel. Min. Sálvio de Figueiredo Teixeira, *DJ* de 11/11/1996, p. 43.713). *Vide* também nota 90.

[27] Celso Agrícola Barbi (*Comentários ao Código de Processo Civil*, 2ª ed., Rio de Janeiro, Forense, 1998, vol. I, p. 113) sustenta que somente nos casos de ação movida *contra* espólio (com o inventariante dativo), parte passiva serão todos os herdeiros e sucessores, como litisconsortes passivos necessários. Diz o autor que se a ação "for proposta em nome do espólio, isto é, tiver este como *parte* autora, a representação desta só estará correta se presentes todos os herdeiros e sucessores" (grifos no original).

nomear seu próprio advogado, sendo que se um deles ficasse revel não haveria qualquer prejuízo para os demais.

Se a hipótese fosse a de o espólio figurar como autor, poderia qualquer herdeiro ou sucessor interessado requerer o suprimento judicial da autorização do outro herdeiro que se recusasse a propor conjuntamente a ação sem motivo justo, ou se lhe fosse impossível dá-la, da mesma forma que a lei permite o suprimento da autorização do cônjuge que se recusa a participar como autor nas ações que versem sobre direitos reais imobiliários (artigo 74 c/c artigo 73, ambos do Código de Processo Civil).

26. A ADMINISTRAÇÃO DO ESPÓLIO

Dentre as diversas funções atribuídas ao inventariante, a administração do espólio, prevista no art. 618, II, do CPC, é uma das mais importantes.

Em princípio, o inventariante possui poderes amplos de administração, salvo as hipóteses em que a lei exige a oitiva dos demais interessados e a autorização do juiz, como ocorre nos casos previstos no artigo 619 do Código de Processo Civil,[28] ou seja, alienar bens de qualquer espécie, transigir em juízo ou fora dele, pagar dívidas do espólio, fazer as despesas necessárias com a conservação e o melhoramento dos bens do espólio (*vide* itens nᵒs 32 e seguintes, *infra*).

Se o inventariante pratica algum desses atos sem autorização do juiz, o negócio jurídico poderá ter sua nulidade decretada, com todas as consequências daí advindas para aqueles que participaram do negócio (veja-se com maiores detalhes o item nº 32, *infra*).

Responderá também o inventariante, como qualquer administrador, pelos danos a que, por dolo ou culpa, der causa. A aferição de culpa do administrador terá como norte o princípio contido no artigo 618 do CPC, qual seja o de que ele deve velar pelos bens do espólio com a mesma diligência como se fossem seus, podendo o juiz, para tanto, valer-se das regras de experiência.

27. AS PRIMEIRAS E AS ÚLTIMAS DECLARAÇÕES

O inventariante funciona, à semelhança de qualquer outro processo, como um verdadeiro autor do inventário, devendo apresentar, em juízo, todos

---

[28] "Ao inventariante incumbe representar espólio em assembleia de sociedade por ações, independentemente de alvará judicial" (*RTJE* 117/193 *apud* Theotônio Negrão, ob. cit., p. 837).

os elementos necessários para o alcance da finalidade pretendida, praticando os atos processuais estabelecidos no procedimento.

As primeiras declarações, como se examinará adiante (item nº 35, *infra*), representam, guardadas as proporções, uma petição inicial, da qual deverá constar, além dos elementos indicados no artigo 620 do CPC, o pedido, se for o caso, de citação do cônjuge, herdeiros, legatários, Fazenda Pública e do Ministério Público, se houver herdeiro incapaz, ausente ou se o *de cujus* deixou testamento, devendo, nesta mesma hipótese, também ser citado o testamenteiro (artigo 626 do CPC).

Procedidas as avaliações dos bens constantes do acervo hereditário e resolvidas eventuais impugnações suscitadas, o inventariante apresentará as últimas declarações, sendo-lhe possível, até esse momento, emendar, aditar ou completar as primeiras declarações (artigo 636 do CPC, *vide* item nº 59, *infra*). Após, deverá adotar o procedimento de sobrepartilha para aqueles bens omitidos (artigo 669 do CPC, *vide* item nº 116, *infra*).

O inventariante poderá ser removido se não apresentar, no prazo legal, as primeiras e as últimas declarações como previsto no artigo 622, I, do CPC (*vide* item nº 38, *infra*).

28. OBRIGAÇÃO DE EXIBIR DOCUMENTOS E APRESENTAR A CERTIDÃO DO TESTAMENTO

O inventariante como administrador que é dos bens do espólio deve ter sob sua guarda todos os documentos que interessam à herança, funcionando à semelhança do gerente ou diretor de uma empresa.

Pressupõe-se que a administração do acervo hereditário se faça no interesse de todas as partes do processo. Daí por que terão elas o direito de verificar a documentação do espólio, especialmente a que resultar de atos de gestão. Assim, o inventariante tem a obrigação legal de, a qualquer tempo, desde que haja solicitação das partes ou do próprio juízo, exibir em cartório tais documentos (CPC, art. 618, IV), sob pena de poder ser removido da função (artigo 622, II, do CPC. *Vide* item nº 38, *infra*).

De igual forma, tem o inventariante, desde que tenha conhecimento do fato, a obrigação legal de apresentar a certidão do testamento, sob pena, também, de remoção.

29. OBRIGAÇÃO DE TRAZER BENS À COLAÇÃO

Independente de se dispor o herdeiro a trazer para o inventário os bens que recebeu, em vida, do falecido (artigos 639 a 641 do CPC), salvo as situações em que a lei dispensa tal medida, como no caso de doações compreendidas na parte disponível, caberá ao inventariante tal iniciativa (*vide* itens nºs 36 e 37, *infra*).

Essa obrigação ocorrerá não só nos casos elencados no inciso VI do artigo 618 – bens recebidos pelo herdeiro ausente, renunciante ou excluído – como também naquele enunciado no parágrafo anterior, na medida em que a colação visa igualar a legítima[29] dos herdeiros, constituindo dever do inventariante alcançar tal desiderato.

Caberá também ao inventariante, pelo mesmo princípio, promover a anulação do contrato de venda de bens do *de cujus* para um dos descendentes sem o consentimento dos demais,[30] uma vez comprovada a desigualdade dos valores (artigo 496, combinado com o artigo 533, ambos do Código Civil).

30. A PRESTAÇÃO DE CONTAS DO INVENTARIANTE

O inventariante, como o administrador dos bens do espólio, está obrigado a prestar contas de sua gestão sempre que o juiz determinar, de ofício, ou a requerimento de qualquer herdeiro ou do Ministério Público, nos casos em que este órgão intervém, e, ainda, obrigatoriamente, sempre que deixar o cargo.

O procedimento de prestação de contas do inventariante é de natureza contenciosa devendo, portanto, seguir apenso aos autos do inventário, aplicando-se, no que couber, o procedimento previsto nos artigos 550 a 553 do Código de Processo Civil.[31]

---

[29] Interessante é a observação do autor português Cunha Gonçalves sobre o uso do termo legítima: "A expressão *sucessão legítima*, porém, não é exacta; já porque a testamentária não é ilegítima, já porque os parentes ilegítimos podem ser sucessores legítimos (...); seria mais exacto dizer *sucessão em virtude da lei* ou do *parentesco*, como se lê no art. 1.573 do Cód. Civil brasileiro" (*Direitos de família e direitos das sucessões*, Lisboa, Ática, 1955, p. 335). O autor refere-se ao dispositivo correspondente ao artigo 1.786 do Código Civil vigente. Dispunha o artigo revogado, *verbis*: "A sucessão dá-se por disposição de última vontade, ou em virtude da lei".

[30] De acordo com o artigo 179 do Código Civil, o prazo decadencial para a propositura da ação anulatória será de dois anos, a contar da data da conclusão do ato, em virtude do que se encontra revogado no Enunciado nº 494 da Súmula do STF. Entendemos, todavia, que se não foi possível aos demais descendentes tomar conhecimento do ato a partir da sua conclusão, o prazo se iniciará da data da ciência.

[31] Nelson Nery Junior (ob. cit., p. 1.323) sustenta que este procedimento de prestação de contas é administrativo, e não obedece ao rito dos artigos 914 a 919 do CPC. Existem também julgados nesse sentido: a 3ª T. do STJ decidiu que

O artigo 553 do Código de Processo Civil, em seu parágrafo único, não deixa margem a qualquer dúvida sobre ser este procedimento de natureza contenciosa, já que, na exata dicção da lei, "se qualquer dos referidos no *caput* for condenado a pagar o saldo e não o fizer no prazo legal, o juiz poderá destituí-lo, sequestrar os bens sob sua guarda, glosar o prêmio ou a gratificação a que teria direito e determinar as medidas executivas necessárias à recomposição do prejuízo".

Duas conclusões óbvias podem ser extraídas do dispositivo legal antes mencionado. A primeira é a de que a competência para a ação de exigir contas do inventariante é do juízo do inventário, já que consta do *caput* a afirmação de que elas serão prestadas em apenso.[32] A segunda é a de que este procedimento, que corre apenso ao processo de inventário, finda com a sentença, que um dia transitará em julgado, formando a coisa julgada material, sendo possível,

---

"a circunstância de poder o juiz determinar, a qualquer tempo, preste contas o inventariante, em via administrativa, não exclui a possibilidade de a isso ser compelido jurisdicionalmente, a pedido de quem tenha seus bens por ele geridos" (REsp. nº 80.478/SP, Rel. Min. Eduardo Ribeiro, j. em 16/04/1996, *DJU* de 13/05/1996). O teor do voto do Ministro Relator deixa claro o entendimento de que a prestação de contas de que trata o atual art. 618, VII, não tem caráter jurisdicional, mas administrativo. Veja-se também acórdão do TJSP, cuja ementa assenta que: "Ação de prestação de contas. Inventário. (...) Apelante, na condição de inventariante, que está obrigado a prestar contas. Aplicação do disposto no art. 991, VII, do CPC/73 [art. 618, VII do CPC/15], aplicável à espécie. Alegação de que, no curso do inventário, as contas foram prestadas. Irrelevância. Natureza administrativa da providência que visa, primordialmente, apurar o estado dos bens administrados, não inibindo a prestação de contas pela via contenciosa. [...]" (TJSP, 3ª Câmara de Direito Privado, Ap. Cível nº 1008249-94.2015.8.26.0066, Rel. Des. Donegá Morandini, j. em 01/08/2016)".

[32] Assim entendendo: TJRJ, 21ª CC, AI nº 0020881-08.2014.8.19.0000, Rel. Des. Mônica de Faria Sardas, j. em 25/11/2014 e TJSP, 2ª Câmara de Direito Privado, Ap. Cível nº 4008492-74.2013.8.26.0577, Rel. Des. Rosângela Telles, j. em 14/10/2016: "Apelação. Ação prestação de contas ajuizada contra ex-inventariante. Impossibilidade de propositura de ação autônoma. Competência funcional do Juízo do inventário para dirimir a questão. Precedentes desta E. Corte. Dever do inventariante de prestar contas quando deixar o cargo perante o Juízo em que tramitam os autos de inventário". Na doutrina, Adroaldo Furtado Fabrício (*Comentários ao Código de Processo Civil*, Rio de Janeiro, Forense, 1980, t. III, vol. VII, p. 447), *in verbis*: "Mesmo que se trate de verdadeira *ação* de prestação de contas (por exemplo, do herdeiro contra o inventariante), e não de simples prestação administrativa de contas, duas consequências ocorrem na área da competência: quanto à do foro, é a mesma do processo em que a nomeação tenha ocorrido; quanto à do Juízo, há de imperar o mesmo critério, podendo suceder, no exemplo lembrado, que a competência normalmente pertencente a uma vara cível se desloque para uma de família, se houver".

inclusive, se as contas não forem julgadas boas, condenar o inventariante a pagar o saldo[33] devido, sem prejuízo de outras medidas.

É irrelevante o fato de a prestação de contas do inventariante ter sido apresentada durante o processo ou por ocasião de sua saída do cargo. Em qualquer situação, o juiz proferirá decisão, julgando corretas ou não as contas.

O artigo 622, V, do CPC erige como motivo para a remoção do inventariante a decisão proferida pelo juízo do inventário no sentido de que as contas prestadas "não foram julgadas boas". Assim, é óbvio que a prestação de contas, sempre de natureza contenciosa, pode ocorrer durante o procedimento, podendo, em caso de condenação do inventariante, proceder-se à compensação do saldo devido por ele com os valores compreendidos no seu quinhão.

Por outro lado, é possível a existência de tantas prestações de contas quantas forem necessárias, sendo certo que, todavia, uma deverá existir obrigatoriamente, quando o inventariante deixar o cargo, seja antecipadamente, seja porque o inventário terminou. Essa última prestação de contas pode ser exigida a qualquer tempo, enquanto não prescritos eventuais direitos, sempre no juízo do inventário, que não perde a competência pelo fato de o processo estar encerrado.

Durante o processo de inventário qualquer das partes interessadas ou o Ministério Público, quando tiver atribuição para tal, poderão requerer ao juiz que determine ao inventariante que preste contas de sua gestão. Se o

---

[33] "Inventário. Prestação de contas. Rejeição das contas apresentadas pelo inventariante, com condenação ao ressarcimento em favor do espólio e remoção do inventariante. Apelo do inventariante. Forma mercantil que pode ser dispensada se as contas foram prestadas de forma inteligível e permitirem a realização de perícia contábil. Precedente do STJ. Contador que apontou a exatidão aritmética das contas e a existência de crédito em favor do espólio. Despesas elencadas pelo inventariante cujo vínculo com a administração de bens ou interesses do espólio não foi evidenciado. Ação anulatória movida contra herdeiro motivada por conflito pré-existente entre os herdeiros, e não em benefício do espólio. Despesas que não podem ser carreadas ao espólio. Utilização de recursos próprios do inventariante para pagamento das despesas impugnadas não evidenciado. Ressarcimento devido. Valor contestado pelos demais herdeiros que já levara em consideração o saldo positivo dos ativos financeiros do espólio existente no início da inventariança e o atual saldo negativo apontado pelo contador após as despesas impugnadas. Redução do valor da condenação. Rejeição das contas que já é fundamento suficiente para a remoção do inventariante e para a nomeação de inventariante dativo. Recurso parcialmente provido" (TJSP, 7ª Câmara de Direito Privado, AC 00376944320138260100, Rel. Mary Grün, j. em 11/02/2021, *DJe* 11/02/2021).

juiz deferir o pedido, ele será processado em apenso. Caso contrário, caberá recurso de agravo de instrumento.

O exame da conveniência ou não da prestação de contas durante o inventário ficará a cargo do juiz, pois o seu processamento, provavelmente, ensejará significativo prejuízo para a marcha do inventário e poderá, mesmo, constituir-se em medida procrastinatória, não devendo, assim, ficar a critério das partes escolher o momento em que ela deve ser prestada.[34].

De qualquer forma, estará qualquer das partes ou o Ministério Público, se for o caso, legitimado para promover, no juízo do inventário, como autor, ação de prestação de contas por ocasião da saída do inventariante, compreendendo-se, também, o encerramento do processo, salvo se ele espontaneamente cumprir a obrigação.[35]

Por fim, cabe mencionar que a morte do inventariante não se apresenta como um fator relevante para a extinção da ação de prestação de contas sem resolução de mérito. Ressalta-se que o dever de prestar contas decorrente da relação jurídica de inventariança possui especificidades, não devendo seguir, portanto, as disposições para a ação autônoma de prestação de contas.

Nesse sentido, é importante destacar que o Superior Tribunal de Justiça, por meio da Terceira Turma, em recurso especial[36] sob a relatoria da Ministra Nancy Andrighi, já teve que decidir sobre a questão. Segundo a relatora, "na prestação de contas decorrente da inventariança, todavia, é absolutamente despicienda a definição, que ocorre na primeira fase da ação autônoma, acerca da existência ou não do dever de prestar contas, que, na hipótese do

---

[34] Em sentido contrário, o acórdão do STJ, 3ª T., REsp. nº 80.478/SP, Relator Ministro Eduardo Ribeiro, publicado no *DJU* de 13 de maio de 1996, p. 15.555, *verbis*: "Prestação de contas. Inventariante. A circunstância de poder o juiz determinar, a qualquer tempo, preste contas o inventariante, em via administrativa, não exclui a possibilidade de a isso ser compelido jurisdicionalmente, a pedido de quem tenha seus bens por ele geridos".

[35] Acórdão proferido pelo Tribunal de Alçada de Minas Gerais, a nosso sentir erroneamente, entendeu ser inadmissível figurar o inventariante no polo passivo da ação de prestação de contas, após ultimada a partilha por sentença com trânsito em julgado, vez que já haveria se encerrado o seu encargo (*RT* 691/163). A parecer corroborar o desacerto dessa decisão, em acórdãos mais recentes, o TJMG vem entendendo ser possível que o inventariante seja demandado após o fim do exercício da inventariança, *vide*, nesse sentido, TJMG, 2ª CC, Ap. Cível 1.0432.07.013381-9/001, Rel. Des. Caetano Levi Lopes, j. em 24/05/2011 e TJMG, 4ª CC, 2.0000.00.386721-8/000, Rel. Des. Domingos Coelho, j. em 26/03/2003.

[36] Confira-se: STJ, 3ª T., REsp 1.776.035/SP, Rel. Ministra Nancy Andrighi, j. em 16/06/2020, *DJe* 19/06/2020.

inventário, é previamente definido pela lei (art. 991, VII, do CPC/73; art. 618, VII, do CPC/15)".

31. O PEDIDO DE INSOLVÊNCIA

O inventariante exerce um *munus* público e, portanto, tem a obrigação de levar a bom termo o inventário.

Compete a ele nas primeiras declarações apresentar a relação completa e individuada de todos os bens do espólio, bem como das dívidas ativas e passivas (artigo 620, IV, do CPC).

Dar-se-á a insolvência do espólio toda vez que as dívidas excederem a importância dos bens do devedor (artigo 748 do CPC/1973). Importante ressaltar, nesse ponto, que o CPC de 2015, no art. 1.052, conferiu ultratividade aos arts. 748 a 786-A do CPC/73, que continuam regulando as execuções contra devedor insolvente, até a edição de lei especial. Trata-se de medida que visa a resguardar a segurança jurídica na matéria,[37] evitando o chamado "vácuo legislativo".

Como administrador dos bens do *de cujus*, é obrigação do inventariante requerer a declaração de insolvência (artigos 753, III, e 759 do CPC/1973), logo que constatar a ocorrência de tal fato, para possibilitar o encerramento do inventário.

Importante, também, consignar o interesse dos herdeiros necessários ou mesmo do cônjuge do falecido na instauração do processo de insolvência, pois poderão, por ocasião da alienação ou adjudicação dos bens arrecadados ou penhorados, remi-los (artigo 787 do CPC/1973).

A legitimidade é do espólio e não dos herdeiros individualmente considerados, salvo se um deles for credor (artigo 753 do CPC/1973). Assim, é necessário que seja aberto inventário e nomeado inventariante para que o pedido de declaração de insolvência possa ser apreciado. Somente na hipótese de inventariante dativo é que os herdeiros, em nome próprio, poderão formular tal pedido (*vide* item nº 25, *supra*).

A competência para o processo de insolvência não é do juiz do inventário, mas sim daquele que, pelas normas de organização judiciária do respectivo Estado, for competente para tal.[38]

---

[37] CABRAL, Antônio do Passo; CRAMER, Ronaldo (org.). *Comentários ao novo Código de Processo Civil* – Rio de Janeiro: Forense, 2015, p. 1558.

[38] Pontes de Miranda, em seus *Comentários*, cit., pp. 68-69, leciona, ao contrário, que o requerimento deve ser feito no próprio processo de inventário.

O juízo da insolvência tem caráter universal, mesmo para aquelas causas de interesse da União ou Território (artigo 99, parágrafo único, I, do CPC/1973),[39] o que não ocorre com o juízo do inventário. Portanto, considerar este último como competente para o processo de insolvência seria alargar indiretamente a sua competência para toda e qualquer ação promovida contra o espólio, inclusive aquelas de interesse dos órgãos públicos antes citados. O juízo sucessório sequer atrai os processos de execução promovidos contra o espólio (artigo 646 do CPC).

Tratando a hipótese de competência *ratione materiae*, seria necessária previsão legal expressa para que o juízo do inventário pudesse processar pedido de insolvência, o que não ocorre no nosso sistema processual.

32. ALIENAÇÃO DE BENS DO ESPÓLIO

Os poderes de administração do inventariante são limitados e encontram-se indicados na lei, da mesma forma que o contrato social ou o estatuto indicam, respectivamente, os poderes de administração dos sócios-gerentes de uma empresa limitada ou dos diretores de uma sociedade anônima. Os atos que eventualmente pratique fora dos limites são considerados nulos. Assim, a regra legal é a de que o inventariante, para alienar qualquer bem pertencente ao acervo hereditário, deverá obter autorização judicial, precedida da oitiva dos demais interessados (CPC, art. 619, I). A legitimação para requerer a alienação é exclusiva do inventariante, pois a ele compete a administração dos bens do espólio.[40]

---

[39] Tal previsão constava expressamente do CPC de 1973, mas não foi reproduzida em 2015. A atração, ou não, da competência da Justiça Federal, na verdade, é matéria de natureza constitucional, envolvendo a interpretação se o termo "falência", presente no art. 109, I, da CF pode englobar também a insolvência civil. O STF tem o RE 678162, com repercussão geral reconhecida, sobre o tema. Ainda não houve julgamento, sendo a última movimentação (22/03/2016) a juntada do parecer do MPF, que opinou pelo reconhecimento da universalidade do juízo da insolvência, mesmo havendo interesse fazendário.

[40] Nesse sentido, o acórdão proferido na Apelação Cível nº 3.899 pela 4ª Câmara Cível do Tribunal de Justiça do Paraná, Relator Desembargador José Meger, publicado em 17/11/1986, *verbis*: "Pedido de alvará judicial. Autos de inventário. Venda de veículo motorizado. Deferimento. Apelação. Ilegitimidade *ad causam*. Incumbe ao inventariante a alienação de bens do inventário. Regra do artigo 992, inciso I, do Código de Processo Civil, combinado com o artigo 1.579 do Código Civil [*correspondente ao art. 1.797 do Código Civil vigente*]. Apelação provida para cassar a decisão e indeferir a medida concessiva da expedição de alvará judicial, face à ilegitimidade da herdeira requerente. Decisão unânime".

A legalidade da venda não depende da concordância de todos os interessados, mas sim que eles tenham oportunidade de expor as suas razões para que o juiz do inventário possa decidir sobre a conveniência ou não da mesma, cabendo ao herdeiro discordante a interposição de recurso de agravo de instrumento, tendo em vista a natureza interlocutória da decisão que autoriza tal prática. Seria absurdo deixar ao exclusivo critério de um único herdeiro a aprovação ou não da venda.[41] Aqui, ao sopesar os interesses em jogo, deve o juiz optar por aquele que consulte aos interesses do espólio e, portanto, da totalidade dos herdeiros.[42]

Na hipótese da concordância de todos os herdeiros e eventuais legatários, o juiz não poderá, em regra, indeferir o pedido, até porque os herdeiros poderiam ceder, independente de autorização judicial, seus direitos hereditários.[43] Poderá o juiz, para evitar prejuízos para credores ou mesmo

---

[41] Existem julgados no sentido de que é nula a autorização judicial para a alienação sem a anuência de todos os interessados: "Agravo de instrumento. Inventário. Decisão que negou o pedido de alvará judicial. Inconformismo do inventariante. Não acolhimento. Inventariante que realizou a venda irregular de imóvel que compõe o acervo patrimonial, sem a concordância de todos os herdeiros e autorização judicial. Ausência de demonstração da excepcionalidade da situação a ensejar a expedição de alvará judicial. Decisão mantida. Negado provimento ao recurso" (TJSP, 3ª Câmara de Direito Privado, AI nº, Rel. Des. Viviani Nicolau, j. em 17/05/2016). Também assim dispõem: TJSP, 10ª Câmara de Direito Privado, AI nº 2067285-54.2015.8.26.0000, Rel. Des. Cesar Ciampolini, j. em 03/05/2016. A ementa do acórdão do STJ prolatado nos autos do REsp. nº 140.369/RS, Rel. Min. Carlos Alberto Direito, publicado no *DJ* de 16/11/1998, p. 87, faz parecer que a este entendimento também se filia o tribunal. No entanto, depreende-se da leitura do voto do Ministro Relator que o inventariante não pode praticar os atos elencados no art. 992 do CPC, sem que sejam ouvidos os interessados e não apenas com o seu consentimento.

[42] Em interessante estudo publicado na *Revista Forense* 347/247, Sergio Bermudes leciona que o juiz não só pode autorizar a alienação de bens do espólio em caso de discordância de algum interessado como deve fazê-lo se dela depender a obtenção dos recursos necessários à conclusão do inventário e às despesas do espólio, eis que a regra do art. 992, I, do CPC de 1973 [art. 619, I, do CPC de 2015], representa a contrapartida dos dispendiosos encargos que são atribuídos ao inventariante. No mesmo artigo também se sustenta a desnecessidade de hasta pública para a alienação, aplicando-se a regra do art. 700 do CPC/73, que seria posteriormente revogado, com as alterações da sistemática da execução pela Lei nº 11.382/2006.

[43] "Alvará. Inventário. Transferência de imóvel por escritura pública. Desde que preenchidos os requisitos previstos no art. 1.031, § 1º, do CPC, com as alterações emanadas da Lei nº 9.280/96, impõe-se a expedição de alvará judicial para que o espólio, por seu inventariante, possa transferir o imóvel, por escritura pública, a um

para Fazenda Pública, determinar o depósito do valor da venda ou de parte dele à disposição do juízo, de modo a permitir o cumprimento das obrigações do espólio com terceiros e com o Fisco. Excepcionalmente, caso o juiz verifique, apesar da concordância de todos os herdeiros, que o ato tem por finalidade prejudicar terceiros credores ou a Fazenda Pública, como, por exemplo, no caso de preço vil, poderá indeferir o pedido, cabendo recurso de agravo de instrumento.

É evidente que em situações excepcionais, como, por exemplo, para evitar o perecimento ou a deterioração[44] de bens sob sua administração pertencentes ao espólio, poderá o inventariante efetuar a venda, requerendo posteriormente, junto ao juízo do inventário, ouvidos os interessados, a ratificação do seu ato. Todavia, responderá, como o gestor de negócios, perante os herdeiros e as pessoas com quem tratar, dependendo da situação, caso a venda tenha sido desnecessária, o preço não corresponda ao valor de mercado ou, ainda, o juiz recuse a ratificação.

A venda de bens do inventário sem autorização judicial será nula.

Preferimos aqui considerar tal ato nulo, e não inexistente. Na verdade, a compra e venda existe quando o inventariante comparece ao contrato, nessa qualidade, mesmo sem autorização judicial. Não falta qualquer dos elementos essenciais à caracterização de um contrato. Ocorre sim um defeito consubstanciado na preterição de uma solenidade que a lei considera essencial à validade do ato (artigo 166, V, do Código Civil), qual seja a autorização judicial, através da qual o inventariante passa a ter poder de representação específico para a prática do ato. Nesses casos, o juiz do inventário poderá pronunciar a nulidade no bojo dos próprios autos.

Ora, se cabe ao juiz do inventário decidir a questão relativa à conveniência ou não da venda, por certo terá, também, competência para declarar a nulidade de tal ato, caso ela tenha sido realizada sem sua autorização.

Nesse passo, a questão da legalidade da venda constitui uma daquelas questões que o juiz do inventário terá competência para decidir nos termos do artigo 612, parte inicial, do CPC (*vide* item nº 10, *supra*).

Essa decisão que declara a nulidade da venda produz coisa julgada material, pois versa sobre questão compreendida no objeto do inventário e da própria partilha.

---

dos requerentes" (TJPR, Rel. Des. Wanderlei Resende, *ADV/COAD Nossos Tribunais* 08/98, ac. nº 81.961, p. 195).

[44] O Código de Processo Civil de 1939 responsabilizava o inventariante que deixasse que os bens do espólio se deteriorassem (artigo 476, nº III, parte inicial).

Admitir-se que tal questão deva ser conhecida somente *incidenter tantum* como prejudicial da partilha[45] levaria a consequências desastrosas, pois o bem seria partilhado, e, se se tratasse de imóvel, o formal de partilha ou a carta de adjudicação não poderiam ser levados a registro, na medida em que subsistiria o registro anterior decorrente da venda nula. Em outras palavras, seria sempre necessária ação específica no juízo cível para a decretação da nulidade como questão principal, de sorte a permitir a produção do efeito relativo ao cancelamento do título anterior no registro de imóveis competente, quando esta não foi a vontade do legislador como examinado no item 12, *supra*.

Nem se poderia argumentar que a declaração da nulidade da venda pelo juiz do inventário violaria os princípios do devido processo legal e do contraditório, na medida em que o adquirente não seria convocado a defender-se, pois a questão relativa à nulidade de ato jurídico pode ser decretada de ofício pelo juiz competente, no caso o do inventário, como anteriormente examinado, nos exatos termos do artigo 168, parágrafo único, do Código Civil.

Muito menos, poder-se-ia cogitar da boa-fé do terceiro adquirente, pois ninguém pode desconhecer o comando da lei, que exige autorização judicial para que o inventariante pratique ato de disposição de bens do espólio, compreendida aqui, também, a constituição de direito real sobre tais bens.[46]

Por outro lado, a questão pode ser aferida objetivamente: a autorização judicial existe ou não existe. Se não existe, o ato é nulo, devendo assim ser decretado de imediato, cabendo aos interessados a interposição do recurso de agravo de instrumento, por tratar-se de decisão interlocutória.[47]

Diversa será a hipótese quando existir autorização judicial. Nesse caso, salvo existência de outra nulidade objetivamente aferível, a questão sobre a legalidade da venda deverá ser dirimida nas vias ordinárias, de sorte a

---

[45] Nesse sentido, José Carlos Barbosa Moreira, em *Direito Aplicado – Acórdãos e Votos*, Rio de Janeiro, Forense, 1987.

[46] Existe um julgado do STJ afirmando que "Embora não autorizado pelo juiz, tem-se como eficaz a alienação de bem da herança, a título oneroso e de sorte a não sujeitar o adquirente de boa-fé a restituí-lo, ficando ressalvado o ressarcimento de eventual prejuízo ao monte hereditário, por aquele que lhe deu causa" (STJ, 3ª T., *RSTJ* 19/539). Sobre a declaração de nulidade em processo de inventário, *vide* item 10, *supra*.

[47] O professor Ernane Fidélis dos Santos, em *Dos procedimentos...*, cit., p. 277, entende caber, na hipótese, recurso de apelação, sustentando que "é verdadeira sentença proferida incidentemente sobre as questões de administração do espólio e não propriamente sobre questões referentes ao andamento do processo". Theotônio Negrão, em *Código...*, cit., p. 839, considera que o despacho que defere a expedição de alvará é irrecorrível.

permitir a todos os interessados o contraditório, especialmente o direito de apresentar provas e alegações. Nessa hipótese, em princípio, o adquirente deve ser considerado como terceiro de boa-fé.

Outra situação, bastante comum nos inventários, diz respeito ao pedido de alvará para outorga de escritura definitiva de compra e venda ou de efetivação de cessão por terceiro, promissário comprador ou promissário cessionário.[48]

Nessa hipótese, o pedido de alvará poderá ser autuado em apartado e, em última análise, representará uma autorização para a alienação de bens do espólio – transferência de propriedade imobiliária. Caberá ao juiz, ouvido o inventariante e demais interessados, autorizar ou não a expedição do alvará. Aqui também a decisão do juiz não dependerá da expressa concordância do inventariante ou dos demais interessados, pois o cumprimento das obrigações do *de cujus* pode e deve ser autorizado pelo juiz do inventário, quando houver prova documental inequívoca do direito do terceiro requerente, facultada a interposição de recurso de agravo de instrumento, independentemente de o pedido ter sido processado em apartado ou no bojo dos próprios autos. Caso contrário, o caminho será o da via ordinária.[49]

33. AUTORIZAÇÃO PARA TRANSIGIR

A transação, seja preventiva, para evitar o litígio, seja para pôr fim a este, pressupõe que as partes façam concessões mútuas (artigo 840 do Código Civil).

O inventariante não pode fazer concessões sobre direitos que não lhe pertencem, daí por que é necessária a autorização do juízo do inventário para tal fim (CPC, art. 619, II).

---

[48] "Inventário. Alvará judicial. (...) Possibilidade de expedição do alvará pela via especial do feito originário, desde que haja anuência da inventariante. Decisão reformada. Precedentes desta Corte. Recurso provido" (TJSP, 8ª Câmara de Direito Privado, Ap. Cível nº 2103836-96.2016.8.26.0000, Rel. Des. Salles Rossi, j. em 31/05/2016).

[49] A jurisprudência já se manifestou no sentido de que o alvará para a outorga de escritura não pode ser deferido havendo discordância do inventariante (TJSP, 10ª Câmara de Direito Privado, Ap, Cível nº 1011551-43.2015.8.26.0451, Rel. Des. Carlos Alberto Garbi, j. em 03/05/2016, *in verbis*: "(...) O pedido de alvará para outorga definitiva de imóvel é mero procedimento de jurisdição voluntária, e não pode suprir a vontade declarada, de forma que aos interessados cabe valer-se das vias ordinárias para o cumprimento da obrigação que reclama. Sentença mantida. Recurso não provido"). No mesmo sentido, confira-se: TJ-RJ, 9ª CC, Apl. Cível 0408944-98.2012.8.19.0001, Rel. Des. Adolpho Correa de Andrade Mello, j. em 29/04/2021, *DJe* 03/05/2021; TJGO, 6ª CC., Apl. Cível 0419581-06.2020.8.09.0006, Rel. Des. Jeova Sardinha de Moraes, j. em 15/03/2021, *DJ* 15/03/2021.

Mesmo que o inventariante seja o único herdeiro, não poderá celebrar transação sem autorização judicial, pelas mesmas razões apontadas no item nº 32, *supra*.

A consequência da eventual transação celebrada sem tal requisito será a nulidade, não podendo tal ato produzir qualquer tipo de efeito quanto aos bens, direitos e obrigações do *de cujus*.

É certo, todavia, que o juiz do inventário só poderá decretar a nulidade da transação preventiva, realizada fora do juízo. No caso de transação judicial, devidamente homologada pelo juiz onde tramita o processo, não poderá o juiz do inventário desconstituir a sentença homologatória, por faltar-lhe competência. Todavia, ele poderá conhecer de tal questão *incidenter tantum*, como prejudicial de outra, como, por exemplo, se deve ou não liberar a importância solicitada pelo outro acordante, se determinado bem, objeto do acordo, deve ou não ser partilhado, e assim por diante.

Do ponto de vista prático, e havendo oportunidade em uma determinada audiência de conciliação para a realização de um acordo que atenda ao interesse do espólio, poderá o inventariante celebrá-lo sob condição suspensiva, ou seja, a de que a validade do mesmo dependa de ulterior autorização do juízo onde tramita o inventário.

Questão interessante é a de saber qual órgão do Ministério Público teria a atribuição para concordar ou não com a transação na hipótese da existência de herdeiro incapaz ou de ausente ou de testamento: aquele que oficia no juízo onde tramita o processo ou aquele que atua junto ao juízo do inventário?

Primeiramente, deve-se afastar o entendimento de que ambos os promotores de justiça devem se pronunciar sobre esta situação. Tanto o promotor que atua junto ao juízo comum, como aquele que atua junto ao juízo especializado do inventário o fazem na qualidade de *custos legis* e, portanto, têm compromisso com a correta aplicação da lei, razão pela qual jamais se justificaria que dois órgãos do Ministério Público do mesmo grau opinassem sobre a mesma questão. Entender de modo diverso afrontaria o princípio da unidade da instituição, consagrado constitucionalmente (CF, artigo 127, § 1º).

Pelo texto da lei, compete ao juízo do inventário, e somente a ele, autorizar o inventariante a transigir em juízo. Assim, a competência para dirimir tal questão, tenha ou não a concordância dos demais herdeiros, da Fazenda Pública, do Ministério Público e de eventuais credores, é do juízo do inventário. Nesse passo, a atribuição para oficiar sobre tal matéria será do promotor de justiça titular do órgão de execução junto a tal juízo, que, inclusive, será o legitimado para o eventual recurso, por ser o promotor natural.[50]

Até do ponto de vista lógico, o órgão do Ministério Público que oficia junto ao juízo do inventário seria o mais indicado para opinar se o acordo atenderia ou não, no contexto do inventário, aos interesses do incapaz. Imagine-se que o bem objeto do acordo corresponda ao imóvel onde o menor reside. Nessa hipótese, ainda que o acordo pudesse consultar o interesse dos demais herdeiros, ele não seria interessante para o interesse do incapaz, por exemplo. Possivelmente, o órgão do Ministério Público que oficiasse junto ao juízo comum não poderia avaliar os interesses do incapaz no contexto do inventário.

34. DÍVIDAS DO ESPÓLIO E DESPESAS PARA A CONSERVAÇÃO E O MELHORAMENTO DOS BENS DO ACERVO

Pagar dívidas do espólio significa praticar ato de disposição de bem do acervo hereditário e, logo, exige-se autorização judicial para tanto.

Aplica-se aqui a mesma regra anteriormente estudada, ou seja, ato jurídico de disposição de bem do inventário praticado pelo inventariante sem autorização judicial é nulo, cabendo ação própria contra este último ou em face daquele que recebeu a quantia para recuperá-la, salvo, é evidente, posterior ratificação do juízo do inventário, ouvidos os demais interessados.

Existe, inclusive, um procedimento adequado para o pagamento das dívidas do espólio, regulado na seção VII do capítulo IX – artigos 642 a 646, ambos do CPC (*vide* itens nos 71 e segs., *infra*), cujo pedido deve ser autuado em apenso aos autos do processo de inventário, quer tenha sido requerido pelo credor, quer tenha decorrido da iniciativa do inventariante.

Deve também o inventariante obter autorização judicial para a realização de despesas relativas à conservação e melhoramento dos bens do espólio.

Qualquer contrato celebrado pelo inventariante com esta finalidade sem autorização judicial é nulo, podendo o juiz do inventário declará-lo, respondendo os contratantes pelos prejuízos eventualmente causados ao espólio.

O pedido de autorização, em regra, deve ser processado nos próprios autos do inventário, cabendo ao juiz decidir sobre a conveniência ou não de acolhê-lo, independentemente da concordância dos demais interessados que, todavia, deverão, obrigatoriamente, ter oportunidade de se manifestarem, salvo situações urgentes que exijam pronta solução, como, por exemplo, para evitar o perecimento ou a deterioração de bens.

---

[50] Sobre o promotor natural, veja-se com maiores detalhes o nosso trabalho: *O Ministério Público no processo civil e penal*, 6ª ed., Rio de Janeiro, Forense, 2000.

35. CONTEÚDO DAS PRIMEIRAS DECLARAÇÕES

O inventariante deverá apresentar, no prazo de vinte dias (artigo 620, *caput*, do CPC), sob pena de remoção[51] (artigo 622, I, do CPC), as primeiras declarações. Caso não seja possível fazê-lo no prazo legal, poderá solicitar ao juiz, justificadamente, eventual prorrogação.

Importante consignar a responsabilidade do inventariante pela omissão na declaração de determinados bens, como costuma ocorrer na prática com relação a dinheiro, joias ou títulos ao portador, mesmo que exista a concordância dos demais herdeiros, pois, no futuro, um deles poderá reclamar, responsabilizar o inventariante por sonegação ou, até mesmo, contestar a forma da divisão informal.[52]

As primeiras declarações correspondem, guardadas as devidas proporções, à petição inicial de um processo cível. Não se exige a conferência de poderes especiais para que o advogado possa firmá-la, todavia é conveniente que venha assinada também pelo inventariante, o que dispensará a assinatura do termo a que alude o *caput* do artigo 620 do CPC, bastando, posteriormente, a simples ratificação pelo advogado constituído. Sem a assinatura do inventariante, será necessária a concessão de poderes especiais ao procurador (CPC, art. 620, § 2º).

Ela deverá indicar o juízo a quem se dirige e o nome com a qualificação do autor da herança, compreendendo, pelo menos, os seguintes dados: nacionalidade, para fins de possibilitar a aplicação, se for o caso, do artigo 5º, XXXI, da Constituição Federal (legislação mais favorável aos interesses do cônjuge e dos filhos), a idade e o domicílio do autor da herança e o local onde faleceu, estes últimos dados para permitir a verificação do foro adequado e, portanto, eventual arguição de incompetência e, também, apresentar testamento, se houver. Tais requisitos podem se extrair do art. 620, I, do CPC.

Além dos dados relacionados diretamente com o autor da herança, as primeiras declarações deverão precisar todos os herdeiros, qualificando-os, inclusive com indicação da qualidade que ostentam, e o grau de seus respectivos

---

[51] Ver item nº 38, *infra*.

[52] Direito civil. Direito processual civil. (...) 4) Preclusão de homologação inexistente. Partilha amigável que não impede de colação de bens sonegados. 5) Recurso especial improvido. (...) 4.- O Direito à colação de bens do "de cujus" em proveito de herdeiros necessários subsiste diante da partilha amigável no processo de inventário, em que omitida a declaração dos bens doados inoficiosamente e que, por isso, devem ser colacionados. 5.- Recurso Especial improvido (REsp 1343263/CE, Rel. Ministro Sidnei Beneti, Terceira Turma, julgado em 04/04/2013, *DJe* 11/04/2013). Entretanto, entendimento contrário deve prevalecer caso, mesmo havendo dolo, os herdeiros não ignorassem a não inclusão do bem.

Primeira Parte · Cap. III · INVENTARIANTE E PRIMEIRAS DECLARAÇÕES | 95

parentescos com o inventariado, bem como de eventuais: cônjuge supérstite, com a indicação do regime de bens do casamento ou da apresentação de pacto antenupcial, companheira(o) ou legatários, todos com as respectivas qualificações (CPC, artigo 620, II e III).

É fundamental a juntada dos documentos comprobatórios da qualidade das pessoas anteriormente mencionadas, com apresentação de certidões de nascimento ou de casamento; do testamento já mandado cumprir (CPC, arts. 735 a 737), no caso de herdeiros testamentários e legatários; e, ainda, daqueles documentos que possam comprovar a qualidade de companheira(o), tal como definida na Lei nº 9.278/96[53] e no artigo 1.723 do Código Civil.

A indicação da qualidade do herdeiro e seu grau de parentesco com o inventariado é de fundamental importância para verificar a ordem da vocação hereditária; assim como a indicação do cônjuge, ou da companheira(o), e de eventuais legatários, possibilitará a individualização dos bens que serão conferidos aos herdeiros.

Deverá constar também da petição inicial do inventário a relação completa e individuada de todos os bens de propriedade do espólio, direitos e ações, com a indicação, se for possível, do valor corrente, estimativo, de cada um, assim como aqueles que estavam na posse do autor da herança à época do passamento, ainda que não se possa precisar a respectiva origem. Tudo em conformidade com o artigo 620, IV, do CPC.

O referido dispositivo indica como deve ser apresentada a relação dos bens: os imóveis, com as suas especificações, nomeadamente o local em que se encontram, extensão da área, limites, confrontações, benfeitorias, origem dos títulos, número das transcrições aquisitivas e ônus que os gravam (letra *a*); os móveis, com os sinais característicos (letra *b*); os semoventes, com o respectivo número, espécies, marcas e sinais distintivos (letra *c*); o dinheiro, as joias, os objetos de ouro e prata, e as pedras preciosas, declarando-se-lhes especificamente a qualidade, o peso e a importância (letra *d*); os títulos da dívida pública, bem como as ações, cotas e títulos de sociedade, mencionando--se-lhes o número, o valor e a data (letra *e*); direitos e ações (letra *g*) e o valor corrente de cada um dos bens (letra *h*).

---

[53] O Superior Tribunal de Justiça reconheceu, em um dos seus julgados, a possibilidade de inclusão de filhos havidos fora do casamento como herdeiros, mesmo sem a ação de investigação de paternidade, desde que exista o reconhecimento pelo pai no registro de nascimento (REsp. nº 4.621/RJ, Min. Nilson Naves, j. em 16/10/1990, publicado no *DJ* de 03/12/1990, p. 14.318), até mesmo porque a Constituição da República veda diferenciações entre os filhos, independentemente de como se deu a formação do vínculo parental.

Sempre que possível, as primeiras declarações deverão vir acompanhadas dos documentos comprobatórios da propriedade dos bens relacionados.[54]

Tal exigência é fundamental e obrigatória quando se tratar de bens imóveis, títulos da dívida pública, ações, cotas e títulos de sociedade, pois, com o término do inventário, os herdeiros receberão do juízo documento hábil, formal de partilha ou carta de adjudicação, a transferir a propriedade de tais bens ou direitos para seus próprios nomes. Isso pode ocorrer na medida em que o *de cujus* tenha título hábil, devidamente comprovado para tanto, permitindo, outrossim, que o conteúdo do formal de partilha ou da carta de adjudicação indique o tipo adequado do direito que pertencia ao falecido: propriedade, direito ou ação. Aqui ocorre semelhantemente àquelas hipóteses em que uma pessoa pretende vender um bem imóvel, ações ou quotas de uma determinada sociedade. Ela deve, por óbvio, apresentar o seu título, com as características e demais indicações necessárias para permitir a transferência da propriedade ou, se for o caso, dos direitos relativos a esses bens.

Especificamente com relação aos imóveis bastará a apresentação da certidão do registro de imóveis ou, caso não tenha ocorrido tal registro, o instrumento comprobatório da aquisição. Com relação a títulos, ações ou quotas, será suficiente a apresentação do extrato da instituição onde eles se encontram depositados com a indicação da quantidade e o valor dos mesmos.

É muito comum que os imóveis pertencentes ao espólio não estejam regularizados, ou seja, sem escritura definitiva. A apresentação do documento que comprove a titularidade dos direitos sobre determinado imóvel permitirá que o formal de partilha ou a carta de adjudicação tenha o conteúdo adequado ao direito inventariado, como examinado anteriormente. O processo de inventário não é meio hábil à regularização da propriedade de bem imóvel. Se o autor da herança possuía escritura de promessa de cessão, ou de cessão de direitos, relativa a bem imóvel, deverá inventariar direitos. Todavia, a regularização do seu título definitivo somente ocorrerá quando efetivar a cessão de direitos, em caso de promessa, juntamente com a compra e venda, ou somente esta última, quando seu título for de cessão.

Finalmente, deverá constar das primeiras declarações a relação das dívidas e dos créditos do espólio, com a indicação da origem da obrigação, dos nomes dos credores e devedores e, se possível, a juntada dos respectivos títulos.

---

[54] Ernane Fidélis dos Santos, em *Dos procedimentos...*, cit., p. 274, entende, ao revés, que "o único documento realmente indispensável para o inventário é o atestado de óbito. Não há nenhuma necessidade de o inventariante comprovar suas declarações com documentos respectivos. (...) Se houver testamento, o inventariante deverá juntar a certidão respectiva aos autos".

Existe discussão doutrinária sobre o valor das primeiras declarações prestadas pelo inventariante: haveria presunção de veracidade ou não? Teriam os demais interessados o ônus da prova em contrário?[55]

Antes de responder a essa pergunta é preciso relembrar qual o conteúdo das primeiras declarações. A partir daí verificaremos que existem afirmações cujo ônus da prova é do inventariante e outras que competem a eventuais impugnantes. A situação concreta determinará o caminho adequado, sem que se possa, antes, precisar uma regra absoluta.

Assim, caberá ao inventariante apresentar os documentos necessários que comprovem, por exemplo, a qualidade dos herdeiros, a propriedade de bens imóveis, títulos da dívida pública e ações ou quotas de sociedades, as dívidas e os créditos; e apresentar ou indicar onde se encontram o dinheiro, as joias e objetos de ouro e prata. Nesses casos, a simples afirmação do inventariante não gozará de presunção de veracidade, cabendo a ele o ônus de provar tais fatos, em caso de impugnação.

Por outro lado, determinadas declarações, tais como aquelas referentes à inexistência de testamento, ao valor estimativo de cada um dos bens do espólio, terão presunção de veracidade, cabendo o ônus da prova ao impugnante.

36. A SITUAÇÃO DOS HERDEIROS QUANTO À SOCIEDADE COMERCIAL DE QUE O INVENTARIANTE FAZIA PARTE

Dependendo do tipo de sociedade da qual o *de cujus* fazia parte, proceder-se-á ao balanço do estabelecimento, se ele era empresário individual, ou à apuração de haveres, se era sócio de sociedade que não anônima e, nesta última hipótese, apurar-se-á o valor da cotação da ação no dia do falecimento. Esse procedimento permitirá transformar tais títulos em dinheiro para integrar o monte a ser partilhado, observando-se, no que couber, o disposto no contrato social, se limitada a empresa, ou em eventual acordo de acionistas, se sociedade anônima.

Desde que não haja impugnação de eventuais interessados poderá o inventariante apresentar o balanço ou a própria apuração de haveres, dispensando-se, nesta hipótese, a nomeação de contador para esse fim. Aplica-se aqui, por analogia, a regra prevista no artigo 472 do Código de

---

[55] O Código de Processo Civil de 1939 dispunha expressamente (artigo 472) que as declarações do inventariante "serão acreditadas em juízo até prova em contrário". Ernane Fidélis dos Santos, em *Dos procedimentos...*, cit., p. 282, sustenta que "a própria compleição do procedimento permite entender como prevalente a presunção de veracidade" das declarações do inventariante.

Processo Civil, que permite ao juiz dispensar prova pericial quando forem apresentados pareceres técnicos ou documentos elucidativos suficientes para comprovar determinada situação de fato.

O balanço poderá ser apresentado nos próprios autos, devendo, todavia, a apuração de haveres se processar em apartado,[56] podendo o resultado desta última servir de base para futura sobrepartilha, caso haja interesse e seja possível proceder-se, desde logo, à partilha dos demais bens. A competência para tanto é do juízo do inventário, sendo que a data-base será o dia do falecimento, não podendo ser imputados ao espólio direitos ou obrigações ocorridos após o passamento.[57]

Caso o contrato preveja a dissolução da sociedade pela morte de um dos seus integrantes, poderão os sócios remanescentes juntamente com o inventariante, desde que autorizado pelo juiz e ouvidos os demais interessados, proceder à liquidação amigável. Caso contrário, a dissolução com a respectiva apuração dos haveres deverá ser processada no juízo cível competente.[58]

É bastante comum, notadamente nas sociedades de pessoas, a existência de cláusula que permite aos herdeiros assumirem o lugar do *de cujus*.

---

[56] "Se a morte do sócio dissolve a sociedade, é incompetente o juízo orfanológico para apurar os seus haveres" (TJRJ, *RT* 498/184 *apud* Theotônio Negrão, ob. cit., p. 840). A apuração se faz através de contador, e "não se aplicam aqui as regras que regem a prova pericial geral" (TJRJ, *RT* 500/205). A apuração não abrange lucros ou perdas posteriores à data do falecimento do autor da herança (TJSP, *RT* 493/97 e TJSP, *RT* 509/104, citados também por Theotônio Negrão, ob. cit., p. 840). "Inventário. Cota em sociedade por cotas de responsabilidade limitada. Apuração de haveres. Fazendo-se a apuração de haveres nos próprios autos do inventário, sem a participação dos sócios remanescentes, apenas interessa a herdeiros e meeira. Terceiros não podem dela valer-se como se constituísse título líquido e certo" (STJ, 3ª Turma, REsp. nº 5.780/SP, Rel. Min. Cláudio Santos, j. em 05/03/1991, *DJU* de 15/04/1991, p. 4.299). "(...) Questões de alta indagação, por exigirem extensa dilação probatória, extrapolam a cognição do juízo do inventário, para onde devem ser remetidos apenas os resultados da apuração definitiva dos haveres. Interpretação dos arts. 984 e 993, parágrafo único, II, do CPC. É no juízo cível que haverá lugar para a dissolução parcial das sociedades limitadas e consequente apuração de haveres do *de cujus*, visto que, nessa via ordinária, deve ser esmiuçado, caso a caso, o alcance dos direitos e obrigações das partes interessadas - os quotistas e as próprias sociedades limitadas, indiferentes ao desate do processo de inventário" (STJ, 3ª T., REsp 1459192/CE, Rel. p/ Acórdão Ministro João Otávio de Noronha, j. em 23/06/2015, *DJe* 12/08/2015).

[57] Sobre o alcance da competência da vara cível e da de sucessões, conferir nota anterior.

[58] "Se a morte do sócio acarreta a dissolução da sociedade, o juízo orfanológico é incompetente para a apuração dos seus haveres" (*RT* 498/184, maioria, *apud* Theotônio Negrão, ob. cit., loc. cit.), após o que o valor respectivo integrará o monte ou, se for mais conveniente, a sobrepartilha.

Se não houver oposição dos demais integrantes da sociedade, deverá o herdeiro, a seu exclusivo critério, ingressar, desde logo, na sociedade, procedendo-se à devida alteração contratual, sem prejuízo, para fins fiscais e para igualar a legítima dos demais herdeiros, da apuração de haveres.

Tratando-se de sociedade de pessoas, os demais cotistas não estão obrigados a aceitar, ainda que exista previsão contratual nesse sentido, o ingresso do herdeiro indicado, do mesmo modo que este último não estará obrigado a ingressar na sociedade.

Será sempre possível, salvo disposição contratual prevendo a dissolução, proceder-se à substituição do *de cujus* por outro cotista, de sorte a assegurar a continuação da sociedade, como, por exemplo, na hipótese de restar um único sócio.[59]

37. A SONEGAÇÃO DE BENS EM INVENTÁRIO. FORMA DE IMPOSIÇÃO DAS PENALIDADES

Na prática, o inventariante costuma protestar no corpo das primeiras declarações pela eventual apresentação, no curso do inventário, de bens não declarados.

Caso não seja provocado antes por outro herdeiro, pelo Ministério Público ou terceiro interessado, como, por exemplo, um credor,[60] o inventariante deverá, quando da apresentação das últimas declarações (artigo 636 do CPC), declarar os bens eventualmente omitidos, sob pena de ser responsabilizado por sonegação e removido da inventariança (artigos 1.996 do Código Civil, 621 e 622, VI, do CPC).[61]

---

[59] Nesse sentido: "Sociedade por quotas de responsabilidade limitada. Morte de um dos sócios. Dissolução da sociedade pretendida pelo herdeiro, para a obtenção do que lhe cabe por herança. Inadmissibilidade. Estatutos que preveem expressamente a sua indissolubilidade por esse evento, bem como a forma de apuração dos haveres. Carência decretada" (TJMS, *RT* 679/171).

[60] "A existência de bens não levados ao inventário era do conhecimento de todos os herdeiros, a qualquer destes, cabia interpelar o inventariante para que declarasse os bens tidos como sonegados, posto que a recusa ou a omissão após a interpelação é que caracterizaria o propósito malicioso de ocultar, que ensejaria a ação" (TJSP, *RT* 704/110).

[61] "O acórdão local, ao concluir pela impossibilidade da ação de sonegados, não ofendeu os arts. 1.784 do Cód. Civil [*correspondente ao art. 1.996 do Código Civil vigente*], 1.000 e 1.014 do Cód. de Pr. Civil. Isto porque, tratando-se, no caso, de inventariante, este realmente 'não está sujeito a ação de sonegados, enquanto não deduzir suas últimas declarações no processo de inventário'" (STJ, 3ª T., AI nº 235.909, Rel. Min. Nilson Naves, *DJ* de 20/08/1999, p. 152); "A ação de sonegados deve ser intentada após as

100 | INVENTÁRIO E PARTILHA: Judicial e Extrajudicial – *Paulo Cezar Pinheiro Carneiro*

Pode ocorrer que a sonegação de bens do falecido seja produzida por outro herdeiro[62] e não pelo inventariante. Nesse caso, o herdeiro deverá ser interpelado para que apresente os bens ou negue que os tenha ou, ainda, que esteja obrigado a conferi-los.[63] Nestas duas últimas hipóteses, o juiz permitirá

últimas declarações prestadas no inventário, no sentido de não haver mais bens a inventariar (...). Sem haver a declaração, no inventário, de não haver outros bens a inventariar, falta à ação de sonegados uma das condições, o interesse processual, em face da desnecessidade de utilização do procedimento." (STJ, 4ª T, REsp 265.859/SP, Rel. Ministro Sálvio de Figueiredo Teixeira, j. em 20/03/2003, *DJ* 07/04/2003, p. 290). Nesse sentido, confira-se: TJRJ, 19ª CC., AI 0020356-84.2018.8.19.0000, Rel. Des(a). Juarez Fernandes Folhes, j. em 12/06/2018.

[62] O cônjuge-meeiro ou o comparte em algum bem comum, com o *de cujus* e depois com os herdeiros, não se sujeitam a procedimento ou à ação de sonegados, mas sim, se for o caso, à ação reivindicatória, a ser promovida no juízo próprio. Em sentido contrário, o Superior Tribunal de Justiça (*RSTJ* 3/1.067, assim ementado: "O cônjuge-meeiro ou comparte em algum bem comum, com o *de cujus* e depois com os herdeiros, responde passivamente à ação de sonegados"). O mesmo tribunal, no REsp. nº 74.683, sendo Rel. o Min. Ruy Rosado de Aguiar, publicado no *DJ* de 15/04/1996, p. 11.541, decidiu que a legitimidade para a ação de sonegados está reservada aos herdeiros ou credores da herança, negando *in casu* a possibilidade do ajuizamento daquela ação por quem pleiteia reconhecimento de sociedade de fato com o *de cujo*.

[63] "A ação de sonegados não tem como pressuposto a prévia interpelação do herdeiro, nos autos do inventário. Se houver a arguição, a omissão ou a negativa do herdeiro caracterizará o dolo, admitida prova em contrário. Inexistindo arguição nos autos do inventário, a prova do dolo deverá ser apurada durante a instrução" (STJ, 4ª T., REsp. nº 163.195/SP, Min. Ruy Rosado de Aguiar, *DJ* de 29/06/1998, p. 00217); "Apelação cível. Ação de sonegados. Alegação de que um imóvel, valor aplicado em instituição financeira e veículos foram ocultados pelos filhos do autor da herança quando da colação dos bens no inventário. Sentença que determina à sobrepartilha do imóvel com o autor na condição de herdeiro. Apelo de ambas as partes. Prazo prescricional para pleitear a sobrepartilha de bens sonegados por um herdeiro à época da doação aos demais herdeiros era vintenário quando ainda vigente o Código Civil de 1916, artigo 177 e atualmente é de dez anos, conforme artigo 205 do Código Civil. Termo *a quo* para o início da contagem do prazo prescricional é o ato irregular, ou seja, a violação do direito. A jurisprudência já pacificou o entendimento de que a violação do direito ocorre com o trânsito em julgado da sentença de partilha, onde ocorreu a lesão, com a sonegação do bem. Na presente hipótese, o autor foi reconhecido filho depois do óbito de seu pai em 27/11/2008, sendo esta a data de início de contagem do prazo prescricional. utilização da regra de transição do artigo 2.028 do Código Civil de 2002. Assim sendo, com a entrada em vigor, em janeiro de 2003, do Código Civil de 2002. A prescrição prossegue com o novo prazo estabelecido no artigo 205, dez anos. No caso concreto, a ação foi distribuída em 19/04/2012, não sendo alcançada pelo prazo prescricional a pretensão do autor, reconhecido como herdeiro em 2008. Imóvel que deverá ser trazido à colação. Os veículos foram vendidos pelo próprio pai

que as partes produzam provas e alegações no prazo comum de cinco dias, decidindo em seguida.

Todavia, se entender que a matéria requer maior dilação probatória, remeterá as partes para as vias ordinárias, não podendo o herdeiro receber o seu quinhão hereditário, enquanto pender a demanda, sem prestar caução correspondente ao valor dos bens sobre que versar a conferência (artigo 641, §§ 1º e 2, do CPC). Esse procedimento deve ser adotado no caso de sonegação cometida pelo inventariante, aplicando-se-lhe a pena de remoção, se procedente a arguição, bem como aquelas consequências destinadas ao herdeiro, se ele também ostentar tal qualidade.

É preciso deixar claro que a competência do juízo do inventário se limita ao reconhecimento da sonegação, caso a matéria não requeira maior dilação probatória, à aplicação da pena de remoção, se o requerido for o inventariante e, ainda, à prática de medidas executórias, como o sequestro, para que o bem seja conferido no inventário, qualquer que seja o requerido. Nesse procedimento não será necessário demonstrar a existência do dolo daquele a quem se imputa a sonegação, mas tão-somente que o bem deve ser conferido ao espólio.[64]

A consequência prevista no artigo 1.992 do Código Civil, aplicável ao herdeiro que sonega bens da herança, seja ele inventariante ou não, consubstanciada na perda do direito sobre aqueles bens omitidos, somente poderá ser pronunciada em ação ordinária própria de sonegados, a ser promovida no juízo competente, conforme preceitua o *caput* do artigo 1.994 do Código Civil.[65] Essa pena dependerá da caracterização do dolo do herdeiro que tiver

---

do autor quando ainda se encontrava vivo, sendo estes bens excluídos da relação dos possíveis bens sonegados. Quanto ao valor referente à aplicação, o autor já recebeu a cota parte que lhe cabia. Entendimento do Egrégio STJ e desta Corte acerca do tema. Manutenção da sentença. Não provimento aos recursos" (TJRJ, 14ª CC, Apel. 0001895-31.2012.8.19.0079, Rel. Des(a). Cleber Ghelfenstein, j. em 15/08/2018).

[64] Hamilton de Moraes e Barros, nos seus *Comentários...*, cit., p. 139, entende que "não é necessário que o arguidor faça prova do dolo, da má-fé, pois que esses componentes já se contêm na omissão consciente e querida, que é a sonegação". Pacheco, em *Inventários...*, cit., p. 445, afirma que "O dolo da sonegação de bens existe *in re ipsa* no próprio ato de ocultar, desviar ou omitir" (mencionando o acórdão publicado na *RT* 498/98).

[65] Hamilton de Moraes e Barros (*Comentários...*, cit., p. 139) esclarece que "a punição do inventariante como sonegador é imediata, dada pelo juiz do inventário com a sua remoção. (...) A punição da sonegação do herdeiro, entretanto, com a pena civil correspondente, de perda do direito ao bem sonegado, é de ocorrer em ação própria, a de sonegados, de que trata o Código Civil, no artigo 1.782" [*dispositivo correspondente*

sonegado os bens, diferentemente do que ocorre no procedimento anteriormente mencionado, que tramita junto ao juízo do inventário.[66]

Por outro lado, se já houver decisão proferida pelo juiz onde tramita o inventário reconhecendo a sonegação, não se poderá mais discutir no juízo cível a existência desse fato, mas sim se tal atitude foi ou não dolosa.

Finalmente, qualquer que seja a hipótese, não ficará afastada a possibilidade da ação de perdas e danos em face do inventariante ou do herdeiro sonegador por aqueles que tiveram prejuízos decorrentes da omissão dos bens (artigo 1.995 do Código Civil), podendo, se for o caso, cumular tal pedido com a pena prevista no artigo 1.992 do Código Civil.

38. REMOÇÃO DO INVENTARIANTE

O inventariante exerce duas funções: uma extrajudicial, a de administrador dos bens do espólio, e outra de natureza judicial, levar o processo de inventário a bom termo. Exige-se, assim, que ele seja um administrador eficiente e probo e, ao mesmo tempo, desenvolva adequada e regularmente a sua missão processual.[67]

---

ao art. 1.994 do Código Civil vigente]. O mesmo sustentam Nelson Nery Junior (ob. cit., p. 1.325) e Humberto Theodoro Júnior (Curso..., cit., p. 284). Pontes de Miranda (Comentários..., cit., p. 86) faz uma breve referência à possibilidade de se propor, em vez da ação de sonegados, a de sobrepartilha dos bens objeto de sonegação. Ernane Fidélis dos Santos (Dos Procedimentos..., cit., p. 286) afirma que a pena só pode ser aplicada por meio de sentença proferida em ação ordinária "especial". Mas, para efeitos de restituição do bem, para o autor, não há mister formulação de ação própria.

[66] "A simples renitência do herdeiro, mesmo após interpelação, não configura dolo, sendo necessário, para tanto, demonstração inequívoca de que seu comportamento foi inspirado pela fraude. Não caracterizado o dolo de sonegar, afasta-se a pena da perda dos bens (CC, art. 1.992)" (STJ, 3ª T., REsp 1196946/RS, Rel. p/ Acórdão Min. João Otávio de Noronha, j. em 19/08/2014, DJe 05/09/2014).

[67] "Remoção de inventariante. Justificada, se o inventário não tem andamento rápido e se os bens inventariados não são cuidados com o maior zelo, mormente quando o inventariante reside distante da sede do processo e dos imóveis que tem a incumbência de administrar" (TJRJ, 3ª CC, Ap. Cív. nº 1990.001.00262, Rel. Des. Ferreira Pinto, j. em 29/05/1990, DJ de 08/06/1990); "Apelação cível. Recurso interposto em autos de incidente de remoção de inventariante. Indeferimento do pedido. O recurso cabível contra a decisão interlocutória que indefere o pedido de remoção de inventariante é o de agravo de instrumento, devendo ser aplicado o princípio da fungibilidade recursal, desde que observado o prazo para a interposição do agravo. Precedentes do e. Superior Tribunal de Justiça. A remoção de inventariante somente se justifica em situações excepcionais que, em regra, importam um comportamento descompromissado, faltoso e lesivo daquele que, à frente da administração do espólio

Primeira Parte · Cap. III · INVENTARIANTE E PRIMEIRAS DECLARAÇÕES | 103

Não se justifica manter alguém no cargo de inventariante que não cumpra ou não possa cumprir competentemente as obrigações que a lei lhe imputa e que serviram de base para a sua respectiva nomeação.

A inventariança é uma função técnica que, em princípio, deve ser exercida pelos próprios titulares do patrimônio em jogo, pois, certamente, a qualquer deles interessa preservar o patrimônio e partilhá-lo, o mais rápido possível. Mais ainda, a eles no futuro caberá a administração do patrimônio recebido. Todavia, esse interesse não pode prevalecer, ainda que o inventariante nomeado se esforce para cumprir bem a sua missão, se, na prática, ele atuar de forma inadequada, desastrosa, incompetente, seja como administrador, seja como pessoa encarregada de tocar o processo de inventário. Nesse passo, deve prevalecer o interesse de todos os herdeiros e eventuais legatários em ter um administrador competente, bem como o da própria Justiça no sentido de que o processo de inventário seja efetivo.

Se o inventariante foi nomeado para cumprir as obrigações antes mencionadas, deverá ser removido caso não possa fazê-lo, devendo outro ser nomeado em seu lugar.

É extremamente difícil, praticamente impossível, indicar todas as situações que poderiam levar à remoção do inventariante. O artigo 622 do CPC indicou as mais frequentes, sendo quatro delas relacionadas com a atividade processual: falta da apresentação, no prazo legal, das primeiras e últimas declarações (nº I), deixar de dar andamento regular ao processo (nº II),[68] não defender o espólio

---

e da condução do processo, se omite funcionalmente no cumprimento do encargo público ao qual se compromissou. Alegada desídia da inventariante que não restou cabalmente demonstrada, não se enquadrando nas hipóteses previstas no artigo 622 do Código de Processo Civil. Descabimento da remoção pretendida pela requerente. Recurso a que se nega provimento" (TJRJ, 21ª CC, Apel. 0014874-12.2019.8.19.0004, Rela. Desª. Denise Levy Tredler, j. em 18/03/2021, DJe 06/04/2021).

[68] "(...) 1. A simples demora na finalização do inventário não autoriza a remoção do inventariante se este não deu causa ao retardamento do processo. 2. Não demonstrou o recorrente que a inventariante tenha, por eventual inércia ou conduta deliberada, contribuído para o atraso na conclusão do inventário, razão pela qual está correta a decisão que indeferiu a remoção pretendida" (TJRJ, 17ª CC, AI nº 0016588-39.2007.8.19.0000, Rel. Des. Elton Martinez Carvalho Leme, j. em 22/11/2007). Igualmente: TJSP, 5ª Câmara de Direito Privado, AI nº 2090617-50.2015.8.26.0000, Rel. Des. Erickson Gavazza Marques, j. em 03/08/2016); TJMG, 6ª CC., AI 0263705-63.2014.8.13.0000, Rel. Des. Sandra Fonseca, j. em 16/09/2014, p. em 26/09/2014); "Apelação cível. Ação de sonegados. Companheiro da falecida genitora da autora da ação que sonega da partilha amigável, créditos oriundos de contas bancárias, bem como apartamento que integrava o patrimônio comum do casal, eis que adquirido na vigência da união estável havida de 1992 até 2008. Contrato de compra e venda do imóvel entre o casal

nas ações em que for citado (nº IV, parcialmente), deixar de prestar contas ou prestá-las irregularmente (nº V); e três relacionadas com sua atividade de administrador, a saber: deixar de cuidar adequadamente dos bens do espólio por imprudência, negligência ou imperícia, permitindo que eles se deteriorem, sejam dilapidados ou sofram danos (nº III), deixar de cobrar dívidas ativas ou não promover as medidas necessárias para evitar o perecimento de direitos (nº IV, parte), sonegar, ocultar ou desviar bens do espólio (nº VI).

A relação anteriormente citada é sem dúvida alguma exemplificativa.[69] Basta mirar os artigos 618 e 619 do Código de Processo Civil (*vide* itens nºs 25 a 34, *supra*) para verificar a existência de outras importantes obrigações do inventariante que, por certo, se descumpridas, poderiam levar à sua remoção, como, por exemplo: deixar de exibir em cartório, quando instado a tanto, os documentos relativos ao espólio, não promover a colação dos bens recebidos pelo herdeiro ausente, renunciante ou excluído, alienar bens ou pagar dívidas do espólio sem autorização do juiz etc.

Qualquer interessado terá legitimidade para requerer a remoção – herdeiro, legatário, cônjuge supérstite ou companheira(o) que tenha interesse prático, Ministério Público, caso haja interesse de incapaz, ausente ou testamento a ser cumprido, credor, testamenteiro ou litigante contra o espólio – que deverá ser processada em apenso aos autos do inventário, cabendo recurso de agravo de instrumento da decisão proferida nesse incidente, qualquer que seja, por ter ela natureza interlocutória.

---

que não tem eficácia, sendo nula. Evidenciada a sonegação. Ocultação dolosa dos valores depositados em contas bancárias eis que mesmo conhecendo sua existência deixou o réu de relacioná-los no inventário. Ocultação dolosa do imóvel também, na medida em que adquirido em 1992 pela falecida e incorporado ao patrimônio comum do casal, não podendo ser alvo de contrato de compra e venda entre os companheiros por expressa vedação legal, nos termos do artigo 499 do Código Civil. Correta a sentença que aplica ao réu a pena de perda do direito sobre o que foi sonegado. Não provimento do recurso de apelação interposto" (TJRJ, 18ª CC, Apel. 0056995-08.2012.8.19.0002, Rel. Des(a). Eduardo de Azevedo Paiva, j. 04/04/2018).

[69] A jurisprudência é no sentido de que a enumeração não é exaustiva, nada impedindo que outras causas que denotem deslealdade, improbidade ou outros vícios, sejam válidas para a remoção do inventariante: "Processual civil. Inventário. Remoção do inventariante. Rol do art. 995 do CPC. Caráter não exaustivo. 1. Como diretor do processo (art. 125/CPC [de 1973, correspondente ao art. 139 do CPC de 2015]), detém o magistrado a prerrogativa legal de promover a remoção do inventariante caso verifique a existência de vícios aptos, a seu juízo, a justificar a medida, que não aqueles expressamente catalogados no art. 995 do CPC [de 1973, correspondente ao art. 622 do CPC de 2015] (...)" (STJ, 4ªT. REsp 1114096/SP, Rel. Ministro João Otávio de Noronha, j. em 18/06/2009, *DJe* 29/06/2009).

Primeira Parte · Cap. III · INVENTARIANTE E PRIMEIRAS DECLARAÇÕES | 105

O próprio juiz, de ofício, se for o caso, deverá determinar a remoção, pois se a nomeação cabe a ele, é evidente que terá poder para substituir o inventariante caso entenda necessário, de sorte a permitir a efetividade do processo,[70] pois não cabe na hipótese a extinção do feito sem o julgamento do mérito.[71] Constitui uma obrigação do juiz, como órgão encarregado de exercer a jurisdição, verificar se o inventariante é legitimado e adequado para o alcance da finalidade de que antes se falou.

Poderá o juiz, quando decidir pela remoção, condenar o inventariante como litigante de má-fé, nos termos do artigo 81 do Código de Processo Civil, se presente uma das hipóteses previstas no artigo 80 do mesmo diploma legal. A falta de pronunciamento do juiz sobre eventual litigância de má-fé não impedirá que um prejudicado possa promover, na via adequada, a competente ação de perdas e danos.

39. PROCESSAMENTO DA REMOÇÃO E DEFESA DO INVENTARIANTE

Inicialmente, é preciso não confundir a reclamação contra a nomeação do inventariante, de que trata o artigo 627, II, do CPC com a remoção. Aquela deverá ser arguida no prazo de quinze dias contados da citação do cônjuge,

---

[70] No CPC de 2015, a possibilidade de o magistrado agir *ex officio* passou a ser expressa (art. 622, *caput*. O inventariante será removido de ofício ou a requerimento). É importante destacar, no entanto, que deve ser resguardado seu direito ao contraditório, vedada a decisão surpresa (CPC, art. 9º). Assim, a remoção de inventariante, ainda que de ofício, deve ser precedida de intimação deste, para defender-se e produzir provas: TJRJ, 1ª CC, AI nº 3.045, Rel. Des. Doreste Baptista, j. em 29.10.1980, *DJ* de 15/12/1980; *RT* 514/100; *RF* 260/259; TJRS, 2ª CC, AI nº 25.939, j. em 14/04/1976; TJRJ, 8ª CC, AI nº 26.838, Des. João de Faria, j. em 05/08/1975.

[71] "(...) O procedimento de inventário é especial e a eventual recalcitrância do inventariante em dar andamento ao processo enseja a sua remoção, nos termos do art. 995, inciso II, do CPC73 [art. 622 do CPC/2015]. Ademais, há evidente interesse público no prosseguimento da ação, uma vez que a transmissão *causa mortis* é fato gerador de tributo estadual. Dessa forma, tratando-se de inventário com a presença de bens a serem partilhados mostra-se inviável a extinção do feito sem resolução do mérito por ausência de andamento processual (...)" (TJRJ, 3ª CC, Ap. Cível nº 0050320-33.2006.8.19.0004, j. em 09/11/2016; "Apelação. Inventário. Extinção do processo sem julgamento de mérito por inércia da inventariante. Art. 267, inciso III do CPC/73 [art. 485, III, do CPC de 2015]. Impossibilidade. A inércia do inventariante não acarreta a extinção do processo. Caso de remoção do inventariante inerte. Dicção do art. 622, inciso II, do atual Código de Processo Civil. Sentença anulada. Recurso provido" (TJSP, 6ª Câmara de Direito Privado, Ap. Cível nº 0001091-26.2008.8.26.0300, Rel. Des. Mario Chiuvite Junior, j. em 25/10/2016).

herdeiros, legatários, se existirem, e do Ministério Público, caso exista herdeiro incapaz, ausente ou testamento a ser cumprido, enquanto o pedido de remoção somente poderá ocorrer após a decisão sobre a reclamação de que antes se falou e deverá ser fundado em situações de fato ocorridas posteriormente à nomeação capazes de justificar o pleito.

Requerida a remoção por qualquer dos legitimados para tanto (*vide* item nº 38, *supra*), ela deverá ser processada em apenso aos autos do inventário, o qual não ficará suspenso, não exigindo a lei a intimação dos demais interessados,[72] salvo a do Ministério Público, se for o caso, em razão do disposto no inciso II do artigo 178, do CPC. De igual forma, o inventariante continuará como responsável pela administração dos bens do espólio, enquanto não removido.

A remoção será decretada nos próprios autos do inventário quando pronunciada *ex officio* pelo juiz, com base nos poderes que lhe são conferidos pelo artigo 139 do CPC.

É possível a concessão de tutela provisória cautelar incidente visando impedir a prática de determinado ato pelo inventariante, provavelmente desastroso para os interesses do espólio, como participar de determinada assembleia concedendo quórum legal para a deliberação de matéria reconhecidamente prejudicial aos herdeiros, enquanto não decidida a questão da remoção.

Autuado o pedido, o inventariante será intimado para, no prazo de quinze dias, apresentar defesa e produzir provas. Não faz a lei restrição ao tipo de prova a ser produzido, até porque o julgamento desse incidente é de competência exclusiva do juízo do inventário, não podendo as partes ser remetidas às vias ordinárias. Assim, se necessário, poderá ser produzida prova pericial ou mesmo realizada audiência para a oitiva de testemunhas ou produzido algum outro tipo de prova, tal como inspeção pessoal, que, a critério do juiz, se mostre indispensável para o deslinde do caso.[73] É evidente que o juiz deverá priorizar a rapidez, somente permitindo maior dilação probatória quando indispensável.

40. A DECISÃO SOBRE A REMOÇÃO DO INVENTARIANTE

A falta de defesa não implica confissão quanto à matéria de fato apresentada como fundamento para a remoção do inventariante, cabendo ao

---

[72] "O incidente de remoção de inventariante não exige a intimação de todos herdeiros" (TJPR, *RT* 688/139).

[73] Em sentido contrário, Ernane Fidélis dos Santos, em *Inventários...*, cit., p. 289, entendendo que o inventariante não poderá produzir prova oral, "pois o incidente não comporta audiência".

juiz, à vista dos elementos constantes do processo de inventário e das razões e documentos juntados pelo requerente, acolher ou não o pedido.

Por outro lado, como observado no artigo 623 do CPC, poderá o juiz, em vez de decidir desde logo, determinar a produção de provas, qualquer que seja o tipo, desde que seja indispensável para o seu convencimento, como também necessária para preservar os interesses do espólio (*vide* item n° 39, *supra*).

Salvo as situações excepcionais de que antes se falou, deverá o juiz decidir logo após a apresentação da defesa, ou mesmo sem ela, o pedido de remoção, como dispõe o artigo 624 do Código de Processo Civil.

Mesmo naquelas situações nas quais o pedido de remoção dependa da decisão de outra questão de natureza prejudicial, objeto de outro processo, como, por exemplo, se determinado bem é ou não de propriedade do inventariante, se ele cometeu ou não determinado fato delituoso, o juiz do inventário deverá conhecer *incidenter tantum* da prejudicial e decidir, desde logo, a questão principal, não cabendo, nessa hipótese, a suspensão do processo de que trata o artigo 313, V, letra *a*, do CPC.

Em qualquer hipótese, mesmo que a decisão tenha sido proferida *ex officio*, o recurso cabível será de agravo de instrumento, por ter ela natureza interlocutória.

Não nos parece que o fundamento adequado para se afirmar a natureza interlocutória da decisão seja o de que a sua eficácia é imediata,[74] pois, poder--se-ia admitir que o recurso de apelação não teria efeito suspensivo no caso concreto, justamente porque os efeitos da decisão produzir-se-iam desde logo (artigo 625 do CPC). Na realidade, como examinado no item n° 10, *supra*, no processo de inventário, o mérito é julgado aos poucos,[75] havendo também inúmeras outras questões e incidentes até que se alcance a decisão de mérito definitiva – a que decide a partilha – que extinguirá o processo com o julgamento de mérito. Enquanto esta última decisão desafia recurso de apelação, todas as demais reclamam agravo de instrumento. Essa é a forma de

---

[74] Pontes de Miranda, em *Comentários...*, p. 100, afirma que "não há que se pensar em recurso de apelação se deferido ou não o pedido de remoção. A eficácia da decisão é imediata, tanto assim que o removido tem de 'entregar imediatamente' ao substituto os bens do espólio".

[75] Já tivemos a oportunidade de esposar esse entendimento em parecer publicado no livro *A Atuação do Ministério Público na área cível*, Rio de Janeiro, Lumen Juris, 2001, p. 238: "Assim, inúmeras ações nas quais o mérito é julgado em mais de uma etapa: divisão, demarcação, prestação de contas etc. No inventário, em particular, ocorre o mesmo fenômeno, o mérito é julgado em etapas, constituindo-se o julgamento dos cálculos como uma delas".

compatibilizar o sistema relativo ao processo de inventário, em observância ao art. 1.015, parágrafo único, do CPC.

41. O DEVER DE ENTREGAR OS BENS E A RESPONSABILIDADE DO INVENTARIANTE

Proferida a decisão determinando a remoção do inventariante, este estará obrigado a entregar ao substituto nomeado, tão logo o mesmo assine o termo de inventariança, a totalidade dos bens pertencentes ao espólio (CPC, art. 625). Não se concebe que esta obrigação tenha de ser cumprida antes de o substituto aceitar a inventariança, com a assinatura do competente termo, pois caso isso ocorresse, poderia haver um vácuo na administração dos bens, o que não interessaria ao processo e aos demais interessados. O inventariante removido continua responsável até o momento da efetiva transferência dos bens.[76]

Caso o inventariante não cumpra a decisão, ela deverá ser executada, devendo o juiz determinar, de imediato, a busca e apreensão, se se tratar de bem móvel, ou a imissão na posse, se ele for imóvel. Não se exige a instauração de cumprimento de sentença para entrega de coisa, como previsto nos artigos 536 e 537 do Código de Processo Civil, bastando que o próprio juiz do inventário determine uma das medidas antes mencionadas ou as duas, se for o caso.

Como não se trata de execução, não há de se cogitar da oposição de embargos, inclusive de terceiros, nem de impugnação ao cumprimento do julgado, sendo certo que, para discussão acerca da propriedade dos bens, deve-se buscar a via adequada. É possível, contudo, ao juiz do inventário fazer a reserva daquele objeto do litígio, até que este venha a ser decidido no juízo competente.

Finalmente, se o inventariante impedir por qualquer meio o cumprimento da ordem judicial, como, por exemplo, fazer desaparecer o bem a ser entregue, estará praticando ato atentatório à dignidade da justiça, podendo ser preso por crime de desobediência e, ainda, condenado pelo juiz do inventário ao pagamento de uma multa em montante não superior a 3% do valor dos bens inventariados, conforme dispõe o art. 625, *in fine*, do Código de Processo Civil.

---

[76] Art. 625 do Código de Processo Civil: "O inventariante removido entregará imediatamente ao substituto os bens do espólio e, caso deixe de fazê-lo, será compelido mediante mandado de busca e apreensão ou de imissão na posse, conforme se tratar de bem móvel ou imóvel, sem prejuízo da multa a ser fixada pelo juiz em montante não superior a três por cento do valor dos bens inventariados". Nesse mesmo sentido, veja-se Pontes de Miranda, em *Comentários...*, cit., p. 100.

Capítulo IV
CITAÇÕES E IMPUGNAÇÕES

42. A CITAÇÃO DAQUELES QUE DEVEM FIGURAR OBRIGATORIAMENTE NO PROCESSO

Buscando uma analogia com os procedimentos de jurisdição contenciosa em geral, uma vez que o inventário se situa nessa categoria, podemos afirmar que o inventariante faz o papel do autor da ação, estando autorizado a praticar e receber atos processuais nessa qualidade; as primeiras declarações representam a petição inicial, enquanto as pessoas mencionadas no artigo 626 do CPC, que devem ser citadas como litisconsortes necessários, figuram como partes passivas nessa relação processual.

Basta para que se caracterize a jurisdição contenciosa a possibilidade da existência do contraditório, como ocorre, por exemplo, no processo de usucapião. É perfeitamente plausível que neste último processo todos os confinantes estejam de acordo com o pedido do autor da ação e nem por isso deixará de ser contencioso o procedimento. O mesmo ocorre com o inventário.

Nessa linha, é obrigatória a citação das pessoas indicadas no *caput* do artigo 626, quais sejam: o cônjuge, qualquer que seja o regime de bens, vez que a lei não fez distinção, ou o companheiro, os herdeiros, os legatários, a Fazenda Pública, o testamenteiro, se o falecido deixou testamento, e o Ministério Público nesta última hipótese e, ainda, se houver herdeiro incapaz ou ausente, sob pena de nulidade do processo nos exatos termos do artigo 214 do CPC.

Não ocorrendo qualquer prejuízo objetivamente aferível pela falta ou pela realização defeituosa da citação, a nulidade não deverá ser declarada. Assim, como exemplo, se o *de cujus*, viúvo, deixou em dinheiro um milhão de reais e três herdeiros necessários e indicou, em testamento, um legatário para receber R$ 100.000, e se o inventário, apesar da falta da citação de um dos herdeiros e do único legatário, chegou a bom termo, cada um recebendo, na partilha, a importância a que tinha direito, não haverá qualquer interesse prático em rescindir a partilha com a decretação da nulidade da citação, exatamente porque nenhuma das partes foi prejudicada (artigo 282, § 1º, do CPC).

Existindo bens imóveis no inventário, o cônjuge ou companheiro do herdeiro deverá ser também citado, qualquer que seja o regime de bens, conforme determinam os §§ 1º e 3º do artigo 73 do CPC, aplicando-se essa mesma norma ao legatário, caso o legado se constitua de bem imóvel. Se o herdeiro ou o legatário forem casados sob o regime de comunhão de bens, os respectivos cônjuges deverão obrigatoriamente ser citados, qualquer que seja a natureza dos bens deixados, porque são cotitulares de tais direitos.

É bastante comum que os herdeiros já estejam representados por advogados antes mesmo das primeiras declarações. Nesse caso, bastará a intimação do advogado, que, inclusive, deverá receber do escrivão cópia das primeiras declarações (§ 4º do artigo 626 do CPC).

Existindo cessão de direitos hereditários antes da citação, poderá o cessionário ingressar na relação jurídico-processual como parte; se a cessão ocorrer após a citação, continuará o herdeiro como parte, o qual, todavia, deverá comunicar o fato, podendo o cessionário ingressar no processo como assistente litisconsorcial (*vide* itens nºs 19 e 21.4, *supra*).[1]

43. A FORMA DE CITAÇÃO NO PROCESSO DE INVENTÁRIO

O CPC de 2015, no artigo 626, § 1º, quanto à forma de citação, remete à parte geral do Código (arts. 247 e ss.), colocando que os litisconsortes serão preferencialmente citados pela via postal, sem prejuízo de outros meios, inclusive o eletrônico. Encerrou, assim, discussão firmada sob a égide do CPC de 1973, que, em seu art. 999, § 1º, estabelecia um regime especial de citação, citando pela via postal apenas os domiciliados na mesma comarca e os demais por edital. Nesse contexto, muito se discutia em sede doutrinária sobre a validade daquela norma, em face do princípio constitucional do contraditório.

Como registro histórico, no nosso entender, não existia qualquer inconstitucionalidade na norma. É perfeitamente possível que o legislador, em razão das características de determinado tipo de procedimento, priorize a rapidez mesmo com algum sacrifício da segurança, como fez ao tratar do processo de inventário e partilha no Código revogado.

---

[1] Deverão ser citados mesmo os herdeiros que tenham alienado seus direitos: *RT* 507/87, *apud* Theotônio Negrão, ob. cit., loc. cit.

Primeira Parte · Cap. IV · CITAÇÕES E IMPUGNAÇÕES | 111

Agora a sistemática da citação por edital obedece à sistemática da parte geral do CPC. A teor do § 1º do art. 626, será publicado edital para a provocação de participação no processo de interessados incertos ou desconhecidos (CPC, art. 259, III).

Quanto aos herdeiros, legatários, cônjuges ou companheiros, sua citação por edital depende do preenchimento de algum dos requisitos do art. 256 do CPC, após a frustração ou com a impossibilidade do uso dos demais meios de comunicação processual. Registre-se que eles devem ser citados por edital de forma específica, com a respectiva qualificação conhecida, independente do edital geral tratado no parágrafo anterior.[2]

Registre-se, ainda, que o juiz deverá nomear curador especial para os herdeiros, legatários ou testamenteiro, que, citados por edital, não comparecerem ao processo, observando, por analogia, o disposto no artigo 72, II, do CPC. É certo que, a rigor, não se pode falar em revelia no processo de inventário.[3] Todavia, considerando o processo de inventário como de natureza contenciosa, aplicam-se a ele as regras da teoria geral do processo.

Assim, o conceito de citação está previsto no artigo 238 do CPC, ou seja, "o ato pelo qual são convocados o réu, o executado ou o interessado para integrar a relação processual", enquanto o conceito doutrinário de revelia corresponde ao fato de alguém, citado para se defender, deixar de fazê-lo. É justamente o que ocorre no processo de inventário: os herdeiros, o testamenteiro e os eventuais legatários são citados para integrar a relação processual e, querendo, contestar a qualidade de quem foi incluído nas primeiras declarações como herdeiro, reclamar contra a nomeação do inventariante ou arguir erros e omissões constantes daquela peça inicial. Por isso, cabível a nomeação de curador especial.

44. DEFESA DOS INTERESSADOS NO PROCESSO DE INVENTÁRIO E PRONUNCIAMENTO DO MINISTÉRIO PÚBLICO

Concluídas as citações com a juntada do último mandado de citação ou do aviso de recebimento da carta, se ela foi realizada pelo correio, ou ainda,

---

[2] CABRAL, Antônio do Passo; CRAMER, Ronaldo (org.). *Comentários ao novo Código de Processo Civil* – Rio de Janeiro: Forense, 2015, p. 959.

[3] Nesse sentido a jurisprudência: "Inventário. Impugnação às primeiras declarações. O prazo para o herdeiro arrolar bens que compõem o monte-mor não é peremptório. Manifestação que pode ser protocolada e apreciada até o momento da partilha. Negado provimento" (TJRS, AI Nº 70027179878, Oitava Câmara Cível, Des. Rel. Rui Portanova, j. em 27/10/2008).

se for o caso, findo o prazo previsto no edital, começará a fluir o prazo de quinze dias para que as partes e o Ministério Público, se estiver oficiando, possam se pronunciar sobre as primeiras declarações.

A contagem do prazo para o pronunciamento do Ministério Público, que oficiará como *custos legis*, e da Fazenda Pública,[4] que intervirá como parte, iniciar-se-á a partir de suas respectivas intimações pessoais, através da abertura de vista do processo, computando-se o mesmo em dobro para a Fazenda, que é parte, nos termos do artigo 183 do Código de Processo Civil, e para o MP, conforme o artigo 180 do CPC, ambos aplicáveis ao processo de inventário pois, sendo contencioso, as normas que informam a teoria geral devem ser aplicadas. Pelo mesmo princípio, aplicar-se-á o artigo 229 do CPC quando os herdeiros e/ou legatários tiverem procuradores diferentes, se os autos do processo não forem eletrônicos (§ 2º do art. 229 do CPC).

Aqueles que foram citados como partes para integrar a relação jurídico--processual poderão apresentar defesa, aqui entendida em sentido amplo, na qual poderão reclamar contra a nomeação do inventariante, arguir erros ou omissões contidos nas primeiras declarações e, ainda, contestar a qualidade de quem foi incluído no título de herdeiro. O Ministério Público oficiará depois, cabendo-lhe arguir as mesmas matérias ou, simplesmente, pronunciar-se sobre elas.

As defesas, em princípio, devem ser veiculadas em peça única com a juntada de eventuais documentos que possam comprovar as alegações.

A contestação relativamente à nomeação do inventariante estará, em regra, restrita à inobservância da ordem legal ou à falta de competência para o exercício do cargo, ou mesmo à sua qualidade de herdeiro, se esta foi determinante para a nomeação. Não levantada essa matéria no prazo para a defesa, ela ficará preclusa, ressalvado eventual pedido de remoção por fato superveniente (*vide* item nº 38, *supra*).

A matéria de defesa referente a eventuais equívocos, tais como a errônea descrição de bem imóvel, da qualificação do tipo de direito pertencente ao espólio, ou omissões, como o direito de algum herdeiro de ser reembolsado

---

[4] Hamilton Moraes e Barros, em seus *Comentários*, cit., p. 149, sustenta, ainda com base no Código anterior, que, nesses procedimentos especiais, à Fazenda Pública não assiste o favor do prazo múltiplo: "O prazo é o mesmo de que dispõem as outras pessoas e partes em tal feito". Contudo, o art. 183 do CPC atual é expresso em dispor que a Fazenda goza de prazo em dobro para todas as manifestações processuais, salvo a existência de prazo específico para o ente público. Quando o legislador quis especificar o prazo fazendário, ele o fez expressamente, como no art. 629.

das despesas com funeral, a falta de declaração de algum bem pertencente ao espólio, em princípio, poderá ser levantada até a partilha, não ficando preclusa. Todavia, se for questionada, nesse momento, eventual sonegação de bens pelo inventariante, ele deverá ser ouvido e, caso negue que os bens apontados pertencem ao espólio, deixando de retificar as primeiras declarações, caberá ao juiz decidir definitivamente a matéria, e, caso acolhida a arguição, substituir o inventariante.

Especificamente com relação à contestação da qualidade de quem foi incluído, de alguma forma, com direito a bens ou parte dos bens componentes do acervo hereditário (herdeiros, legatários, companheira(o), cônjuge casado com o regime de comunhão parcial, *v.g.*), o juiz do inventário terá competência para decidir sobre tal matéria, existindo prova documental inequívoca do alegado. Caso contrário, havendo necessidade de dilação probatória, remeterá os interessados às vias ordinárias, podendo determinar a reserva dos bens a que faria jus aquele cuja qualidade ou direito está sendo contestado, desde que haja *fumus boni iuris* para tanto, sem, contudo, sobrestar o feito.[5]

---

[5]   É majoritário o entendimento de que o inventário não pode ser sobrestado. Confiram-se os seguintes acórdãos: "Ação de Inventário. (...) Possibilidade de reserva de bens aos dois supostos herdeiros, resguardando seu eventual quinhão, com fundamento nos Artigos 627 e 628 do Código de Processo Civil em vigor. Desnecessidade de suspensão do curso do inventário. Decisão reformada para determinar o prosseguimento do feito, com a manutenção da reserva de bens. Recurso provido" (TJSP, 3ª Câmara de Direito Privado, AI nº 2146675-39.2016.8.26.0000, Rel. Des. Marcia Dalla Déa Barone, j. em 27/10/2016); "Suspensão do processo (...) Descabimento. Possibilidade de reserva de bens e prosseguimento do processo em relação ao restante do patrimônio. Decisão mantida . Recurso desprovido" (TJSP, 8ª Câmara de Direito Privado, AI nº 2100523-30.2016.8.26.0000, Des. Theodureto Camargo, j. em 28/09/2016); "Agravo de instrumento. Inventário. Suspensão. Desnecessidade. Discussão judicial quanto à qualidade de herdeiro que somente impõe o sobrestamento da entrega do quinhão que lhe couber. Inteligência do parágrafo único, do art. 1.000 do CPC. Desprovimento do recurso" (TJRJ, 12ª CC, AI nº 0020315-06.2007.8.19.0000, Des. Antonio Ricardo Binato de Castro, j. em 24/06/2008). Contra: "(...) Evidente o vínculo de prejudicialidade externa a vedar o prosseguimento do inventário em razão de ação de prestação de contas proposta em face da herdeira. Impossibilidade da inventariante em atender ao disposto no art. 993, inciso IV, do CPC [de 1973, art. 620, IV do CPC 2015], no que concerne à apresentação da relação completa e individuada de todos os bens do espólio, em primeiras declarações. A razão do vínculo de prejudicialidade ocorre porque a atividade de julgar implica não só o conhecimento da matéria suscitada e discutida no processo, mas também de outras questões que influem no julgamento da demanda. Art. 265, IV, 'a' do CPC [de 1973, art. 313, V, 'a' do CPC de 2015]. Reforma da decisão para determinar o sobrestamento do Inven-

45. O PROCEDIMENTO DA IMPUGNAÇÃO E O RECURSO CABÍVEL

O procedimento a ser adotado caso haja contestação é muito simples. O juiz deve ouvir o inventariante no prazo de cinco dias, ou outro que vier a estipular, decidindo em seguida, salvo se aquele juntar novos documentos, o que possibilitará, a critério do juízo, um novo pronunciamento do impugnante.

Não existe necessidade de intimação das demais partes, salvo do Ministério Público se estiver oficiando, para se pronunciarem sobre a contestação. A lei não exige tal medida, nem ela é necessária à manutenção do princípio do contraditório, pois todas elas tiveram oportunidade para contestar, e se não o fizeram é porque nada tinham a impugnar. De toda sorte, a decisão a ser proferida valerá para todos, os quais poderão interpor o recurso competente, qualquer que seja a decisão.

É importante frisar que o legislador optou pela rapidez no processo do inventário, simplificando ao máximo o procedimento, sem, contudo, ferir os princípios do contraditório e da igualdade.

Acolhida a impugnação, deverá a decisão, dependendo do caso, determinar que o inventariante seja substituído, retifique as primeiras declarações, corrigindo erros ou suprindo omissões, ou a exclusão de pessoa indicada como herdeiros, legatários ou possuidora de algum direito sobre os bens pertencentes ao acervo hereditário, como pode ocorrer com a pessoa indicada como companheira(o).

O recurso cabível, qualquer que seja a decisão, será o de agravo de instrumento, pouco importa que tenha julgado ou não o mérito de um dos objetos compreendidos no processo de inventário, como o referente ao título de herdeiro, nos termos do art. 1.015, parágrafo único, do CPC. Até porque nosso sistema recursal instituído pelo CPC de 2015 admite agravo de instrumento contra decisões de mérito (CPC, art. 1.015, I).

Nesse contexto, somente caberá apelação da sentença que extinguir o processo com ou sem resolução do mérito (artigo 1.009 combinado com o artigo 203, § 1º, do Código de Processo Civil), o que não ocorre em qualquer das situações anteriormente apontadas. A natureza de tal decisão é inter-

---

tário. Conhecimento e provimento do recurso" (TJRJ, 22ª CC, AI nº 0031613-14.2015.8.19.0000, Des. Rogério de Oliveira Souza, j. em 29/06/2015). Também pela possibilidade de suspensão do processo de inventário, com fulcro no mesmo artigo: TJRJ, 3ª CC, AI nº 0019943-86.2009.8.19.0000, Des. Carlos Santos de Oliveira, j. em 31/03/2009.

locutória, porque decide questão compreendida no objeto do processo de inventário e partilha, sem, contudo, extingui-lo.

46. ADMISSÃO NO INVENTÁRIO DE HERDEIRO OU LEGATÁRIO PRETERIDO. A SITUAÇÃO DO CÔNJUGE OU DA(O) COMPANHEIRA(O)

Inicialmente, é preciso colocar duas situações absolutamente distintas, nem sempre bem compreendidas.

A primeira diz respeito à preterição e, portanto, à exclusão por omissão de pessoa que tenha direito a receber por herança os bens do falecido, ou de parte deles, como ocorre com os herdeiros e os legatários, ou de direito real sobre determinado bem imóvel específico – como acontece com o cônjuge sobrevivente, qualquer que seja o regime de casamento, tendo ele direito real de habitação sobre o imóvel destinado à residência da família, desde que seja o único bem daquela natureza a inventariar (artigo 1.831 do Código Civil).

A segunda situação, que não se confunde com a primeira, relaciona-se com o direito que determinadas pessoas têm de pleitear, como direito próprio, parte dos bens declarados na herança e, assim, excluí-los do monte a ser partilhado entre os herdeiros e/ou legatários. Nessa condição, enquadram--se a(o) companheira(o) (*vide* item 19, *supra*) ou o cônjuge que sustenta a condição de coproprietário dos bens inventariados, na qualidade de meeiro e, portanto, de condômino. Essa mesma situação pode ocorrer com uma terceira pessoa que teve os bens de sua propriedade indicados nas primeiras declarações como de propriedade do espólio, ou na condição de alheios, na forma do artigo 620, IV, do Código de Processo Civil.

O juízo do inventário terá competência para decidir a questão relativa à preterição de herdeiro ou legatário por força do artigo 628[6] do CPC, assim como eventual pleito que tenha por objeto a meação do cônjuge ou da(o) companheira(o), por força do artigo 651, II, do Código de Processo Civil, desde que, à vista de prova documental inequívoca, possa acolher o pedido. Caso contrário, na linha preconizada pelo artigo 628, deverá remeter o requerente para os meios ordinários, facultado ao juiz determinar, por meio

---

[6] "Art. 628. Aquele que se julgar preterido poderá demandar sua admissão no inventário, requerendo-a antes da partilha.

§ 1º Ouvidas as partes no prazo de 15 (quinze) dias, o juiz decidirá.

§ 2º Se para solução da questão for necessária a produção de provas que não a documental, o juiz remeterá o requerente às vias ordinárias, mandando reservar, em poder do inventariante, o quinhão do herdeiro excluído até que se decida o litígio".

de decisão de natureza cautelar, a reserva em poder do inventariante do quinhão do pretenso herdeiro,[7] do legado do pretenso legatário, ou da meação requerida pelo cônjuge ou companheira(o).

Assim, produzirá coisa julgada material a decisão que acolher um dos pedidos, relativos às questões mencionadas no parágrafo anterior, enquanto a que vier a indeferi-los fará coisa julgada formal, qualquer que seja o fundamento.

Não ficará afastada a possibilidade, nos casos de discussão de eventual meação do cônjuge ou da(o) companheira(o), de ser promovida, por uma dessas pessoas, a ação de embargos de terceiros no juízo do inventário, conforme previsto no artigo 674, *caput*, e seu § 3º, combinado com o artigo 676, ambos do Código de Processo Civil. Esse também será o caminho adequado para aqueles terceiros que pretenderem excluir bem ou bens do inventário, afirmando sua condição de proprietário ou possuidor.

Da mesma forma, nada impedirá que o herdeiro ou o legatário preterido, em vez de pleitear diretamente a sua admissão no inventário, promova no juízo competente ação própria para reclamar seu direito, como, respectivamente, a ação de petição de herança[8] ou a reivindicatória.[9]

---

[7]   Incluem-se aí os bens que o compõe e os rendimentos deles provenientes, conforme lição do professor Alcides de Mendonça Lima ("Reserva de bens em inventário – extensão aos rendimentos", *Revista dos Tribunais* 552/43).

[8]   Pontes de Miranda (*Comentários...*, cit., p. 114) procura sistematizar as medidas de que dispõe o herdeiro não incluído no inventário: "*a*) a *impugnação* da declaração, que é feita no juízo do inventário e partilha, onde a declaração foi prestada e se se tem como verdadeira, até prova em contrário; *b*) a *ação de petição de herança*, que há de ser proposta no juízo competente do último domicílio do decujo, mas a competência por matéria, ou territorial, ou por outra razão, se rege pela lei de organização judiciária; *c*) a *ação declaratória*". O autor assenta, ainda, que a espécie (a) – impugnação da declaração – é uma ação declaratória, embutida no processo de inventário, e a (b) é uma ação executiva em que há questão prévia (declaratória) da qualidade de herdeiro. Por sua vez, Ernane Fidélis dos Santos (*Dos procedimentos...*, cit., p. 273) destaca a investigação de paternidade ou maternidade e a petição de herança. Observa, citando Humberto Theodoro Júnior, que são os herdeiros que detêm legitimidade passiva para figurar no polo passivo desta causa, respondendo, porém, tão-somente segundo as forças da herança que lhes foi transmitida. O Código Civil regula, em capítulo próprio (VII do Título I do Livro V – *Direito das Sucessões*), a petição de herança (artigos 1.824 a 1.828).

[9]   Por razões de direito material, o mais técnico é falar que o legatário deve se valer da ação reivindicatória. Nesse sentido, explica Caio Mário da Silva Pereira: "Da petição de herança distingue-se a ação do legatário para haver a entrega do legado. É uma ação de reivindicação, porque tem ele a propriedade advinda do título de sucessor

O interesse em propor as ações em vez de requerer diretamente a admissão no inventário pode decorrer, por exemplo, quando há, desde logo, ciência da necessidade de produção de prova diversa da documental.

Nesse caso, a competência para eventual medida cautelar, visando à reserva do quinhão ou do bem cujo legado se discute, será do juízo onde tramita esta última ação, pelo princípio da acessoriedade da tutela provisória (art. 299 do CPC).[10] Diga-se o mesmo da companheira que procura no juízo próprio o reconhecimento desse direito cumulado com a meação dos bens de propriedade de seu companheiro ou, dependendo da hipótese, o reconhecimento de sociedade de fato.

O Código Civil inclui o cônjuge como herdeiro necessário (artigo 1.845[11]), podendo este concorrer com os descendentes ou ascendentes e, à falta de ambos, passará a ser herdeiro único (artigo 1.829, incisos I, II e III, Código Civil[12]).

O cônjuge não concorrerá com os descendentes nos seguintes casos: se casado sob o regime da comunhão universal de bens, sob o da separação

---

singular, e reclama a posse, porque o herdeiro lhe deve a entrega do legado" (PEREIRA, Caio Mario da Silva. *Instituições de direito civil – volume VI*: Direitos das Sucessões – 20ª ed. – Rio de Janeiro, 2013, p. 61).

[10] Pontes de Miranda (*Comentários...*, cit., p. 114) afirma que o herdeiro que propôs ação de petição de herança ou declaratória em juízo cível pode requerer reserva de quota no processo de inventário e partilha. Há, ainda, acórdãos interessantes sobre a reserva de bens, vejam-se: "O art. 1.001 do CPC [de 1973, art. 628, § 2º, do CPC de 2015] contempla uma faculdade dada ao juiz de reservar bens para o herdeiro excluído do inventário, enquanto nas vias ordinárias é discutida a controvérsia. Pela mesma razão, ante a possibilidade de vir a ser incluído um herdeiro, cuja paternidade está sendo discutida em ação própria, é meu juízo sendo plausível o direito invocado a separação de quinhão para resguardar a eventual legítima desse herdeiro" (STJ, *RT* 722/ 313). "O pedido de reserva de bens de que trata o art. 1.001 do CPC [de 1973, correspondente ao art. 628, § 2º, do CPC de 2015] tem as características de medida cautelar, por isso mesmo que para ser deferida devem estar presentes os pressupostos do *periculum in mora* e *fumus boni iuris*" (STJ, *RP* 91/354). No mesmo sentido: STJ, 4ª T., REsp. nº 34.323-2/MG, *DJU* de 12/11/1995; STJ, 3ª T., REsp. nº 57.156/MS, *DJ* de 11/09/1995, p. 28.826.

[11] "Art. 1.845. São herdeiros necessários os descendentes, os ascendentes e o cônjuge."

[12] "Art. 1.829. A sucessão legítima defere-se na seguinte ordem: I – aos descendentes, em concorrência com o cônjuge sobrevivente, salvo se casado este com o falecido no regime da comunhão universal, ou no da separação obrigatória de bens (art. 1.640, parágrafo único); ou se, no regime da comunhão parcial, o autor da herança não houver deixado bens particulares; II – aos ascendentes, em concorrência com o cônjuge; III – ao cônjuge sobrevivente: (...)."

obrigatória (artigo 1.641, Código Civil[13]), ou, ainda, sob o da comunhão parcial, desde que não existam bens particulares de propriedade do cônjuge falecido. Nestas circunstâncias, podemos concluir que o cônjuge concorre com os descendentes, com direito a quinhão igual ao dos que sucederem por cabeça, não podendo sua quota ser inferior a um quarto dos bens particulares na concorrência com filhos comuns (artigo 1.832 do Código Civil[14]), se for casado sob o regime da separação consensual[15] (artigo 1.687, Código Civil[16]), sob o da participação final nos aquestos (artigo 1.685 do Código Civil[17]), ou sob o da comunhão parcial de bens, desde que existam bens particulares de propriedade do cônjuge falecido.[18]

Caso não existam descendentes, o cônjuge concorre com os ascendentes de primeiro grau, qualquer que seja o regime de bens do casamento, cabendo a ele, no mínimo, um terço da herança. Se concorrer com ascendentes mais distantes, fará jus a, pelo menos, metade, tudo conforme a disciplina do artigo 1.837 do Código Civil.

---

[13] "Art. 1.641. É obrigatório o regime da separação de bens no casamento: I – das pessoas que o contraírem com inobservância das causas suspensivas da celebração do casamento; II – da pessoa maior de 60 (sessenta) anos; III – de todos os que dependerem, para casar, de suprimento judicial."

[14] "Art. 1.832. Em concorrência com os descendentes (art. 1.829, I), caberá ao cônjuge quinhão igual ao dos que sucederem por cabeça, não podendo a sua quota ser inferior à quarta parte da herança, se for ascendente dos herdeiros com que concorrer."

[15] Nesse sentido, o STJ já decidiu que "(...) 2. No regime de separação convencional de bens, o cônjuge sobrevivente concorre com os descendentes do falecido. A lei afasta a concorrência apenas quanto ao regime da separação legal de bens prevista no art. 1.641 do Código Civil. Interpretação do art. 1.829, I, do Código Civil. 3. Recurso especial desprovido. (STJ, 2ª Seção, REsp 1382170/SP, Rel. p/ Acórdão Min. João Otávio de Noronha, j, em 22/04/2015).

[16] "Art. 1687. Estipulada a separação de bens, estes permanecerão sob a administração exclusiva de cada um dos cônjuges, que os poderá livremente alienar ou gravar de ônus real."

[17] "Art. 1.685. Na dissolução da sociedade conjugal por morte, verificar-se-á a meação do cônjuge sobrevivente de conformidade com os artigos antecedentes, deferindo-se a herança aos herdeiros na forma estabelecida neste Código."

[18] O STJ já pacificou seu entendimento nesse sentido: "(...) 2. Nos termos do art. 1.829, I, do Código Civil de 2002, o cônjuge sobrevivente, casado no regime de comunhão parcial de bens, concorrerá com os descendentes do cônjuge falecido somente quando este tiver deixado bens particulares. 3. A referida concorrência dar-se-á exclusivamente quanto aos bens particulares constantes do acervo hereditário do de cujus. 4. Recurso especial provido" (STJ, 2ª Seção, REsp 1368123/SP, Rel. p/ Acórdão Ministro Raul Araújo, j. em 22/04/2015).

Não existindo descendentes ou ascendentes, o cônjuge passa a ser o único herdeiro (artigo 1.829, III, Código Civil), salvo, evidentemente, eventuais disposições do *de cujus* quanto à parte disponível (artigo 1.789 do Código Civil[19]).

Coerente com o posicionamento anteriormente externado (*vide* item 19, *supra*), ao companheiro devem ser assegurados idênticos direitos àqueles do cônjuge sobrevivente, aplicando-se-lhe igualmente as condições acima explanadas.

47. PROCEDIMENTO PARA ADMISSÃO NO INVENTÁRIO DO HERDEIRO PRETERIDO E DO PEDIDO DE MEAÇÃO DO CÔNJUGE OU COMPANHEIRA(O). RECURSO CABÍVEL

O pedido poderá ser formulado enquanto não julgada a partilha. Após esse momento, poderá o herdeiro preterido pleitear a rescisão da partilha ou promover ação direta contra os demais herdeiros pleiteando a sua cota-parte (*vide* item nº 98, *infra*), enquanto o cônjuge ou companheira(o) somente terá legitimidade para esta última medida – ação direta.

Apesar do silêncio da lei, o juiz deverá determinar que o pedido seja autuado em apenso para evitar tumulto no processo de inventário. Ouvirá as partes, todas elas, no prazo comum de dez dias, contados a partir da intimação, computando-se o mesmo em dobro, caso elas tenham procuradores diversos e os autos sejam físicos (artigo 229 do CPC), facultada a apresentação de prova documental. Se for o caso, o Ministério Público deverá oficiar após as partes.

Após a oitiva das partes antes referidas, poderá o juiz facultar novo pronunciamento do requerente, especialmente se foram apresentados documentos pelos impugnantes, decidindo em seguida.

Se a decisão acolher o pedido reconhecendo a qualidade de herdeiro, de legatário, de cônjuge ou de companheira(o), deverá, por ocasião da partilha, indicar os bens que comporão o quinhão do herdeiro, o legado ou a meação, dependendo do caso.

Indeferido o pedido, qualquer que seja o fundamento – necessidade de dilação probatória ou não reconhecimento do direito pleiteado –, o juiz facultará ao requerente, querendo, discutir a questão nas vias ordinárias. Nessa hipótese, poderá, como antes se mencionou, deferir, inclusive *ex officio*, medida cautelar de reserva dos bens que caberiam ao requerente, se vitorioso

---

[19] "Art. 1.789. Havendo herdeiros necessários, o testador só poderá dispor da metade da herança."

na ação a ser promovida. A medida cautelar será revogada se o requerente não comprovar que promoveu a ação principal no prazo de trinta dias, contados do deferimento desta medida (artigos 309, I, e 668, I, ambos do CPC).

O recurso cabível da decisão, seja qual for, inclusive daquela que porventura conceda medida cautelar, será o de agravo de instrumento, por ter ela natureza interlocutória (*vide* item nº 14, *supra*).

48. A ATUAÇÃO DA FAZENDA PÚBLICA COMO PARTE. INFORMAÇÃO DO VALOR DOS BENS DE RAIZ

O processo de inventário se divide em duas fases. A primeira começa com a abertura do inventário propriamente dito e finda com a sentença que julga o cálculo do imposto (artigo 638, § 2º, do CPC). A segunda inicia-se pela apresentação do pedido de quinhão pelas partes e termina com a sentença que julga a partilha (artigo 654 do CPC).

A Fazenda Pública, conforme previsto no *caput* do artigo 626 do CPC, é citada para "os termos do inventário e da partilha", ou seja, figura na relação jurídica como parte, com todos os poderes, deveres e ônus próprios dessa condição.

Pouco importa que o âmbito de contestação da Fazenda Pública seja restrito aos interesses fiscais do Estado, pois o conceito de parte não pressupõe necessariamente que a pessoa, nessa qualidade, tenha direito restrito à impugnação de todas as questões que eventualmente surjam no processo.

O processo de inventário tem características próprias e únicas. Ele se compõe, como examinado, de duas fases, cada qual com vários possíveis objetos, que constituem questões que devem ser decididas pelo juiz. Pode ocorrer, como de fato acontece, que a discussão de determinadas questões fique restrita ao interesse de uma ou mais partes, como se dá, por exemplo, na discussão da qualidade de determinado herdeiro ou de sua eventual preterição, cujo interesse fica restrito às partes que ostentam essa qualidade, na discussão entre dois legatários sobre a quem caberá este ou aquele bem, cujo deslinde ficará restrito ao interesse desses mesmos legatários, na discussão sobre o pagamento do imposto de transmissão em caso de cessão de direitos hereditários, de interesse do cessionário e da Fazenda Pública, na discussão sobre o cálculo do imposto de transmissão *causa mortis*, de interesse dos herdeiros e da Fazenda Pública, e assim por diante.

Especificamente com relação à Fazenda Pública, ela é citada através de abertura de vista no próprio processo, na qualidade de parte para pronunciar--se sobre as primeiras declarações, podendo arguir erros ou omissões. No primeiro caso, poderá, por exemplo, alegar que a pretensa renúncia de direitos hereditários, assim qualificada pelo inventariante, representa na realidade uma cessão de direitos hereditários; no segundo, poderá a Fazenda alegar omissão na declaração de algum bem cujo título fora apresentado junto com as primeiras declarações. Poderá também contestar eventuais isenções, valores atribuídos aos bens declarados etc.

A Fazenda Pública deverá, em quinze dias, contados a partir do término do prazo para a apresentação de eventual contestação, informar ao juízo o valor dos bens de raiz descritos nas primeiras declarações, com base nos dados que constam de seu cadastro imobiliário (artigo 629 do CPC).[20]

Caso não apresente tais valores, duas possíveis situações poderão ocorrer. A primeira, a avaliação dos bens na forma do artigo 630 do Código de Processo Civil. A segunda, desde que capazes todas as partes, a atribuição aos bens, para fins de cálculo do imposto, dos valores indicados nas primeiras declarações, se a Fazenda Pública, intimada pessoalmente de tal pretensão, com ela concorde ou deixe de se pronunciar sobre a mesma. Caso não concorde, os bens serão avaliados.

---

[20] O Supremo Tribunal Federal possui julgado, ainda na vigência do CPC de 1973, entendendo não ser preclusivo o prazo do antigo art. 1.002 do CPC, atual art. 629 do CPC. "Não é preclusivo o prazo a que se refere o art. 1.002 do CPC, uma vez que a Fazenda não é parte, mas apenas interessada na correta arrecadação dos tributos que lhe são devidos. Portanto, ainda que a Fazenda Pública se tenha omitido de informar quanto aos valores dos bens de raiz descritos nas primeiras declarações, pode ela discordar dos ali atribuídos e requerer a avaliação judicial desses bens" (STF, RE nº 100.547, Rel. Min. Moreira Alves, j. em 20/09/1983, *DJU* de 02/03/1984, p. 2.786). Concordamos com a tese de não ser preclusivo o prazo, não pelo fundamento de ser a Fazenda Pública simples interessada na arrecadação dos impostos, pois mesmo que ela ostentasse tal qualidade não ficaria, como nenhum participante do processo fica, imune à preclusão, mas sim porque o artigo 633 do CPC exige nova intimação para que possam prevalecer os valores dos bens indicados nas primeiras declarações.

Capítulo V
AVALIAÇÃO E CÁLCULO DO IMPOSTO

49. A AVALIAÇÃO JUDICIAL COMO ELEMENTO DE PROVA

A avaliação dos bens do espólio se destina a fixar o valor do monte, servindo de base para que os herdeiros possam formular os seus respectivos pedidos de quinhão, além de permitir, corretamente, o recolhimento do imposto devido. Por outro lado, é por meio dela que o juiz pode resolver, se for o caso, uma série de questões, tais como se os bens, objeto de testamento, estão ou não compreendidos na parte disponível do testador; se o herdeiro contemplado com doações deve ou não conferir determinados bens ou o seu valor para efeito de repor a parte inoficiosa; possibilitar ao cônjuge casado sob o regime de comunhão universal ou parcial e, ainda, à(ao) companheira(o), receber bens do espólio compreendidos na meação a que tenham direito etc.

Assim, ela nada mais é do que uma prova pericial, que pode ser realizada nos procedimentos de jurisdição contenciosa em geral, como é o caso do inventário.

Aliás, o artigo 464 do Código de Processo Civil é claro quanto à conclusão acima, *verbis*: "A prova pericial consiste em exame, vistoria ou avaliação". Nessas circunstâncias, aplicar-se-ão, subsidiariamente, as normas da seção X do capítulo XII do Livro I da Parte Especial do Código de Processo Civil, relativas à prova pericial no processo de conhecimento. É preciso deixar claro, desde logo, que a aplicação subsidiária de que antes se falou não poderá modificar o procedimento especial do processo de inventário.

Assim, poderá o perito se escusar ou ser recusado por impedimento ou suspeição (artigo 467 do CPC), bem como ser substituído quando carecer de conhecimento técnico ou científico, ou ainda deixar de cumprir o encargo no prazo legal, sem motivo legítimo (artigo 468 do CPC).

A avaliação deverá ser dispensada sempre que desnecessária, como toda e qualquer outra prova. Especificamente com relação ao inventário, o legislador identifica uma destas hipóteses no artigo 633 do Código de Processo Civil, ou seja, "não se procederá à avaliação se a Fazenda Pública, intimada pessoalmente, concordar de forma expressa com o valor atribuído, nas primeiras declarações, aos bens do espólio".

Outras hipóteses também poderão determinar a dispensa da avaliação. Imagine-se que nas primeiras declarações os únicos herdeiros, todos capazes, apresentem recentíssimo laudo de avaliação produzido pelo próprio Estado. Nesse caso, ainda que a Fazenda Pública não concorde com o valor atribuído pelos herdeiros nas primeiras declarações – que é o mesmo do laudo –, o juiz não deverá determinar a perícia, porque é desnecessária. O mesmo caso ocorrerá naquelas situações em que a Fazenda Pública aceitar o valor atribuído pelo inventariante e um dos herdeiros nas primeiras declarações, e o outro herdeiro exigir a avaliação do único bem, que será necessariamente dividido em partes iguais, entre eles.[1]

Especificamente com relação ao valor venal dos imóveis constantes do respectivo cadastro imobiliário, não estará a Fazenda Pública, salvo a existência de lei estadual expressa nesse sentido, obrigada a aceitar tal valor. Do mesmo modo que ele não vinculará as demais partes, que poderão exigir a avaliação.

É preciso deixar claro que não existe um direito absoluto à realização da avaliação. Ela, como qualquer outra prova, destina-se a comprovar alegações, esclarecer pontos duvidosos. Sempre que ocorrer uma dessas situações, a avaliação não poderá ser dispensada, salvo se, do ponto de vista prático, ela for desnecessária.[2] Em qualquer hipótese, da decisão que defere ou indefere a avaliação caberá recurso de agravo de instrumento,[3] com base no art. 1.015, parágrafo único, do CPC.

O procedimento de avaliação dos bens do espólio é simples, cabendo ao avaliador judicial, se existir esta função na comarca, tal tarefa (artigo 630 do CPC). Caso contrário, caberá ao juiz nomear um perito para tanto. Se houver necessidade de realização de balanço de estabelecimento comercial ou de apuração de haveres (artigo 620 do CPC), o juiz deverá nomear um contador para levantá-los ou apurá-los.

---

[1]   "Falta ao herdeiro maior, que participou do inventário sem impugnar o valor atribuído pelo inventariante aos bens do espólio, legítimo interesse para alegar que a partilha é nula porque existe um menor entre os herdeiros e não foi realizada a avaliação do monte. Aplicação, ademais, da Súmula 279. Combinando com o art. 244 do CPC, pois o acórdão recorrido decidiu que falta de avaliação não causou prejuízo, uma vez que os bens foram divididos em partes iguais" (STF, 1980, *RTJ* 98/784, e *in* Wilson Bussada, ob. cit., p. 1.770).

[2]   "Avaliação desnecessária no caso, pois aquinhoados meeira e herdeiros em partes ideais de todos os bens que compõem herança" (STJ, 4ª T., Rel. Min. Barros Monteiro, REsp. nº 37.890/SP, *DJ* de 17/11/1997, p. 59.545).

[3]   Nesse sentido: *RT* 492/104.

É perfeitamente possível que as partes citadas para o processo de inventário (artigo 626 do CPC), às suas expensas,[4] salvo quando se tratar do Ministério Público, indiquem assistentes.[5] Aqui, não se aplicará o procedimento previsto para a prova pericial (artigo 421 do CPC) que permite às partes a indicação de assistente técnico no prazo de cinco dias, contados da intimação do despacho de nomeação do perito. No inventário, deverão as partes, no prazo previsto no artigo 627 do CPC, indicar assistente técnico, com a apresentação dos quesitos que entendam pertinentes. Os pareceres dos assistentes técnicos poderão ser apresentados no prazo comum de quinze dias, após intimadas as partes da apresentação do laudo, aplicando-se aqui, porque cabível, o § 1º do artigo 477 do Código de Processo.

Parece possível a aplicação também do art. 471 do CPC. Nesse sentido, as partes, de acordo, desde que plenamente capazes, podem praticar negócio jurídico processual para a escolha do perito também no processo de inventário, tal qual no rito comum.

50. COMO DEVE SER ELABORADO O LAUDO

Basicamente o laudo do avaliador deverá conter a descrição dos bens, com todos os seus característicos, inclusive o estado em que se encontram (artigo 872, I, do CPC), bem como os seus respectivos valores (artigo 872, II, do CPC).

Em princípio, o valor dos bens deverá corresponder à média do mercado e, portanto, não deverá ser o mais alto nem o mais baixo encontrado para outros bens com características similares.[6]

---

4   "Aquele que indicou o assistente, ainda que seja Fazenda Pública, deve pagar-lhe remuneração" (STF, *RTJ* 93/1.024).

5   "A admissão de assistentes técnicos e o deferimento dos quesitos formulados pelas partes não contrariam as normas do CPC, uma vez que o Código faculta às partes tais procedimentos, daí por que importarem em cerceamento de defesa, capaz de invalidar a nova avaliação, a preterição da manifestação dos assistentes técnicos e a não submissão dos quesitos ao perito" (TJMG, *RF* 315/161); "Agravo de Instrumento. Inventário. Perícia técnica para avaliação dos bens do espólio, realizada por perito de confiança das partes interessadas. Irresignação sem motivo da parte que, por inércia, deixa de indicar assistente técnico para acompanhar a perícia. Inteligência do art. 421, § 1º, do CPC. Decisão agravada cassada. Recurso provido" (TJRJ, 7ª CC, AI nº 1989.002.975, Des. Celso Guedes, j. em 21/12/1989, *DJ* de 06/03/1990). Não admitindo a indicação de assistente técnico: TJSP, *RJTJESP* 32/124.

6   Machado Guimarães, "A Avaliação no Processo de Inventário", *in Estudos de Direito Processual Civil*, RJ-SP, 1969: "... como regra, vige, na feitura da avaliação em processo de inventário, o velho estilo forense, assim exposto pelo clássico Ramalho:

Quando se tratar de bem imóvel suscetível de divisão cômoda, o perito poderá avaliá-lo em suas partes, sugerindo as possíveis divisões, sem prejuízo do seu valor globalmente considerado, que poderá não corresponder à soma das partes divisíveis. No processo do inventário com mais de um herdeiro, essa medida é de fundamental importância para que eles, no futuro, possam pleitear seus respectivos quinhões, como também para evitar o condomínio, com todas as consequências que daí poderiam advir, especialmente eventual pedido de extinção.

O valor dos bens constituídos de títulos da dívida pública, das ações das sociedades e dos títulos de crédito negociáveis em bolsa será o da cotação oficial do dia do óbito ou do dia da avaliação, dependendo da posição que se adote a respeito do tema (*vide* item nº 61, *infra*). Poderá servir de elemento de comprovação de tais títulos qualquer documento hábil, seja a publicação no órgão oficial, seja a certidão expedida pela própria sociedade ou, até mesmo, jornais que publicam a cotação das ações diariamente.

O artigo 631 do CPC determina que também seja aplicado o disposto no artigo 873 do CPC, que trata dos casos em que a avaliação deverá ser repetida.

51. CASOS DE DISPENSA DE AVALIAÇÃO DE BENS SITUADOS EM COMARCA DIVERSA DAQUELA EM QUE TRAMITA O INVENTÁRIO

A avaliação de bens situados fora da comarca onde corre o inventário é demorada e dispendiosa, pois deve ser realizada por meio de carta precatória. Nessas circunstâncias, não é razoável que ela ocorra quando os bens forem de pequeno valor ou o próprio perito do juízo do inventário possa avaliá-los com base em elementos concretos, que possibilitem a necessária segurança

---

'(...) declaram o valor em que estimam-nas, não pelo mais alto preço que puderem alcançar no mercado, mas com moderação e equidade fraternal'...". Nesse mesmo sentido, Hamilton de Moraes e Barros (*Comentários...*, cit., p. 155) observa que valor real é o valor médio e não o máximo que o bem pode alcançar. Pontes de Miranda (*Comentários...*, cit., p. 119) assevera: "o avaliador determina, com certa aproximação ou probabilidade, o *valor legal* ou vulgar; legal, se se trata de dinheiro ou de algum bem que a lei de emergência taxaram (...); vulgar, quando se consulta a opinião comum, a estimação feita pelo público, ou por alguém, oriunda de fatores psicológicos das suas necessidades e preferências permanentes ou ocasionais. (...) Excluem-se os eventuais elementos de afeição 'singular'; estima-se segundo a opinião comum". José da Silva Pacheco (*Inventários...*, cit., p. 443) também assenta que: "As avaliações em inventário devem obedecer a um critério especial, menos rigoroso, regulando-se pelo preço médio da coisa e não pelo mais elevado que possa alcançar no mercado".

quanto à identificação dos respectivos valores, conforme previsto no art. 632 do Código de Processo Civil.

Não seria razoável proceder-se à avaliação de um quadro, situado em outra comarca, que fora adquirido pelo falecido, poucos dias antes do desenlace; seu valor já será conhecido. O mesmo se diga de um determinado automóvel fabricado no Brasil com poucos anos de uso e em bom estado de conservação, comprovado por fotografias.

É evidente que, em caso de divergência entre as partes, caberá ao juiz decidir se aceita o valor atribuído ao bem pelo seu perito, ou se determina a expedição da carta precatória para que a avaliação se faça dentro dos moldes tradicionais.

O artigo 632 do CPC, entretanto, não concede poder discricionário ao perito designado e mesmo ao próprio juiz para dispensar a avaliação com base em qualquer dado ou elemento existente, mas sim que eles sejam tais que tornem "perfeitamente conhecidos do perito nomeado" os valores dos bens. Portanto, na dúvida, o juiz deverá optar pela expedição de carta precatória.

52. DISPENSA DA AVALIAÇÃO. VALORES ATRIBUÍDOS PELOS HERDEIROS

Em regra, os bens do espólio deverão ser avaliados na forma do procedimento estabelecido pelo legislador.

Todavia, se as partes interessadas forem capazes e estiverem de acordo com os valores atribuídos aos bens pelo inventariante, assim como a Fazenda Pública, a avaliação não será realizada.

Conforme o procedimento estabelecido no artigo 633 do CPC, inicialmente a Fazenda Pública, após o prazo estabelecido para a apresentação de eventual contestação, poderá informar ao juízo o valor dos bens descritos nas primeiras declarações, com base nos dados que constam de seu cadastro imobiliário.

Caso a Fazenda Pública indique os valores dos bens e haja a concordância expressa das partes interessadas, inclusive do Ministério Público, se for o caso, não se procederá à avaliação, nos exatos termos do artigo 634 do Código de Processo Civil (*vide* item nº 53, *infra*).

Se a Fazenda Pública não indicar os valores nem requerer a avaliação dos bens, poderá o inventariante, logo após o decurso do prazo previsto no artigo anteriormente citado, desde que as partes interessadas estejam de acordo e sejam capazes, requerer a dispensa da avaliação, que só ocorrerá se houver a concordância expressa da Fazenda Pública, após intimada para tanto pessoalmente.

INVENTÁRIO E PARTILHA: Judicial e Extrajudicial – *Paulo Cezar Pinheiro Carneiro*

Não é necessária a intimação das partes, pois a dispensa da avaliação, nesse caso, em regra, somente poderá ocorrer se nenhuma delas houver impugnado, no prazo previsto no artigo 627 do Código de Processo Civil, o valor indicado pelo inventariante nas primeiras declarações.

Por outro lado, o legislador exigiu como condição para a dispensa da avaliação a concordância expressa da Fazenda.[7] Assim, se ela se omitir ou deixar transcorrer *in albis* o prazo, a avaliação deverá ser realizada. Aqui, ao contrário do que normalmente ocorre, a lei optou pela prevalência dos interesses que a Fazenda Pública representa, ou seja, da sociedade, razão pela qual não se admite concordância tácita e muito menos a ocorrência do fenômeno da preclusão. Trata-se, em última análise, de verdadeiro negócio jurídico--processual que só se aperfeiçoará com o requerimento do inventariante e a concordância expressa da Fazenda, e ainda a inexistência de dissenso entre as partes interessadas.[8]

53. DISPENSA DA AVALIAÇÃO. VALORES ATRIBUÍDOS PELA FAZENDA PÚBLICA

Há a possibilidade de uma hipótese inversa à que estudamos no item anterior acontecer. O art. 634 traz os casos em que a Fazenda Pública apresenta os valores que entende corretos para os bens declarados e as partes interessadas – e não simplesmente os herdeiros – expressamente concordam com eles, dispensando-se a avaliação.

---

[7] "Inventário. Avaliação de bens. Art. 1.007 do CPC. A dispensa da avaliação dos bens de raiz exige, em qualquer circunstância, a concordância expressa da Fazenda com o valor a eles atribuído nas primeiras declarações" (STF, *RTJ* 116/1.299, *apud* Marcato, ob. cit., p. 321); "Avaliação. Inventário. A dispensa de avaliação exige expressa concordância da Fazenda Pública. O entendimento que condiciona o seu direito de discordar das declarações do inventariante, quanto ao valor dos bens, a apresentação, por ele, de informações cadastrais sobre os bens de raiz, importa em negativa da vigência do art. 1007 do CPC, na parte em que exige, para que não se proceda à avaliação, a concordância expressa do Fisco ao valor atribuído nas primeiras declarações aos bens do espólio" (TJRJ, AI nº 8.420, Des. Alberto Garcia, j. em 18/06/1985, *DJ* de 14/08/1985).

[8] "O art. 1.007 do CPC disciplina negócio jurídico processual, que só se aperfeiçoa com a concordância expressa da Fazenda Pública. Ademais, não é preclusivo o prazo a que se refere o art. 1.002 do mesmo Código, uma vez que Fazenda não é parte, mas apenas interessada na correta arrecadação dos tributos que lhe são devidos. Portanto, ainda que a Fazenda Pública se tenha omitido de informar quanto aos valores dos bens de raiz descritos nas primeiras declarações, pode ela discordar dos ali atribuídos, e requerer a avaliação judicial desses bens" (STF, *RTJ* 109/422 e *RT* 584/278 e *in* Wilson Bussada, ob. cit., p. 1.521).

Não se exige que as partes sejam capazes, devendo, todavia, se tal não ocorrer, haver a concordância expressa do Ministério Público.

A Fazenda Pública poderá declarar o valor dos bens no prazo previsto no artigo 629 do Código de Processo Civil, ou quando intimada a manifestar--se sobre o requerimento do inventariante visando à dispensa da avaliação (artigo 633 do CPC), devendo, em princípio, haver expressa concordância das partes interessadas, que deverão ser intimadas para tanto.

Poderá o juiz dispensar a avaliação nesse caso, ainda que não haja a concordância de todas as partes, desde que, do ponto de vista prático e/ou jurídico, não exista prejuízo para qualquer delas (*vide* item nº 49, *supra*).

54. IMPUGNAÇÃO À AVALIAÇÃO

Realizada a perícia, o juiz determinará que as partes se manifestem sobre a mesma no prazo de quinze dias, sob pena de preclusão (CPC, art. 635, *caput*), devendo a Fazenda Pública e o Ministério Público, se for o caso, ser intimados pessoalmente para tanto, através de abertura de vista nos próprios autos.

Poderá a mesma, é evidente, ser impugnada por qualquer das partes, que poderão, inclusive, apresentar laudo de assistente técnico, bem como pelo Ministério Público, se estiver oficiando no feito.

A impugnação poderá versar sobre o valor do bem, inclusive sobre os próprios critérios utilizados,[9] ou a existência de falhas, omissões, contradições, obscuridades e ainda de algum dos vícios da vontade atribuíveis ao perito: erro, dolo ou coação.

Caso a contestação tenha por base o valor do bem, o juiz, após ouvir o perito, se entender necessário, decidirá de plano. Se acolher a impugnação, determinará a retificação do valor do bem ou, caso não seja possível tal medida, que seja realizada nova avaliação pelo mesmo perito ou por outro que venha indicar.

Versando a impugnação sobre fato atribuível ao próprio perito, como a existência de erro, dolo ou coação, deverá o juiz possibilitar, se for o caso, a produção de prova documental ou testemunhal, decidindo em seguida. Acolhida a impugnação, o juiz designará outro perito para proceder à avaliação.

Qualquer que seja a decisão, caberá recurso de agravo de instrumento. Transitada em julgado a decisão, somente a existência de fato novo, como a

---

[9] "Os interessados podem pedir esclarecimentos ao perito a respeito dos critérios da perícia" (*RT* 649/135).

posterior diminuição do valor dos bens, ou a existência de vício oculto, não percebido por ocasião da perícia, poderá determinar uma nova avaliação (artigos 873, II, do CPC).

Restou revogado sem correspondente o art. 1.010 do CPC de 1973, que destaca os casos em que o juiz determinaria a repetição da avaliação. Nada impede uma aplicação do art. 873 do CPC, realizando-se novamente a avaliação quando houver erro ou dolo do perito, valorização ou desvalorização superveniente do bem ou o magistrado tiver fundadas dúvidas quanto ao primeiro laudo.[10]

Sob a égide do CPC/73, já havia o entendimento, na esteira da jurisprudência dominante do STF (*vide* item nº 57, *infra*), que não seria razoável que a avaliação no processo do inventário somente pudesse ser repetida nos casos de posterior verificação de defeito que diminuísse o valor do bem, e não nas hipóteses da existência de fato novo, como, por exemplo, tombamento que pudesse gerar a mesma consequência prática ou, ainda, um representativo aumento do valor do bem, também atribuível a fato novo. Do mesmo modo, o próprio decurso de um longo tempo poderia ensejar a repetição da avaliação, desde que a correção monetária não se revelasse como um meio adequado para atualizar o valor do bem à realidade do mercado da época.[11] Tais situações poderiam comprometer o princípio da igualdade da partilha, finalidade maior do inventário, como também permitir, dependendo do caso, possível enriquecimento sem causa dos herdeiros em prejuízo do erário ou vice-versa.

---

[10] CABRAL, Antônio do Passo; CRAMER, Ronaldo (org.). *Comentários ao novo Código de Processo Civil* – Rio de Janeiro: Forense, 2015, p. 964.

[11] "Imposto de transmissão *causa mortis*. Inventário. A jurisprudência do Supremo Tribunal Federal consagra o princípio da atualização do valor tributável, de modo a justificar-se, quando envelhecida significativamente a primeira, a realização de nova avaliação. Recurso extraordinário conhecido e provido" (STF, 1981, *RT* 554/270 e *in* Wilson Bussada, ob. cit., p. 1.758); "Grande alteração de valores atribuídos aos bens pode ensejar nova avaliação" (*RT* 597/258); "Conhece-se de agravo interposto contra decisão sobre cálculo de imposto de transmissão *causa mortis*, em processo de inventário. Não se altera a base de cálculo do tributo com o passar do tempo, razão por que descabe nova avaliação. Os efeitos danosos da depreciação da moeda podem ser afastados pela correção monetária do valor do imposto" (TJRJ, 5ª CC, AI nº 002.3948, Des. Barbosa Moreira, j. em 12/05/1981, *DJ* de 22/05/1981); Entendendo que não cabe reavaliação, mas que os efeitos da mora serão corrigidos pelos juros, multas e correção monetária previstos na lei fiscal: STF, *RTJ* 79/608; STJ, 2ª T., REsp. nº 171.320/PR, Min. Américo Luz, *DJ* de 22/02/1995, p. 06104; STJ, 2ª T., REsp. nº 36.429/MG, Min. Peçanha Martins, *DJ* de 18/10/1999, p. 217.

Em resumo, na linha das posições doutrinárias e jurisprudências dominantes, a realização de nova avaliação poderia ser determinada sempre que a primeira não se revelar como elemento hábil ao correto esclarecimento do valor dos bens inventariados, ou contiver vícios insanáveis e, ainda, ocorrer qualquer das hipóteses previstas no artigo 635 e aquelas do artigo 873, ambos do Código de Processo Civil.[12]

É importante consignar, entretanto, que a repetição da avaliação não se confunde com a possibilidade de impugnação do laudo apresentado nos termos do artigo 635 do Código de Processo Civil. Em regra, as situações previstas no referido artigo costumam ser identificadas após decorrido o prazo previsto no artigo.

A repetição da avaliação poderá ser requerida por qualquer das partes ou pelo Ministério Público, se estiver oficiando, bem como determinada pelo juiz de ofício.

55. DECLARAÇÕES FINAIS

Conforme examinado anteriormente, o juiz, após examinar eventual impugnação sobre a avaliação dos bens, proferirá decisão interlocutória, acolhendo-a ou não (artigo 635 e seus parágrafos do CPC). Nessa decisão, será fixado o valor dos bens inventariados, o qual servirá de base para o futuro cálculo do imposto.

Todavia, antes da realização do cálculo, o inventariante apresentará as declarações finais, lavrando-se o competente termo, em consonância com o artigo 636 do CPC.

---

[12] Confiram-se os entendimentos doutrinários: Ernane Fidélis dos Santos (*Dos procedimentos...*, cit., p. 309): "As regras para repetição de avaliação não devem ser rígidas, mas flexíveis. Por ser dado informativo, em caso de dúvida, o juiz deve mandar repetir". Pontes de Miranda (*Comentários...*, cit., p. 121): "A avaliação que envelhece deve ser renovada. O envelhecimento da avaliação é questão de fato, que se há de levantar no requerimento". José da Silva Pacheco (*Inventários...*, cit., p. 441): "Não se verificando as hipóteses previstas no art. 1.010 do Código de Processo Civil, não cabe a reavaliação dos bens inventariados. Se o valor está defasado pela inflação, a própria lei tributária contém remédio para o caso". Nada obstante a assertiva, afirma na página seguinte: "A avaliação desatualizada deve ser repetida, a fim de ser contemporânea ao recolhimento do imposto". Couto e Silva (*Comentários...*, cit., p. 345) leciona: "Apesar de muito discutida, sobre o império do outro CPC, a possibilidade de nova avaliação pelo transcurso de dilatado período de tempo não se encontra regulada expressamente, e, portanto, não é permitida no atual Código". Aparentemente, contudo, para Marcato (*Procedimentos...*, cit., p. 160), somente nas hipóteses mencionadas no atual artigo 635 será possível realizar-se nova perícia.

INVENTÁRIO E PARTILHA: Judicial e Extrajudicial – *Paulo Cezar Pinheiro Carneiro*

Nessa oportunidade, poderá o inventariante, se for o caso: a) emendar as primeiras declarações fazendo correções, como, por exemplo, retificar eventuais erros na descrição dos bens, a forma de aquisição deles, assim como o nome ou a qualificação de herdeiros ou legatários; b) aditar as primeiras declarações para indicar a existência de herdeiro de que não tinha conhecimento, de testamento, de dívidas do *de cujus*, de outros bens, inclusive aqueles que devem ser trazidos à colação; c) completar os dados faltantes nas primeiras declarações, tais como aqueles relativos à precisa descrição dos bens imóveis, indicar os sinais característicos dos bens móveis declarados, assim como juntar documentos necessários à perfeita caracterização dos bens declarados, das dívidas, da identificação de herdeiros e legatários, do regime de bens dos cônjuges e de qualquer outro necessário a possibilitar a futura partilha, permitindo a correta elaboração do competente formal ou da carta de adjudicação, se for o caso.

Na hipótese de aditamento das primeiras declarações para a inclusão de novos bens ou de retificações na titulação deles que possa influir no valor fixado pela perícia, deverá o juiz determinar que se proceda à avaliação destes bens.

Importante aqui consignar que os bens que não foram declarados até este momento ficarão para sobrepartilha, sendo certo, por outro lado, que a omissão do inventariante na declaração de bens pertencentes ao *de cujus* poderá determinar a hipótese de sonegação, com a sua consequente remoção (*vide* itens nºs 38 e 39, *supra*).

Enfim, deve haver uma correlação entre os bens declarados, o cálculo a ser elaborado e posterior julgamento e a futura partilha de tais bens entre herdeiros e legatários. Eventuais omissões ensejarão novo procedimento e nova partilha denominada de sobrepartilha (*vide* item nº 116, *infra*).

56. MANIFESTAÇÃO DAS PARTES SOBRE AS ÚLTIMAS DECLARAÇÕES

As partes, ou seja, as pessoas indicadas no artigo 626 do CPC (*vide* item nº 42, *supra*), terão um prazo comum de quinze dias para se manifestar sobre as últimas declarações à semelhança do que ocorre após a apresentação das primeiras declarações pelo inventariante (artigo 627 do CPC; *vide* item nº 44, *supra*). Caso o Ministério Público esteja oficiando no feito, deverá ser intimado, depois da manifestação das partes, para pronunciar-se.

Dependendo do teor das últimas declarações, as partes e o Ministério Público, se for o caso, poderão arguir erros, omissões e, até mesmo, contestar a eventual inclusão de novos bens, de dívidas ou de novo herdeiro. Enfim, poderão impugnar as emendas, os aditamentos ou complementações produzidas nas primeiras declarações, bem como apontar eventuais omissões.

Primeira Parte · Cap. V · AVALIAÇÃO E CÁLCULO DO IMPOSTO | 133

Aqui, do mesmo modo que ocorre quando as primeiras declarações são objeto de impugnação, o juiz deverá decidir a questão duvidosa, podendo qualquer das partes, assim como o Ministério Público, apresentar eventual recurso de agravo de instrumento.

Não havendo impugnação, ou decididas aquelas apresentadas, o juiz determinará que se proceda ao cálculo do imposto.

57. ELABORAÇÃO DO CÁLCULO DO IMPOSTO

De acordo com art. 155, I, da Constituição Federal, a competência para instituir imposto de transmissão *causa mortis* é dos Estados e do Distrito Federal, observados os limites máximos das alíquotas estabelecidas pelo Senado Federal (art. 155, § 1º, IV, CF), atualmente de 8% (Resolução do Senado Federal nº 9, de 05/05/1992).[13]

O imposto *causa mortis* incidente sobre bens imóveis e seus respectivos direitos será pago ao Estado da situação do bem, ou ao Distrito Federal. Aqueles relativos a bens móveis, títulos e créditos, ao Estado onde se processar o inventário ou arrolamento, ou ao Distrito Federal (art. 155, § 1º, II e III, da Constituição Federal).

Caso o *de cujus* tenha tido bens, seja residente ou domiciliado, ou teve o seu inventário processado no exterior, a competência para a instituição do imposto será da União, por meio de lei complementar (art. 155, § 1º, nº III, letra b). Enquanto não for regulamentada tal matéria, o imposto sobre os bens existentes no exterior e partilhados no Brasil será recolhido junto ao Estado onde tramita o inventário, incidindo a alíquota fixada pela respectiva lei estadual ou do Distrito Federal, se for o caso.

O Supremo Tribunal Federal concluiu recentemente o julgamento do Recurso Extraordinário 851.108/SP, com atribuição de repercussão geral,

---

[13] "A nova CF manteve a antiga regra de que cabe ao Senado Federal estabelecer as alíquotas máximas do imposto de transmissão *causa mortis*. Diante da inexistência de resolução reguladora da matéria, compatível com o novo texto, não restou espaço para o legislador estadual dispor acerca da alíquota do tributo sob a invocação do ADCT 34, § 3º" (STF, AgRg nº 152.456, Rel. Min. Ilmar Galvão, *DJU* de 01/10/1993, citado no julgamento do Ag nº 158.501, Rel. Min. Celso de Mello, j. em 15/12/1993, *DJU* de 03/02/1994, p. 795, *apud* Nelson Nery Junior, *Código...*, cit., p. 1.332); "Aplica-se o percentual estabelecido pela Resolução nº 99/81 do Senado Federal aos inventários com sucessão aberta até 01/01/1992, data em que a nova alíquota foi instituída pela mencionada Casa congressual, através da Resolução nº 9/92, *ex vi* do art. 155, I, *a*, e § 1º, IV, da CF" (TJRS, *RJTJRS* 168/181 e *in* Wilson Bussada, ob. cit., p. 459).

fixando, assim, o Tema nº 825. Considerando a relevância do tema, transcreve-se a seguir a ementa:

> **Recurso extraordinário. Repercussão geral. Tributário. Competência suplementar dos estados e do Distrito Federal. Artigo 146, III, *a*, CF. Normas gerais em matéria de legislação tributária. Artigo 155, I, CF. ITCMD. Transmissão *causa mortis*. Doação. Artigo 155, § 1º, III, CF. Definição de competência. Elemento relevante de conexão com o exterior. Necessidade de edição de lei complementar. Impossibilidade de os estados e o Distrito Federal legislarem supletivamente na ausência da lei complementar definidora da competência tributária das unidades federativas.**

1. Como regra, no campo da competência concorrente para legislar, inclusive sobre direito tributário, o art. 24 da Constituição Federal dispõe caber à União editar normas gerais, podendo os estados e o Distrito Federal suplementar aquelas, ou, inexistindo normas gerais, exercer a competência plena para editar tanto normas de caráter geral quanto normas específicas. Sobrevindo norma geral federal, fica suspensa a eficácia da lei do estado ou do Distrito Federal. Precedentes.

2. Ao tratar do Imposto sobre transmissão Causa Mortis e Doação de quaisquer Bens ou Direitos (ITCMD), o texto constitucional já fornece certas regras para a definição da competência tributária das unidades federadas (estados e Distrito Federal), determinando basicamente duas regras de competência, de acordo com a natureza dos bens e direitos: é competente a unidade federada em que está situado o bem, se imóvel; é competente a unidade federada onde se processar o inventário ou arrolamento ou onde tiver domicílio o doador, relativamente a bens móveis, títulos e créditos.

3. A combinação do art. 24, I, § 3º, da CF, com o art. 34, § 3º, do ADCT dá amparo constitucional à legislação supletiva dos estados na edição de lei complementar que discipline o ITCMD, até que sobrevenham as normas gerais da União a que se refere o art. 146, III, *a*, da Constituição Federal. De igual modo, no uso da competência privativa, poderão os estados e o Distrito Federal, por meio de lei ordinária, instituir o ITCMD no âmbito local, dando ensejo à cobrança válida do tributo, nas hipóteses do § 1º, incisos I e II, do art. 155.

4. Sobre a regra especial do art. 155, § 1º, III, da Constituição, é importante atentar para a diferença entre as múltiplas funções da lei complementar e seus reflexos sobre eventual competência supletiva

dos estados. Embora a Constituição de 1988 atribua aos estados a competência para a instituição do ITCMD (art. 155, I), também a limita ao estabelecer que cabe a lei complementar – e não a leis estaduais – regular tal competência em relação aos casos em que o "*de cujus* possuía bens, era residente ou domiciliado ou teve seu inventário processado no exterior" (art. 155, § 1º, III, *b*).

5. Prescinde de lei complementar a instituição do imposto sobre transmissão *causa mortis* e doação de bens imóveis – e respectivos direitos –, móveis, títulos e créditos no contexto nacional. Já nas hipóteses em que há um elemento relevante de conexão com o exterior, a Constituição exige lei complementar para se estabelecerem os elementos de conexão e fixar a qual unidade federada caberá o imposto.

6. O art. 4º da Lei paulista nº 10.705/00 deve ser entendido, em particular, como de eficácia contida, pois ele depende de lei complementar para operar seus efeitos. Antes da edição da referida lei complementar, descabe a exigência do ITCMD a que se refere aquele artigo, visto que os estados não dispõem de competência legislativa em matéria tributária para suprir a ausência de lei complementar nacional exigida pelo art. 155, § 1º, inciso III, CF. A lei complementar referida não tem o sentido único de norma geral ou diretriz, mas de diploma necessário à fixação nacional da exata competência dos estados.

7. Recurso extraordinário não provido.

8. Tese de repercussão geral: "É vedado aos estados e ao Distrito Federal instituir o ITCMD nas hipóteses referidas no art. 155, § 1º, III, da Constituição Federal sem a edição da lei complementar exigida pelo referido dispositivo constitucional".

9. Modulam-se os efeitos da decisão, atribuindo a eles eficácia *ex nunc*, a contar da publicação do acórdão em questão, ressalvando as ações judiciais pendentes de conclusão até o mesmo momento, nas quais se discuta: (1) a qual estado o contribuinte deve efetuar o pagamento do ITCMD, considerando a ocorrência de bitributação; e (2) a validade da cobrança desse imposto, não tendo sido pago anteriormente" (STF, Tribunal Pleno, RE 851.108/SP, Rel. Min. Dias Toffoli, j. em 01/03/2021, *DJe* 20/04/2021).

Várias são as posições doutrinárias e jurisprudenciais sobre como deve ser elaborado o cálculo.

A mais lógica e de maior rigor técnico é aquela que determina que a alíquota e o valor do bem deverão ser aqueles existentes no momento do óbito, pois o fato gerador do imposto de transmissão *causa mortis* se dá com a sucessão hereditária, que é aberta no momento da morte do autor, ocorrendo, naquele instante, a transmissão da herança, com a consequente transmissão do domínio e posse dos bens do *de cujus* aos herdeiros legítimos ou testamentários, conforme dispõe o artigo 1.784 do Código Civil.[14]

Justamente para evitar eventuais vantagens que o decurso do tempo poderia ocasionar, seja para o contribuinte ou mesmo para o erário, foi que o legislador fixou como prazo máximo para o término do inventário um período de seis meses (artigo 611 do CPC). Ocorrendo atraso no pagamento por culpa atribuível às partes, incidirão as cominações previstas nas leis fiscais. Caso ele decorresse de outra causa, não poderia incidir multa moratória ou juros de mora, mas tão-somente a atualização monetária, se autorizada por lei.

A realidade prática determinada pela demora dos processos de inventário, somada à grande inflação então existente no país, levou à formulação de novas teorias a respeito desse tema, havendo o STF fincado jurisprudência no

---

[14] "Ação de inventário. Decisão que determinou o cálculo do ITCMD com base no valor atual do imóvel inventariado, conforme pleito da Fazenda Estadual. Espólio composto por um único imóvel pertencente aos genitores da inventariante, o qual se processa em inventário conjunto. Óbitos ocorridos em 1992 e 1994. A legislação a ser aplicada para cálculo do imposto de transmissão devido é aquela vigente ao tempo da abertura da sucessão (Lei n. 9.591/66). Exegese da Súmula 112 do Supremo Tribunal Federal. A base de cálculo do imposto deve ser o valor venal do imóvel à época da abertura da sucessão, devidamente atualizado. Recurso provido" (TJSP, AI nº 2059128-58.2016.8.26.0000, Rel. Des. Marcia Dalla Déa Barone, 3ª Câmara de Direito Privado, j. em 22/08/2016); "O imposto *causa mortis* é obrigação tributária dos herdeiros ou legatários, ou seja, estes são os responsáveis tributários e, para que se determine o valor da base de cálculo, deve-se calcular o valor do patrimônio transmitido aos herdeiros ou legatários à época da abertura da sucessão. (...) (TJMG, AI nº 0226215-46.2010.8.13.0000, 3ª Câmara Cível, Rel. Des. Albergaria Costa, j. em 08/07/2010, p. em 21/07/2010); "Agravo de Instrumento. ação de inventário. últimas declarações. impugnação pela Fazenda Pública. Omissão de bens pertencentes ao patrimônio do falecido. Inventariante que deixou de retificar as primeiras declarações, reduzindo a quantidade do rebanho daquela declarada anteriormente. Necessidade de reforma. Imposto de transmissão *causa mortis*. Base de cálculo. Valor venal do imóvel. Critério temporal. Momento da abertura da sucessão. Recurso conhecido e parcialmente provido"(TJPR, AI nº 1289642-3, Rel. Des. Angela Maria Machado Costa, 12ª Câmara Cível, j. em 06/05/2015, p. 18/05/2015).

sentido de que, apesar de o imposto de transmissão *causa mortis* ser devido pela alíquota vigente ao tempo da abertura da sucessão (Enunciado nº 112 da Súmula do STF), ele seria calculado sobre o valor dos bens na data da avaliação (Enunciado nº 113 da Súmula do STF) e exigível após a homologação (Enunciado da Súmula nº 114 do STF), sendo possível a realização de nova avaliação, se os valores dos bens já se encontravam defasados.[15]

Assim, o cálculo do imposto levará em conta a contemporaneidade da avaliação e, portanto, fatos novos que possam determinar aumento ou diminuição dos bens serão levados em consideração.

É preciso ter especial cautela ao adotar tal posicionamento para evitar que o transcurso do tempo, com a possível modificação da situação de fato existente à época do óbito, no que toca ao valor dos bens, possa determinar consequências relativamente às disposições testamentárias, especialmente àquelas referentes a legados sobre bens determinados que caberiam na parte disponível do testador ou as que contemplam a distribuição de bens específicos entre os herdeiros necessários. Do mesmo modo, tal posicionamento poderia interferir na discussão sobre a necessidade ou não de reposição de parte inoficiosa decorrente de liberalidades que o *de cujus* tenha realizado em vida, como doações (a propósito desse tema, *vide* item nº 62, *infra*).

Para uma melhor sistematização desse assunto, poder-se-iam adotar as seguintes conclusões: a) sempre que possível, a avaliação deverá retratar o valor do bem na data do óbito; b) as disposições testamentárias deverão

---

[15] "(...) 2. No caso, tratando-se de inventário, compete ao juiz, depois de ouvida a Fazenda Pública, proceder ao cálculo do imposto de transmissão *causa mortis,* conforme dispõem os arts. 1.012 e 1.013 do CPC. 3. Consequentemente, enquanto não homologado o cálculo do inventário, não há como efetuar a constituição definitiva do tributo, porque incertos os valores inventariados sobre o qual incidirá o percentual da exação, haja vista as possíveis modificações que os cálculos sofrerão ante questões a serem dirimidas pelo magistrado, nos termos dos arts. 1.003 a 1.011 do CPC (...)" (STJ, AgRg no REsp 1257451/SP, Rel. Ministro Humberto Martins, Segunda Turma, julgado em 06/09/2011, *DJe* 13/09/2011); "Consoante jurisprudência pacífica desta Corte e do Pretório Excelso, é cabível a realização de nova avaliação dos bens inventariados, para o cálculo do pagamento do imposto *causa mortis,* se os valores tributáveis já se encontram defasados" (STJ, 1ª T., REsp. nº 14.880-0/MG, Rel. Min. Demócrito Reinaldo, *DJU* de 19/06/1995, p. 18.636); "Imposto sobre a transmissão de bens (*causa mortis*). Avaliação de imóvel para efeitos de imposto. (...) Os enunciados nºs 113 e 114 da súmula de jurisprudência do Supremo Tribunal Federal consagraram os entendimentos segundo os quais o imposto de transmissão *causa mortis* é calculado sobre o valor dos bens na data da avaliação e inexigível antes da homologação do cálculo. (...)" (TJRJ, 8ª Câmara Cível, MS nº 0059833-90.2013.8.19.0000, Rel. Des. Cezar Augusto Rodrigues Costa, j. em 01/04/2014).

ser interpretadas tendo por base o valor dos bens na data do falecimento, que também servirá de base para a eventual conferência de bens; c) excepcionalmente admitir-se-á nova avaliação para fins do cálculo do imposto ou para servir de base para a partilha entre os herdeiros, quando não for possível definir, ainda que através de atualização monetária, o valor dos bens de acordo com o mercado, evitando, assim, que um fato novo, não provocado pelas partes, possa gerar possível enriquecimento sem causa ou desigualdade na partilha.

Imagine-se como exemplo do previsto na letra c acima mencionada a seguinte situação: o bem mais valioso do espólio representado por terras, que à época do óbito alcançariam o valor de 100 milhões de reais, sofreu brusca desvalorização não só pelas novas normas edilícias, como também pela instalação no terreno vizinho de uma nova unidade penitenciária passando a valer somente um milhão de reais. Se o cálculo do imposto incidir sobre o valor do terreno à época do óbito, será maior do que o valor do próprio bem no momento do pagamento. Por outro lado, por ocasião da partilha, um dos herdeiros que desconheça este fato, como, por exemplo, um menor, poderá ser contemplado com este bem, cujo valor não corresponderá à realidade do momento, redundando em grave desequilíbrio na elaboração da sentença. Daí por que não se pode ter uma posição única sobre o momento de aferição do valor dos bens inventariados. Dependendo da finalidade a que servirá, a avaliação poderá retratar o valor do bem em momento diverso daquele em que ocorreu o óbito. Os interesses em jogo – e a própria finalidade do processo de inventário como instrumento para a realização de uma partilha igualitária –, com o pagamento do imposto dentro do princípio da razoabilidade,[16] deverão servir de norte para aferir o valor dos bens inventariados.

Quanto à incidência de correção monetária sobre o imposto de transmissão *causa mortis*, já houve, principalmente no passado, no período inflacionário, grandes discussões sobre o tema, prevalecendo a jurisprudência que entendia cabível tal correção.[17]

---

[16] Sobre esse tema, consulte-se Luís Roberto Barroso, "Razoabilidade e isonomia no direito brasileiro", *Temas de Direito Constitucional*, Rio de Janeiro, Renovar, 2001, p. 153, e também, do mesmo autor, *Interpretação e aplicação da Constituição*, São Paulo, Saraiva, 1996, p. 198 e seguintes e Gilmar Ferreira Mendes, "O princípio da proporcionalidade na jurisprudência do Supremo Tribunal Federal", *Direitos fundamentais e controle de constitucionalidade – estudos de direito constitucional*, São Paulo, Celso Bastos, 1999, p. 83.

[17] "Incide correção monetária sobre imposto de transmissão *causa mortis* sempre que verificado atraso no seu recolhimento, como forma de se evitar o locupletamento

Atualmente, deverá prevalecer o que dispuser a respectiva lei estadual ou do Distrito Federal que for aplicável. Caso não haja previsão legal, a correção somente poderá incidir após decorrido o prazo de doze meses, aplicando-se, para tanto, a Lei nº 9.069, de 29/06/1995 (art. 28, § 1º).

58. IMPUGNAÇÃO DO CÁLCULO

Após a elaboração do cálculo, que, em regra, é realizada por um funcionário da justiça, normalmente o contador que funciona junto ao juízo,[18] o juiz determinará que sejam ouvidas todas as partes no prazo comum de cinco dias e em seguida, pelo mesmo prazo, a Fazenda Pública e, finalmente, se for o caso, o Ministério Público.

Nesse momento as partes, inclusive a Fazenda Pública e, sendo a hipótese, o Ministério Público, poderão impugnar o cálculo, sustentando, por exemplo: a existência de erros, omissões; a impropriedade da alíquota aplicada; ser caso de isenção tributária; inaplicabilidade de correção monetária ou de outras cominações no cálculo do imposto, e assim por diante.[19]

---

indevido dos herdeiros. A atualização nada acrescenta ao débito, mas apenas dá a exata medida do seu valor" (TJSP, *RT* 694/94); "O cálculo deve ser apurado pelo valor da avaliação, corrigido até o efetivo pagamento" (TJRJ, *ADV/COAD* 21/9, acórdão nº 078413); "É permitida a correção monetária, mero expediente de atualização da moeda" (TJSP, AI nº 170.932, Des. Luís de Macedo, j. em 24/03/1992); Também entendendo cabível a correção monetária do imposto: STF, *RTJ* 79/608; STJ, 2ª T., REsp. nº 171.320/PR, Min. Américo Luz, *DJ* de 22/02/1995, p. 06104; STJ, 2ª T., REsp. nº 36.429/MG, Min. Peçanha Martins, *DJ* de 18/10/1999, p. 217; STJ, *RSTJ* 93/628.

[18] A jurisprudência tem entendido ser desnecessária a remessa do processo ao contador se todas as partes houverem concordado com o cálculo. A propósito: "Se a Fazenda do Estado e todos os interessados concordarem com o cálculo do imposto, não há necessidade de ser feito pelo contador do juízo, ainda que haja herdeiro menor" (TJSP, *Bol. AASP* 1.399/247); "Inventário. Pedido de expedição de alvará para lavratura de escritura de compra e venda de imóvel que compõe o acervo do espólio. Alegação de que não há razão para nova remessa dos autos ao contador Possibilidade. Homologação da partilha amigável pelo juízo e sob o crivo do Ministério Público Ausência de divergência de valores. Mero interesse disponível das partes, sem lide ou possibilidade de ofensa a bens de terceiros Recurso provido" (TJSP, AI nº 0102845-96.2012.8.26.0000, 5ª Câmara de Direito Privado, Rel. Des. Moreira Viégas, j. em 22/08/2012).

[19] Existiram no passado inúmeras discussões sobre o alcance do cálculo, muitas das quais resultaram em súmulas tais como: Súmula n. 590 do STF: "Calcula-se o imposto de transmissão *causa mortis* sobre o saldo credor da promessa de compra e venda de imóvel, no momento da abertura da sucessão do promitente vendedor"; Súmula nº 331 do STF: "É legítima a incidência do imposto de transmissão *causa mortis* no

Caso o juízo acolha a impugnação, determinará nova remessa do processo ao contador para as devidas alterações, ouvindo, se entender cabível, novamente as partes. Importante frisar que até esse momento, apesar da deficiente dicção do § 1º do artigo 638 do CPC, o juiz não proferiu ainda a decisão sobre o cálculo.[20]

59. A SENTENÇA QUE JULGOU O CÁLCULO. NATUREZA JURÍDICA. RECURSO CABÍVEL

Em seguida, agora sim, se não for caso de nova alteração do cálculo, o juiz proferirá decisão, devidamente fundamentada, julgando o cálculo. Essa decisão julga o mérito da primeira fase do inventário e tem natureza interlocutória, desafiando, portanto, recurso de agravo de instrumento, conforme o art. 1.015, parágrafo único, do CPC.

É preciso deixar claro que não existe qualquer problema conceitual ou técnico no fato de existir uma decisão interlocutória que julgue o mérito da causa. Não é uma consequência necessária do julgamento do mérito, no nosso sistema, o encerramento do processo com uma sentença. É perfeitamente possível naqueles casos, como o do inventário, em que o mérito é julgado aos poucos, a existência de decisões interlocutórias, com a mesma natureza da questão decidida. A única consequência prática aí será o recurso cabível – agravo de instrumento – com os desdobramentos que dele poderão decorrer, como a falta de efeito suspensivo. Tanto é assim que o legislador consagrou a possibilidade de fracionamento do mérito (CPC, art. 356), bem como o cabimento amplo de agravo de instrumento contra tais decisões (CPC, art. 1.015, II).

---

inventário por morte presumida"; Súmula nº 115 da jurisprudência do STF: "Sobre os honorários do advogado contratado pelo inventariante, com a homologação do juiz, não incide imposto de transmissão *causa mortis*".

[20] No mesmo sentido: Marcato (*Procedimentos...*, cit., p. 160): "Havendo impugnação acolhida pelo juiz, ele ordenará por *despacho* (*irrecorrível*, portanto – CPC, art. 504) a remessa dos autos ao contador, determinando as alterações que devem ser feitas, e, tão logo sejam concretizadas, julgará o cálculo do imposto (arts. 1.012 e 1.013 – v. Súmulas nºs 112, 113 e 114 do STF)". Theotônio Negrão também expressa o mesmo entendimento: (*Código...*, cit., p. 847): "(...) é irrecorrível (daí a razão de ser denominado "despacho", no § 2º) e, por isso, não transita em julgado. A matéria será decidida em definitivo, pelo juiz, ao ser julgado o cálculo". Aparentemente, em sentido contrário, Pontes de Miranda (*Comentários...*, cit., p. 133): "Se não foram atendidas as alegações do interessado quanto às declarações finais, o recurso cabível é o agravo de instrumento, não o de apelação. (...) Se o juiz atende às alegações, rejeita prova; e o recurso é o de agravo de instrumento".

Assim, sendo de mérito a decisão que julga o cálculo, ela produzirá, uma vez transitada em julgado, coisa julgada material, não sendo possível, mesmo que ela seja injusta ou ilegal, modificá-la, salvo a possibilidade de desconstituí-la por meio de ação rescisória, se cabível no caso concreto. Desse modo, não poderá o Estado, seja nos próprios autos do inventário, seja em ação própria, exigir eventual diferença do imposto a que eventualmente tenha direito; assim como não poderão as partes repetir aquilo que pagaram em excesso, em razão da decisão que julgou os cálculos.[21]

60. MOMENTO DO RECOLHIMENTO DO IMPOSTO. QUEM ESTÁ OBRIGADO A FAZÊ-LO.

O imposto deverá ser recolhido a partir do trânsito em julgado da decisão que julgou o cálculo, sem prejuízo de sua atualização, se for o caso, com aplicação da correção monetária ou de alguma cominação que resulte de lei ou da decisão proferida.[22]

Por outro lado, o eventual reconhecimento de isenção tributária deverá se dar no momento em que o juiz julgar o cálculo do imposto, pois ela

---

[21] "Inventário. Insurgência contra as decisões que rejeitaram os pedidos de retificação da planilha de cálculo do valor da colação que compete à agravante. Manutenção. Numerário definido na planilha em questão atingido pela coisa julgada. Ausência de erro material a justificar a aplicação do art. 494, I, do CPC/15. Questão acerca da ausência de correção monetária que refoge à existência de mero erro material. Decisão, ademais, fundamentada. Nulidade afastada. Recurso não provido" (TJSP, AI nº 2209512-33.2016.8.26.0000, 3ª Câmara de Direito Privado, Rel. Des. Carlos Alberto Salles, j. em 06/12/2016). Veja-se, também, nosso parecer sobre o tema e o acórdão da 5ª CC do Tribunal de Justiça do Rio de Janeiro, *in* Atuação do Ministério Público na Área Civil, pp. 237-241.

[22] A propósito, o Enunciado nº 114 da Súmula do STF: "O imposto de transmissão *causa mortis* não é exigível antes da homologação do cálculo". Confiram-se também as seguintes ementas: "(...) O fato gerador do imposto é a transferência de domínio da propriedade por *causa mortis*, porém o pagamento do tributo somente passa a ser exigível depois de homologados os cálculos, nos moldes do verbete sumular nº 114 do Supremo Tribunal Federal. (...)" (TJRJ, 8ª CC, AI nº 0003680-77.2014.8.19.0040, Rel. Des. Cezar Augusto Rodrigues Costa, j. em 01/11/2016); "(...) Embora a herança seja transmitida, desde logo, com a abertura da sucessão (art. 1.784 do Código Civil), a exigibilidade do ITCM fica na dependência da precisa identificação dos aspectos material, pessoal e quantitativo da hipótese normativa (no notadamente do patrimônio transferido e dos herdeiros ou legatários), razão pela qual o lançamento e cobrança do tributo que só pode ser efetivada após a homologação da partilha (...)" (TJSP, 9ª Câmara de Direito Público, Ap. em MS nº 1009715-11.2015.8.26.0071, Rel. Des. Paulo Barcellos Gatti, j. em 17/10/2016).

se constitui em uma daquelas questões de direito a que alude o art. 612 do Código de Processo Civil (*vide* nº 10, supra), compreendida na competência do juízo do inventário.[23]

Pode ocorrer que o herdeiro a quem incumbe o pagamento do imposto de transmissão relativo a determinado bem imóvel não o faça, impedindo o julgamento da partilha (art. 654 do CPC, *vide* item nº 87, *infra*). Ocorrendo essa situação, vários caminhos poderiam ser trilhados: a) outro herdeiro efetua o pagamento, tornando-se credor daquele inadimplente e, portanto, habilitado a promover medidas judiciais próprias para a cobrança de seu crédito; b) o inventariante ou qualquer outro herdeiro, bem como o Ministério Público, se estiver oficiando, poderá requerer ao juízo do inventário, à semelhança do que ocorre com o procedimento para o pagamento das dívidas do espólio, que determine a alienação, em praça, do imóvel ou de um dos imóveis, se existir mais de um, para permitir o pagamento do imposto; c) o próprio herdeiro inadimplente requer alvará para venda do imóvel, de sorte a permitir o recolhimento do imposto.

Se, por ocasião da partilha, os herdeiros deliberarem que a distribuição dos bens não ocorra de forma proporcional, ou seja, um determinado herdeiro seja contemplado no seu quinhão com percentual maior, por exemplo,

---

[23] "(...) em sede de inventário propriamente dito (procedimento mais complexo que o destinado ao arrolamento), compete ao Juiz apreciar o pedido de isenção do Imposto sobre Transmissão *Causa Mortis,* a despeito da competência administrativa atribuída à autoridade fiscal pelo artigo 179, do CTN (...) 5. É que a prévia oitiva da Fazenda Pública, no inventário propriamente dito, torna despiciendo o procedimento administrativo, máxime tendo em vista o teor do artigo 984, do CPC, *verbis*: "Art. 984. O juiz decidirá todas as questões de direito e também as questões de fato, quando este se achar provado por documento, só remetendo para os meios ordinários as que demandarem alta indagação ou dependerem de outras provas (...)"(STJ, 1ª Seção, REsp 1150356/SP, Rel. Ministro Luiz Fux, julgado em 09/08/2010, *DJe* 25/08/2010); "Agravo de instrumento. Inventário. Pedido de isenção de ITCMD. Análise pelo juiz. Possibilidade. (...) 2. Assim, aplicável o entendimento consolidado do Superior Tribunal de Justiça que, em sede de Recurso Repetitivo, reconheceu a competência do Juiz em apreciar o pedido de isenção do Imposto de Transmissão *Causa Mortis* na ação de inventário, cuja tramitação segue o rito dos artigos 982 a 1030 do CPC. (...) 3. Nessa toada, o Juízo *a quo*, ao declinar da competência em favor do órgão fazendário para análise do pedido de isenção formulado pela inventariante destoou do entendimento firmado pela Corte Superior de Justiça e por este Tribunal. 4. Dessa forma, impõe-se a cassação da decisão recorrida, deixando este Relator de analisar o pedido de isenção a fim de se evitar a supressão de instância. 5. Recurso parcialmente provido" (TJRJ, 14ª CC, AI nº 0073541-42.2015.8.19.0000, Rel. Des. José Carlos Paes, j. em 15/12/2015).

de um imóvel do que lhe caberia, novo cálculo deverá ser realizado para o fim específico do pagamento do imposto de reposição, aplicando-se a esta situação os mesmos princípios anteriormente examinados quando do cálculo originário.

61. A RENÚNCIA À HERANÇA

A renúncia da herança (art. 1.806 do Código Civil) não ensejará a obrigação de pagamento de imposto.[24] Essa renúncia implicará em que a parte do herdeiro renunciante seja acrescida ao monte, salvo a possibilidade de eventual credor deste herdeiro aceitá-la em nome do renunciante, desde que expressamente autorizado pelo juiz do inventário (art. 1.813, *caput*). Nessa situação, ocorrendo excesso, o remanescente será devolvido aos outros herdeiros.

---

[24] Lei do Estado do Rio de Janeiro (nº 7.174/2015, que institui o imposto sobre transmissão *causa mortis* e por doação, de quaisquer bens ou direitos) dispõe sobre a matéria: "Art. 7º O imposto não incide: I – quando houver renúncia pura e simples à herança ou ao legado, sem ressalva ou condição, desde que o renunciante não indique beneficiário ou tenha praticado ato que demonstre aceitação".

Capítulo VI
COLAÇÕES

62. COLAÇÃO. MOMENTO DA CONFERÊNCIA E DA APURAÇÃO DO EXCESSO

Colação consiste na conferência no inventário dos bens doados aos herdeiros necessários pelo falecido.[1] Essas doações recebidas em vida são consideradas como adiantamento da legítima (art. 544 do Código Civil).[2]

O Código Civil erigiu o cônjuge como herdeiro necessário (art. 1.845) e, assim, a doação de um cônjuge para outro pode importar em adiantamento da legítima (art. 544 do Código Civil), naquelas hipóteses em que ele con-

---

[1]   Itabaiana de Oliveira (*Tratado do Direito das Sucessões*, vol. 3º, p. 824) assim conceitua esse instituto: "Colação é o ato pelo qual os herdeiros descendentes, concorrendo à sucessão do ascendente comum, são obrigados a conferir, sob pena de sonegados, as doações e os dotes, que dele em vida receberam, a fim de serem igualadas as respectivas legítimas". Humberto Theodoro Júnior (*Curso...*, cit., p. 282) tem definição semelhante: "Consiste, pois, a colação no ato judicial de reconstituição do acervo hereditário, por meio da adição dos bens doados em vida aos descendentes ao patrimônio deixado no momento da morte do *de cujus*, para que a partilha se faça segundo a justa e precisa equalização de todas as legítimas de todos os herdeiros descendentes". Interessante observação é feita por Nádia de Araújo ("Constituição brasileira e sucessão internacional: a aplicação da lei mais benéfica", *in RT* 747/56, p. 61): "Assim, aberta no país a sucessão, não serão trazidos à colação, portanto, os imóveis localizados no estrangeiro. Não poderá, também, um dos herdeiros, ainda que demonstre a existência do bem no exterior e que teria sido alocado ao arrepio da lei brasileira promover a compensação na partilha". Isso porque, caso haja bens imóveis situados no exterior, aplica-se o princípio da pluralidade sucessória, sendo a sucessão destes bens regulada pela lei do lugar em que se encontram.

[2]   Caso o *de cujus* declare no instrumento próprio – na escritura de doação ou no testamento – que o bem doado deverá ser imputado à parte disponível da herança, só haverá necessidade de colacionar tal bem se o seu valor exceder a metade disponível (art. 2.005 do Código Civil), apurada no momento do passamento (*vide* item nº 63, *infra*).

corre com descendentes ou ascendentes (artigos 1.829, I, II, 1.832 e 1.838, todos do Código Civil).[3]

Tecnicamente, não haveria que se falar em colação desses bens quando o cônjuge não concorresse à legítima com ascendentes ou descendentes (artigo 2.003 do Código Civil). A hipótese seria de ação anulatória, no prazo de dez anos, para desconstituir a doação, situação que tem por consequência lógica o ingresso do bem no inventário para a partilha ou mesmo para sobrepartilha.[4]

Os herdeiros deverão conferir os bens recebidos em excesso no prazo de quinze dias contados da juntada do mandado de citação aos autos. Caso o inventariante também seja herdeiro necessário, deverá apresentar os bens eventualmente recebidos em excesso juntamente com as primeiras declarações.

Na dúvida, os herdeiros deverão indicar no inventário os bens acaso recebidos em doação, para, uma vez apurados seus respectivos valores, verificar se eles superam a parte de que o *de cujus* poderia dispor. Só não se sujeitam à colação as doações remuneratórias e as despesas normais da guarda paterna ou decorrentes de obrigação natural.[5] Assim, devem ser trazidos à colação, exemplificativamente: o imóvel escriturado em nome do filho, mas cujo preço foi pago pelo pai;[6] os bens doados aos descendentes em acordo que homologa

---

[3] A jurisprudência, na vigência do Código Civil de 1916, admitia a colação de bens doados ao cônjuge e à (ao) companheira (o) do *de cujus*. Nesse sentido, o acórdão do Superior Tribunal de Justiça assim ementado: "A parte inoficiosa, porque excedente da disponível, tem-se como nula a título de violação da legítima dos herdeiros necessários, por isso cabível é trazer à colação todos os bens da doação antenupcial e do testamento, para efeito do cálculo do que fica como liberalidade (disponível) e do que vai para o acervo partilhável (para os herdeiros necessários)" (STJ, *RSTJ* 31/314).

[4] "Inventário. Colação. Ao neto, que não é herdeiro, não se aplica o disposto no art. 1.014 do CPC [de 1973, correspondente ao art. 639 do CPC de 2015]. A discussão sobre a descaracterização da compra e venda para admiti-la como doação não cabe em processo de inventário, mas nas vias ordinárias. Desprovimento do recurso" (TJRJ, AI nº 1987.002.691, Des. Waldemar Zveiter, j. em 19/04/1988, *DJ* de 04/05/1988).

[5] "Doação. Colação. Se em documentos outros, de clareza e autenticidade indiscutidas, reveladas, inclusive, pela concordância de todos os herdeiros, restou consignado, expressamente, que a doação era feita em caráter remuneratório, tal há de prevalecer, inobstante o disposto, com pertinência à forma, no artigo 1.789 do Código Civil de 1916 [art. 2.011 do CC de 2002]. Colação do bem doado inexigível na hipótese. Agravo conhecido e provido. Vencido o Des. José Rodriguez Lema" (TJRJ, AI nº 1986.002.636, Des. Darcy Lizardo de Lima, j. em 10/02/1987, Ementário: 37/1987, nº 45, 10/12/1987). O artigo 1.789, do Código de 1916, equivale ao artigo 2.006 do atual Código Civil.

[6] "Colação. Sendo seu fim a igualação das legítimas, só não ficam sujeitas à colação, na falta de dispensa expressa, as doações remuneratórias e as despesas normais da guarda paterna ou decorrentes de obrigação natural. Constitui adiantamento de legítima,

a separação do casal;[7] os bens doados a filhos do primeiro casamento do *de cujus*, ainda que os filhos do segundo matrimônio só tenham nascido depois do ato.[8] Tal mecanismo impedirá que, no futuro, possa o herdeiro sujeitar-se à ação de sonegador com a gravíssima consequência dela decorrente, ou seja, a perda do direito sobre os bens que lhe cabiam (art. 1.992 do Código Civil).

A doutrina trava importante discussão sobre o momento da apuração do excesso: se por ocasião da doação ou quando da morte do doador.[9]

No nosso entendimento, a parte inoficiosa[10] de uma doação – "a parte da doação feita a herdeiros necessários que exceder a legítima e mais a quota

---

devendo ser colacionado, o imóvel escriturado em nome de alguns dos filhos mas cujo preço foi pago pelo pai" (TJRJ, Ap. Cív. 001.474, Des. Amilcar Laurindo, j. em 13/10/1975, *DJ* de 23/10/75).

[7] "Inventário. Doação. Colação. Art. 1.171 do Código Civil. Os bens doados aos descendentes em acordo que homologa a separação do casal, a teor do art. 1.171 do Código Civil, importam em adiantamento da legítima, e, para que outros herdeiros não fiquem prejudicados, estão sujeitos à colação no inventário do ascendente comum" (TJRJ, AI nº 1992.002.1549, Des. Geraldo Batista, j. em 19/12/1995, *DJ* de 23/02/1996). O artigo mencionado na ementa colacionada pertence ao Código Civil de 1916 e corresponde ao artigo 544 do Código Civil vigente.

[8] "Colação. Estão sujeitos à colação no inventário do doador bens doados a filhos de seu primeiro casamento, para igualação das legítimas destes às dos filhos do segundo matrimônio, ainda que só nascidos após o ato da doação" (TJRJ, *Revista de Direito Civil* 8/226).

[9] A esse respeito, J. M. de Carvalho Santos sustenta: "A maioria dos Códigos manda avaliar a porção disponível no momento da abertura da sucessão. O nosso Código seguiu outra orientação, a nosso ver, mais acertada. Manda apreciar a porção disponível no próprio momento da doação, tal como se o doador tivesse falecido nesse dia" (*Código Civil...*, cit., vol. XVI, p. 408). Em face da regra do artigo 1.176, do Código Civil de 1916, correspondente ao artigo 549 do Estatuto Civil vigente, portanto, os autores afirmavam que o excesso da doação deveria ser apreciado no momento da liberalidade. Orlando Gomes, porém, faz a ressalva quanto às doações sucessivas: "Conquanto se refira a lei a esse momento, no pressuposto de doação única, não se pode aplicar a regra isoladamente no caso de *sucessivas doações*, sob pena de se tornar irrisória a proteção da legítima. Para os efeitos da redução devem levar-se em conta todas as liberalidades, somando-se seus valores para verificação do excesso em relação ao conjunto dos bens deixados (...)." (*Sucessões*, Rio de Janeiro, Forense, 2000, p. 77). O advento do Código de Processo de 1973, porém, modificou esse entendimento, conforme se nota nas palavras de Caio Mário da Silva Pereira: "O Código de Processo Civil alterou esse princípio, mandando calcular-se pelo valor que tiverem ao tempo da abertura da sucessão (art. 1.014, parágrafo único [com correspondência no art. 639 do CPC/15])" (*Instituições de Direito Civil*, Rio de Janeiro, Forense, 1997, vol. III, p. 165).

[10] Termo utilizado pelo Código Civil de 1916, no parágrafo único de seu artigo 1.790. Rezava tal dispositivo: "Considera-se inoficiosa a parte da doação, ou do dote, que exceder a legítima e mais a metade disponível".

disponível", estando sujeita a redução (art. 2.007, § 3º, do Código Civil) – só pode ser apurada no momento da morte do autor da mesma.

O Código Civil dispõe que o momento adequado para apurar a legítima é o da abertura da sucessão (art. 1.847 do Código Civil).[11] Seria um total contrassenso admitir que, sendo o momento do falecimento do autor da herança o correto para a verificação da legítima, outro o fosse para a apuração da quota disponível.[12] Ora, se a lei determina expressamente que é sujeita à redução a parte da doação feita a herdeiros necessários que exceder a legítima e a quota disponível, e estas só podem ser calculadas no momento do passamento do autor da herança, é evidente que tal verificação depende do evento morte, sendo irrelevante para tal fim o momento em que ocorreu a doação.

É preciso não confundir a "nulidade" da doação de que trata o art. 549 do Código Civil com aquela doação considerada como adiantamento da legítima de que trata o art. 544 do Código Civil.[13]

O art. 549 do Código Civil permite que qualquer herdeiro necessário possa promover ação visando a anular doação no que toca à parte, "que exceder a de que o doador, no momento da liberalidade, poderia dispor em testamento". Esse artigo contempla as doações realizadas a terceiros, que não

---

[11] Código Civil: "Art. 1.847. Calcula-se a legítima sobre o valor dos bens existentes na abertura da sucessão, abatidas as dívidas e as despesas do funeral, adicionando-se, em seguida, o valor dos bens sujeitos a colação".

[12] Note-se, inclusive, que o Código Civil de 1916 dispunha expressamente, no artigo 1.722, que a metade disponível seria calculada "sobre o total dos bem existentes ao falecer o testador, abatidas as dívidas e as despesas do funeral", e, no parágrafo único do mesmo dispositivo, que "calculam-se as legítimas sobre a soma que resultar, adicionando-se à metade dos bens que então possuía o testador a importância das doações por ele feitas aos seus descendentes".

[13] Código Civil: "Art. 544. A doação de ascendentes a descendentes, ou de um cônjuge a outro importa adiantamento do que lhes cabe por herança."; "Art. 549. Nula é também a doação quanto à parte que exceder a de que o doador, no momento da liberalidade, poderia dispor em testamento". Nesse sentido, confira-se: "(...) Os valores recebidos não podem ser considerados como alimentos, eis que a disposição contida no artigo 2010 do Código Civil faz referência expressa a gastos a este título com os descendentes menores e não descendentes maiores e capazes. Trata-se de adiantamento da legítima nos termos do artigo 544 do Código Civil que deve ser colacionado na forma do artigo 2003 do referido Código. Agravante recorre ainda, pretendendo a aplicação do artigo 2012 do Código Civil à hipótese, alegação essa não veiculada na Impugnação em primeiro grau de jurisdição, não podendo ser apreciada neste feito. Desprovimento do recurso" (TJRJ, 25ª CC, AI 00195383020218190000, Rel. Desª. Leila Albuquerque, j. em 21/04/2021, *DJe* 22/04/2021).

os herdeiros necessários, e permite que estes últimos possam, desde logo, promover a ação anulatória.[14]

Diferente é o tratamento que o legislador deu às doações realizadas em favor dos herdeiros necessários. Como já examinado, são elas consideradas como adiantamento da legítima e, assim, o eventual excesso somente poderá ser verificado quando do falecimento do doador. É irrelevante o fato de que no momento da doação aquele bem tivesse valor superior ao montante de que o doador poderia dispor em testamento. O que importa para o mundo jurídico é que o valor daquele bem quando da morte do testador não exceda a metade disponível e, tampouco, a legítima do herdeiro donatário. As questões de fato – se à época da doação esta situação ocorria ou não; se o doador posteriormente à doação veio a enriquecer ou a empobrecer – não interessam ao mundo jurídico e são mutáveis, do mesmo modo que o devedor, outrora rico, tenha se tornado pobre quando da cobrança judicial. Se a colação tem por finalidade equalizar as legítimas, ela somente será necessária e possível no momento em que estas puderem ser exigidas, ou seja, quando da morte do autor da herança.[15] Assim, as doações realizadas em favor dos herdeiros necessários são válidas e eficazes, independentemente do consentimento dos demais descendentes[16] e somente poderão ser desconstituídas na medida em que se configurar, no futuro, eventual excesso. Daí por que, tanto o Código Civil – parágrafo único do art. 2.003 – como o Código de Processo Civil – parágrafo único do art. 639 – dispõem que os herdeiros deverão colacionar

---

[14] Esse tipo de doação pode ser considerado como excessiva, pois preferimos deixar a expressão inoficiosa para aquela situação específica relativa à doação realizada em favor dos herdeiros necessários, conforme dispunha o Código Civil de 1916 (parágrafo único do art. 1.790). Por outro lado, a expressão "doação nula" utilizada pelo Código Civil não nos parece a mais apropriada, pois o negócio jurídico é válido enquanto não for desconstituído, sendo certo que o legislador resguardou os interesses do terceiro adquirente, conforme o parágrafo único do art. 2.003 do Código Civil.

[15] "Recurso Especial. Inventário. Doação. Colação. Provimento. Devem os herdeiros donatários trazer à colação os bens recebidos em doação a fim de ser mantida a igualdade das legítimas" (STJ, REsp. nº 9081/SP, Rel. Min. Cláudio Santos, *DJ* de 20/04/1992, p. 5.248).

[16] Nesse sentido: "Ação cível. Ação de anulação de ato jurídico. Sentença de improcedência. Doação feita pelo pai a um dos filhos, sem o assentimento dos outros, importa em mero adiantamento de legítima (artigo 544 do Código Civil). Ausência de causa que determine a anulação da doação. A regularização do adiantamento da legítima ocorrerá, se for o caso, quando da abertura do inventário, através de colação. Recurso não provido" (TJSP, 5ª Câmara de Direito Privado, Ap. Cível nº 0125705-33.2008.8.26.0000, Rel. Des. Oscarlino Moeller, j. em 27/08/2008).

o próprio bem ou, se já não o possuírem, o seu respectivo valor. Seria ilógica essa previsão, caso pudessem os herdeiros necessários promover a ação anulatória ao tempo da doação.

O que interessa para o mundo jurídico, repita-se, é que os herdeiros necessários concorram igualitariamente à herança, salvo no que toca à parte disponível, se assim dispuser o falecido, seja no instrumento de doação, seja no testamento. Se isso ocorrer, a lei estará sendo observada, pouco importando que à época da doação tal situação de fato não estivesse presente.

63. A APURAÇÃO DO VALOR DO BEM A SER COLACIONADO

Se o bem objeto da doação ainda for de propriedade do herdeiro donatário por ocasião da morte do doador, ele deverá ser conferido em espécie e, portanto, o seu valor será apurado na data do falecimento, sendo irrelevante o valor do bem à época da doação, conforme expressamente previsto no parágrafo único do artigo 639 do CPC. Nesse ponto, aplica-se o Código de Processo Civil. Todavia, se o donatário já não dispuser dos bens doados, eles serão conferidos pelo seu valor ao tempo da liberalidade, conforme previsto no parágrafo único, parte final, do artigo 2.003 do Código Civil. Pela redação do artigo 2.004,[17] *caput*, do Código Civil, estes bens – aqueles de que o donatário não dispõe mais – serão colacionados pelo valor, certo ou estimado, constante do ato de liberalidade, admitindo, no entanto, o parágrafo 1º, do mesmo dispositivo, que, à falta de valor certo ou estimado, a conferência se dará pelo valor do bem ao tempo da liberalidade. É evidente e de bom senso que, na hipótese do valor atribuído ao bem – certo ou estimado – no título de doação claramente não corresponder ao valor do bem à época da liberalidade, será perfeitamente possível ao juízo determinar, através de perícia, o valor que o mesmo teria a época da doação, procedendo-se, em seguida, à correção até o dia da abertura da sucessão, evitando que a finalidade da colação – igualar as legítimas – não ocorra na prática. Entender de maneira diversa seria o mesmo que deixar a critério exclusivo do doador o alcance da finalidade da lei, pois ele poderia estimar o valor de um bem em montante

---

[17] Código Civil: "Art. 2.003. Parágrafo único. Se, computados os valores das doações feitas em adiantamento da legítima, não houver no acervo bens suficientes para igualar as legítimas dos descendentes e do cônjuge, os bens assim doados serão conferidos em espécie, ou, quando deles já não disponha o donatário, pelo seu valor ao tempo da liberalidade"; "Art. 2.004. O valor da colação dos bens dados será aquele, certo ou estimativo, que lhes atribuir o ato de liberalidade. § 1º Se do ato de doação não constar valor certo, nem houver estimação feita naquela época, os bens serão conferidos na partilha pelo que então se calcular valessem ao tempo da liberalidade".

infinitamente menor do que, na realidade, valeria. Para valer o que está escrito, nestas situações, é necessário que o valor atribuído pelo doador, seja certo ou estimado, tenha um mínimo de razoabilidade. Foi exatamente por isto que o legislador admitiu que a conferência se dê pelo valor do bem ao tempo da liberalidade.

Não seria razoável nessa última hipótese apurar o valor do bem à data do passamento, pelo simples fato de que ele não mais pertence ao herdeiro. Admitir tese contrária poderia trazer graves consequências não só para o herdeiro donatário, como também para os demais herdeiros, dependendo da situação. Imagine-se que o bem doado, que se encontrava tombado pelo patrimônio, tenha sido vendido pelo herdeiro donatário cinco anos antes do falecimento do autor da herança pelo preço de R$ 6.000, enquanto o seu valor na data do passamento seria de R$ 60.000, uma vez que a restrição do tombamento já não mais existia. Esse mesmo exemplo pode ser considerado de modo inverso, ou seja, o herdeiro donatário recebeu por ocasião da venda R$ 60.000, mas quando do passamento este bem só valia R$ 6.000, porque, nesse meio tempo, fora tombado pelo patrimônio. Essas situações revelam o quão injusta é a tese de que o valor dos bens, mesmo quando não estiverem na propriedade do herdeiro donatário, devem ser apurados pelo seu valor à época do falecimento.

A apuração do valor do bem doado deverá ser realizada como foi proposta nos parágrafos anteriormente citados, de sorte a não acarretar prejuízos ao herdeiro donatário ou aos demais herdeiros, evitando possível enriquecimento ilícito de um deles. Portanto, o valor a ser conferido será o valor do benefício: se o herdeiro ainda tiver o bem, seu valor será o da época do passamento; se já não mais o possuir, o valor do benefício será aferido à época em que ele ocorreu, devidamente corrigido.

Nada obstante, importante ressaltar que o STJ já manifestou o entendimento de que o CC de 2002 haveria revogado o dispositivo correspondente ao atual artigo 639 (art. 1.014, parágrafo único, do CPC 1973), de modo que seria aplicável sempre o valor da data da liberalidade. O critério utilizado foi o de que, diante da antinomia, a lei mais recente (CC 2002) revogara a mais antiga (CPC 1973).[18]

---

[18] "(...) 1. Tendo sido aberta a sucessão na vigência do Código Civil de 2002, deve-se observar o critério estabelecido no art. 2.004 do referido diploma, que modificou o art. 1.014, parágrafo único, do Código de Processo Civil de 1973, pois a contradição presente nos diplomas legais, quanto ao valor dos bens doados a serem trazidos à colação, deve ser solucionada com observância do princípio de direito intertemporal tempus regit actum. 2. O valor de colação dos bens deverá ser aquele atribuído ao tempo da liberalidade, corrigido monetariamente até a data da abertura da sucessão.

Caso sigamos a *ratio* do entendimento do STJ, seria forçoso concluir, por identidade de motivos, que, no presente momento, o art. 2.004 do CC estaria revogado pelo artigo 639 do CPC de 2015. Assim sendo, atualmente, o cálculo se daria sempre com base nos valores do tempo de abertura de sucessão. Nada obstante, reputamos equivocada essa linha de compreensão, em razão dos argumentos anteriormente expostos.

Na hipótese de o herdeiro donatário ter realizado acessões no imóvel, elas não serão computadas para alcançar o valor do bem. Assim, se o herdeiro donatário recebeu em doação um terreno e, posteriormente, promoveu a construção de um prédio, o valor a ser conferido será tão somente o do terreno, se ainda for seu o prédio. Caso já tenha vendido os apartamentos, somente deverão ser colacionados os valores relativos à venda das cotas ideais do terreno, devidamente corrigidas até a data da efetiva conferência. Esse mesmo princípio se aplica às benfeitorias que o donatário realizou, sendo certo que o legislador não fez qualquer diferença no que toca a benfeitorias necessárias, úteis ou voluptuárias.[19]

64. DA PARTILHA EM VIDA. IMPOSSIBILIDADE DA COLAÇÃO

Se o *de cujus* partilhou em vida todos os seus bens, não há que se falar em inventário e, portanto, será impossível trazê-los à colação através deste tipo de procedimento (*vide* item nº 3, *supra*).[20]

---

3. Existindo divergência quanto ao valor atribuído aos bens no ato de liberalidade, poderá o julgador determinar a avaliação por perícia técnica para aferir o valor que efetivamente possuíam à época da doação. (...)" (STJ, 4ª T., REsp 1.166.568/SP, Rel. Ministro Lázaro Guimarães (Desembargador convocado do TRF 5ª Região), j. em 12/12/2017, *DJe* 15/12/2017). No mesmo sentido: STJ, 4ª T., REsp 1.495.667/SC, Rel. Min. Lázaro Guimarães (Desembargador convocado do TRF 5ª Região), j. em 15/05/2018, *DJe* 30/05/2018; STJ, 3 T., REsp 1.722.691/SP, Rel. Min. Paulo de Tarso Sanseverino, j. em 12/03/2019, *DJe* 15/03/2019; STJ, 3ª T., REsp 1.713.098/RS, Rel. Min. Nancy Andrighi, j. em 14/05/2019, *DJe* 16/05/2019; STJ, 3ª T., REsp 1.698.638/RS, Rel. Min. Nancy Andrighi, j. em 14/05/2019, *DJe* 16/05/2019; STJ, 3ª T., REsp 1.713.098/RS, Rel. Min. Nancy Andrighi, j. em 14/05/2019, *DJe* 16/05/2019.

[19] Em tese, poder-se-ia questionar se o valor das benfeitorias necessárias deveria ser excluído da conferência, pois elas têm por finalidade conservar a coisa ou evitar que ela se deteriore e, assim, têm por finalidade assegurar o direito de uso, gozo e fruição do donatário, vantagens estas, eventualmente auferidas pelo herdeiro, que não são colacionadas.

[20] "(...) 2. Consoante dispõe o art. 2.002 do CC, os descendentes que concorrerem à sucessão do ascendente comum são obrigados, para igualar as legítimas, a conferir o valor das doações que dele em vida receberam, sob pena de sonegação. 3. Todavia,

O herdeiro, inclusive o eventualmente não concebido ao momento da partilha em vida, que não tiver sido contemplado poderá promover a ação anulatória cumulada com petição de herança para haver a parte da legítima que lhe caberia. Poderão também os herdeiros prejudicados, dependendo da situação, utilizar esse mesmo mecanismo jurídico.[21]

---

o dever de colacionar os bens admite exceções, sendo de ressaltar, entre elas (...) no caso, em que os pais doaram aos filhos todos os bens de que dispunham, com o consentimento destes, fazendo constar, expressamente, dos atos constitutivos de partilha em vida, a dispensa de colação futura, carecendo o ora recorrente, portanto, de interesse processual para ingressar com processo de inventário, que foi corretamente extinto (CPC, art. 267, VI). 4. Eventual prejuízo à legítima do herdeiro necessário, em decorrência da partilha em vida dos bens, deve ser buscada pela via anulatória apropriada e não por meio de ação de inventário. Afinal, se não há bens a serem partilhados, não há a necessidade de inventário (...)" (STJ, 3ª T, REsp 1523552/PR, Rel. Ministro Marco Aurélio Bellizze, julgado em 03/11/2015, *DJe* 13/11/2015); "Apelação Cível. Inventário. Processo extinto sem resolução de mérito, com fundamento no artigo 267, inciso VI, do Código de Processo Civil. Falta de interesse processual configurado. Ausência de bens a inventariar. Demonstrado que houve partilha em vida dos bens imóveis do falecido Doações realizadas que contaram com a concordância dos herdeiros, inclusive da autora. Descabida a pretensão de utilização de inventário para investigação acerca da existência de eventuais bens móveis e valores. Alegação de eventual nulidade das doações deve ser deduzida em ação própria. (...)" (TJSP, 1ª Câmara de Direito Privado, Ap. Cível nº 0005328-53.2013.8.26.0066, Rel. Des. Christine Santini, j. em 30/09/2014).

[21] "Inventário. Colação. Sua finalidade é igualar as legítimas dos herdeiros (art. 1.785 do Código Civil). Na espécie, é incontroverso que os doadores cuidaram de igualar as partes de todos à feição doação-partilha, com a presença e expresso assentimento dos donatários, maiores e capazes. Ao lado disso, é de se considerar que a eventual mutação dos valores não tem o condão de alterar a igualdade das legítimas. O acórdão recorrido, ao admitir o instituto da colação negou vigência ao disposto no art. 1.785 do Código Civil, bem assim discrepou da melhor interpretação jurisprudencial. Provimento do primeiro recurso, para restabelecer a sentença, julgando-se prejudicado o segundo." (STF, *RTJ* 101/237); "Se a hipótese for de partilha em vida (CC, art. 1.776), e não de doação, e abranger aquela a totalidade dos bens dos disponentes, inventário não haverá, pela simples razão da inexistência de bens a serem partilhados. Porque de direito estrito, a regra do artigo 1.786, do Código Civil, não se aplica aos bens objeto de partilha em vida. Eventual prejuízo à legítima dos herdeiros necessários (CC, art. 1.766) não enseja colação e só pode ser reparado por outra via judicial. A regra do artigo 1.774 do Código Civil, também de direito estrito, é inaplicável à partilha em vida. Confirmação da sentença que indeferiu a pretensão à colação e julgou extinto o processo (CPC, art. 267, IV), ante a falta de bens a serem partilhados" (TJRJ, *Revista de Direito do TJERJ* 4/242). Os artigos 1.766 e 1.774, do CC de 1916, correspondem respectivamente aos arts. 1.987 e 2.016 do CC vigente.

Também não poderão ser objeto de colação os bens que foram expressamente dispensados dessa obrigação por todos herdeiros maiores e capazes, salvo possível ação anulatória com fundamento em vício da vontade.[22]

A partilha em vida não se confunde com a doação, exatamente pelas suas formalidades próprias, sendo a distinção especialmente relevante para efeitos de dispensa de colação.[23] Em sendo doação, a dispensa deve constar expressamente do título, exigência não existente na partilha em vida.

65. A RENÚNCIA, A EXCLUSÃO DA HERANÇA E A COLAÇÃO

Uma primeira leitura do *caput* do artigo 640 do CPC poderia levar à conclusão de que o herdeiro renunciante ou o que foi excluído da herança somente deveriam trazer à colação bens que superassem a legítima e mais a metade disponível e, assim, estariam em situação mais confortável do que o herdeiro que renunciou à herança, pois este teria que repor os bens doados que superassem a sua legítima e, eventualmente, a parte disponível, se assim dispusesse o doador.[24] Essa linha de raciocínio já era adotada por inúmeros

---

[22] "Agravo de instrumento. Inventário. Decisão que determinou aos herdeiros obrigados à colação o dever de conferir os bens que receberam ou o respectivo valor, por termo nos autos, no prazo de vinte dias. Inconformismo. Existência de dispensa expressa da colação do bem doado. Desnecessária a apuração do seu valor para regular a contabilidade da legítima. Recurso provido" (TJSP, 9ª Câmara de Direito Privado, AI nº 2222792-08.2015.8.26.0000, Rel. Des. José Aparício Coelho Prado Neto, j. em 01/03/2016).

[23] A diferença entre os institutos é destacada há muito na jurisprudência do STJ (REsp 6.528/RJ, Rel. Ministro Nilson Naves, Terceira Turma, julgado em 11/06/1991, *DJ* 12/08/1991, p. 10553), sendo reafirmada em julgado posterior (REsp 730.483/MG, Rel. Ministra Nancy Andrighi, Terceira Turma, julgado em 03/05/2005, *DJ* 20/06/2005, p. 287).

[24] Nesse sentido: Clóvis do Couto e Silva, em *Comentários ao Código de Processo Civil*, cit., p. 359: "Enquanto, nos demais casos, o herdeiro é obrigado à reposição se os bens doados forem superiores à sua legítima, o renunciante e o excluído só o farão se a doação for superior à legítima e à parte disponível". Acertadamente expõe Pontes de Miranda (ob. cit., p. 157): "O herdeiro que renunciou confere tudo que recebera do de cujo. Dá-se o mesmo com o herdeiro excluído". Escreve J. M. Carvalho Santos (ob. cit., vol. XXV, p. 38): "O que ocorre é oferecer o renunciante ou indigno os bens havidos do *de cujus*, a fim de serem reduzidos, na hipótese em que o seu valor exceda à soma da legítima, com a metade da cota disponível". Hamilton de Moraes e Barros, em Comentários..., cit., p. 167, afirma: "O herdeiro renunciante e o herdeiro excluído têm de trazer à colação o que antes receberam, a fim de reporem a parte inoficiosa, isto é, aquilo que exceder a legítima do herdeiro necessário e mais a porção de que livremente poderia dispor o autor da herança".

civilistas de porte por força da interpretação do art. 1.790 e seu parágrafo único do Código Civil de 1916.[25]

Tal interpretação não resiste a uma análise técnica mais profunda, além de agredir o bom senso.

O herdeiro que renuncia à herança não tem direito à legítima e a sua parte acresce à dos herdeiros da mesma classe, e, se ele for o único desta, devolve-se aos da subsequente (art. 1.810 do Código Civil).[26] É o quanto basta para concluir que a legítima do herdeiro renunciante não pode ser computada para o fim de excluir da colação os bens recebidos em doação e, portanto, como adiantamento dessa mesma legítima. Admitir-se interpretação diversa é o mesmo que afirmar que a renúncia à herança pode não acarretar o seu principal e praticamente único efeito: de ser acrescida a parte do renunciante à dos outros herdeiros da mesma classe.

O mesmo se diga do herdeiro excluído, pois, do ponto de vista legal, ele é considerado como se morto fosse (art. 1.816 do Código Civil)[27] e, assim, obviamente, não tem direito à legítima, a qual, aliás, se transfere para os seus descendentes, que o sucedem por representação.[28] Assim, seria impossível que as doações compreendidas na legítima do excluído fossem mantidas. Tal situação acarretaria a absurda e ilegal interpretação de que os descendentes do excluído ou não poderiam suceder ou teriam direito à parte da herança dos demais herdeiros.

---

[25] Código Civil de 1916: "Art. 1.790. O que renunciou à herança, ou foi dela excluído, deve, não obstante, conferir as doações recebidas, para o fim de repor a parte inofi-ciosa". Veja-se o que afirma Carlos Maximiliano a respeito do tema: "A obrigação de conferir a liberalidade incumbe ao que é herdeiro; o renunciante não o é: portanto está isento da mesma. Apenas oferece os bens havidos do *de cujus*, a fim de se *reduzirem* as dádivas, em relação à parte em que excedam a soma da legítima, do beneficiado, com a metade disponível do espólio. O Código Civil chama a isto *conferir*, incidindo em impropriedade tecnológica. Em verdade, conferir é somar ao acervo líquido, a fim de partilhar; não é podar o demasiado" (ob. cit., p. 401).

[26] Código Civil: "Art. 1.810. Na sucessão legítima, a parte do renunciante acresce à dos outros herdeiros da mesma classe, e, sendo ele o único desta, devolve-se aos da subsequente". A respeito do tema de renúncia à herança, e sua distinção da cessão de direito hereditário, consultem-se os pareceres publicados na *Revista dos Tribunais* nº 500, dos Professores Pontes de Miranda ("Renúncia à herança: existência, validade e eficácia", p. 41) e Caio Mario da Silva Pereira ("Renúncia à herança", p. 46).

[27] Código Civil: "Art. 1.816. São pessoais os efeitos da exclusão; os descendentes do herdeiro excluído sucedem, como se ele morto fosse antes da abertura da sucessão".

[28] Sobre o assunto, consultem-se os trabalhos de Wilson de Oliveira (*Direito de representação no direito sucessório*, São Paulo, Saraiva, 1978) e, em artigo, Rubens Limongi França ("Direito de representação em herança testamentária", *Revista dos Tribunais* 625/27).

De igual forma agrediria o bom senso e a lógica, tanto no caso do herdeiro renunciante como no do excluído, que eles pudessem se valer de uma situação que, do ponto de vista legal, não lhes favorece em nada, para ficarem em situação melhor do que ficariam se não tivesse ocorrido a renúncia ou a exclusão da herança. Basta que se imagine o seguinte exemplo: o herdeiro renunciante ou o excluído recebeu doações como adiantamento da legítima, sem que fossem imputadas à parte disponível do doador, cujos valores somados alcançavam um percentual correspondente a 75% da herança. Dispensada que fosse a colação desses bens, o único irmão do herdeiro renunciante ou excluído somente herdaria 25% da herança, enquanto o renunciante ou excluído ficariam com os 75%. Não houvesse a renúncia ou a exclusão, esse mesmo irmão herdaria 50%. A conclusão é a de que mais valeria a renúncia ou mesmo a declaração judicial de indignidade e, portanto, a exclusão, que o comportamento reto e ético. Contudo, é regra elementar de direito que ninguém pode se beneficiar da sua própria torpeza.

A única interpretação razoável do artigo 640 do CPC é a de que a expressão "repor a parte inoficiosa" significa que tanto o herdeiro renunciante como aquele que foi excluído da herança somente ficarão dispensados de repor os bens doados que caibam na metade disponível do falecido, desde que este expressamente, seja no instrumento de doação seja em testamento, tenha determinado que os bens saiam de sua metade disponível.[29]

Nesse sentido, andou o bem legislador, ao estabelecer, no artigo 2.008 do Código Civil de 2002, que as doações recebidas serão conferidas, a fim de repor o que exceder o disponível, dirimindo, assim, qualquer controvérsia acerca da questão.

Relativamente ao herdeiro excluído por indignidade ou deserdação, apesar da crítica que se possa fazer por colocá-lo na mesma situação do herdeiro renunciante, as doações então realizadas pelo falecido, imputadas na parte disponível, não são alcançadas pelos efeitos da exclusão. Será preciso que elas sejam revogadas pelo doador para que os bens possam, se for o caso, ser colacionados.

66. POSSIBILIDADE DE ESCOLHA DOS BENS A SEREM COLACIONADOS

A lei faculta ao herdeiro donatário a escolha dos bens que deverão ser colacionados. Assim, ele poderá ficar com o número de bens cujos valores

---

[29] Código Civil: "Art. 2.008. Aquele que renunciou a herança ou dela foi excluído deve, não obstante, conferir as doações recebidas, para o fim de repor o disponível".

somados não ultrapassem o valor da sua legítima, acrescida, desde que o *de cujus* assim tenha previsto, da metade disponível, ou seja, parte da herança que o falecido poderia dispor em testamento.

O procedimento adequado para garantir o direito de escolha ao herdeiro donatário consistirá na apresentação de todos os bens ao inventário: aqueles ainda na propriedade do herdeiro serão avaliados, e os que ele não mais possuir serão conferidos pelos valores à época em que deixaram o seu patrimônio, devidamente corrigidos (*vide* item nº 63, *supra*). Logo após, os demais herdeiros serão ouvidos, bem como o Ministério Público, se houver herdeiro incapaz, devendo o juiz decidir em seguida.

Note-se, contudo, que a regra enunciada no artigo 640 do CPC só será aplicável no caso de a doação dos bens ter ocorrido de forma simultânea. Isso porque o § 4º do artigo 2.007 do Código Civil estabelece que "sendo várias as doações a herdeiros necessários, feitas em diferentes datas, serão elas reduzidas a partir da última, até a eliminação do excesso". Tendo ocorrido as doações em diferentes datas, aplica-se, pois, o dispositivo do Código Civil, restando impossibilitada a escolha dos bens a serem colacionados.

Essa questão se constitui em uma daquelas questões de direito que o juiz do inventário deverá decidir com força de coisa julgada material (art. 612 do CPC), salvo se houver necessidade de produção de outras provas, caso em que deverá remeter as partes para as vias ordinárias (§ 2º do art. 641 do CPC, aplicado por analogia), sem prejuízo das medidas de natureza cautelar que podem ser por ele determinadas, tal como caução do valor correspondente aos bens sobre que versar a conferência, ou mesmo outro tipo de medida cautelar, se houver necessidade, a ser requerida como preparatória ou incidental à ação ordinária a ser promovida.

O recurso cabível dessa decisão interlocutória será o agravo de instrumento, podendo, em qualquer hipótese, ser pleiteado efeito suspensivo e, se for o caso, o próprio efeito ativo.

67. COLAÇÃO DE BEM QUE NÃO COMPORTE DIVISÃO CÔMODA

Caso o herdeiro donatário tenha de conferir parte (percentual) de um bem imóvel que não comporte divisão cômoda, poderá ele ou qualquer outro herdeiro requerer ao juiz que determine a realização de licitação (§ 2º do art. 640 do CPC). Nessa licitação, o herdeiro donatário, em igualdade de condições, terá direito de preferência na adjudicação (§ 3º do art. 640 do CPC).

O imposto de transmissão deverá ser recolhido pelo licitante vencedor por inteiro ou sobre a parte que exceder o disponível, se o vencedor for o herdeiro conferente.

Somente nessa situação se justificaria a realização da licitação, pois se o bem é conferido por inteiro porque não foi um dos escolhidos pelo herdeiro donatário, ele passará a compor o acervo e será partilhado, em condições normais, entre os demais herdeiros, não se justificando a realização de licitação e muito menos o direito de preferência a quem já recebeu, por força do adiantamento, a sua legítima.

68. MECANISMO PARA PROCEDER À COLAÇÃO

Como examinado anteriormente, deverá o herdeiro donatário, independente da sua condição de casado ou não no momento da liberalidade,[30] apresentar os bens que devem ser conferidos na partilha, espontaneamente, no prazo estabelecido no art. 627 do Código de Processo Civil (*vide* item nº 62, *supra*).

A doutrina tem se posicionado no sentido de que só estão legitimados para o pedido de colação e, portanto, eventual ação judicial com tal pretensão, os descendentes e o cônjuge sobrevivente.[31]

Ora, se a colação, nos exatos termos do artigo 2.003, do Código Civil, "tem por fim igualar (...) as legítimas dos descendentes e do cônjuge sobrevivente", é óbvio que somente eles terão interesse em ver alcançada tal finalidade. Assim sendo, as doações realizadas em favor dos herdeiros necessários são válidas e eficazes, e somente poderão ser desconstituídas, por ocasião da abertura da sucessão, na hipótese de eventual excesso e por provocação do herdeiro prejudicado.

---

[30] "Apenas quando o genro consta como donatário na escritura pública de doação outorgada pelos sogros é que se cogita de eventual exclusão da colação da parte por ele recebida, o que ainda dependerá do regime de bens adotado pelo casal" (TJMS, *RT* 697/154).

[31] Assim Clóvis do Couto e Silva, em *Comentários ao Código de Processo* Civil, cit., p. 352: "São legitimados ativos à ação de colação somente os coerdeiros dela beneficiários, e não possui nenhum aspecto penal". Hamilton de Moraes e Barros (ob. cit., p. 168) não defende expressamente esse entendimento, mas afirma: "Sobre isso, isto é, sobre a negativa do recebimento dos bens e sobre a alegada não obrigação de dá-los à colação, ouvirá o juiz o inventariante e o herdeiro que deu nos autos a notícia dos bens e da obrigação de colacionar". Também *en passant* refere-se Pontes de Miranda apenas a "herdeiro" (ob. cit., p. 158).

Poder-se-ia cogitar do interesse de credores, quando os bens constantes do acervo não fossem suficientes para pagar seus créditos, ou mesmo de legatários, quando houvesse a possibilidade de redução de seus respectivos legados. Tanto num como no outro caso, não há que se falar em colação, pois ela não tem a finalidade de garantir o pagamento de dívidas do *de cujus*. Se à época das doações o devedor já estava reduzido à insolvência, o caminho processual adequado para o credor será a ação pauliana, caracterizando-se, na espécie, a fraude contra credores que, nessa hipótese, é presumida.

De igual modo, os herdeiros testamentários não terão interesse em pleitear a colação, na medida em que os bens eventualmente conferidos não aumentam a metade disponível, conforme preceitua o parágrafo único do artigo 2.002 do Código Civil.[32]

69. MOMENTO PARA PROCEDER À COLAÇÃO

Em princípio, o procedimento para a colação de bens, seja o espontâneo, seja o provocado, deve ocorrer até o final do prazo previsto no art. 637 do

---

[32] Superior Tribunal de Justiça, em julgamento proferido pela 3ª Turma, entendeu que "O direito de exigir colação é privativo dos herdeiros necessários, a teor do art. 1.785 do CCB. Ilegitimidade de o testamenteiro exigir a colação, a fim de possibilitar imputação legitimária. Recurso provido" (STJ, 3ª T, REsp. nº 17.0037/SP, Min. Waldemar Zveiter, *DJ* de 24/04/1999, p. 164). O trecho citado do art. 1.785 do CC de 1916 guarda correspondência com o *caput* do art. 2.003 do CC vigente. Confira-se o Informativo de Jurisprudência do STJ nº 563: "Direito civil. Direito de herdeiro de exigir a colação de bens. O filho do autor da herança tem o direito de exigir de seus irmãos a colação dos bens que receberam via doação a título de adiantamento da legítima, ainda que sequer tenha sido concebido ao tempo da liberalidade. De fato, para efeito de cumprimento do dever de colação, é irrelevante se o herdeiro nasceu antes ou após a doação, não havendo também diferença entre os descendentes, se são eles irmãos germanos ou unilaterais ou se supervenientes à eventual separação ou divórcio do doador. O que deve prevalecer é a ideia de que a doação feita de ascendente para descendente, por si só, não é considerada inválida ou ineficaz pelo ordenamento jurídico, mas impõe ao donatário obrigação protraída no tempo, de à época do óbito do doador, trazer o patrimônio recebido à colação, a fim de igualar as legítimas, caso não seja aquele o único herdeiro necessário (arts. 2.002, parágrafo único, e 2.003 do CC). Importante destacar que o dever de colacionar os bens recebidos a título de liberalidade só se dispensa por expressa manifestação do doador, determinando que a doação seja extraída da parte disponível de seus bens, o que também não ocorre na hipótese em análise, na qual a liberalidade de fato configura adiantamento da legítima. Precedentes citados: REsp 730.483-MG, Terceira Turma, *DJ* 20/6/2005; e REsp 9.081-SP, Terceira Turma, *DJ* 20/4/1992. REsp 1.298.864-SP, Rel. Min. Marco Aurélio Bellizze, julgado em 19/5/2015, *DJe* 29/5/2015".

Código de Processo Civil, ou seja, após a manifestação das partes sobre as últimas declarações apresentadas pelo inventariante.

Caso após esse momento venha a ser descoberta a ocultação de algum bem que deveria ter sido colacionado, ou pretenda o herdeiro trazê-lo espontaneamente, o procedimento para tanto deverá ocorrer através de sobrepartilha; isso porque o procedimento do inventário poderia se tornar interminável se, durante ou após a fase dos cálculos relativos aos bens declarados, ou mesmo quando da partilha deles, pudessem ser colacionados novos bens, levando ao reinício do próprio procedimento do inventário.

Por outro lado, se a sonegação for do herdeiro inventariante nada impedirá que, em ação própria de sonegados, independentemente de qualquer medida preparatória, os demais legitimados reclamem os bens, os quais, de toda sorte, desde que procedente o pedido, serão sobrepartilhados (art. 669, I, do CPC).

Todavia, se a sonegação fora atribuída a herdeiro que não seja inventariante, a ação de sonegados somente poderá ser promovida após a declaração do herdeiro de que não os possui (art. 1.996, parte final, do Código Civil), funcionando tal medida preparatória, ou seja, a intimação do herdeiro para que se pronuncie no prazo de quinze dias, como condição daquela ação.

De toda sorte, será sempre mais conveniente trazer bens (ou provocar) à colação, seja na primeira fase do inventário, seja através do procedimento de sobrepartilha, evitando, sempre que possível e conveniente, o procedimento ordinário de sonegados ou mesmo a ação nominada de colação, também de natureza condenatória, para alcançar o mesmo fim, com as delongas que delas resultariam.

70. O PROCEDIMENTO DO INCIDENTE DE COLAÇÃO. O RECURSO CABÍVEL

O legitimado deverá apresentar requerimento ao juízo do inventário pleiteando a intimação pessoal do herdeiro, para que este traga os bens indicados na petição como sujeitos à colação, apresentando, desde logo, prova documental que possa sustentar seu pedido, conforme o *caput* do artigo 641 do CPC.

Promovida a intimação do herdeiro poderá ele, apresentando as provas documentais que repute importantes: a) concordar com pedido e, portanto, conferir o bem ou o seu respectivo valor, se ele não mais existir (*vide* item nº 63, *supra*); b) negar que tenha recebido os bens indicados; c) sustentar que, apesar de ter recebido os bens, não tem obrigação de conferi-los.

Na hipótese de o herdeiro contestar o pedido de colação, com fundamento nas letras b ou c, *supra*, o juiz deverá abrir oportunidade para que as demais partes se pronunciem no prazo comum de quinze dias, facultado às mesmas a apresentação de novas provas documentais, para contrapô-las àquelas apresentadas pelo herdeiro requerido. Logo após, ouvido novamente o herdeiro requerido, se houver juntada de novos documentos pelo requerente ou demais partes interessadas, o juiz proferirá a sua decisão julgando procedente, no todo ou em parte, ou improcedente o pedido formulado, ou poderá, ainda, se entender que a matéria exige dilação probatória, facultar às partes a via ordinária. Nesta última situação, o herdeiro requerido não poderá receber o seu quinhão hereditário, sem prestar caução correspondente ao valor dos bens em discussão, enquanto pender a ação ordinária. Caso nenhum dos legitimados, no prazo de trinta dias contados da data em que foram cientificados da decisão que determinou a reserva dos bens, promova a ação competente, aquela medida ficará sem efeito, do mesmo modo que as medidas cautelares em geral perdem a sua eficácia se não proposta a ação no prazo de trinta dias (art. 309, nº I, do CPC).

A redação do CPC de 2015, no § 2º do art. 641, deixa claro que o juiz só não estará obrigado a decidir o incidente de colação caso haja necessidade de dilação probatória, sendo irrelevante a complexidade ou não da questão de direito ou de fato. O que importa, como já mencionado anteriormente (*vide* nº 10, *supra*), não é o trabalho, o tempo ou mesmo a maior ou menor capacidade intelectual do juiz que determinará se ele deve ou não julgar, mas sim, e exclusivamente, a necessidade de produção de outras provas para a justa solução do conflito, que não possam ser realizadas no âmbito do próprio procedimento do inventário.[33]

Nessa linha, não poderia o juiz remeter as partes para as vias ordinárias quando a decisão sobre os limites da colação versasse tão somente sobre o valor do bem. Para tanto, bastaria que se procedesse à avaliação como se procede à de todos os outros bens existentes no inventário.[34]

---

[33] Exemplo de questão que demanda dilação probatória encontramos no julgamento proferido pelo Tribunal de Justiça de São Paulo, cujo acórdão tem a seguinte ementa: "Inventário. Compra e venda de imóvel. Comprovação de que o negócio ocorreu, de fato, por ato oneroso. Impossibilidade. Questão de alta indagação. Necessária dilação probatória a permitir que todas as questões de fato possam ser dirimidas. Aplicação do art. 984, do CPC/1973 (vigente à época). Solução que deverá ocorrer em ação própria (...)" (TJSP, AI nº 2102509-53.2015.8.26.0000, 10ª Câmara de Direito Privado, Des. Elcio Trujillo, j. em 20/09/2016).

[34] Para aqueles que sustentam que a parte disponível deve ser levantada à época da doação, para, então, verificar a eventual existência de excesso, certamente tal controvérsia poderia exigir dilação probatória quanto à existência dos bens à época de propriedade do falecido, bem como inúmeras provas periciais sobre bens que

Julgado procedente o pedido, o herdeiro requerido, caso ainda seja titular do bem, deverá conferi-lo no prazo de cinco dias, sob pena de sequestro deste mesmo bem. Caso não possua mais o bem, o seu respectivo valor deverá ser imputado ao seu quinhão hereditário, ou, se houver diferença a maior, deverá fazer o depósito judicial da importância correspondente, sob pena de sujeitar-se, no juízo competente, a processo de execução.

A decisão proferida pelo juiz do inventário, que acolhe ou rejeita o pedido de colação, uma vez transitada em julgado, produz coisa julgada material, pois se enquadra em uma daquelas questões de direito compreendidas no âmbito do art. 612 do Código de Processo Civil (*vide* item nº 10, *supra*).

O recurso cabível contra a decisão do juiz do inventário, qualquer que seja ela,[35] será de agravo de instrumento, conforme o art. 1.015, parágrafo único, do CPC.

---

não iriam compor o acervo hereditário, situação que, em princípio, determinaria a remessa das partes para as vias ordinárias. Nesse sentido: "Colação. Dispensa desta na escritura de doação. Significado desta. Litígio em torno do seu cabimento na parte disponível. Controvérsia dependente de provas não documentais, que não se enquadram no andamento normal do inventário. Remessa das partes às vias ordinárias, proibida a entrega dos quinhões sem caução. Recurso parcialmente provido para este fim. A dispensa de colação significa tão somente a inclusão do valor doado na parte disponível, a qual deve ser avaliada na data de doação para se demonstrar se houve ou não excesso; exigindo a controvérsia provas periciais que não se enquadram no andamento normal do inventário, as partes devem discutir a matéria nas vias ordinárias" (TJPR, 4ª CC, AI nº 9943, Des. Troiano Neto, publ. em 06/02/1995).

[35] Theotônio Negrão (*Código...*, cit., página 848) sustenta que é irrecorrível, por faltar o requisito de lesividade, o despacho que remete as partes às vias ordinárias. *Data venia* deste entendimento, a lesividade se constitui no simples fato de a parte ter de se valer de um procedimento ordinário, quando a lei lhe assegura o direito a uma decisão, imediata, do juiz do inventário sobre a questão.

Capítulo VII
PAGAMENTO DAS DÍVIDAS

71. O PEDIDO DE PAGAMENTO DE DÍVIDAS DO *DE CUJUS*. PROCEDIMENTO QUANDO OCORRE A CONCORDÂNCIA DAS PARTES

Enquanto não julgada a partilha, os credores do espólio poderão requerer ao juízo do inventário o pagamento de seus respectivos créditos, desde que a dívida esteja vencida, seja exigível, e, ainda, esteja devidamente comprovada através de documento que revele tal obrigação (artigo 642, *caput* e § 1º, do Código de Processo Civil).

As dívidas podem resultar não só de obrigações anteriores ao passamento, mas também de fatos ocorridos após este evento, como as dívidas fiscais de responsabilidade do espólio (art. 189 do Código Tributário Nacional, Lei nº 5.172, de 25/10/1966), despesas com o funeral (art. 1.998 do Código Civil) e aquelas decorrentes da própria administração do espólio, especialmente as despesas necessárias à conservação e/ou ao melhoramento dos bens do espólio (art. 619, IV, do CPC). De outra banda, existem determinados créditos que não se sujeitam à habilitação, como aqueles decorrentes de dívidas fiscais (Lei nº 6.830/80, art. 5º),[1] até porque o juiz somente poderá julgar por sentença a partilha, após a comprovação nos autos, através de certidões próprias, da inexistência de dívidas para com a

---

[1] A propósito desse tema, a ementa do acórdão proferido pelo TRF, 5ª Região, *JB* 168/137, *verbis*: "A cobrança judicial da Dívida Ativa da Fazenda Pública Nacional não se encontra obrigada a ser feita no curso do processo de inventário. (...) Inocorre nulidade dos atos processuais praticados em execução fiscal proposta contra o devedor que vem a falecer quando os bens penhorados estão sendo alienados e deixa menores como herdeiros, por não haver intervenção do Ministério Público. Na hipótese, os bens já foram reconhecidos como desintegrantes da massa hereditária a scr partilhada, por força da ausência dos embargos e de não se sujeitar a Fazenda Pública ao processo de inventário".

Fazenda Pública, estadual e federal (art. 654 do CPC). Nada impede que o crédito tributário também seja contestado, situação que determinará a remessa das partes para as vias judiciais competentes, adotando-se para tanto a reserva de bens no juízo do inventário (§ 1º do art. 189 do Código Tributário Nacional e ainda art. 4º, § 4º, da Lei nº 6.830, de 22/09/1980, que determina a aplicação deste mesmo princípio às dívidas ativas da Fazenda Pública de natureza não tributária).

O legislador, no artigo 642, § 1º, do CPC, não exige que a prova literal da dívida se estribe em documento que autorize o processo de execução, mas sim que ele contenha os elementos necessários que constituam prova suficiente da obrigação e de seu valor,[2] caso contrário, deverá remeter as partes para as vias ordinárias.[3]

Por outro lado, enquanto não proferida a sentença que irá julgar a partilha, será sempre possível modificar o esboço apresentado, de sorte a contemplar as dívidas a serem atendidas (art. 651, I, do CPC).[4] Não se justifica que o pedido do credor só possa ser feito até o início da fase de partilha[5], ou

---

[2] Hamilton de Moraes e Barros (*Comentários...*, cit., p. 173) também assenta que não precisa ser título executivo, mas deve haver "prova da existência da dívida e de seu montante". O mesmo é afirmado por Humberto Theodoro Jr. (*Curso...*, cit., p. 284) e Ernane Fidélis dos Santos (*Dos procedimentos...*, cit., p. 319). A jurisprudência também já decidiu que "Para a reserva de bens em poder do inventariante não se exige que a dívida impugnada seja líquida e certa, senão que conste de documento capaz de constituir começo de prova" (*RTJE* 120/187, *apud* Theotônio Negrão, ob. cit., p. 850).

[3] "Agravo de instrumento. Inventário. Discussão acerca de dívidas, que teriam sido arcadas por um dos herdeiros. Documentação não traz a necessária certeza a respeito. Questão de alta indagação a ser discutida em ação própria. Decisão mantida. Recurso não provido." (TJSP, 2ª Câmara de Direito Privado, AI nº 2274259-26.2015.8.26.0000, Des. José Carlos Ferreira Alves, j. em 15/04/2016).

[4] "Agravo de instrumento. Inventário. Homologação de partilha. Pedido de habilitação. Impossibilidade. Decisão do juízo monocrático indeferindo o pedido de habilitação da agravante nos autos do inventário. Pedido de habilitação feito após a homologação da partilha. Preclusão. Documentação que comprova a extemporaneidade do pedido de habilitação. Pretensão que desafia outra via processual, não sendo o inventário mais a via adequada para tal postulação. Recurso que se nega provimento." (TJRJ, 1ª CC, AI nº 0023991-59.2007.8.19.0000, Rel. Des. Marcos Alcino de Azevedo Torres, j. em 29/01/2008).

[5] Nesse sentido, Ernane Fidélis dos Santos (*Dos procedimentos...*, cit., p. 319): "Antes da partilha quer dizer não antes da homologação da partilha, mas do início da fase de partilha"; Alexandre Freitas Câmara (*Lições...*, cit., p. 420): "O pagamento deve ser requerido antes de se dar início a fase de partilha".

antes desta ser lançada.[6] Trata-se de uma limitação de natureza formalista, que prejudica o acesso à justiça, especialmente os princípios da operosidade e da proporcionalidade, ou seja, de um lado, não haveria qualquer prejuízo de monta para as partes do inventário no refazimento do esboço, possibilitando o pagamento de dívida legítima; de outro lado, não seria razoável que o credor tivesse que aguardar o encerramento da fase de partilha, para então promover a ação contra os herdeiros individualmente considerados para o recebimento de seu crédito.

O requerimento do credor será distribuído por dependência e autuado em apenso aos autos do processo de inventário, devendo o juiz determinar a intimação das partes para, no prazo de cinco dias, se pronunciarem sobre o pedido.

O juiz só poderá declarar habilitado o credor e autorizar o pagamento da dívida com a concordância das partes (artigo 642, § 2º, do CPC). Nesse aspecto, o inventariante deverá se pronunciar expressamente sobre tal pedido, até porque é sua a obrigação de pagar as dívidas do espólio (art. 619, III, do CPC), podendo até ser removido em caso de omissão. Quanto às demais partes do inventário, o eventual silêncio delas implicará em concordância.

Registre-se que os donatários também serão chamados a se manifestar sobre o pagamento, caso a aprovação da dívida possa acarretar a redução das liberalidades (CPC, art. 642, § 5º).

Habilitado o credor, o juiz determinará que se faça o pagamento em dinheiro, se houver, ou, em sua falta, deverão ser indicados pelo inventariante bens suficientes para que se dê o respectivo pagamento, ouvidos os interessados (aplica-se aqui o mesmo princípio previsto no art. 619, I, do CPC). Tais bens serão alienados em praça ou leilão, uma vez observadas as regras próprias para a alienação de bens no processo de execução por quantia certa.

Também será possível, caso haja concordância dos eventuais credores e das partes do inventário, que o pagamento seja realizado, com autorização judicial, através da adjudicação de algum ou alguns bens constantes do acervo hereditário, fato que determinará a expedição da competente carta de adjudicação.

---

[6] Pontes de Miranda (*Comentários...*, cit., p. 164): "O pedido de separação tem de ser feito antes de a partilha ser lançada (não antes de ser julgada, salvo para pagamento das despesas com a partilha lançada)".

Poderão habilitar-se vários credores, devendo, todavia, ser pagos "preferencialmente a quaisquer créditos habilitados, ou a outros encargos do monte, os créditos tributários vencidos ou vincendos, a cargo do *de cujus* ou de seu espólio, exigíveis no decurso do processo de inventário ou arrolamento" (art. 189 do Código Tributário Nacional).

Se os bens componentes do acervo hereditário não forem suficientes para fazer frente às dívidas do espólio, deverá o inventariante, na forma do art. 759 do Código de Processo Civil de 1973, com ultratividade conferida pelo art. 1.052 do CPC/15, requerer a insolvência do espólio, abrindo-se, em consequência, naquele procedimento, o concurso de preferência entre os credores, com a verificação e a classificação dos respectivos créditos.

A decisão do juiz que acolhe o pedido de pagamento das dívidas ou a que remete as partes para as vias ordinárias desafiará recurso de agravo de instrumento, por tratar-se de decisão interlocutória proferida em incidente próprio do inventário (CPC, art. 1.015, parágrafo único).

72. PEDIDO DE ALVARÁ. OBRIGAÇÕES OUTRAS DO *DE CUJUS* QUE NÃO DE NATUREZA PECUNIÁRIA

A redação do artigo 642, *caput*, do CPC sugere que somente as obrigações (dívidas) de natureza pecuniária podem ser habilitadas no inventário.

Todavia, o espólio pode ser devedor de outras obrigações líquidas e certas, como a de entregar coisa certa ou prestar determinado fato, representadas por documento idôneo que comprove o seu teor e a sua exigibilidade.[7] Nessas hipóteses, não seria razoável exigir-se que o credor tivesse de promover medidas judiciais no juízo competente para que pudesse obter a realização de seu direito; ou sujeitar o espólio a um procedimento judicial, que possivelmente não seria do seu interesse e muito menos contribuiria para o regular desenvolvimento do processo de inventário.

---

[7] O saudoso professor Alcides de Mendonça Lima, em *Comentários ao Código de Processo Civil*, 3ª ed., Forense, Rio de Janeiro, tomo II, vol. VI, também sugere que a cobrança de crédito referida no art. 586 do Código de Processo Civil "poderá gerar alguma confusão, entendendo-se que o dispositivo seja circunscrito exclusivamente a uma obrigação pecuniária, que enseja a execução tal quantia certa, sem ampliá-lo a duas outras espécies: execução para entrega de coisa e execução das obrigações de fazer e de não fazer". Continua o autor propondo uma interpretação mais ampla para a palavra crédito, ou seja, "como sinônimo, em essência, de obrigação em geral, e não cingido a uma obrigação pecuniária, particularmente" (p. 459).

Com efeito, é bastante comum nos processos de inventário, especialmente no que concerne à efetivação de venda de bens imóveis, promessas de venda ou de cessões de direitos, seja por instrumento público ou particular, firmadas pelo *de cujus* em vida, pedidos para a realização dos respectivos instrumentos definitivos: escritura de compra e venda ou a efetivação da cessão, se for o caso.[8] Também ocorrem com frequência situações nas quais o espólio tem a obrigação de entregar determinada coisa, como, por exemplo, um determinado objeto de arte ou mesmo um veículo automotor ou até mesmo o cumprimento de uma obrigação de fazer já vencida que pode ser realizada pelo inventariante mediante autorização judicial.

Nessas hipóteses, à semelhança do que ocorre na habilitação de créditos, o pedido deverá ser autuado em apartado aplicando-se a esta situação aqueles mesmos princípios anteriormente examinados no que concerne ao pedido de pagamento de dívidas, com as adaptações próprias às peculiaridades que o caso requer.[9] Assim, no caso de discordância, a reserva deverá se dar justamente sobre o bem objeto da disputa.

73. PEDIDO DE PAGAMENTO DE DÍVIDAS DOS HERDEIROS

O *caput* do artigo 642 do CPC é bastante claro: "Poderão os credores do espólio requerer ao juízo do inventário o pagamento das dívidas vencidas e

---

[8] "No que respeita ao revestimento extrínseco do ato de cessão, há a exigência de escritura pública, isto porque o Direito à sucessão aberta é considerado bem imóvel, sujeito a Pública Forma (C. Civ., art. 44, nº III)" (João Batista Ericeira, "Direito hereditário", *RF* 285/482). O dispositivo citado do CC de 1916 corresponde ao art. 80, II, do CC vigente.

[9] A jurisprudência não é uniforme quanto à legitimidade do titular do direito para requerer o alvará. Em sentido favorável: "Adjudicação compulsória. Compromisso de venda e compra. Outorga de escritura definitiva do imóvel. Admissibilidade. Incontroversa a quitação do preço. Falecimento de uma das promitentes compradoras. Existência de inventário que não obsta a pretensão. Razoabilidade do prazo de 120 dias para a outorga da escritura. Multa diária, no entanto, que comporta redução. Recursos parcialmente providos" (TJSP, 5ª Câmara de Direito Privado, Ap. Cível nº 1001539-59.2015.8.26.0292, Rel. Des. Moreira Viegas, j. em 07/12/2016). Em sentido contrário: "Apelação Cível. Alvará judicial. Autores que pretendem alvará judicial para que a inventariante do Espólio de um dos titulares possa outorgar escritura. Necessidade de expressa concordância de todos os herdeiros. Inadequação da via eleita. Falta de interesse de agir que gera carência de ação. Extinção do processo sem julgamento do mérito, nos termos do artigo 485, inciso VI, do Código de Processo Civil de 2015. De ofício, declara-se extinto o processo sem resolução do mérito, prejudicada a apelação" (TJSP, 1ª Câmara de Direito Privado, Ap. Cível nº 0007152-07.2013.8.26.0338, Rel. Des. Christine Santini, j. em 04/10/2016).

exigíveis". Assim, não haverá possibilidade de habilitação de créditos e, portanto, de pagamento de dívidas de herdeiros individualmente considerados.

Poderão os credores em ação própria, no juízo competente, dependendo do caso, requerer a penhora dos direitos hereditários do herdeiro devedor (caso de processo de execução), que será comunicada ao juízo do inventário para que conste a mesma no rosto dos autos[10] do inventário, ou medida cautelar para a preservação do seu crédito com a reserva destes mesmos direitos sucessórios (caso de processo de conhecimento), a qual também será comunicada a este último juízo.[11]

---

[10] "Processo civil. Ação de execução de alimentos. Penhora dos direitos hereditários do devedor no rosto dos autos do inventário. Adjudicação pelos alimentandos. Possibilidade. Competência. Juízo da família. Art. analisado: 685-A, CPC. 1. Ação de execução de alimentos distribuída em 22/08/1996, da qual foi extraído o presente recurso especial, concluso ao Gabinete em 30/05/2012. 2. Discute-se a possibilidade de adjudicação, pelos credores de alimentos, dos direitos hereditários do devedor, penhorados no rosto dos autos de inventário, bem como qual o Juízo competente para fazê-lo. 3. Considerando-se que 'o devedor responde, para o cumprimento de suas obrigações, com todos os seus bens presentes e futuros, salvo as restrições estabelecidas em lei' (art. 591 do CPC); que, desde a abertura da sucessão, a herança incorpora-se ao patrimônio do herdeiro, como bem imóvel indivisível; e que a adjudicação de bem imóvel é técnica legítima de pagamento, produzindo o mesmo resultado esperado com a entrega de certa quantia; exsurge, como corolário, a conclusão de que os direitos hereditários do recorrido podem ser adjudicados para a satisfação do crédito dos recorrentes. 4. Ante a natureza universal da herança, a adjudicação dos direitos hereditários não pode ser de um ou alguns bens determinados do acervo, senão da fração ideal que toca ao herdeiro devedor. 5. Na espécie, a adjudicação do quinhão hereditário do recorrido, até o quanto baste para o pagamento do débito, autoriza a participação dos recorrentes no processo de inventário, sub-rogando-se nos direitos do herdeiro, e se dá pro soluto até o valor do bem adjudicado. 6. Assim como o Juízo de Família determinou, por carta precatória, a penhora dos direitos hereditários no rosto dos autos do inventário, que tramita perante o Juízo de Órfãos e Sucessões, incumbe-lhe o prosseguimento da execução, com a prática dos demais atos necessários à satisfação do crédito, adjudicando aos credores, se o caso, a cota-parte do devedor de alimentos, limitado ao valor do débito. 7. Recurso especial conhecido e provido" (STJ, 3ª T., REsp 1.330.165/RJ, Rel. Min. Nancy Andrighi, j. em 13/05/2014, *DJe* 02/06/2014).

[11] "Só o credor do espólio – não o do herdeiro – tem legitimidade para requerer a venda em leilão de bens necessários à satisfação do crédito – art. 1.017 do CPC [de 1973, correspondente ao art. 642 do CPC de 2015]. O que cabe ao credor do herdeiro é solicitar, no juízo da execução, a realização de penhora no rosto dos autos de inventário, a fim de torná-la efetiva em bens que, por partilha ou adjudicação, venham a caber ao devedor – art. 674 do mesmo estatuto [correspondente ao art. 860 do CPC de 2015]" (TJRJ, *ADCOAS BJA* 9/91, p. 130).

74. A DISCORDÂNCIA DAS PARTES, DA FAZENDA PÚBLICA OU DO MINISTÉRIO PÚBLICO. A RESERVA DE BENS

Bastará, pelo artigo 643 do CPC, a simples discordância de qualquer das partes[12] sobre o pedido de pagamento para que o juiz remeta o credor para as vias judiciais próprias, seja o processo de execução, monitória, ou o procedimento ordinário, dependendo da natureza do título.

Aqui não se aplica o princípio previsto no art. 612 do Código de Processo Civil, no sentido de que o juiz do inventário "decidirá todas as questões de direito desde que os fatos relevantes estejam provados por documento, só remetendo para as vias ordinárias as questões que dependerem de outras provas". Pelo texto da lei – art. 643 do CPC –, nessa hipótese específica de habilitação de crédito, basta a discordância, ainda que o fundamento não seja adequado, constituindo-se, portanto, em regra especial.[13]

Não cabe nesse incidente um juízo de valor do juiz do inventário sobre a questão posta, não constituindo ela uma daquelas a respeito da qual ele estaria autorizado a decidir em caso de conflito (art. 612 do CPC). Todavia, o juiz, de ofício, desde que entenda que o documento apresentado pelo credor requerente comprove suficientemente a obrigação e, ainda, desde que a alegação de qualquer das partes do inventário não seja fundada em pagamento, e esteja acompanhada de prova valiosa, poderá determinar a reserva em poder do inventariante de bens suficientes para pagar o credor, se vitorioso na ação

---

[12] Luís Pereira de Melo relembra que o consentimento do cônjuge do herdeiro também é necessário caso haja bens imóveis ("Adjudicação de bens em inventários e arrolamentos", *Revista de Direito Processual Civil* 6/222).

[13] Nesse sentido, a doutrina dominante: Hamilton de Moraes e Barros (*Comentários...*, cit., p. 175): "a concordância como a impugnação não são nem fundamentadas, nem comprovadas. Basta a simples manifestação de vontade, num sentido, ou no outro". No mesmo sentido: Pontes de Miranda (*Comentários...*, cit., p. 166). Roberto Latif Kdouri ("Processo de inventário: a habilitação de crédito", *RT* 689/305, p. 306) afirma que a discordância não precisa ser fundamentada, e ela impede que o juiz do inventário possa julgar a pretensão do credor. Igualmente: Ernane Fidélis dos Santos (*Dos procedimentos...*, cit., p. 319). Na jurisprudência, vejamos: "A simples existência de impugnação de um só interessado obsta ao reconhecimento administrativo da dívida e o seu pagamento, levando o credor às vias ordinárias" (TJSP, RT 723/339). No mesmo sentido: TJES, AI nº 24940056096, Des. Manoel Rabelo, j. em 21/11/1995; TJSP, 2ª CC, Ap. Cív. nº 223.701-1, Des. Roberto Bedran, j. em 04/04/1995; TJRS, RJTJRS 125/233. Em sentido contrário, julgamento proferido pelo TJMS, RT 724/401, entendendo ser possível ao juiz do inventário decidir sobre a habilitação ainda que haja impugnação de herdeiro.

a ser proposta.[14] E, no nosso entendimento, a fim de retratar com exatidão o real significado de "alegação fundada em quitação", não bastará a simples impugnação de qualquer das partes, mas, antes, será necessário algum tipo de prova documental – que traduza a verossimilhança de que a dívida teria sido honrada. Não seria razoável, que não se pudesse fazer reserva de bem no inventário em razão de uma dívida líquida, comprovada documentalmente, pelo simples fato da existência de uma alegação de pagamento, sem qualquer outro elemento de prova.[15] Aqui, também, o credor deverá promover a ação judicial própria no prazo de trinta dias, sob pena de cessar o efeito da medida que determinou a reserva, conforme preceituam o art. 668, I, parte final, do Código de Processo Civil e o § 2º do art. 1.997 do Código Civil.

Se houver discordância quanto à escolha dos bens necessários para o pagamento dos credores habilitados, cuja alienação se dará em praça ou leilão, deverá o juiz, em princípio, seguir a ordem prevista para a incidência de penhora sobre os bens do devedor por quantia certa (art. 835 do Código de Processo Civil), salvo se a observância da mesma for mais gravosa para os herdeiros do que os benefícios que tal escolha poderia trazer para o credor.[16]

A Fazenda Pública, como parte que é, deverá se pronunciar sobre as dívidas do espólio, podendo impugná-las quanto à sua real existência, legalidade ou à falta de formalidade indispensável do título, desde que o seu reconhecimento possa implicar em diminuição do imposto a ser pago.[17]

---

[14] A expressão "acompanhada de prova valiosa" está contida no § 1º do art. 1.997 do Código Civil.

[15] Nesse mesmo sentido, o professor José Carlos Barbosa Moreira, em acórdão proferido na Apelação Cível nº 001.26034, j. em 31/05/1983, *DJ* de 09/06/1983, *verbis*: "Cabe apelação do indeferimento de pedido de pagamento de credito em inventário. Para justificar a reserva de bens não é necessária a demonstração plena da existência e do valor da obrigação: satisfaz-se a lei com documento que a comprove suficientemente".

[16] A propósito do tema, veja sedimentado acórdão proferido pelo TJPR, sobre a reserva de bens de família, *verbis*: "Se o imóvel indicado à reserva para pagamento de dívida contraída pelo falecido, destina-se à residência de familiares do *de cujus* e o pedido, para aquele fim, é posterior à Lei nº 8.009/90, indefere-se a reserva pretendida. Agravo provido" (1ª CC, AI nº 8.878, Des. Accacio Cambi, publ. em 23.10.1992).

[17] Nesse sentido os seguintes acórdãos: "Habilitação de crédito. Concordância da Fazenda do Estado condicionada ao pagamento do tributo correspondente. Admissibilidade. Art. 494, parágrafo único, do CPC" (TJSP, *RT* 352/191 e Wilson Bussada, ob. cit., p. 2.434); "Habilitação de crédito. Concordância da Fazenda do Estado, desde que as importâncias reconhecidas não fossem deduzidas do monte para efeito de pagamento do imposto. Fato que importa em impugnação quanto aos efeitos fiscais. Julgamento da habilitação com a ressalva formulada" (TJSP, *RT* 247/262 e Wilson Bussada, ob. cit., p. 2.437); "O pagamento da dívida em inventário só tem lugar quan-

Existindo herdeiros incapazes, deverá o Ministério Público ser necessariamente ouvido e, em caso de impugnação, aplicar-se-á o mesmo princípio relativo à discordância das partes, ou seja, a remessa para as vias judiciais próprias com a reserva de bens, se for o caso.[18]

75. DA HABILITAÇÃO DE CRÉDITO AINDA NÃO EXIGÍVEL. NATUREZA. PROCEDIMENTO EM CASO DE CONCORDÂNCIA

O legislador permitiu que o credor pudesse habilitar crédito que resultasse de uma dívida líquida e certa ainda não exigível.

Diferentemente da hipótese anteriormente examinada, não basta que o documento retrate uma "prova literal da dívida", mas, antes, que ele possa retratar exatamente a importância devida e, portanto, o seu respectivo objeto e, ainda, seja certo quanto à sua existência.[19]

A redação do artigo 644 do CPC também sugere que a natureza do objeto da prestação seja uma soma em dinheiro, ou seja, somente obrigações de natureza pecuniária, não vencidas, é que podem ser habilitadas para futuro pagamento. A razão de ser dessa norma certamente decorre da necessidade prática de garantir o direito de um credor que possua título que consubstancie dívida líquida e certa, apesar de não exigível, evitando que o patrimônio do *de cujus* devedor seja partilhado entre seus herdeiros, com todas as consequências daí decorrentes, notadamente a dificuldade para o credor perseguir o seu crédito no juízo competente.

---

do houver acordo expresso de todos os interessados. Havendo o desacordo apenas da Fazenda do Estado o pagamento poderá ser feito, desde que pago o respectivo imposto" (TJMG, *RT* 457/213 e Wilson Bussada, ob. cit., p. 2.181).

[18] Nesse sentido Pontes de Miranda, nos seus *Comentários...*, cit., página 167: "A concordância é ato coletivo, exigindo unanimidade, inclusive dos órgãos do Ministério Público".

[19] Poder-se-ia objetar uma certa redundância na expressão dívida líquida e certa, na medida em que o Código Civil de 1916, no art. 1.533, considerava "líquida a obrigação certa, quanto à sua existência, e determinada, quanto a seu objeto". O saudoso professor Luiz Machado Guimarães, nos seus *Comentários ao Código de Processo Civil*, Rio de Janeiro, Forense, 1942, vol. 4, p. 109, leciona: "A liquidez, a certeza e a exigibilidade são requisitos de conteúdo nitidamente distintos, que Calamandrei, com a clareza habitual, assim especifica; a certeza diz respeito à existência do crédito, a liquidez decorre da determinação da sua importância exata, e a exigibilidade se refere ao tempo em que o credor poderá exigir o respectivo pagamento". O legislador de 2002, em boa hora, não incluiu dispositivo semelhante ao art. 1.533 no CC vigente.

Valem aqui, *mutatis mutandis*, as observações que fizemos anteriormente no sentido de que a habilitação não deve ficar limitada a uma obrigação exclusivamente de natureza pecuniária, mas sim a qualquer tipo de obrigação, desde que seja líquida e certa. Imagine-se que o falecido tenha contraído uma determinada obrigação de realizar escritura pública de um determinado imóvel prometido vender a B, por instrumento particular, no prazo de seis meses após o pagamento da última parcela, desocupado de pessoas e coisas. Não seria razoável que o credor não pudesse desde logo, ainda que não exigível a obrigação, habilitar-se no inventário para que se procedesse à separação deste bem. O mesmo se diga com relação a qualquer outra obrigação para entrega de coisa certa assumida pelo *de cujus* sujeita a termo, condição ou alguma limitação.

Na realidade, tal habilitação, desde que haja concordância de todas as partes, tem natureza satisfativa, e não cautelar, pois a decisão do juiz do inventário que julgar habilitado o crédito poderá ser executada no âmbito do próprio inventário, seja por meio de mandado de levantamento, se a reserva se fizer em dinheiro, seja por alienação em praça ou leilão, se os bens forem de outra natureza, conforme o § 3º do art. 642 do Código de Processo Civil.

O procedimento para essa habilitação é semelhante àquele examinado no art. 642 do CPC, ou seja, a habilitação somente ocorrerá com a concordância de todas as partes envolvidas. Todavia, o legislador não autorizou o juiz do inventário a proceder à reserva, em poder do inventariante, de bens suficientes para pagar o credor, no caso de o documento comprovar suficientemente a obrigação e de a impugnação não se fundar em quitação. Nessas circunstâncias, restava ao credor requerer ao juízo competente as medidas cautelares necessárias a resguardar os seus direitos, podendo, também, promover desde logo a ação principal visando obter provimento judicial para o futuro.[20]

76. MEDIDAS JUDICIAIS PRÓPRIAS EM CASO DE DISCORDÂNCIA. A CONDENAÇÃO PARA O FUTURO

A discordância de qualquer dos herdeiros, quanto à habilitação pretendida, significa, no mais das vezes, que eles não reconhecem a dívida e, portanto, não pretendem, no vencimento, adimpli-la.

---

[20] Sobre esse tema – condenação para o futuro –, veja-se o trabalho do professor José Carlos Barbosa Moreira, "Tutela sancionatória e tutela preventiva", publicado na Segunda Série de seus *Temas de Direito Processual*, São Paulo, Saraiva, 1980, especialmente pp. 27-29.

Nessas circunstâncias, não vemos como não seja possível ao credor promover desde logo ação de natureza condenatória, de sorte a obter antecipadamente a certeza sobre o seu direito, bem como título hábil para futura execução, se for o caso, ou a cominação de uma multa para a hipótese de descumprimento da obrigação na data do seu vencimento, pois o único obstáculo à tal pretensão – a falta de interesse em agir – estaria afastado.

O Código de Processo Civil autoriza expressamente tal tipo de ação nas relações jurídicas sujeitas à condição ou termo (art. 514),[21] havendo autores, inclusive, que vislumbram tal situação nas hipóteses previstas no art. 323 do Código de Processo Civil.[22]

Essa linha de raciocínio poderá ser aplicada, em princípio, em qualquer situação na qual o devedor de uma obrigação manifeste vontade de não a adimplir na data do seu vencimento.

Seria um absurdo só admitir a ação a partir do momento em que ocorresse o vencimento da dívida quando, na realidade, já se sabe de antemão da necessidade de processo judicial. A jurisdição ideal seria aquela que no momento mesmo da lesão ou, se possível, até mesmo antes que ela ocorresse, pudesse colocar ou manter o provável lesado nas mesmas condições em que ele estaria se ela não se verificasse. Nesse passo, a condenação para o futuro permitiria, provavelmente, o alcance dessa finalidade, assegurando o efetivo acesso à justiça. Não haveria óbice de natureza processual para tal, porque estariam presentes todas as condições da ação, dentre as quais a necessidade e o cabimento do ajuizamento prematuro da ação, bem como a utilidade prática na obtenção do provimento jurisdicional prévio, a revelar o interesse em agir.

77. INTERESSE DO LEGATÁRIO NA HABILITAÇÃO DE CRÉDITO

Em regra, os bens objeto de legados não respondem pelas dívidas do espólio e, portanto, em princípio, os legatários não terão qualquer interesse jurídico e prático para participar do incidente de habilitação de crédito, salvo nas duas hipóteses tratadas no artigo 645 do Código de Processo Civil.

A primeira, quando não houver qualquer herdeiro, seja necessário, seja instituído por testamento, e o *de cujus*, por disposição de última vontade, tenha

---

[21] "Art. 514. Quando o juiz decidir relação jurídica sujeita a condição ou termo, o cumprimento da sentença dependerá de demonstração de que se realizou a condição ou de que ocorreu o termo."

[22] Nesse sentido, J. J. Calmon de Passos, *Comentários ao Código de Processo Civil*, 2ª ed., Rio de Janeiro, Forense, 1977, vol. III, p. 257.

INVENTÁRIO E PARTILHA: Judicial e Extrajudicial – *Paulo Cezar Pinheiro Carneiro*

conferido individualmente seus bens a terceiros beneficiários (CPC, art. 645, I).[23] Nessa situação, como não existem outros bens no acervo hereditário, é evidente que aqueles que foram objeto de legados responderão pelas dívidas e, assim, o legatário deverá necessariamente participar como parte do incidente, nas mesmas condições que os demais herdeiros, ou seja, se discordar do pedido de habilitação, caberá ao requerente promover as medidas judiciais no juízo competente, facultado ao juiz proceder à reserva de bens, nos termos do parágrafo único do art. 643 do Código de Processo Civil.

A segunda hipótese, que confere interesse jurídico para que o legatário participe do incidente com todas as consequências anteriormente mencionadas, ocorre quando houver necessidade de redução dos legados para possibilitar o pagamento das dívidas, ou seja, quando os bens que pertencem aos herdeiros necessários ou instituídos não forem suficientes para permitir o pagamento das dívidas que estão sendo habilitadas no inventário (CPC, art. 645, II). Nessa circunstância, como a totalidade do patrimônio do falecido responde pelas dívidas que contraiu, também é evidente que os bens legados responderão por tais obrigações. O Código Civil contém dispositivo legal – art. 1.967 e seus parágrafos – que regula o modo e a ordem para se proceder à redução das disposições testamentárias.[24]

78. NOMEAÇÃO DE BENS À PENHORA NO PROCESSO EM QUE O ESPÓLIO FOR EXECUTADO

Como examinado anteriormente, cabe ao inventariante a representação do espólio em juízo ou fora dele (art. 618, I, CPC), devendo ele, em princípio, indicar bens à penhora no processo de execução em que o espólio for réu.

---

[23] Sobre o conceito de legado, v. Carlos Maximiliano, *Direito das sucessões*, cit., p. 637: "Chama-se *legado* ao benefício, quando um direito patrimonial, como unidade e independente, se separa do todo e a sucessão singular é assegurada". Orosimbo Nonato (*Estudos sobre sucessão testamentária*, cit., p. 11) conceitua o legado "como liberalidade, a *título particular*, do testador em favor de terceiro e a ser cumprida por quem recolhe a herança do ato de última vontade".

[24] Código Civil: "Art. 1.967. As disposições, que excederem a parte disponível, reduzir-se-ão aos limites dela, de conformidade com o disposto nos parágrafos seguintes.

§ 1º Em se verificando excederem as disposições testamentárias a porção disponível, serão proporcionalmente reduzidas as quotas do herdeiro ou herdeiros instituídos, até onde baste, e, não bastando, também os legados, na proporção do seu valor.

§ 2º Se o testador, prevenindo o caso, dispuser que se inteirem, de preferência, certos herdeiros e legatários, a redução far-se-á nos outros quinhões ou legados, observando-se, a seu respeito, a ordem estabelecida no parágrafo antecedente".

Todavia, sempre que possível, quando não houver prejuízo para o regular andamento do processo de execução movido contra o espólio, o inventariante deverá requerer ao juízo do inventário, após prévia manifestação dos herdeiros, autorização para indicar um determinado bem específico constante do acervo hereditário à penhora, conforme dispõe o artigo 646 do Código de Processo Civil.

Nessa linha de raciocínio, sempre que os herdeiros discordarem do pedido de habilitação de crédito (art. 643, *caput*, do CPC) poderão, desde logo, indicar o bem sobre o qual deva incidir a futura eventual penhora. Do mesmo modo, naquelas situações em que o juiz entender que deva determinar a reserva de bens em poder do inventariante para pagar o credor (parágrafo único do art. 643 do CPC), caberá ao inventariante, após prévia oitiva dos herdeiros, indicar o bem e obter autorização para nomeá-lo, se for o caso, à penhora.

Cabe destacar que a redação do artigo 646 do CPC é, de certa maneira, dispensável, pois, na medida em que forem separados determinados bens específicos para o pagamento de eventuais dívidas, é evidente que esses mesmos bens é que devem, em princípio, ser indicados à penhora, salvo se o credor concordar com outra indicação (art. 848, II, do CPC). Se tal reserva deve ser determinada pelo juízo do inventário, qualquer disputa entre os herdeiros deverá ocorrer durante este incidente, inclusive a interposição de eventual recurso de agravo de instrumento em face da decisão. Assim, um incidente específico no inventário para a indicação de bens à penhora só ocorrerá autonomamente, caso não tenha ocorrido a prévia reserva para fazer frente à dívida específica que lhe deu origem.

No que toca à menção à penhora no rosto dos autos do inventário (art. 860, CPC), seja de um bem específico constante do acervo hereditário, seja de direitos sucessórios, ela ocorrerá sempre que o direito pleiteado no processo de execução recair sobre um destes bens.

Capítulo VIII
PARTILHA

79. PEDIDO DE QUINHÃO

Julgado o cálculo e encerrados eventuais incidentes de colação ou de habilitação de crédito, pago o imposto de transmissão, iniciar-se-á o procedimento visando à partilha dos bens, ou seja, a extinção da comunhão *causa mortis*.

Poderão as partes, nessa fase, desde que maiores e capazes, apresentar um esboço amigável de partilha (art. 2.015 do Código Civil e art. 657 do Código de Processo Civil), o qual, em princípio, não poderá ser recusado pelo juiz, salvo se não atender às exigências legais (art. 651 do CPC) ou deixar de contemplar algum bem.[1]

Caso não haja a apresentação de um esboço amigável de partilha com a concordância de todos os herdeiros e do cônjuge meeiro, se for o caso, o juiz, de ofício ou a requerimento de qualquer dos legitimados indicados no art. 616 do Código de Processo Civil (*vide* item nº 20, *supra*), facultará às partes que, no prazo comum de quinze dias, apresentem os respectivos requerimentos de quinhão, indicando os bens que pretendem receber (CPC, artigo 647, *caput*). Poderá o inventariante ou qualquer uma

---

[1] Nesse sentido a jurisprudência: "Agravo de instrumento. Plano de partilha considerado incerto pelo juiz. Herdeiros maiores e capazes. Recurso provido. O plano de partilha apresentado por herdeiros maiores e capazes não pode ser recusado pelo juiz. (art. 1.031 do CPC/1973 [art. 659 do CPC de 2015])" (TJMS, *RT* 676/158); "Não pode o juiz deixar de homologar partilha feita, em escritura pública, por herdeiros maiores e capazes" (TJSP, *RT* 496/56). Atente-se que a ratificação tomada por termo nos autos do inventário da partilha amigável, feita por instrumento particular, é considerada irretratável pela doutrina. Na mesma linha, o entendimento do Professor José Carlos Barbosa Moreira esposado no parecer "Alienação de bem individualizado de acervo hereditário por instrumento particular" (*RT* 472/48).

das partes, inclusive o cônjuge meeiro, nesse momento, apresentar uma proposta de esboço de partilha.

Caso o falecido tenha previsto em testamento o modo pelo qual a partilha deva ser realizada, caberá ao juiz, por ocasião da deliberação sobre a mesma, determinar que o partidor observe tal vontade, salvo se ela prejudicar a legítima dos herdeiros necessários (art. 2.018 do Código Civil).[2] E, ainda, se houver concordância do cônjuge (caso tenha sido afetado pela disposição de última vontade), poderão os herdeiros de comum acordo deliberar sobre a partilha de forma diversa daquela constante da vontade do testador. Não ficará afastada a possibilidade de o juiz acolher pedido de quinhão em desacordo com a vontade do testador, desde que fique demonstrado, sem qualquer dúvida, que ela ofende os princípios que devem reger a partilha (*vide* item nº 84, *infra*), pois tal situação resultará em prejuízo para determinado ou determinados herdeiros.

O Código de Processo Civil de 2015 passa a prever, expressamente, a possibilidade de "partilha antecipada" de determinados bens, no art. 647,[3] parágrafo único. Nesse contexto, o juiz poderá deferir a um herdeiro determinado o exercício dos direitos de usar e de fruir de determinado bem, com todos os ônus e os bônus respectivos. Será necessário, entretanto, que, ao final, o bem integre a cota desse mesmo herdeiro.

---

[2] Código Civil: "Art. 2.018. É válida a partilha feita por ascendente, por ato entre vivos ou de última vontade, contanto que não prejudique a legítima dos herdeiros necessários". Cândido Naves (*Comentários...*, cit., p. 319) observa: "Reconhecemos, pois, que a partilha feita em vida pelo pai está adstrita à observância das normas traçadas no art. 505 dêste Código. O que não se pode negar é que, na verificação da observância dessas regras pelo pai, cumprirá ao Juiz ter sempre em mente os sentimentos, que em via de regra animam os pais nos atos que praticam referentemente aos filhos, de tal modo que a Justiça somente não respeite a partilha feita pelo pai, quando evidentemente se demonstrar que ela fugiu às regras de igualdade e de comodidade proclamadas pelo art. 505, com fundamento na prática do direito, na jurisprudência dos Tribunais e na doutrina dos praxistas". San Tiago Dantas ensina que é sempre lícito ao testador distribuir os bens que constituem a legítima em espécie (*Direitos...*, cit., p. 539).

[3] Nesse sentido, confira-se os enunciados nº 181 e 182 do Fórum Permanente de Processualistas Civis: Enunciado nº 181: "(arts. 645, I, 647, parágrafo único, 651) A previsão do parágrafo único do art. 647 é aplicável aos legatários na hipótese do inciso I do art. 645, desde que reservado patrimônio que garanta o pagamento do espólio. (Grupo: Procedimentos Especiais)". Enunciado nº 182: "(arts. 647 e 651) Aplica-se aos legatários o disposto no parágrafo único do art. 647, quando ficar evidenciado que os pagamentos do espólio não irão reduzir os legados. (Grupo: Procedimentos Especiais)".

80. REGRAS QUE DEVEM SER OBSERVADAS PELO JUIZ NA DECISÃO DE DELIBERAÇÃO DA PARTILHA

Existem determinados princípios que o juiz deve observar no momento de proferir sua decisão sobre os pedidos de quinhão ou, à falta deles, como a partilha deve ser organizada. O Código de Processo Civil de 1939, em seu artigo 505, indicava as regras a serem observadas para a partilha, *verbis*: "I – a maior igualdade possível, seja quanto ao valor, seja quanto à natureza e qualidade dos bens;[4] II – a prevenção de litígios futuros; III – a maior comodidade dos coerdeiros". Corolário dos princípios da maior comodidade e da prevenção de litígio é a regra inserta no art. 2.019 do Código Civil, no sentido de que o bem que não couber na meação do cônjuge sobrevivente ou no quinhão de um só herdeiro, e não admitir divisão cômoda, será, em princípio, vendido em hasta pública.[5]

No CPC/1973, não foram reproduzidas disposições semelhantes, mas já se entendia que tais princípios, porque inatos à partilha, deveriam ser observados.[6] Diante disso, o legislador de 2015 houve por bem restabelecer a previsão legal do regime que deve ser observado para a partilha, em termos bastantes similares do CPC de 1939, como se observa no atual art. 648 do CPC.

Quanto ao primeiro critério apresentado pelo Código de Processo Civil (art. 648, I), é preciso ter cautela na interpretação do princípio da

---

[4] Idêntica redação encontramos no art. 1.775, do Código Civil, *verbis*: "No partilhar os bens, observar-se-á, quanto ao seu valor, natureza e qualidade, a maior igualdade possível".

[5] Código Civil: "Art. 2.019. Os bens insuscetíveis de divisão cômoda, que não couberem na meação do cônjuge sobrevivente ou no quinhão de um só herdeiro, serão vendidos judicialmente, partilhando-se o valor apurado, a não ser que haja acordo para serem adjudicados a todos". Confira-se a jurisprudência: "É de ser evitada, para a prevenção de litígios, a comunhão entre os herdeiros na partilha" (TJSP, *RT* 556/88).

[6] Hamilton de Moraes e Barros (*Comentários...*, cit., p. 180) ressalta as regras do CPC de 1939 (reproduzidas pelo CPC de 2015), por sua vez "vindas de José Pereira de Carvalho, das suas Primeiras Linhas sobre o Processo Orfanológico", quais sejam a igualdade na quantidade e qualidade e a comodidade dos herdeiros e do meeiro. Humberto Theodoro Júnior (*Curso...*, cit., p. 287) também assenta: "O critério que preside uma boa partilha inspira-se em três regras tradicionais: a da igualdade, a da comodidade e a da prevenção de litígios". Pontes de Miranda (*Comentários...*, cit., p. 227), sobre as regras do CPC de 39, correspondentes ao art. 648 do CPC de 2015, afirma: "Trata-se de princípios jurídicos, contidos no princípio da igualitariedade, e não precisavam ser postos na lei processual civil, se bem que aconselhável por sua explicitude".

igualdade, pois ele não significa que cada herdeiro deva ficar com uma parte de cada um dos bens, mas sim que a partilha procure ser equitativa quanto à distribuição dos bens pela sua natureza – por exemplo, se vários foram os bens imóveis e vários foram os objetos de arte, em princípio, cada herdeiro deverá ser contemplado com ambas as espécies –; pelo seu valor – por exemplo, se existirem vários bens de grande valor e outros de valor menor, em princípio, cada herdeiro deverá ser contemplado também com as duas espécies –; e pela sua qualidade – por exemplo, bens de pequena liquidez e créditos de difícil liquidação também devem ser divididos de forma equânime.[7] É evidente, por outro lado, que tal princípio deverá estar conjugado com os demais princípios, ainda que haja necessidade de utilização do instituto da reposição. Mais importante do que a rigorosa igualdade na divisão em espécie dos bens componentes do acervo hereditário é a divisão que conceda maior comodidade aos herdeiros e, ao mesmo tempo, possa prevenir futuros litígios.[8]

Nessa linha, o princípio da comodidade poderá ensejar que uma fazenda seja atribuída ao herdeiro fazendeiro, enquanto ao herdeiro menor, cujo representante legal é um médico, sejam atribuídos bens de fácil administração. Já o herdeiro dentista, pelo mesmo princípio, deverá receber o consultório de seu falecido pai, também dentista. O cônjuge meeiro, que nunca trabalhou, também deve receber bens de fácil administração, ficando as cotas da empresa do falecido e a administração do negócio para o herdeiro economista e que já administrava a empresa.

---

[7] Cândido Naves resume tal princípio da seguinte forma: "Nas partilhas deve haver igualdade entre os herdeiros, o que se obtém dando-se a cada um parte nos imóveis, como nos móveis e semoventes; parte no bom e no mau; no certo e no duvidoso, ou litigioso, de tal sorte que cada herdeiro participe dos mesmos riscos e probabilidades" (*Comentários ao Código de Processo Civil*, cit., p. 318).

[8] Nesse sentido os acórdãos: "Inventário. (...)Impossibilidade da partilha dita aritmética, isto é, de todos os bens em partes ideais. Necessidade de avaliação, o que não sucederia se a deixa tivesse caráter de legado (correspondendo a determinado bem, dentre os componentes do monte). Princípio da maior igualdade possível dos quinhões. (...)" (TJSP, 10ª Câmara de Direito Privado, Ap. Cível nº 0065903-12.2005.8.26.0000, Rel. Des. Cesar Ciampolini, j. em 06/10/2015); "Irresignação da herdeira-apelante contra a sentença que acolheu a partilha apresentada pela meeira-inventariante. Observância das regras que inspiram a boa partilha – comodidade, igualdade e prevenção de litígios – na medida em que evita a permanência em condomínio de, pelo menos, dois dos quatro imóveis que integram o acervo do espólio. Inexistência de qualquer impugnação dos herdeiros quanto aos valores da avaliação. Desprovimento do recurso". (TJRJ, 19ª CC, Ap. Cível nº 0009621-04.2005.8.19.0208, Rel. Des. Denise Levy Tredler, j. em 28/04/2009).

81. BENS INSUSCETÍVEIS DE DIVISÃO CÔMODA

Consideram-se bens insuscetíveis de divisão cômoda aqueles que superarem a meação ou o quinhão de um herdeiro.[9] Como a comunhão sobre bens imóveis constitui fonte permanente de litígios, os bens serão alienados com a repartição do produto da venda, conforme determina o artigo 649 do CPC. Dessa forma, quando os bens imóveis não admitirem divisão cômoda e não houver acordo entre os herdeiros, ou entre estes e a viúva meeira, deverão tais bens ser vendidos em hasta pública ou adjudicados a um dos herdeiros ou à viúva meeira, se houver.[10]

---

[9] WAMBIER, Teresa Arruda Alvim [et al], coordenadores, *Breves comentários ao Novo Código de Processo Civil* – São Paulo: Editora Revista dos Tribunais, 2015, p. 1.551.

[10] Pontes de Miranda (*Comentários...*, cit., p. 206) leciona: "A adjudicação em caso de bem não suscetível de divisão cômoda, que não cabe na meação do cônjuge ou no quinhão do herdeiro, pode ser pedida enquanto não homologada a partilha. (...) Da adjudicação ao cônjuge sobrevivente ou ao herdeiro têm de ser intimados os herdeiros e demais interessados. (...) Contra quem não foi intimado não transita em julgado". Sobre a distribuição de bens por sorte afirma: "Só se admite isso, entre nós, se todos os herdeiros forem capazes e o requererem". José da Silva Pacheco (*Inventários...*, cit., p. 456) também afirma: "Havendo discordância entre os herdeiros e demonstrada a impossibilidade de divisão cômoda e legal dos imóveis, admissível é a venda em leilão". Na página seguinte, o autor ressalva: "Na data da sucessão os bens da herança passam ao domínio e posse dos herdeiros e não se pode levar a leilão público tais bens contra a vontade do herdeiro e meeiro, sem motivo legal, principalmente quando admitem cômoda divisão. Ainda existe à disposição do juízo a solução da 'licitação', entre os herdeiros, admitida pelo art. 714, § 2º, do Código de Processo Civil [de 1973, correspondente ao art. 649 do CPC de 2015]. A venda em leilão, contra a vontade da maioria dos proprietários em condomínio, não encontra apoio na lei". Na jurisprudência, vejam-se os seguintes acórdãos: "(...) No que diz respeito ao bem indivisível, o coerdeiro não pode refutar a venda judicial e, ao mesmo tempo, negar-se a alienar seu quinhão, sob pena de se inviabilizar a partilha (...)" (RMS 26.475/AC, Rel. Ministra Nancy Andrighi, Terceira Turma, julgado em 14/10/2008, *DJe* 03/11/2008); "(...) Agravo de instrumento. Inventário. Partilha do único bem da herança (...). Impossibilidade de divisão cômoda. Alienação judicial por hasta pública. Admissibilidade. (...) Coerdeira que não pode se opor injustificadamente à venda judicial e, ao mesmo tempo, negar-se a adjudicar bem indivisível, sob pena de inviabilizar a partilha, que se dará após sua alienação em hasta pública, com subsequente divisão do produto entre os herdeiros, nos termos dos artigos 1.322 e 2.019, do Código Civil, e art. 1.117, do CPC [de 1973], de modo a evitar a eternização do litígio. Processo Civil moderno que visa a pacificação e simplificação dos atos judiciais, nada justificando impor outra medida judicial para atingir a mesma finalidade, qual seja, a venda do bem que, admite-se poder ser ultimada nos próprios autos do inventário. Conhecimento e desprovimento do recurso". (TJRJ, 16ª CC, AI nº 0053634-18.2014.8.19.0000, Des. Mauro Dickenstein, j. em 10/02/2015);

Trata-se de mais um dispositivo inspirado no CPC de 1939, que não fora reproduzido pelo CPC de 1973.

Havendo mais de um pretendente para a adjudicação proceder-se-á a uma licitação entre os interessados.[11] Importante consignar que não haverá necessidade de realização de praça para a venda do imóvel quando houver pedido de adjudicação, bastando nesta hipótese que o esboço de partilha contemple a reposição em dinheiro, nas respectivas proporções, para os demais herdeiros.

82. A DECISÃO SOBRE A DELIBERAÇÃO DA PARTILHA. RECURSO CABÍVEL

Além das questões já indicadas acima, inúmeras outras podem surgir por ocasião dos pedidos de quinhão e assim deverão ser decididas pelo juiz.

A título exemplificativo, podem, nesse momento, ocorrer discussões, conflitos entre os herdeiros ou as demais partes interessadas na partilha sobre pretensões hereditárias – por exemplo, se determinado herdeiro sucede por cabeça ou por estirpe; sobre venda de imóvel que não comporte divisão cômoda, licitação ou adjudicação; sobre os bens que comporão o quinhão de cada herdeiro e, se for o caso, da viúva meeira.

Os acórdãos dos tribunais, como examinado nas notas anteriores, indicam que várias questões devem ser decididas desde logo, ou seja, nessa fase de deliberação sobre a partilha. Aliás, seria absolutamente ilógico, a agredir o bom senso, que todas as questões relacionadas com a partilha devessem ser decididas por ocasião da sentença prevista no art. 654 do Código de Processo Civil. Nada justifica aguardar o procedimento integral da partilha para aí então impugnar uma questão que do ponto de vista prático e legal já fora decidida.[12]

"– (...) Tendo em vista que o bem em discussão não comporta divisão cômoda, o mesmo deve alienado, com posterior partilha do valor apurado, sendo despicienda a anuência da agravante, mediante autorização judicial. (...)" (TJRJ, 22ª CC, AI nº 0035531-60.2014.8.19.0000, Des. Carlos Santos de Oliveira, j. em 11/11/2014).

[11] "Direito de preferência. Herdeiros. Se presentes os dois únicos herdeiros à licitação, e um deles ofereceu maior lance que o outro, não cabe promover-se nova licitação entre os dois, o que só se justificaria se tivesse lance de terceiro, maior" (STF, *RT* 661/219, *apud* Orlando Fida [et al], ob. cit., p. 238).

[12] Interessante o posicionamento de José Pereira de Carvalho, comentando o direito anterior ao Código de Processo Civil de 1939, sobre essa mesma fase de deliberação da partilha que já existia àquela época, *verbis*: "Em todos os processos, ainda os mais sumários, a intimação dos despachos é de absoluta necessidade, e sem ela não passam

Como examinado anteriormente (*vide* item nº 10, *supra*), o mérito no processo de inventário e partilha é julgado aos poucos, ou seja, na medida em que surgem questões de direito que podem ser decididas com força de coisa julgada pelo juiz do inventário. Não se justifica aguardar a sentença de partilha para decidir questões já postas e que lhe precedem. Assim, se um dos herdeiros pleitear que todos os bens imóveis façam parte do seu quinhão e outro herdeiro também fizer igual solicitação, caberá ao juiz dirimir tal conflito em sua decisão sobre a deliberação da partilha, até porque, conforme expressamente previsto no art. 651 do Código de Processo Civil, "o partidor organizará o esboço da partilha de acordo com a decisão judicial". O mesmo se diga quanto ao conflito entre o cônjuge supérstite meeiro e os herdeiros quanto à distribuição dos bens, ou quanto à venda de determinado bem imóvel em praça, e assim por diante.

Assim sendo, se na fase da deliberação sobre a partilha houver conflito posto pelas partes por ocasião dos requerimentos de quinhão, o juiz, desde que possua elementos para tanto, deverá decidir tais questões de sorte a permitir que o partidor organize a partilha com base nesta mesma decisão.

Se não houver conflito entre as partes, o juiz encaminhará o processo ao partidor para que proceda ao esboço de partilha, observados os princípios legais, podendo, inclusive, ter por base eventual proposta do inventariante. Aqui, na realidade, não haverá conteúdo decisório no pronunciamento do juiz, mas, tão somente, mero despacho de expediente.

Nessa linha de raciocínio, quando o pronunciamento do juiz sobre a deliberação da partilha tiver conteúdo decisório, estaremos diante de uma decisão que poderá produzir coisa julgada material e, portanto, desafiará recurso de agravo de instrumento, porque de natureza interlocutória (CPC,

---

em julgado. E como poderiam interpor-se recursos, que a lei concede, ignorando os despachos, de que se deve recorrer? É portanto errônea a prática de alguns juízos, aonde o despacho de deliberação da partilha fica em segrêdo até que a mesma partilha se conclua, e se julgue por sentença. (...) Alguns autores, considerando o despacho de deliberação de partilha como tendente a ordenar o processo, assentam que só no auto do processo se pode agravar dele, na conformidade da Ord. do Liv. 3º, Tít. 20, § 46. Se atentarmos, porém, a que êste despacho pode trazer consigo um dano irreparável, e se considerarmos que qualquer excesso, ainda a respeito de ordenar o processo, é caso de agravo por petição ou instrumento nos juízos sumários, Mend., parte I, Liv. 3º, Cap. 19, nº 89, prescreveremos necessariamente semelhante opinião, e diremos que o despacho, que delibera a partilha, não só se pode agravar no auto do processo, mas por petição ou instrumento, sendo aquí aplicável o que dissemos nas notas 7 e 33" (Primeiras Linhas sôbre o processo orfanológico, 1879, vol. I, p. 250, *apud* Cândido Naves, Comentários..., cit., p. 400).

art. 1.015, parágrafo único). Caso contrário, sem conteúdo decisório, tratar-se-á de mero despacho de expediente, irrecorrível (CPC, art. 1.001).

83. RESERVA DE BENS PARA O NASCITURO

Novidade do CPC/2015, que alinha a disciplina processual, até então lacunosa, ao direito material, é a possibilidade de reserva de bens para o nascituro, prevista no artigo 650 do CPC.

O CC prevê, em seu art. 2º, que a personalidade começa apenas com o nascimento com vida, mas resguarda, desde a concepção, os direitos do nascituro. Conforme se afirma, majoritariamente, em doutrina, o nascituro teria uma potencialidade de direitos que, apesar de não lhe conferir a titularidade de direitos subjetivos, lhe outorga proteção jurídica.[13]

Diante disso, é possível que o nascituro possua direitos sucessórios, se houver sido concebido em momento anterior ao falecimento do autor da herança, como dispõe o art. 1.798 do CC,[14] ou mesmo se concebido posteriormente à abertura da sucessão (CC, art. 1.799, I, e art. 1.800).

84. A ORGANIZAÇÃO DO ESBOÇO DE PARTILHA PELO PARTIDOR

Caberá ao partidor ou a outro serventuário da justiça, nas comarcas em que não existir tal função, elaborar o esboço de partilha, observando para tanto, se for o caso, os critérios estabelecidos pelo juiz na decisão de deliberação da partilha (*vide* item nº 82, *supra*).

O esboço da partilha deve conter todos os elementos próprios da partilha definitiva. Trata-se, na realidade, de uma primeira versão ainda não oficial e que servirá de base, após atendidas eventuais retificações, para a versão final, ou seja, a partilha propriamente dita, agora oficial.

Portanto, além dos elementos indicados no art. 651 do CPC,[15] deverá o esboço de partilha conter também os elementos indicados no art. 653 do Código de Processo Civil, o qual será comentado no item nº 86, *infra*.

---

[13] TEPEDINO, Gustavo; BARBOZA, Heloisa Helena; MORAES, Maria Celina Bodin, *Código Civil interpretado conforme a Constituição da República* – 2. ed. – Rio de Janeiro: Renovar, 2007, pp. 6-7.

[14] WAMBIER, Teresa Arruda Alvim [et al], coordenadores, *Breves comentários ao Novo Código de Processo Civil* – São Paulo: Editora Revista dos Tribunais, 2015, p. 1.552.

[15] "Art. 651. O partidor organizará o esboço da partilha de acordo com a decisão judicial, observando nos pagamentos a seguinte ordem:

Deverão constar do esboço de partilha: a) os nomes do autor da herança, do inventariante, do cônjuge supérstite, dos herdeiros, dos legatários e dos credores admitidos; b) o valor do ativo que integrará a partilha, inclusive a meação do cônjuge, se houver, e o passivo, este com as especificações das despesas incorridas com o funeral e no inventário, bem como das dívidas a serem atendidas, que tenham sido habilitadas; c) o valor disponível (líquido a ser distribuído) e que será objeto efetivo de partilha, seguido de uma folha de pagamento para cada parte com a relação dos bens, devidamente individualizados, inclusive com eventuais ônus, que deverão compor o quinhão de cada um.

Em princípio, não deverão constar do esboço os bens sujeitos à sobrepartilha, salvo deliberação em contrário das partes ou decisão do juiz, quais sejam: os litigiosos, inclusive aqueles reservados em poder do inventariante para o eventual pagamento de terceiro credor; os de liquidação morosa ou difícil; os situados em lugar remoto da sede do juízo onde se processa o inventário (arts. 2.021 do Código Civil e 669 do Código de Processo Civil).[16]

85. A MANIFESTAÇÃO DAS PARTES SOBRE O ESBOÇO DE PARTILHA. O PRONUNCIAMENTO JUDICIAL

Realizado o esboço de partilha, deverão as partes ser intimadas para, no prazo comum de quinze dias, apresentarem eventuais reclamações ou pedido de retificação, se for o caso, conforme o artigo 652 do CPC.

Tais reclamações poderão, exemplificativamente, ter por base desacordo do esboço com a decisão anterior de deliberação da partilha; a falta de

---

I – dívidas atendidas;

II – meação do cônjuge;

III – meação disponível;

IV – quinhões hereditários, a começar pelo coerdeiro mais velho."

[16] Código Civil: "Art. 2.021. Quando parte da herança consistir em bens remotos do lugar do inventário, litigiosos, ou de liquidação morosa, ou difícil, poderá proceder-se, no prazo legal, à partilha dos outros, reservando-se aqueles para uma ou mais sobrepartilhas, sob a guarda e a administração do mesmo, ou diverso inventariante, e consentimento da maioria dos herdeiros". Código de Processo Civil: "Art. 669. São sujeitos à sobrepartilha os bens: I - sonegados; II - da herança descobertos após a partilha; III - litigiosos, assim como os de liquidação difícil ou morosa; IV - situados em lugar remoto da sede do juízo onde se processa o inventário. Parágrafo único. Os bens mencionados nos incisos III e IV serão reservados à sobrepartilha sob a guarda e a administração do mesmo ou de diverso inventariante, a consentimento da maioria dos herdeiros".

observância dos critérios que deveriam nortear a partilha, caso o juiz não tenha na sua decisão de deliberação da partilha determinado o quinhão de cada herdeiro; erros de cálculo ou de indicação de herdeiros, de credores habilitados, de legatários; falta de elementos que deveriam constar do esboço e outros que tais.

Findo o prazo para apresentação de eventuais reclamações, os autos serão conclusos para o juiz, que terá uma das seguintes opções: a) acolher a reclamação e determinar que a partilha seja lançada nos autos com as modificações necessárias; b) determinar que a partilha seja lançada nos autos tal como constante do esboço.

Em qualquer dessas situações, não caberá recurso desse pronunciamento do juiz, mas sim da sentença que vier a julgar a partilha tal como lançada nos autos.[17] Portanto, as questões suscitadas ou não na eventual reclamação das partes não ficarão preclusas, salvo se já houverem sido decididas por ocasião da deliberação da partilha, nos termos do art. 612 do Código de Processo Civil.

Não haverá qualquer interesse prático nessa fase em apresentar recurso, na medida em que a partilha definitiva já estará lançada, e será objeto de julgamento em seguida. Sequer haverá oportunidade para tanto, pois, a partir do pronunciamento do juiz, o processo deverá ser encaminhado, se for o caso, de imediato, para a elaboração da partilha definitiva com as observações que houver determinado; caso contrário, ou seja, se nada tiver de ser retificado ou modificado no esboço, ele será considerado como partilha definitiva.

---

[17]   Nesse sentido, Pontes de Miranda (*Comentários...*, cit., pp. 221 e 225): "É ato ordinatório, de que não cabe nenhum recurso". E ressalta o mesmo autor: "Os interessados são ouvidos sobre o esboço; não mais sobre a emenda, ou correção". Ainda faz crítica ao instituto: "O Código podia ter voltado à partilha em presença do juiz, de acordo com o princípio da imediatidade. Não no fez, contra o seu próprio sistema, tendente à oralidade e à imediação". A jurisprudência já se manifestou sobre o tema: "Recurso. Agravo de instrumento. Ato decisório que, estabelecendo critérios para o esboço da partilha, determina retorno dos autos ao partidor. Falta de lesividade. Despacho. Irrecorribilidade. Não conhecimento do agravo. Aplicação dos arts. 162, § 2°, e 504 do CPC. Constitui despacho e, como tal, é irrecorrível, o ato decisório que, traçando diretrizes para o esboço de partilha, determina remessa ou retorno dos autos ao partido" (TJSP, 2ª Câmara de Direito Privado, AI n° 0005286-62.2000.8.26.0000, Rel. Des. Cezar Peluso, j. em 02/03/2001). Veja-se também a seguinte ementa: "Agravo interno. Decisão que negou seguimento ao agravo de instrumento. Inventário. Despacho que acolhe as informações do partidor judicial, determinando a realização de nova avaliação e novo esboço de partilha. Ato judicial de mero impulso processual, que não possui a natureza de decisão interlocutória. Ausência de lesividade. Recurso conhecido e desprovido" (TJRJ, 11ª CC, AI n° 0038456-39.2008.8.19.0000, Rel. Des. Mauro Pereira Martins, j. em 15/04/2009).

86. O QUE DEVE CONTER A PARTILHA

A partilha divide-se basicamente em quatro partes.

Na primeira parte, prevista no artigo 653, I, *a*, do CPC, devem ser indicados, além do nome do autor da herança e do inventariante, os nomes de todos aqueles que têm direitos a receber, ou seja, do cônjuge supérstite, se for o caso, dos herdeiros ou eventuais cessionários de direitos hereditários, dos legatários e dos credores admitidos.

Na segunda parte (artigo 653, I, *b,* do CPC), deverá ser indicado o acervo hereditário, constando o ativo, o passivo e, finalmente, os bens com seus respectivos valores que serão objeto efetivo de distribuição entre as pessoas que titulam direitos naquele inventário, isto é, o líquido partível.

Na terceira parte, serão individualizados os bens, com os seus respectivos valores que caberão a cada um, os quais formarão os quinhões (artigo 653, I, *c*, do CPC).

Na quarta parte, serão elaboradas tantas folhas de pagamento quantas forem as partes com direitos a receber, as quais conterão a relação dos bens identificados em cada quinhão, com todas as suas características, inclusive eventuais ônus que os gravam, em conformidade com o artigo 653, II, do CPC.

Finalmente, a lei exige que todas as folhas que compõem a partilha sejam assinadas pelo juiz e pelo escrivão (artigo 653, parágrafo único, do CPC).

Na prática, conforme foi exposto anteriormente (*vide* item nº 84, *supra*), o próprio esboço de partilha vale como partilha definitiva, razão pela qual, salvo a inserção de modificações determinadas pelo juiz ou a necessidade de elaboração de um novo instrumento de partilha, ele é que será objeto da sentença homologatória, não havendo também, na prática, a assinatura do juiz e do escrivão em todas as suas folhas.

87. O PAGAMENTO DO IMPOSTO DE TRANSMISSÃO E AS CERTIDÕES NEGATIVAS SÃO CONDIÇÕES PARA SENTENÇA DE PARTILHA?

O artigo 654 do CPC sugere que o juiz somente poderá julgar por sentença a partilha uma vez que o imposto *causa mortis* tenha sido pago e que não exista nas certidões próprias indicação de dívida fiscal de qualquer natureza para com a Fazenda municipal, estadual ou federal.[18]

---

[18] Assim expõe Ernane Fidélis dos Santos (*Dos procedimentos especiais...*, cit., p. 328): "Para que se julgue a partilha, é necessário que se pague o imposto de transmissão e

Relativamente ao pagamento do imposto de transmissão, não existe qualquer dúvida quanto à obrigatoriedade de seu pagamento para que o juiz possa julgar a partilha. Isso porque é no procedimento do inventário, e somente nele, que o cálculo será elaborado, as impugnações serão resolvidas e, finalmente, ele será objeto de julgamento (*vide* item nº 58, *supra*).

Enquanto não encerrada essa fase do inventário e, portanto, cumprida a sentença que julgou o cálculo com o pagamento do respectivo imposto, não se passará para a fase subsequente, a da partilha.[19]

O mesmo não se pode afirmar com relação à falta de certidão negativa de dívidas para com a Fazenda Pública municipal, estadual e federal, a despeito da redação do artigo 192 do CTN. Pode ocorrer que o espólio esteja discutindo em juízo (execuções fiscais, com embargos a elas opostos) com a Fazenda municipal – por exemplo, sobre o pagamento do IPTU de determinado imóvel – ou com a Fazenda federal – por exemplo, sobre uma determinada multa aplicada por não recolhimento do imposto de renda –, estando os respectivos juízos garantidos por penhoras em bens imóveis pertencentes ao espólio. Nesses casos, apesar de positivas as certidões, não

---

que se juntem aos autos certidão ou informação negativa de dívida para a Fazenda Pública em geral, inclusive das dívidas equiparadas a débitos tributários, como as dívidas previdenciárias. (...) A quitação do Imposto de Renda é prestada por informação, mediante requisição judicial, devendo a mesma ser fornecida no prazo de trinta dias (§ 6º do art. 400 do Decreto nº 58.400, de 1966), sendo lógico que, vencido o prazo, o processo prosseguirá. As quitações estadual e municipal são sempre necessárias e fornecidas pelo órgão competente do local onde os bens estejam situados, no local onde se processa o inventário e, se houver duplo domicílio, de ambos, pois poderá haver imposto de natureza pessoal, devido pelo *de cujus*. Tanto uma como outra poderão ser fornecidas por informação". Em relação ao tema, veja-se o que dispõe o Código Tributário Nacional: "Art. 192. Nenhuma sentença de julgamento de partilha ou adjudicação será proferida sem prova de quitação de todos os tributos relativos a bens do espólio, ou às suas rendas". A jurisprudência tem entendido que a omissão da Receita Federal em prestar informações pode determinar a sentença de partilha sem tal certidão. Confira-se o julgado do TJSP: "Inventário. Partilha. Ofício à Delegacia da Receita Federal. Aplicação do art. 1.026 do CPC. Omissão da autoridade. Homologação. Recurso Provido. Deve ser homologada partilha de bens em processo de inventário, independentemente do cumprimento dos arts. 1.026 do CPC e 192 do CTN se a Delegacia da Receita Federal deixa de responder a vários ofícios que lhe foram dirigidos pelo juiz" (TJSP, RT 536/110).

[19] Nesse sentido, o TJSP: "Inventário. Imposto de transmissão *causa mortis*. Recolhimento por ocasião do registro do respectivo formal da partilha. Inadmissibilidade. Exigibilidade de recolhimento anteriormente à homologação da partilha. Art. 192 do CTN. Recurso provido" (TJSP, *RJTJESP* 98/168 *apud* Antônio Carlos Marcato, ob. cit., p. 322).

se justifica que o juiz do inventário tenha de aguardar o encerramento desse processo para, aí então, julgar a partilha. A própria lei ministra a solução ao determinar que, das respectivas folhas de pagamento, conste a relação de bens com os respectivos ônus que os gravam (artigo 653, II, do CPC).

Não haverá qualquer problema para as partes envolvidas com o julgamento da partilha. A Fazenda, se vitoriosa no processo judicial, receberá o seu crédito, garantido pela penhora, que subsistirá mesmo após a partilha. Os beneficiários do acervo hereditário terão efetivado os respectivos direitos que titulam, da forma mais rápida possível, assegurando o efetivo acesso à justiça.[20]

Mesmo que não exista penhora, a partilha poderá ser realizada, desde que seja determinada pelo juiz a reserva em poder do inventariante de bens suficientes para pagar o credor, aplicando-se o mesmo princípio previsto no parágrafo único do artigo 643 do Código de Processo Civil (*vide* item nº 78, *supra*).

Nessa última situação, caso os herdeiros e/ou demais beneficiários da herança venham a ser vitoriosos na ação judicial em que se discute a dívida fiscal, o bem reservado será objeto de sobrepartilha.[21]

Corroborando essas ideias, o CPC de 2015, resolvendo questão que advinha do silêncio normativo do Código revogado, passou a dispor, expressamente, que, estando devidamente garantidos os pagamentos, a partilha poderá ser julgada (art. 654, parágrafo único, do CPC). Caso interessante, que costuma ocorrer na prática, relaciona-se com o parcelamento da dívida fiscal mediante acordo celebrado pelas partes interessadas. Nada impedirá, nessa hipótese, a partilha, desde que o pagamento das prestações esteja em dia, até porque o parcelamento suspende a exigibilidade do crédito (CTN, art. 151, VI). Ficará a critério da Fazenda quando da celebração do acordo exigir eventuais garantias. Se não o fez não poderá impedir a partilha.

O mesmo raciocínio pode se aplicar a quaisquer das causas de suspensão de exigibilidade do crédito tributário, pois o art. 206 do CTN

---

[20] Aqui, o princípio da utilidade está sendo assegurado, conforme nosso *Acesso à justiça: juizados especiais cíveis e ação civil pública: uma nova sistematização da teoria geral do processo*, cit., pp. 79 a 82.

[21] Nesse sentido, em caso semelhante, o acórdão proferido pelo Tribunal de Justiça do antigo Estado da Guanabara, 8ª Câmara Cível, *verbis*: "Na partilha da herança deve observar-se a regra de prevenção de litígios futuros, reservando-se bens para pagamento de despesas e indenizações reclamadas pelo inventariante, os quais, no caso de improcedência do pedido, serão objeto de sobrepartilha" (TJGB, 8ª CC, publicado no *DO* de 20/07/1972, p. 380).

confere idênticos efeitos à certidão negativa e à a certidão positiva com os efeitos de negativa.[22]

Se a partilha for efetivada, apesar da existência de dívidas não garantidas ou mesmo sem o pagamento do imposto de transmissão *causa mortis*, com o trânsito em julgado da respectiva sentença, a responsabilidade pelo pagamento de tais débitos passará para os herdeiros, nos respectivos limites da força da herança recebida.[23]

88. A SENTENÇA QUE JULGA A PARTILHA. RECURSO

Apesar da transmissão, no momento mesmo da morte do autor da herança, do domínio e da posse desta aos herdeiros legítimos e testamentários (art. 1.784 do Código Civil), a sentença que julga a partilha não se limita a declarar essa situação, mas, antes, constitui uma situação jurídica nova, na medida em que individualiza os bens que caberão a cada uma das partes, extinguindo, portanto, a comunhão hereditária até então existente; daí sua natureza constitutiva.[24]

---

[22] WAMBIER, Teresa Arruda Alvim [et al], coordenadores, *Breves comentários ao Novo Código de Processo Civil* – São Paulo: Editora Revista dos Tribunais, 2015, p. 1.555.

[23] Esse também é o entendimento do Superior Tribunal de Justiça, como denota a seguinte ementa: "Acertada e homologada judicialmente a partilha dos bens inventariados, sem a precedente quitação das dívidas fiscais do espólio (art. 1.026 do CPC), com as loas da instrumentalidade do processo, a solução mais apropriada é favorecer a execução, não mais contra o espólio e sim responsabilizando os sucessores contemplados na divisão dos bens (art. 1.796 do Código Civil). Precedentes. Porém, no caso, essa solução não pode ser adotada por ter se constituído, com provimento judicial antecedente, a coisa julgada, a respeito da aplicação do art. 1.026, CPC" (STJ, 1ª T., REsp. nº 27.831/RJ, Min. Milton Luiz Pereira, *DJ* de 19/09/1994, p. 24.651). O art. 1.796 da Lei Civil de 1916 corresponde ao art. 1.997 do CC vigente. O art. 1.026 do CPC de 1973 foi reproduzido no art. 654 do CPC de 2015.

[24] No mesmo sentido, a doutrina de Hamilton de Moraes e Barros (*Comentários...*, cit., p. 188): "A sentença que julga a partilha é constitutiva. Extingue a propriedade comum e faz nascer a individuada de cada herdeiro e do meeiro. Não perde essa natureza a de homologação, pois que atinge o mesmo resultado". Humberto Theodoro Júnior (*Curso...*, cit., p. 290) também assim sustenta: "O julgamento, na espécie, é homologatório da partilha lançada nos autos, na forma do art. 1.025. Não se trata, porém de sentença meramente homologatória, como aquela em que o juiz homologa a partilha amigável, entre maiores e capazes. (...) Quanto à sua natureza, a sentença é constitutiva, porque extingue a comunhão hereditária e define a nova situação jurídica dos herdeiros sobre os bens do espólio". Igualmente, Pontes de Miranda (Comentários..., cit., pp. 191 e 196): " (...) seus maiores elementos são execução e constituição". Antonio Carlos Marcato (Procedimentos..., cit., p. 176),

A sentença que julga a partilha extingue o processo de inventário com o julgamento do mérito, desafiando, portanto, recurso de apelação.

O recurso de qualquer das partes, inclusive do Ministério Público, se houver interesse de incapaz, visando modificar ou anular a partilha, produzirá efeitos para todos em decorrência da unicidade da relação jurídica.[25]

O efeito devolutivo do recurso não abrangerá aquelas questões de direito relacionadas com a partilha e que já foram decididas anteriormente (*vide* item nº 82, *supra*).

Sempre que a partilha atingir relação jurídica de que participe um terceiro, como, por exemplo, o promitente comprador de imóvel pertencente ao acervo hereditário, o titular dos direitos de um bem reservado em poder de inventariante, o credor de herdeiro que renunciou à herança etc., caberá recurso de apelação de terceiro prejudicado.[26] Aplica-se aqui a regra geral para

---

porém, discorda: "Tal sentença é meramente declaratória, posto que a partilha tem por finalidade extinguir a comunhão sobre a herança, não se constituindo em modo de transmissão da propriedade dos quinhões hereditários".

[25] "Inventário. Partilha. Nulidade. Ausência de recurso de um dos herdeiros. Irrelevância. Suficiência da acolhida da apelação de qualquer outro herdeiro prejudicado para torná-la ineficaz. Coisa Julgada inocorrente. Preliminar rejeitada" (TJSP, *RJTJESP* 129/172).

[26] A propósito os seguintes julgados: "Cabe o recurso de apelação da sentença que, atendendo pedido de terceiro que não foi parte no inventário, exclui um imóvel da partilha que fora homologada por sentença transitada em julgado" (STF, 1ª Turma, *ADVCOAD* 4961/822); "(...) 1. Na condição de terceira prejudicada, para ter legitimidade para a interposição da apelação, à recorrente basta demonstrar o nexo de interdependência entre o seu interesse de intervir e a relação jurídica submetida à apreciação judicial (§ 1º do art. 499 do CPC). 2. A decisão relativa à declaração da ilegitimidade ad causam da recorrente, para ser parte, ainda que transitada em julgado, em nada poderá atingir sua legitimidade recursal ativa como terceira prejudicada. 3. Dúvida não há quanto ao evidente interesse jurídico da recorrente, consubstanciado no reconhecimento de sua condição de convivente com o investigado, tanto que ocorrida a partilha dos bens adquiridos em comum, segundo consignado no próprio acórdão guerreado. (...)" (REsp 696.934/PB, Rel. Ministro Hélio Quaglia Barbosa, Quarta Turma, julgado em 15/05/2007, *DJ* 04/06/2007, p. 358); "Processual Civil. Inventário. Sentença que adjudica os bens inventariados. Recurso de terceiro prejudicado. Preliminares de ilegitimidade recursal e falta de interesse formuladas em contrarrazões. Recurso de terceiro prejudicado (art. 499, CPC [de 1973, correspondente ao art. 996, parágrafo único do CPC de 2015]) que é modalidade de intervenção de terceiro, em que este possui os mesmos recursos e prazos conferidos às partes. Evidentemente desnecessário que o terceiro tenha sido admitido no processo para que maneje seu recurso. Interesse jurídico do recorrente que se extrai da possível modificação dos contornos da partilha se verificada a união

os procedimentos de jurisdição contenciosa, ou seja, o terceiro prejudicado tem legitimidade e interesse para recorrer de sentença que atinja relação jurídica da qual participe.

89. O FORMAL DE PARTILHA

Tenha ou não havido conflito de interesse entre as partes que serão beneficiadas pela herança, o processo de inventário será encerrado com a sentença que vier a julgar a partilha. Como toda e qualquer sentença que julga o mérito de um processo, um dia transitará em julgado, seja porque esgotados todos os recursos, seja porque a parte deixou transcorrer *in albis* o prazo que teria para tanto, produzindo, a partir daí, coisa julgada material. Portanto, não poderá mais ser modificada, salvo a possibilidade de emenda prevista no art. 656 do Código de Processo Civil, podendo ser alvo de ação rescisória ou anulatória, se tiver natureza meramente homologatória. [27]

Como examinado anteriormente, tal sentença tem natureza constitutiva, mesmo quando ela se limita a homologar a partilha amigável apresentada pelas partes. Por isso, não existe necessidade de se proceder à execução da mesma.[28] A própria sentença opera a transformação, cria uma nova relação jurídica, apesar de não se constituir, isoladamente, em instrumento hábil para caracterizar a nova realidade jurídica, assim como não enseja o registro

---

estável entre ele e o *de cujus*. Utilidade do provimento recursal que está presente e deve ser reconhecida. Rejeição das preliminares. (...). Cassação da sentença. Provimento do apelo" (TJRJ, 3ª CC, Ap. Cív. nº 0231506-56.2010.8.19.0001, Des. Luiz Fernando Ribeiro de Carvalho, j. em 29/01/2014).

[27] "Não cabe pedido de retificação fora dos casos previstos no artigo 1.028 do CPC [de 1973, correspondente ao art. 656 do CPC de 2015], sendo, em verdade, caso de partilha rescindível. (...) Alegação que foge ao mero erro de fato, necessitando dilação mais apurada, além da manifestação dos demais interessados. Aplicação da regra prevista no artigo 1.030, III, do CPC [de 1973, correspondente ao art. 658, III, do CPC de 2015] (...)." (TJRJ, 14ª CC, AI nº 0024581-65.2009.8.19.0000, Rel. Des. Cleber Ghelfenstein, j. em 22/07/2009).

[28] Sobre a eficácia executiva da sentença que julga partilha vejam-se: Araken de Assis, (*Manual do processo de execução*, Porto Alegre, Lejur, 1987, 2 v., p. 59); Humberto Theodoro Júnior (*Curso...*, cit., p. 290); Pontes de Miranda (*Comentários...*, cit., p. 248); e Hamilton de Moraes e Barros, nos seguintes termos: "A execução aqui é a chamada execução imprópria, ou administrativa. Faz-se por providências administrativas, como a transcrição no Registro de Imóveis (Código Civil, arts. 531 e 532, I e II) dos atos processuais a eles relativos" (*Comentários...*, cit., p. 189). O art. 531, ainda do diploma civil anterior, corresponde ao *caput* do art. 1.245 do diploma vigente, enquanto o art. 532 não possui equivalente no CC em vigor.

da propriedade imobiliária havida pelos herdeiros, nem serve de título hábil para que o herdeiro possa exigir do inventariante os bens constitutivos do seu quinhão ou de outro coerdeiro, que, eventualmente, se encontra na posse deles.[29] Para tanto, é necessária a expedição do formal de partilha, havendo mais de um herdeiro, ou da carta de adjudicação, se houver herdeiro único.

Na medida em que o mérito do inventário é julgado paulatinamente, é preciso que o título judicial a ser outorgado aos beneficiários da herança contenha uma série de elementos constantes do próprio processo de inventário, os quais serão necessários para inúmeras providências futuras como, por exemplo: permitir o registro de bem imóvel, de concessão de direito real de uso; instruir declaração de imposto de renda; fazer a prova junto a terceiros da propriedade de uma série de bens havidos, do recolhimento de impostos etc.

Por essa razão, deverá o formal de partilha, ou a carta de adjudicação, conforme o caso, conter: o termo de inventariante e título de herdeiros; a avaliação dos bens que constituíram o quinhão de cada herdeiro; a folha de pagamento com a individualização dos bens de cada uma das partes; a comprovação do pagamento dos impostos e, finalmente, a sentença que julgou a partilha, tudo em conformidade com o artigo 655 do Código de Processo Civil.

A lei permite a substituição do formal de partilha por certidão do pagamento do quinhão hereditário, quando este não exceder cinco vezes o salário mínimo vigente na sede do juízo (CPC, art. 655, parágrafo único). Nessa situação constará da certidão a sentença de partilha com a notícia do seu trânsito em julgado.

90. POSSIBILIDADE DE EMENDA DA PARTILHA

A lei, no artigo 656 do CPC, prevê duas hipóteses em que é possível emendar a partilha, após o trânsito em julgado da sentença.

A primeira, de ofício pelo juiz ou a requerimento das partes, para corrigir erros materiais, como, por exemplo, na descrição do imóvel e/ou de suas

---

[29] Discute-se qual espécie de ação executiva poderá o herdeiro promover para obter os bens que lhe foram transmitidos na sucessão. Alcides de Mendonça Lima (*Comentários...*, cit., p. 279); Humberto Theodoro Júnior (*Processo de execução*, 6ª ed., São Paulo, Leud, 1981, p. 103) e Cândido Rangel Dinamarco (*Execução civil*, 5ª ed., São Paulo, Malheiros, 1997, p. 509) aceitam que o herdeiro intente execução por quantia certa ou para entrega da coisa. José Frederico Marques, apenas execução para entrega. De todo o modo, não será possível a ação de execução de obrigação de fazer ou de não fazer. No atual regime, seria de se cogitar do procedimento de cumprimento de sentença próprio, não mais de ação de execução.

metragens,[30] do valor da avaliação, do sobrenome, da idade ou do estado civil de um dos herdeiros[31] etc. Aliás, o Código de Processo Civil prevê no artigo 494, I, como regra geral, a possibilidade de correção de inexatidões materiais ou de erros de cálculo de sentenças de mérito proferidas em processo de conhecimento. No caso específico do inventário, a partilha integra a sentença, seja ela homologatória ou não, razão pela qual a correção de tais erros seria possível independentemente da regra do artigo 656 do CPC, inclusive em segundo grau, no julgamento do recurso.[32]

A segunda possibilidade de emenda da partilha decorre do erro de fato na descrição dos bens e exige a concordância de todas as partes, inclusive do Ministério Público, se ele estiver oficiando no feito. Como exemplo, podemos citar erro na descrição de um rebanho, sem a correta identificação das respectivas raças ou da quantidade e tipo de plantações existentes no campo; na descrição de joias ou de objetos de arte; no estado de determinado bem etc.

Em qualquer dessas situações bastará promover a emenda, corrigir os erros existentes na partilha, sem que ocorra alteração valorativa e de conteúdo dos quinhões dos herdeiros ou de interpretação de cláusula testamentária.[33]

---

[30] "Pode ser processado nos próprios autos do inventário o pedido de retificação da partilha, para nela constar o nome do atual confrontante, sucessor daquele que figurava na matrícula do imóvel partilhado, conforme prova fornecida pelo Registro de Imóveis" (STJ, 4ª T., REsp. nº 35.873/SP, Min. Ruy Rosado de Aguiar, *DJ* de 29/05/1995, nº 113, p. 15.518); "Arrolamento. Inventário. Partilha homologada por sentença. Pedido de retificação do inventário posterior ao trânsito em julgado da sentença, para alterar confrontações de imóveis. Competência da Vara de Registros Públicos. Provimento parcial do apelo somente para inserir na partilha número de transcrição de imóvel" (TJPR, *RT* 585/158 e Wilson Bussada, ob. cit., p. 1.469); "Agravo de instrumento. Inventário. Indeferimento de pedido de retificação de partilha homologada – não há prova dos alegados erros materiais – confirma-se decisão. Nega-se provimento ao recurso" (TJSP, 7ª Câmara de Direito Privado, AI 20122717520218260000, Rel. Desª. Mary Grün, j. em 17/03/2021, *DJe* 18/03/2021).

[31] A jurisprudência tem entendido acertadamente que não cabe a retificação do formal de partilha já registrado no Registro de Imóveis para acrescentar nome de casada da herdeira, *verbis*: "A retificação do formal de partilha, registrado no cartório imobiliário, para acrescentar ao nome de herdeira casada o apelido de seu marido, não é meio adequado na ausência de erro material da partilha ou de erro de cálculo, devendo ser obtida por simples procedimento de retificação dos nomes dos interessados no registro imobiliário" (TJMS, *BJA* 100919-85).

[32] Entendendo que inexatidão material pode ser corrigida em segundo grau, diante de apelação: TJSP, *RT* 75/338.

[33] "Inventário. Aquisição de direitos relativos a lotes. Testamento que grava tais bens com cláusulas de inalienabilidade e impenhorabilidade. Formal de partilha devida-

O título do herdeiro, seja o formal de partilha ou a carta de adjudicação, somente será alterado naqueles aspectos que a lei autoriza, sem que haja qualquer inovação. Assim, não existirá um novo formal de partilha, mas tão somente o mesmo formal, com a retificação das inexatidões materiais ou dos erros de fato na descrição dos bens, sem que haja, repita-se, alteração dos quinhões dos herdeiros e demais beneficiários da herança.

91. MODIFICAÇÃO DA PARTILHA

É importante não confundir a possibilidade de emenda da partilha, como examinado anteriormente, com a modificação da mesma, ou seja, inovação.

Quando ocorre modificação de conteúdo, seja para incluir herdeiro,[34] excluir algum bem,[35] promover a alteração nos quinhões dos herdeiros, com nova distribuição de bens e assim por diante, estaremos diante de uma nova partilha, resultante de um acordo, de uma transação realizada por todas as partes que participaram da partilha originária e que será homologada pelo próprio juízo do inventário.[36] Trata-se de algo semelhante a uma novação e,

---

mente homologado e publicado. Ilegitimidade da adquirente, terceira de boa-fé, de pleitear modificação das cláusulas testamentárias e dos termos do formal de partilha, já transitado em julgado. Discussão pelas vias próprias. Decisão mantida. Recurso improvido" (TJSP, 10ª Câmara de Direito Privado, AI nº 9042586-89.2006.8.26.0000, Rel. Des. Octavio Helene, j. em 09/08/2007).

[34] "Agravo de instrumento. Inventário judicial. Sentença que homologou a partilha amigável. Trânsito em julgado. Posterior pedido de inclusão de herdeiro preterido na partilha. Impossibilidade. Eventual direito deve ser objeto de ação autônoma. Decisão mantida. Recurso não provido" (TJSP, 2ª Câmara de Direito Privado, AI nº 0242734-02.2011.8.26.0000, Rel. Des. Luís Francisco Aguilar Cortez, j. em 03/07/2012).

[35] Vedada está a inclusão de bens não declarados, pois neste caso deverá ser promovida sobrepartilha e não a modificação da partilha originária. O mesmo ocorrerá quando houver acréscimo na quantidade ou no tamanho de bens já existentes, que importe em nova avaliação e pagamento da diferença do imposto *causa mortis*. Nesta última hipótese a jurisprudência já admitiu a modificação da partilha, *verbis*: "Partilha. Imóvel partilhado com área menor que a real. Retificação admissível desde que pago o imposto *causa mortis* correspondente à diferença a mais. Desnecessidade de sobrepartilha" (TJSP, *RT* 239/296 e Wilson Bussada, ob. cit., p. 2.566).

[36] "(...) Retificação da partilha no próprio inventário impossibilitada, ante a existência de discordância entre os herdeiros – Art. 656 do vigente Código de Processo Civil (...)" (TJSP, 1ª Câmara de Direito Privado, AI nº 2144094-51.2016.8.26.0000, Rel. Des. Rui Cascaldi, j. em 09/11/2016); "Partilha. Retificação. Possibilidade de sua retificação, mesmo que existam menores interessados, com dispensa de ação rescisória (CPC, art. 1.030, III), se inocorre contenciosidade e presente o Ministério Público" (TJMG, *RT* 600/192 e Wilson Bussada, ob. cit., p. 1.407).

portanto, estaremos diante de um novo título, ainda que se possam aproveitar determinados elementos do outro.

Não existe nada de absurdo nessa situação e nem é preciso maior elucubração jurídica para justificar tal possibilidade.[37] Todo e qualquer procedimento de jurisdição contenciosa com sentença transitada em julgado pode ser objeto de acordo, de transação entre as partes que participaram do processo com alteração do conteúdo da decisão, o qual poderá ser levado a homologação, como, aliás, prevê expressamente o artigo 515, II, do Código de Processo Civil. O mesmo fenômeno pode ocorrer com a sentença que julga a partilha.

92. PARTILHA AMIGÁVEL. AÇÃO ANULATÓRIA

O artigo 657 seguiu a regra geral prevista no artigo 966, § 4º, do Código de Processo Civil, no sentido de que caberá ação anulatória para desconstituir atos praticados pelas partes, seguidos de sentença de natureza homologatória. Assim, será homologatória a sentença quando ela se limitar a dar força judicial (a mesma que teria uma sentença que julgasse o mérito em procedimento de jurisdição contenciosa) a um ato praticado pelas partes, sem nada lhe acrescentar de novo.[38]

---

[37] Humberto Theodoro Júnior, citando, inclusive, acórdão da lavra do então desembargador Sálvio de Figueiredo Teixeira, entende que essa modificação tem natureza de jurisdição voluntária e, portanto, "não há limites para as emendas a introduzir na correção da partilha, mormente quando se trata de herdeiros maiores e capazes. Na verdade, a ratificação gerada pelo total acordo das partes faz surgir um novo procedimento, em sequência à partilha, cuja natureza é de jurisdição voluntária, em face da inteira ausência de conflito ou litígio entre os interessados. Nessa altura, mesmo fatos graves e relevantes, como a exclusão ou inclusão de herdeiros na reforma da partilha, não devem ser condicionados à ação rescisória da sentença anterior. Como bem decidiu o Tribunal de Justiça de Minas Gerais, em caso desse jaez, 'caracterizada a ausência de contenciosidade, o pedido deve ser examinado sob a égide da jurisdição voluntária, razão pela qual não tem incidência, na espécie, o art. 1.030 do CPC' [TJMG, Ap. Cív. nº 66.443, j. em 13/06/1985, Rel. Des. Sálvio de Figueiredo Teixeira, *RT* 600/194]".

[38] Orlando Gomes leciona que a partilha amigável é um negócio jurídico que deve ser incluído na categoria dos contratos plurilaterais ("Cessão de herança e venda de bens hereditários", *Revista da Academia Brasileira de Letras Jurídicas* 3/7). Nessa linha, observa Maria Helena Diniz: "A sentença homologatória nada resolve, o negócio jurídico da transação é que lhe faz fundo. A homologação apenas dá a transação o efeito extintivo da relação jurídico-processual. Tanto isso é verdade que, com a desconstituição ou rescisão da sentença homologatória, continua o processo, como se não tivesse havido o efeito extintivo, mas a transação feita não é considerada inválida,

Assim, a partilha amigável apresentada e firmada por todas as partes, maiores e capazes, seja no procedimento de jurisdição contenciosa do inventário, seja no arrolamento, poderá ser alvo direto de desconstituição nos casos de vícios de vontade – erro, dolo ou coação – ou quando dela tenha participado algum incapaz.

Nessa hipótese, como em todas as outras, a ação busca desfazer o ato homologado e não a sentença homologatória. É certo, todavia, que desfeito o ato, esvaziada de conteúdo estará a sentença, razão pela qual não subsistirá.

É preciso não confundir a sentença que homologa a partilha amigável apresentada por todas as partes no processo de inventário, com aquela que acolhe a partilha, não impugnada, realizada pelo partidor ou apresentada pelo inventariante ou algum herdeiro isoladamente considerado. Essa última partilha não é amigável, mas judicial. Nela, mesmo que não tenha ocorrido conflito e a sentença se limite a homologar a proposta de partilha, a natureza desta sentença não será homologatória, na medida em que não existe um anterior negócio jurídico realizado pelas partes a ser chancelado. Poderá o juiz, inclusive, proferir sentença de conteúdo diverso da proposta do partidor ou do inventariante. O silêncio ou mesmo a concordância das partes não transforma a partilha que vier a ser objeto de julgamento em amigável; antes, ela estará atribuindo, a cada herdeiro, o quinhão que o juiz entende correto.[39]

---

pois o direito material a considera perfeita e válida. A homologação apenas irradia a eficácia processual" ("Efeitos da transação judicial", *Revista Síntese de Direito Civil e Processual Civil* 7/16). Acórdão proferido pela 8ª Câmara Cível do Tribunal de Justiça de São Paulo, na apelação cível nº 129.249-1, publicado a *RJTJESP* 135/157, faz interessante distinção entre o plano da validade e o da eficácia da partilha amigável, *verbis*: "Partilha. Amigável. Homologação posterior à morte de um dos herdeiros. Validade. Inexistência de vício ou defeito na celebração do acordo que impedisse o ato homologatório. Diferenciação entre eficácia e validade. Recurso provido". A respeito desse tema, é pertinente a observação de Orlando de Souza no sentido de que a partilha amigável deve ser assinada pelo cônjuge do herdeiro, se casado pelo regime de comunhão (*Partilhas amigáveis*, São Paulo, Saraiva, 1984, p. 6).

[39] Nesse sentido, Humberto Theodoro Júnior (*Curso...*, cit., p. 296) e Ernane Fidélis dos Santos (*Dos procedimentos...*, cit., p. 335). Este último faz observação semelhante à que defendemos: "O Código, por outro lado, seguindo a linha de princípio que adotou, veio a se contentar com a simples possibilidade de controvérsia na partilha, como se dá em todos os procedimentos de jurisdição contenciosa. Irrelevante, portanto, tenham as partes concordado simplesmente com o esboço". A jurisprudência sobre essa questão é bastante controvertida, com julgados entendendo ser cabível ação anulatória e não rescisória quando não existe impugnação à partilha apresentada pelo partidor, *verbis*: "Ação Rescisória. Sentença rescindenda que homologou plano de partilha apresentado pela inventariante. Juízo rescindente. Indeferimento da inicial.

93. PRAZO PARA A AÇÃO ANULATÓRIA

A natureza do prazo para a propositura da ação anulatória é de decadência, razão pela qual poderá o juiz, de ofício, declará-la, independente da alegação de qualquer das partes interessadas. Na hipótese, estamos diante de um direito potestativo, ou seja, o direito à modificação de uma relação jurídica anteriormente estabelecida, da própria partilha. Esse direito não se

---

Alegação de transação realizada sob coação, dolo e erro. Questão que importaria em anulação do acordo, não em rescisão da sentença (arts. 1.029 e 486, CPC/1973, e arts. 657 e 966, § 4º, CPC/2015). (...)" (TJSP, 3ª Câmara de Direito Privado, AR nº 2269744-45.2015.8.26.0000, Rel. Des. Carlos Alberto de Salles, j. em 11/06/2016). Semelhantemente, decidiu o TJMS: "Ação Rescisória. (...) Sentença homologatória de partilha. Carência da ação por falta de interesse de agir. Inadequação da via eleita. aplicação do art. 486 do CPC. Ação anulatória ao invés da rescisória para anular partilha. Decadência do direito. Pedido improvido" (TJMS, 3ª Seção Cível, AR nº 0016258-66.2009.8.12.0000, Rel. Des. João Maria Lós, j. em 16/01/2009). Em sentido contrário, entendendo ser cabível ação rescisória, o Pleno do Supremo Tribunal Federal, em acórdão assim ementado: "Ação rescisória visando à rescisão de partilha em inventário (artigo 485 do Código de Processo Civil). Conforme o art. 486 do Código de Processo Civil, quando simplesmente homologatória a sentença, os atos processuais podem ser anulados como os atos jurídicos em geral. Contudo, quando há incidentes e controvérsias judiciais no processo de inventário cabe, então, a ação rescisória (STF, RTJ 113/273)". Note-se que o teor do acórdão revela que o caso apreciado também era de decisão que julgou, sem qualquer alteração, esboço de partilha não impugnado. O Superior Tribunal de Justiça, a nosso ver de forma equivocada, em pleito em que houve a homologação por sentença em processo de inventário, considerou que: "Tratando-se de partilha judicial, face à existência no inventário de interesse de menor, o meio impugnativo cabível da sentença proferida é o da ação rescisória e não o da ação de anulação. Recurso especial não conhecido." (STJ, 3ª T., REsp 586.312/SC, Rel. Ministro Castro Filho, julgado em 18/05/2004, *DJ* 16/08/2004, p. 260). O professor Alexandre Freitas Câmara entende que somente no procedimento do arrolamento, de jurisdição voluntária, é que caberia a ação anulatória, pois "no caso de sentença homologatória da partilha amigável será adequada a utilização de ação rescisória, pois o procedimento é de jurisdição contenciosa, e a sentença ali proferida alcança a autoridade de coisa julgada material, só podendo ser atacada por aquela via" (Lições..., cit., p. 424). *Data venia*, o critério distintivo não se encontra na autoridade da coisa julgada, até porque existem sentenças homologatórias que produzem coisa julgada material e que não desafiam ação rescisória, mas sim anulatória do próprio negócio jurídico celebrado pelas partes. Compete ao legislador a opção. No caso de homologação de transação, a opção foi pela ação rescisória, enquanto a partilha amigável, pouco importa a sede onde ela tenha sido celebrada, a via adequada é a ação anulatória nos termos do artigo em debate. Acertadamente decidiu o TJSP, *in verbis*: "Somente a partilha amigável, suscetível que é de mera homologação, é objeto de ação de anulação, ao passo que a judicial, aquela que por sentença é julgada, comporta ação rescisória" (TJSP, RT 721/99).

dirige contra uma obrigação e, assim, é insuscetível de ser lesado, como se daria nos casos em que a pretensão decorresse do descumprimento de um dever, de uma obrigação a cargo de terceiro. Nesse último caso, a natureza da ação é condenatória e, portanto, o prazo é de prescrição. Naquela outra hipótese, de desconstituição do ato jurídico de partilha, como em qualquer outra situação desta natureza, a ação tem natureza constitutiva e, assim, o prazo é de decadência.[40]

Aqui, o legislador optou por um prazo decadencial especial de um ano, diverso daquele de natureza geral, de quatro anos (artigo 178 do Código Civil), para a anulação de atos jurídicos em geral praticados com um dos vícios de vontade.

Na realidade, o Código de Processo Civil, no artigo 657, manteve a técnica utilizada pelo CPC de 1973, que, por sua vez, limitava-se a chancelar o prazo decadencial de um ano previsto no Código Civil de 1916 – art. 178, § 6º, V[41] – com melhor técnica, na medida em que o Código Civil revogado falava em ação de nulidade de partilha, quando na realidade o ato praticado, tenha o vício que tiver, uma vez homologado, produzirá efeitos e só poderá ser desconstituído por ação anulatória, ainda que para reconhecer a existência do vício da nulidade.

O Código Civil em vigor, adequadamente, dá ao capítulo VII do título "Inventário e partilha" a denominação "Da anulação da partilha", ao contrário do Código de 1916, que dispunha sobre a nulidade da partilha. O parágrafo único do art. 2.027 ratifica o prazo ânuo, estabelecendo que "extingue-se em 1 (um) ano o direito de anular a partilha".

O termo *a quo* para a contagem do prazo para a propositura de ação anulatória de partilha amigável dependerá do fundamento do pedido, conforme trazem os incisos do parágrafo único do art. 657 do CPC. No caso de coação, do dia em que ela cessou; no de erro ou dolo, do dia em que se realizou o ato; quanto ao incapaz, do dia em que cessar a incapacidade.

---

[40] Nesse sentido, o julgado do Tribunal de Justiça do Rio de Janeiro, tendo como relator o Desembargador José Carlos Barbosa Moreira, *verbis*: "É de decadência, e não de prescrição, o prazo do art. 1.029, parágrafo único, do CPC [de 1973, correspondente ao art. 657, parágrafo único do CPC de 2015]. Por conseguinte, pode o órgão judicial reconhecer a extinção do direito à anulação da partilha amigável, ainda que não suscitada a questão pelos réus" (TJRJ, *RF* 287/301 e *RBDP* 47/113 e Wilson Bussada, ob. cit., p. 1.496).

[41] Código Civil: "Art. 178. Prescreve: (...) § 6º Em 1(um) ano: (...) V – a ação de nulidade da partilha; contado o prazo da data em que a sentença da partilha passou em julgado".

Nas outras hipóteses em que é possível ação anulatória, o termo inicial ocorrerá após o trânsito em julgado da respectiva sentença, não havendo qualquer impedimento a que a ação seja promovida antes desse evento, salvo as hipóteses em que for possível através de recurso alcançar a mesma finalidade da ação anulatória.[42]

Ainda que o fundamento da ação anulatória seja a existência de um vício cuja consequência seja a nulidade da partilha amigável, o prazo decadencial será também de um ano, como ocorre na hipótese versada no inciso III do parágrafo único do artigo 657 do CPC, ou seja, no caso de participação de incapaz. Aqui, o legislador demonstrou não fazer distinção no que toca ao prazo decadencial para permitir a ação anulatória, pouco importando que o vício anterior tenha como consequência a nulidade ou a anulabilidade do ato.[43]

---

[42] Há três interpretações quanto ao momento em que começa a correr o prazo para a proposição da ação de anulação de partilha. A primeira considera ser a data do próprio ato, isto é, da celebração da partilha amigável. Nesse sentido o Tribunal de Justiça do Rio de Janeiro, em acórdão relatado pelo Desembargador José Carlos Barbosa Moreira, publicado na *RBDP* 40/131 e 43/113. A segunda tem como *dies a quo* a data da homologação da partilha. O Ministro Ruy Rosado de Aguiar entende que "enquanto inexistir homologação, não há o ato a que a lei se refere, denominado de 'escrito particular homologado pelo juiz'" (STJ, 4ª T., *RSTJ* 89/325). O acórdão da 3ª Turma, publicado na *RSTJ* 102/261, reflete o entendimento da terceira corrente, calcado no Código Civil de 1916, considerando que o prazo começa a correr do trânsito em julgado da sentença homologatória da partilha: "Partilha amigável lavrada em instrumento público, reduzida a termo nos autos do inventário, homologada pelo juiz; o direito de propor a ação para anulá-la prescreve em um ano, contado da data em que a sentença transitou em julgado (art. 178, § 6º, V, do Código Civil). Precedentes do STJ". No mesmo sentido, mais recentemente, STJ, 4ª T., REsp 796.700/MS, Rel. Ministro Raul Araújo, j. em 26/02/2013, *DJe* 19/06/2013.

[43] Antonio Carlos Marcato entende que nessa hipótese o prazo seria o da ação rescisória, *verbis*: "Atente-se, porém, para o seguinte: caso o herdeiro participante da partilha amigável seja *absolutamente* incapaz, ela não é meramente anulável, mas totalmente nula (art. 145, I) [*dispositivo correspondente ao art. 166, I, do Código Civil vigente*]. Logo, a previsão e os prazos do art. 1.029 do CPC [de 1973, correspondente ao art. 657 do CPC de 2015] aplicam-se aos casos de anulação de partilha amigável; sendo *nula*, o prazo de proposição da ação é o da rescisória (CPC [de 1973], art. 495 [art. 966 do CPC de 2015])." (*Procedimentos...*, cit., p. 178). Nesse mesmo sentido o acórdão proferido pelo TJSP: "Prescrição. Partilha. Anulação. Presença de interesse de incapaz. Realização por processo simplificado de arrolamento e não de inventário. Acervo, ademais, que supera o teto do art. 1.036 do CPC. Prazo prescricional de 2 anos para a rescisão da sentença" (TJSP, 5ª CC, AC 163.986-1, Des. Matheus Fontes, j. em 02.04.1992, s/data de publicação).

É preciso, repita-se, não confundir o plano da validade do ato processual com o da eficácia. É perfeitamente possível que um ato válido não seja eficaz, como no caso da sentença sujeita a recurso com efeito suspensivo, ou que, inversamente, um ato inválido seja eficaz, como é o caso da sentença nula, sem fundamentação, transitada em julgado. Nessa linha, a partilha que contenha um vício cuja consequência seja a nulidade, que em princípio não poderia produzir efeitos, permanecerá com ele mesmo após o trânsito em julgado da sentença. Todavia, o legislador resolveu fixar uma norma no sentido de que, apesar de nula a partilha amigável celebrada, no momento em que transitar em julgado a respectiva sentença homologatória, ela passa a ser eficaz, produz efeitos. A existência ou não do vício passa a ser absolutamente irrelevante, não porque o ato teria convalescido, porque a nulidade teria sido sanada ou mesmo por causa do efeito sanatório da coisa julgada, mas sim por expressa disposição legal.[44] Assim, será necessário promover uma ação anulatória para, uma vez reconhecido o vício, obter a desconstituição da partilha.

Esse prazo especial de decadência somente se aplica às ações anulatórias de partilha amigável insertas em processo de inventário ou em procedimento de arrolamento *causa mortis*. Nessa linha, tal prazo não se aplica à ação anulatória para desconstituir partilha amigável decorrente de separação judicial, cujo prazo de decadência será aquele estabelecido para a ação destinada a anular ou rescindir contratos, ou seja, de quatro anos, nos termos do art. 178 do Código Civil.[45]

---

[44] Mais extensamente sobre esse tema, veja-se o nosso livro: *Acesso à justiça:* juizados especiais cíveis e ação civil pública – uma nova sistematização da teoria geral do processo, cit., pp. 89 a 93.

[45] Nesse sentido, Yussef Said Cahali, *Divórcio e Separação*, 7ª ed., São Paulo, Revista dos Tribunais, 1994, tomo I, pp. 321-322. Na jurisprudência, confira-se o seguinte acórdão: "1. O prazo previsto nos artigos 1.029 do CPC e 2.027 do CC não se aplica aos negócios jurídicos firmados em sede de separação e de divórcio, mas somente à partilha que ocorre no âmbito do Direito das Sucessões. 2. Proposta a ação com base no art. 486 do CPC (sentença homologatória), incide o disposto no art. 178 do CC, que estabelece o prazo decadencial de 4 (quatro) anos para a propositura da respectiva ação anulatória (...)" (TJDFT, Ap. Cível nº Relator: Sandoval Oliveira, 5ª Turma Cível, Data de Julgamento: 10/09/2014, Publicado no *DJE*: 22/09/2014, p. 25). O STJ já entendeu no mesmo sentido, segundo informativo de sua jurisprudência, ainda que o número do processo não tenha sido divulgado por ser segredo de justiça (*vide* http://www.stj.jus.br/sites/STJ/default/pt_BR/Comunica%C3%A7%C3%A3o/noticias/Not%C3%ADcias/Prazo-para-anular--partilha-realizada-mediante-coa%C3%A7%C3%A3o-%C3%A9-de-quatro-anos), consultado em 06/03/2017.

94. COMPETÊNCIA E PROCEDIMENTO PARA A AÇÃO ANULATÓRIA

O juízo competente para a ação anulatória é aquele que homologou a partilha amigável que se pretende desconstituir. Isso porque tal ação será acessória e assim deverá ser proposta perante o juiz competente para a principal, conforme preceitua o art. 61 do Código de Processo Civil. Por outro lado, se o pedido for acolhido, o processo de inventário deverá continuar para que uma nova sentença, julgando a partilha, seja proferida.[46]

O procedimento a ser adotado, à falta de expressa indicação, será o comum, nos termos do artigo 318 do Código de Processo Civil.[47]

95. LEGITIMIDADE PARA A AÇÃO ANULATÓRIA. NÃO CABIMENTO DE AÇÃO DE NULIDADE DE PARTILHA DECORRENTE DE PROCESSO CONTENCIOSO DE INVENTÁRIO

Têm legitimidade para a ação anulatória da partilha quem foi parte no processo, o Ministério Público, se atuou como *custos legis*, eventuais sucessores e o assistente. Deverão figurar no polo passivo como litisconsortes necessários todos os que participaram da partilha, sendo certo que o regime desse litisconsórcio será unitário ou especial, ou seja, a decisão será necessariamente uniforme para todos os que participaram da partilha.

Quem não participou da partilha evidentemente não poderá desconstituí-la diretamente através da ação anulatória, pela simples razão de que não poderá ser afetado por ela. Se era herdeiro e não participou, deverá promover a ação de petição de herança contra os demais herdeiros individualmente considerados pleiteando o seu quinhão.[48] Se era credor, a dívida deverá ser

---

[46] Não há que se falar em conexão de ações pelo simples fato de que uma delas já foi julgada. Nesse sentido: "Conflito negativo de competência. Ação de anulação de partilha distribuída livremente. Declinação de competência pelo Juízo suscitado que entendeu competente o juízo do processamento do inventário. Alegação do Juízo de inexistência de conexão sucessiva. Inventário findo. inocorrência de prevenção. A ação que se pretende anular partilha deve ser processada no mesmo juízo do inventário em que homologada. Julga-se procedente o conflito e competente o Juízo suscitante (Juízo de Direito da 1ª Vara Cível da Comarca de Novo Horizonte)" (TJSP, CC nº 0007159-24.2005.8.26.0000, Rel. Des. Paulo Alcides, j. em 29/03/2006).

[47] "Art. 318. Aplica-se a todas as causas o procedimento comum, salvo disposição em contrário deste Código ou de lei (...)".

[48] Sobre o tema, v. Humberto Theodoro Júnior, "A petição de herança encarada principalmente dentro do prisma do direito processual civil", *Revista Forense* 294/9 e *Revista*

cobrada em ação própria dirigida contra os herdeiros, que responderão nos limites dos bens que receberam. O cônjuge prejudicado pela partilha terá ação própria, reivindicatória ou possessória, dependendo da hipótese, para obter, diretamente dos herdeiros, os bens que são seus ou que lhe tocariam.

É preciso deixar claro, mais uma vez, que a ação de quem não participou da partilha não se destina a anular ou a declarar a nulidade da mesma, mas sim a obter diretamente dos herdeiros o bem da vida que tocaria ao autor da ação.

Do mesmo modo, seria um contrassenso admitir uma ação de nulidade de partilha inserta em um processo de inventário do qual resultou uma sentença de mérito que julgou a partilha. Na hipótese, caberia no máximo ação rescisória, com prazo decadencial de dois anos, dirigida contra a sentença e nunca contra a partilha. O ataque direto à partilha, por meio de ação declaratória de nulidade, só é cabível naquelas hipóteses de partilha amigável celebrada no processo de inventário ou de arrolamento.[49] Daí por que é incorreto usar a expressão ação de nulidade de partilha com prazo de prescrição de dez anos. O nome correto da ação dependerá do tipo de direito que ostenta o legitimado, como examinado anteriormente. Não se trata de simples discussão acadêmica, pois a aceitar-se uma possível nulidade da partilha, terceiros, mesmo de boa-fé,[50] que tenham adquirido tais bens, perderão

---

dos Tribunais 581/9, 1984. É importante mencionar a controvérsia existente acerca da prescritibilidade da ação de petição de herança. Ney de Melo Almada sustenta sua imprescritibilidade ("Petição de herança", *RJTJESP* 127/14). O Supremo Tribunal Federal já sumulou o acertado entendimento de que é imprescritível a ação de investigação de paternidade, mas não a de petição de herança (Enunciado nº 149). Isso porque o seu fundamento é o domínio ou a propriedade da herança e não a qualidade de herdeiro. No mesmo sentido, Wagner Barreira ("A ação de petição de herança", *RT* 659/24). Quanto ao prazo em que começa a correr a prescrição, é importante destacar a observação feita por Mário Moacyr Porto: "E quando começa a correr o prazo de prescrição da ação de petição de herança? Da abertura da sucessão, é a resposta generalizada. Ocorre lembrar, porém, que o ponto de partida da prescrição, segundo o melhor entendimento, é o dia em que se patentear o conflito de direitos, pois é a partir daí que o possuidor assume a postura de sucessor universal" ("Ações de investigação de paternidade ilegítima e petição de herança", *RT* 645/7).

[49] Em sentido contrário, admitindo ação de nulidade da partilha mesmo em caso de partilha judicial: Humberto Theodoro Júnior, "Partilha: nulidade, anulabilidade e rescindibilidade", *Revista de Processo* 45/219. Na mesma linha aqui sustentada, veja-se Clito Fornaciari Júnior, "Partilha judicial. Via processual adequada à desconstituição", *Revista dos Tribunais* 551/55, 1981.

[50] Pode-se aplicar por analogia, entretanto, o art. 1.827, parágrafo único, do CC, que dispõe que, no âmbito da petição de herança, "são eficazes as alienações feitas, a título oneroso, pelo herdeiro aparente a terceiro de boa-fé".

seus direitos, fato que não ocorreria se a ação adequada fosse uma daquelas anteriormente mencionadas. Por outro lado, o prazo para a propositura daquelas ações não seria de decadência, próprio para a ação anulatória ou rescisória da partilha, mas sim aquele de prescrição para as ações reais ou pessoais, conforme o caso.[51]

Nesse contexto, sendo a partilha julgada por sentença, compondo um conflito de interesses entre os sucessores, o caminho correto é o ajuizamento de ação rescisória, não se atacando a partilha, propriamente, mas o provimento jurisdicional, apontando-se alguma das causas de pedir constantes dos incisos do art. 966 do CPC. A ação anulatória, por outro lado, baseia-se no art. 966, § 4º, do CPC, não questionando a decisão judicial, mas o ato de disposição de direitos – a partilha amigável – ainda que homologada em juízo.

Por esse mesmo raciocínio, terceiro que teve seu bem incluído dentre os imóveis partilhados não tem legitimidade para a ação anulatória de partilha amigável. Poderá ele se valer de embargos de terceiros, se o inventário ainda estiver em curso. Caso contrário, o caminho será, em princípio, o da ação reivindicatória.[52]

---

[51]   Quanto ao tema da prescrição da ação de nulidade de partilha, a tendência do STJ é fixá-lo em vinte anos, com base no art. 177 do CC/1916, que seria de dez anos pelo art. 205 do CC/2002. Nesse sentido, *vide*: "(...) (...) 2 - Segundo iterativos precedentes das Turmas especializadas em direito privado desta Corte a prescrição para anular partilha, onde preterido herdeiro necessário, é a vintenária. (...)" (STJ, 4ª T., REsp 260.079/SP, Rel. Ministro Fernando Gonçalves, Quarta Turma, julgado em 17/05/2005, *DJ* 20/06/2005, p. 288). No mesmo entendimento: STJ, 4ª T., REsp 114.310- SP, Rel. Min. Barros Monteiro, *DJ* 17/02/2003; STJ, 3ª T., REsp 68644/BA, Rel. Min. Eduardo Ribeiro, *DJ* 22/04/1997. Entretanto, o Tribunal Superior em um julgado também já entendeu que, no caso de herdeiro que só obteve o reconhecimento da condição após a partilha "quanto ao direito de anular a partilha, verifica-se que o prazo decadencial de um ano previsto no art. 178, § 6º, inc. V, do CC/16, é contado tão somente a partir do momento em que aquele que pretende a anulação atinge, por decisão transitada em julgado, a condição de herdeiro, legatário ou sucessor do falecido" (STJ, 3ª T., REsp 1015975/SP, Rel. Ministra Nancy Andrighi, Terceira Turma, julgado em 13/05/2008, *DJe* 28/05/2008).

[52]   Existe discussão a respeito do cabimento dos embargos de terceiros em processo de inventário. Pontes de Miranda (*Comentários...*, ob. cit., p. 260) os admite "porque a entrega da posse, só por si, pode ser medida constritiva que dê pressuposto suficiente à ação dos arts. 1.046-1.059". Igualmente, Afrânio de Carvalho ("Reflexos do inventário e partilha no registro", *Revista de Direito Imobiliário* 23/33). José da Silva Pacheco (*Inventários...*, ob. cit., p. 455) também segue a mesma linha: "Desde que descrito bem alheio em inventário, é de se admitir

96. CABIMENTO DA AÇÃO RESCISÓRIA

O artigo 658 do CPC prevê algumas hipóteses em que seria cabível a ação rescisória da sentença que julgou a partilha.

Como examinado anteriormente (*vide* item nº 93, *supra*), a ação rescisória só não será cabível naquelas hipóteses de sentença homologatória de partilha amigável firmada por todas as partes interessadas. Em qualquer outra situação no inventário contencioso, mesmo naquelas de homologação de partilha pelo juiz, sem impugnação, resultante de proposta do partidor, do inventariante ou de algum dos herdeiros, cabível será a ação rescisória, desde que presente uma das situações constantes do artigo supracitado ou em uma daquelas hipóteses contempladas no artigo 966 do Código de Processo Civil.[53]

O artigo 658 do CPC apresenta três hipóteses. A primeira (artigo 658, I), nos casos mencionados no artigo antecedente, ou seja, tendo ocorrido em algum ato praticado pelas partes coação, erro ou dolo e ainda tendo participado incapaz sem estar devidamente representado. A segunda hipótese, do artigo 658, II, prevê a ação rescisória se a partilha foi feita com preterição de formalidades legais e, a rigor, estaria contemplada no inciso V do artigo 966 do Código de Processo Civil, ou seja, quando houver violação à disposição

---

embargos de terceiro, uma vez que se trata, realmente, de apreensão judicial que priva o terceiro de fruir livremente do bem que de fato ou de direito possa pertencer-lhe". A jurisprudência, porém, não é tranquila. Admitindo o cabimento dos embargos de terceiro: "A descrição de bens alheios em inventário reflete, de fato, uma iminência de lesão, contra a qual é lícito aos embargantes recorridos se premunirem por meio de embargos de terceiro" (TJSP, *RT* 679/86, *apud* Orlando Fida [et al], ob. cit., p. 253). Em sentido contrário: "O fato de o inventariante descrever coisa alheia como do acervo não pode inquietar ou molestar o exercício da posse ou direito de terceiro e não autoriza os embargos de terceiro, aliás, inadmissíveis em inventário" (TJMG, *RF* 161/290 e Wilson Bussada, ob. cit., p. 2.303). Sobre o tema, vejam-se mais extensamente os comentários aos artigos 1.046 e seguintes do CPC de 1973 em Paulo Cezar Pinheiro Carneiro. *Comentários ao Código de Processo Civil*: Volume IX, tomo II, (arts. 946 a 981 e 1.046 a 1.102) - 1ª ed., 2ª tiragem, rev. e atual. de acordo com o novo Código Civil – Rio de Janeiro: Forense, 2006.

[53] Nesse sentido, o professor José Carlos Barbosa Moreira, em *Comentários ao Código de Processo Civil*, ob. cit., p. 153, *verbis*: "Merece alusão particular o caso da sentença que julga partilha. O art. 1.030 [de 1973, art. 658 do CPC de 2015], nos seus três incisos, arrola possíveis fundamentos de rescisão que lhe são peculiares. Não se deve entender que fique afastada a invocabilidade de qualquer dos motivos contemplados no artigo 485 [de 1973, correspondente ao art. 966 do CPC de 2015]. Os do artigo 1.030 acrescentam-se a estes; não os excluem".

de lei. Inclui-se nesta hipótese a partilha desigual, porque viola o art. 2.017 do Código Civil.[54] A terceira hipótese permite ao herdeiro preterido, mas que tenha participado do processo de inventário, promover ação rescisória, bem como a qualquer herdeiro no caso de a partilha ter incluído quem não o seja, como dispõe o art. 658, III, do CPC.

Importante consignar que o herdeiro preterido que não tiver participado do inventário não se sujeitará aos efeitos da coisa julgada e, assim, poderá, por meio de ação de petição de herança, pleitear diretamente dos demais herdeiros que foram contemplados com o seu quinhão. Aqui, mais uma vez, a discussão sobre o tipo de ação que o herdeiro que não participou do inventário poderia manejar: de nulidade de partilha ou de petição de herança (*vide* item nº 95, *supra*). A doutrina e a jurisprudência têm confundido a finalidade da ação rescisória com a de petição de herança. Aquela visa desconstituir a sentença que julgou a partilha e, assim, a própria partilha deixará de existir, enquanto esta última visa reconhecer o direito do herdeiro à herança e, ao mesmo tempo, atribuir-lhe os bens que lhe tocariam, não havendo qualquer necessidade de ação destinada à declaração da nulidade do próprio ato da partilha.[55]

---

[54] Código Civil: "Art. 2.017. No partilhar os bens, observar-se-á, quanto ao seu valor, natureza e qualidade, a maior igualdade possível". Nesse sentido: "Desatende ao princípio da igualdade, previsto no artigo 1.775 do CC, a sentença que atribui a um grupo de herdeiros principalmente bens imóveis avaliados pelo seu valor real, e a outro grupo, principalmente ações de próspera empresa comercial, trazidas para o inventário pelo seu valor nominal. Cassação da sentença de partilha, para que outra seja lavrada, depois de avaliados os bens, inclusive as ações" (STJ, *RT* 730/191). O artigo mencionado no acordão, referente ao CC de 1916, corresponde ao citado art. 2.017 do CC em vigor.

[55] Semelhante é a lição de Humberto Theodoro Júnior (*Curso...*, cit., p. 299): "Só se cogita de parte legítima para propor a rescisória de que cuida o art. 1.030, nº III, do CPC [de 1973, art. 658, III, do CPC de 2015], quando o herdeiro prejudicado seja alguém que se ache sob a autoridade da *res iudicata*. Logo, o dispositivo legal só tem incidência para quem foi parte no processo onde a partilha se julgou, porque a coisa julgada não beneficia nem prejudica terceiros, consoante disposição expressa do art. 472 do CPC [de 1973, referente ao art. 506 do CPC de 2015]. (...) A ação de que dispõem os herdeiros que não participaram do inventário é a petição de herança". Ressalte-se que Pontes de Miranda (*Comentários...*, ob. cit., p. 257) entende ser possível ação declaratória de ineficácia da sentença que não incluiu herdeiro posteriormente reconhecido: "A exclusão de herdeiro não é causa de nulidade, mas de ineficácia: contra ele não transitou em julgado a sentença (...). Sendo ineficaz a sentença de partilha, pode dela recorrer o não citado nem intimado, pode ele propor ação declaratória de ineficácia e pode propor a ação de petição de herança. (...) Se foi julgada procedente ação de investigação de paternidade, ou de maternidade, a que se cumulará a de petição de herança, procede-se à execução

Registre-se que tal ação só poderá ser promovida, por óbvio, a partir do trânsito em julgado da sentença que julgar a partilha, no prazo máximo, de decadência, de dois anos, conforme a regra geral prevista no art. 975 do Código de Processo Civil.

97. CABIMENTO DA AÇÃO RESCISÓRIA PARA ATACAR OUTRAS DECISÕES PROFERIDAS NO INVENTÁRIO

Como estudado anteriormente (*vide* item nº 10, *supra*), o mérito do inventário é julgado aos poucos. Existem inúmeras decisões proferidas pelo juiz que julgam definitivamente importantes questões de direito que não demandam dilação probatória (*v.g.*, arts. 627, I e II, e 628 do CPC), que produzem coisa julgada material e, assim, poderão ser atacadas por meio da via da ação rescisória. O mesmo ocorre com a decisão que julga o cálculo.[56]

A teor do artigo 975, *caput*, do CPC, o prazo para a apresentação da ação rescisória contra a decisão interlocutória de mérito apenas passaria a ser contado a partir da última decisão que for proferida no curso do processo. Nada obstante, dada a ideia de progressivo julgamento do mérito, ínsita ao procedimento do inventário, não parece legítima a aplicação literal do dispositivo do Código.

---

da sentença contra os herdeiros, pois, *ex hypothesi*, foi ineficaz contra o autor da ação vencedora a sentença na ação de inventário e partilha". Ernane Fidélis dos Santos (*Dos procedimentos...*, ob. cit., p. 335) afirma que a sentença de procedência da ação de petição de herança tem o efeito de declarar a nulidade da partilha: "Se a pessoa, no entanto, não participou do processo, não há o que se falar em coisa julgada com relação a ela. Poderá, portanto, ser proposta a ação de petição de herança que se procedente, tem como efeito necessário a declaração de nulidade da partilha, por sua completa ineficácia. E o prazo prescricional, no caso, será o comum de 20 anos". Com a entrada em vigor do CC de 2002, contudo, tal prazo reduziu-se a 10 (dez) anos, por força do art. 205. Em igual sentido, o STJ: "(...) 2. O herdeiro que não participou do processo de inventário não sofre os efeitos da coisa julgada, referente à sentença que homologou a partilha amigável (...)" (REsp 1381655/SC, Rel. Ministra Nancy Andrighi, Terceira Turma, julgado em 13/08/2013, *DJe* 06/11/2013)

[56] Nelson Nery Junior (*Código...*, ob. cit., p. 1.340): "A partilha, uma vez feita e julgada, só é anulável pelos vícios e defeitos que invalidam, em geral, os atos jurídicos (CC 178, § 6º, V) (CC 1.805). A sentença simplesmente homologatória não precisa ser desconstituída pela rescisória (CPC, art. 486). Contudo, se foram julgadas controvérsias judiciais no processo de inventário (CPC 984), e a respeito desse ponto ocorreram as hipóteses do CPC 485, cabe rescisória". Os dispositivos do CC de 1916 citados correspondem, respectivamente, ao parágrafo único e ao *caput* do art. 2.027 do CC em vigor.

Muito mais adequada a ideia de que o lapso temporal se inicia a partir da última decisão relacionada à matéria objeto da rescisão. Mesmo porque, após sua prolação, o rito seguirá para apreciação inteiramente diversas, não se justificando que se aguarde o final do inventário para o início do prazo decadencial da rescisória.[57]

98. LEGITIMIDADE

Os legitimados para a ação rescisória são aqueles indicados no artigo 967 do Código de Processo Civil: quem foi parte no processo ou o seu sucessor a título universal ou singular; o terceiro juridicamente interessado e o Ministério Público, se não foi ouvido no processo em que era obrigatória sua intervenção, ou no caso da sentença decorrer de colusão das partes com a finalidade de fraudar a lei.

Especificamente com relação ao terceiro prejudicado, a regra, como anteriormente estudado, é de que a sentença "faz coisa julgada às partes entre as quais é dada, não prejudicando terceiros" (art. 506 do Código de Processo Civil) e, portanto, terá ele ação própria para tutelar seu direito. Todavia, existem situações em que a autoridade da coisa julgada se estende a terceiros, como é o caso, no processo de inventário, do cessionário de direitos hereditários. Os efeitos da sentença nesse caso específico, como ocorreria no caso de assistência litisconsorcial, atingem diretamente a esfera jurídica do cessionário. Nesses casos e na medida em que haja interesse jurídico da pessoa na rescisão da sentença, será ela legitimada para a ação rescisória.

Pode, até mesmo, ocorrer a possibilidade de este terceiro escolher a via judicial – ação rescisória ou ação específica – que entenda mais adequada, em face das circunstâncias do caso concreto. É certo, todavia, que os efeitos de uma e de outra podem ser diferentes, especialmente no que toca ao terceiro adquirente de boa-fé.[58]

---

[57] Sustentando a mesma interpretação, para qualquer hipótese de julgamento fracionário de mérito, *vide* DIDIER, Fredie; CUNHA, Leonardo Carneiro da. *Curso de direito processual civil*: vol. 3 – 13ª ed. – Salvador: Juspodivm, 2016, pp. 460-463.

[58] Quanto ao terceiro adquirente de boa-fé, o CC de 2002 parece ter resolvido controvérsia outrora existente. O Estatuto Civil vigente passa a dispor que "são eficazes as alienações feitas, a título oneroso, pelo herdeiro aparente a terceiro de boa-fé" (CC, art. 1827, parágrafo único). Nesse contexto "as alienações feitas por herdeiro aparente a terceiros de boa-fé, a título oneroso, são juridicamente eficazes" (STJ, 3ª T., AgRg na MC 17.349/RJ, Rel. Ministra Nancy Andrighi, Terceira Turma, julgado em 28/06/2011, *DJe* 01/08/2011).

Deverão figurar como legitimados passivos para essa ação todos aqueles que figuraram como partes no feito anterior, que resultou na sentença rescindenda. O tipo do litisconsórcio nesse caso será necessário e o regime será unitário ou especial e, assim, a sentença será necessariamente igual para todos e os atos de um aproveitarão ao outro.

99. PROCEDIMENTO E COMPETÊNCIA

O procedimento será aquele fixado no Código de Processo Civil para a ação rescisória (arts. 968, 970 e 975)[59] aplicando-se-lhe todos os princípios dos processos de conhecimento em geral, inclusive a tutela antecipada.

Incidirá o inciso II do art. 968, do CPC, com a ressalva do § 1º do mesmo artigo, devendo, portanto, o autor da ação depositar a importância de 5% sobre o valor da causa, a título de multa, caso a ação seja, por unanimidade de votos, declarada inadmissível ou improcedente. O valor da causa não corresponderá, em princípio, ao valor total da partilha, mas ao benefício econômico pretendido. Se o fundamento for a desigualdade dos quinhões, o valor da causa deverá corresponder ao benefício pretendido pelo herdeiro com a nova partilha e assim por diante.

A competência para o julgamento da ação rescisória no nosso sistema é originária do tribunal. No caso específico, em regra, a competência para o processamento de inventário é da Justiça Comum dos Estados; assim, a competência para julgamento de ação rescisória em face da sentença ou do acórdão proferido pela Justiça Estadual será do órgão colegiado, do Tribunal

---

[59] "Art. 968. A petição inicial será elaborada com observância dos requisitos essenciais do art. 319, devendo o autor: I - cumular ao pedido de rescisão, se for o caso, o de novo julgamento do processo; II - depositar a importância de cinco por cento sobre o valor da causa, que se converterá em multa caso a ação seja, por unanimidade de votos, declarada inadmissível ou improcedente. § 1º Não se aplica o disposto no inciso II à União, aos Estados, ao Distrito Federal, aos Municípios, às suas respectivas autarquias e fundações de direito público, ao Ministério Público, à Defensoria Pública e aos que tenham obtido o benefício de gratuidade da justiça (...)"; "Art. 970. O relator ordenará a citação do réu, designando-lhe prazo nunca inferior a 15 (quinze) dias nem superior a 30 (trinta) dias para, querendo, apresentar resposta, ao fim do qual, com ou sem contestação, observar-se-á, no que couber, o procedimento comum". "Art. 974. Julgando procedente o pedido, o tribunal rescindirá a decisão, proferirá, se for o caso, novo julgamento e determinará a restituição do depósito a que se refere o inciso II do art. 968. Parágrafo único. Considerando, por unanimidade, inadmissível ou improcedente o pedido, o tribunal determinará a reversão, em favor do réu, da importância do depósito, sem prejuízo do disposto no § 2º do art. 82".

de Justiça onde tramitar o inventário, a ser indicado nas respectivas normas de organização judiciária.

Relativamente à competência dos tribunais federais, especificamente no que toca à rescisão dos seus julgados, consultem-se os arts. 102, I, letra *j*; 105, I, letra *e*; e art. 108, I, letra *b*[60], da Constituição Federal.

100. EFEITOS DA RESCISÃO

Existe certa dúvida na doutrina quanto aos efeitos da decisão de procedência da ação rescisória.

Como é constitutiva a natureza da decisão que acolhe o pedido de rescisão da sentença, costuma-se atribuir a ela eficácia apenas *ex nunc*. Nessa linha, embora a sentença não mais exista, porque rescindida, subsistiriam os seus efeitos no período imediatamente anterior à rescisão. Caso se pretenda buscar tais efeitos no direito material, a conclusão será totalmente oposta, pois o artigo 182 do Código Civil determina que, uma vez anulado o ato, restituir-se-ão as partes ao estado em que antes dele se achavam e, não sendo possível restituí-las, serão indenizadas com o equivalente.

O Professor José Carlos Barbosa Moreira entende que nenhuma das soluções radicais (eficácia *ex tunc* – eficácia *ex nunc*) se mostra capaz de atender satisfatoriamente, em qualquer hipótese, ao jogo de interesses contrapostos e indica caminhos, dependendo do tipo de situação.[61]

Tal discussão cresce de importância especificamente no que toca ao terceiro adquirente de boa-fé, que tenha havido bem componente do quinhão de um herdeiro, já partilhado com sentença transitada em julgado e que veio a ser rescindida.[62]

---

[60] "Art. 102. Compete ao Supremo Tribunal Federal, precipuamente, a guarda da Constituição, cabendo-lhe: I – processar e julgar, originariamente: (...) *j*) a revisão criminal e a ação rescisória de seus julgados"; "Art.105. Compete ao Superior Tribunal de Justiça: I – processar e julgar, originariamente: (...) *e*) as revisões criminais e as ações rescisórias de seus julgados"; "Art.108. Compete aos Tribunais Regionais Federais: I – processar e julgar, originariamente: (...) b) as revisões criminais e as ações rescisórias de julgados seus ou dos juízes federais da região".

[61] Consulte-se, sobre esse tema, por tudo e por todos, o Professor José Carlos Barbosa Moreira, nos seus *Comentários ao Código de Processo Civil*, cit., pp. 207/209.

[62] V. nota nº 57, *supra*.

Capítulo IX

ARROLAMENTO

101. ARROLAMENTO. TIPOS

O inventário poderá ser processado diferente da sua forma tradicional, prevendo a lei duas outras modalidades denominadas de arrolamento.

A primeira, prevista no artigo 659 do CPC, denominada de arrolamento sumário, depende necessariamente da concordância expressa de todas as partes,[1] que deverão ser capazes, inclusive do cônjuge meeiro ou da(o) companheira(o),[2] que deverão apresentar o esboço de partilha amigável juntamente com os demais documentos exigidos. Em existindo herdeiro

---

[1] "(...) O arrolamento sumário constitui forma simplificada de promover o inventário e a consequente partilha dos bens deixados pelo *de cujus*, desde que todos os interessados sejam capazes e não haja conflito de interesses quanto à homologação da partilha (...)" (TJRJ, 6ª CC, AI nº 0066732-70.2014.8.19.0000, Rel. Des. Benedicto Ultra Abicair, j. em 13/03/2015).

[2] Nesse sentido, Pontes de Miranda (*Comentários...*, cit., pp. 278 e 281), pelo fundamento de que "têm de ser inventariados bens comuns. (...) O que pode acontecer é que os herdeiros acordam em que se inventarie o total e se divida, para que, depois do trânsito em julgado de tal sentença (x do cônjuge meeiro, x dos herdeiros), haja entre os herdeiros a partilha amigável do que se atribuiu aos herdeiros. (...) Se o cônjuge supérstite meeiro, capaz, não concorda com o arrolamento, pode acontecer o que acima dissemos". A jurisprudência também já se manifestou sobre esta hipótese: "Evidente o legítimo interesse do cônjuge, na condição de meeiro, em estar presente aos autos de arrolamento por morte da mãe do outro cônjuge. Mais do que isto: obrigatoriedade de que assim seja, notadamente quando sequer há notícia de separação fática prolongada. Estando o cônjuge nos autos, é nula a sentença de homologação de partilha proferida sem que ele tenha sido intimado do esboço respectivo" (TJRS, *RJTJRS* 174/382); "Arrolamento. Rito especial do art. 1.032 do CPC, com a redação da Lei nº 7.019, de 31.12.1982. Impossibilidade de sua adoção se o cônjuge do herdeiro, sendo de comunhão universal o regime matrimonial, se opõe à avaliação dos bens e, consequentemente, à sua partilha. Legitimidade do marido da herdeira para postular nos autos do inventário medidas do seu interesse, na condição de meeiro, dada a

único, bastará o pedido de adjudicação. A natureza desse procedimento é de jurisdição voluntária, cabendo ao juiz, tão somente, após verificar o enquadramento da hipótese na lei, proferir sentença homologatória, ou seja, o magistrado conferirá força judicial à manifestação de vontade externada pelas partes, nada lhe acrescentando de novo.

A segunda espécie de arrolamento é aquela prevista no art. 664 do Código de Processo Civil, denominada pela doutrina de arrolamento comum,[3] sendo tal procedimento obrigatório sempre que o valor dos bens do espólio for igual ou inferior a 1.000 salários mínimos, e pressupõe, logicamente, que não haja consenso expresso de todas as partes capazes, pois, se tal ocorresse, o arrolamento se enquadraria na primeira espécie anteriormente examinada. Incidirá também o arrolamento comum quando uma das partes for incapaz.[4] Esse tipo de arrolamento tem natureza de jurisdição contenciosa, podendo o juiz julgar a partilha da forma que entenda mais adequada ao caso concreto.

---

natureza do regime de bens adotado no seu casamento" (TJRJ, AI 1988.002.530; 3ª CC; Des. Alberto Garcia; j. em 04/10/1988, *DJ* de 02/12/1988).

[3] Nesse sentido, Hamilton de Moraes e Barros (*Comentários...*, cit., p. 195): "A terceira forma de inventário, disciplinada no atual artigo 1.036 e seus parágrafos, que é a partilha de bens de pequeno valor, é de ser adotada, quando o valor do espólio for inferior a 2.000 (duas mil) ORTNs, mesmo que haja interessados incapazes – cônjuge, herdeiros ou legatários – e dissídio entre eles. É também chamado de arrolamento comum"; e Antonio Carlos Marcato (*Procedimentos...*, cit., p. 180): "Duas são as modalidades de arrolamento previstas no Código: o *sumário* (assim denominado pela própria lei – CPC, art. 1.032) e o *comum* (denominação que lhe atribuímos em vista da omissão legal – art. 1.036)".

[4] "(...) O Código de Processo Civil preconiza no artigo 1.031 [de 1973, correspondente ao art. 659 do CPC de 2015] a necessidade de partes capazes para a realização do arrolamento sumário. A presença de menor incapaz na sucessão obsta à adoção de tal rito em razão da ausência de capacidade de fato para consentir. Apelação a que se dá provimento para anular a sentença e determinar a realização do inventário pelo rito do arrolamento comum" (TJRJ, 3ª CC, Apelação nº 0002067-31.2002.8.19.0076, Des. Luiz Fernando Ribeiro de Carvalho, j. em 25/05/2010). A jurisprudência já admitiu arrolamento com valor superior, desde que exista um único herdeiro menor e a presença do Ministério Público: "Inventário. Filha menor. Única herdeira. Adjudico dos bens. Se o finado deixou um único herdeiro, ainda que menor, pode o inventário de seus bens se processar pela forma do arrolamento, prevista nos artigos 1.031 e seguintes do CPC com a redação dada pela Lei nº 7.019, de 31.08.1982 [correspondente aos arts. 659 e ss. do CPC de 2015], uma vez protegido o interesse da menor com a intervenção do órgão ministerial. A forma de transmissão que mais atende aos interesses da menor é a adjudicação dos bens ao herdeiro único menor. Provimento do agravo" (TJRJ, AI nº 1998.002.7898, 16ª CC, Des. Paulo Gustavo Horta, j. em 01/06/1999, *DJ* de 21/06/1999).

Importante consignar que mesmo no caso de sucessão testamentária caberá o arrolamento, sem prejuízo do prévio registro do testamento, na forma dos arts. 735 a 737 do Código de Processo Civil.[5]

Na modalidade de arrolamento sumário, é indispensável a concordância também dos herdeiros testamentários e/ou legatários, pois eles devem figurar como partes, qualquer que seja a forma do processo, inventário ou arrolamento. Não havendo tal consenso proceder-se-á ao processo de inventário.

Sendo comum a hipótese de arrolamento, ele não poderá ser substituído pelo inventário mesmo existindo sucessão testamentária, pois neste caso o processo é de jurisdição contenciosa e, assim, o herdeiro testamentário ou o legatário serão obrigatoriamente citados para o procedimento.

102. ARROLAMENTO SUMÁRIO. IRREVOGABILIDADE DA PARTILHA AMIGÁVEL

Como examinado anteriormente, a realização do inventário na modalidade de arrolamento sumário dependerá da concordância de todas as partes, que deverão ser necessariamente capazes.

Uma vez celebrada a partilha amigável por qualquer das formas estabelecidas no art. 2.015 do Código Civil, o negócio jurídico celebrado não poderá

---

[5] Sobre o tema, Hamilton de Moraes e Barros (*Comentários...*, cit., p. 195) escreveu: "É ainda de ser usado [o autor refere-se ao inventário solene] no caso de sucessão testamentária (Código Civil, art. 1.626 a 1.769) [Título do CC de 1916 equivalente aos artigos 1.857 a 1.990 do CC de 2002]. A razão disso é o fato de o testamento, seja qual for a sua espécie, ter de ser aberto, registrado e mandado cumprir em juízo (CPC, arts. 1.125 a 1.129 [de 1973, correspondentes aos arts. 735 a 737 do CPC de 2015]), devendo o escrivão extrair cópia autêntica para a juntada aos autos do inventário. Deve tal cópia acompanhar-se da certidão do despacho que mandou registrar e cumprir o testamento. Além disso, em havendo testamento, o Ministério Público tem de oficiar e sua presença não está prevista no arrolamento sumário, onde, a rigor, nada tem ele a fazer. Gil da Costa Alvarenga, procurador do Estado do Rio de Janeiro, em artigo que publicou na *Revista de Direito da Procuradoria Geral*, 1985, p. 84, oferece uma solução para conciliar os testamentos com os arrolamentos. Diz nada impedir que os interessados, maiores e capazes, acordem na partilha obedecendo às verbas testamentárias, utilizando assim o arrolamento sumário. Se for arrolamento comum também pode haver essa conciliação, desde que intervenha nos feitos o Ministério Público". Veja-se a jurisprudência: "(...) Possibilidade de homologação judicial por meio do procedimento previsto para o arrolamento sumário. Art. 619-N da consolidação normativa notarial e registral. Apelo não provido. Unânime" (TJRS, 17ª CC, Apelação Cível Nº 70040120859, Rel. Des. Bernadete Coutinho Friedrich, j. em 08/09/2011).

ser revogado por qualquer das partes, mesmo que careça de homologação judicial. Tal ato somente poderá ser anulado por meio de ação própria, desde que presente algum dos vícios dos atos jurídicos em geral. Todavia, apesar de válido o negócio jurídico, pois estabelecido de acordo com as regras legais, ele somente será eficaz, ou seja, somente produzirá os efeitos pretendidos, após a respectiva homologação judicial.[6]

103. DESNECESSIDADE DA PROVA DE QUITAÇÃO DOS TRIBUTOS

No procedimento de arrolamento, qualquer que seja a modalidade, o legislador não contemplou, como no inventário tradicional, a etapa relativa ao cálculo e pagamento do imposto de transmissão; antes, dispõe expressamente que o imposto de transmissão será objeto de lançamento administrativo conforme legislação tributária; a taxa judiciária será calculada com base no valor atribuído pelos herdeiros, sem prejuízo de a Fazenda, em procedimento administrativo próprio, exigir eventual diferença (artigo 659, § 2º, do CPC); não serão apreciadas no arrolamento questões relativas ao lançamento, o pagamento ou a quitação de taxas judiciárias e de tributos incidentes sobre a transmissão da propriedade dos bens do espólio. É importante lembrar que o formal de partilha, bem como a carta de adjudicação não serão registrados no registro geral de imóveis sem que os seus titulares promovam o pagamento administrativo dos impostos de transmissão devidos.[7]

---

[6] O Professor Antonio Junqueira de Azevedo entende "que a homologação pelo juiz, da partilha amigável, feita entre herdeiros, por instrumento particular" constitui fator de atribuição de eficácia ao ato (*Negócio jurídico*, São Paulo, Saraiva, 1974, p. 68). Considerando irrevogável o acordo sobre a partilha depois de apresentada em juízo, o Professor Ernane Fidélis dos Santos (*Procedimentos...*, cit., p. 347): "A sentença é meramente homologatória (art. 486), apenas declarando formalmente válido o ato jurídico. Disto se extraem duas consequências importantes. Seus efeitos são *ex tunc* e não *ex nunc*, o que importa em afirmar, por sua natureza de delibação, que irrevogável é o acordo, depois de apresentado em juízo". A jurisprudência já se manifestou em sentido contrário, *verbis*: "Denunciado o acordo por uma das partes antes de homologada em juízo a partilha amigável, esta juridicamente não existe e, por isso, não constitui título executivo judicial" (TJSP, *JTJ* 192/208, *apud* Theotônio Negrão, cit., p. 856).

[7] O STJ firmou o entendimento de que, para a prolação de sentença homologatória é desnecessária a comprovação de pagamento do imposto de transmissão *causa mortis*. O recolhimento, contudo, precisa ser comprovado após o trânsito em julgado, para expedição do formal de partilha. Veja-se: "(...) 1. A partir da interpretação sistemática dos artigos 1031, § 2º, e 1034 do CPC, conclui-se que a comprovação

O único requisito no campo tributário, com base no artigo 192[8] do CTN, prende-se especificamente à quitação dos tributos relativos aos bens do espólio e às suas rendas. Nessa linha, os requerentes deverão fazer prova de que os tributos incidentes sobre os bens do espólio estão em dia, como no caso de bem imóvel, o imposto predial ou territorial, eventuais impostos de transmissão, laudêmios e foros, todos anteriores ao passamento. Caso os bens sejam cotas de sociedades comerciais, bastará a comprovação da quitação dos tributos necessários à transferência regular de cotas de um sócio para outro (ou seja, imposto sobre doação ou imposto de renda, conforme a transmissão seja gratuita ou onerosa, com ganho de capital), dispensada a apuração de haveres, pois o seu resultado não guarda qualquer relação com os requisitos fiscais exigidos para o arrolamento.[9] Do mesmo modo, deverão

---

do pagamento de todos os tributos somente condiciona a expedição do formal de partilha e dos respectivos alvarás, mas não a tramitação do arrolamento sumário, ou seja, apenas após o trânsito em julgado da sentença de homologação de partilha é que há a necessidade de comprovação pela Fazenda do pagamento de todos os tributos (não apenas dos impostos incidentes sobre os bens do espólio) para a expedição do formal de partilha. 2. No REsp 1.150.356/SP, Rel. Ministro Luiz Fux, julgado em 09/08/2010, *DJe* 25/08/2010, submetido ao Colegiado pelo regime da Lei nº 11.672/08 (Lei dos Recursos Repetitivos), que introduziu o art. 543-C do CPC, reafirmou-se o posicionamento acima exposto. 3. No presente caso, depreende-se dos autos que o arrolamento sumário está em andamento. Assim, mesmo não se admitindo questionamentos pela Fazenda Estadual acerca de tributos relativos à transmissão neste momento processual, "transitada em julgado a sentença de homologação de partilha ou adjudicação, o respectivo formal, bem como os alvarás referentes aos bens por ele abrangidos, só serão expedidos e entregues às partes após a comprovação, verificada pela Fazenda Pública, do pagamento de todos os tributos" (art. 1031, § 2º, do CPC [art. 659, § 2º, do CPC de 2015]) (...)" (STJ, 2ª T., REsp 1246790/SP, Rel. Ministro Mauro Campbell Marques, j. em 07/06/2011, *DJe* 14/06/2011). O entendimento permanece em julgados mais recentes, *vide*: STJ, 1ª T., AgRg no AREsp 270.270/SP, Rel. Min. Regina Helena Costa, j. em 20/08/2015, *DJe* 31/08/2015; STJ, 2ª T., REsp 1373317/SP, Rel. Min. Assusete Magalhães, j. em 03/04/2014, *DJe* 22/04/2014).

8   Vide STJ, 1ª T., REsp 1.704.359/DF, Rel. Min. Gurgel de Faria, j. em 28/08/20218, *DJe* 02/10/2018.

9   A jurisprudência é majoritária no sentido de não caber a apuração de haveres em processo de arrolamento sumário: "Agravo. Decisão que determina a apuração de haveres em processo de inventário, posteriormente convolado em arrolamento. Recurso do meeiro sustentando que a Fazenda Pública não se opôs ao encerramento do feito, e a decisão estaria ferindo o disposto no artigo 1007 do CPC. Provimento. Tendo em vista que o meeiro e o herdeiro foram aquinhoados em partes iguais e, diante da não oposição pela fazenda pública, tem aplicação o disposto no artigo 1007 do CPC. Recurso conhecido e provido, confirmando-se a liminar inicialmente concedida" (TJRJ, AI nº 0014219-09.2006.8.19.000013ª CC, Des. Antonio Jose

ser apresentadas certidões negativas em nome do falecido de débitos relativos a tributos federais, como imposto de renda.[10]

Azevedo Pinto, j. em 26/07/2006); "Apuração de haveres (art. 993, CPC). Não cabe no processo de arrolamento sumário da Lei nº 7.019, modificativa dos arts. 1.031 a 1.038 do CPC. Logo, descabe convolar o processo de inventário em arrolamento sumário. Desprovimento do recurso" (TJRJ, AI nº 1988.002.290, 2ª CC, Des. Sampaio Peres, j. em 14/06/1988, *DJ* de 20/06/88); "Arrolamento. O processo simplificado de inventário, criado pela Lei nº 7.019/82, que revogou o Código de Processo Civil, é incompatível com a discussão em torno do lançamento, pagamento ou quitação de taxas judiciárias e de tributos incidentes sobre a transmissão de propriedade dos bens do Espólio. *Ipso facto* é incompatível com o processo de apuração de haveres" (TJRJ, AI nº 1989.002.772, 8ª CC, Des. Carpena Amorim, j. em 12/06/1990, *DJ* de 29/06/1990).

[10] Hamilton de Moraes e Barros (*Comentários...*, cit., p. 198) leciona: "A exigência de prova de quitação dos tributos relativos aos bens do espólio e às suas rendas dá a certeza da disponibilidade de tais bens e da segurança de sua alienação. Importante ainda é salientar que se refere a prova exigida a débitos tributários existentes antes da abertura da sucessão. (...) O momento final desse procedimento de arrolamento é o julgamento da partilha. Para que isso possa ter lugar, deverão já estar nos autos a prova da quitação dos tributos relativos aos bens do espólio e às suas rendas (art. 1.036, § 5º [art. 664, § 5º, do CPC de 2015]). Essa prova até que já poderia vir com a inicial, já que cuida das obrigações tributárias do inventariado e não do imposto de transmissão da propriedade para os herdeiros, a cargo desses últimos, cogitação aliás externa ao processo de arrolamento (art. 1.034 [art. 662 do CPC de 2015]). Acontece, porém, que o imposto de renda de pessoa física tem um tempo legal de verificação e de pagamento, não sendo antecipáveis suas quitações". Pontes de Miranda (*Comentários...*, cit., p. 287), embora entenda que o imposto *causa mortis* também deva ser recolhido, afirma que os outros tributos "têm de ser pagos antes de o juiz julgar a partilha, que foi amigavelmente feita. Juntas aos autos têm de ser todas as quitações". Ernane Fidélis dos Santos (*Procedimentos...*, cit., p. 346) esclarece: "Com a antiga redação do art. 1.031, *caput*, sem o atual § 2º, tinha-se a interpretação de que o juiz homologaria até de plano a partilha, desde que os interessados juntassem o comprovante do pagamento (ou de isenção) do imposto de transmissão, bem como as certidões de quitação federal, estadual e municipal. Com o acréscimo do § 2º da Lei nº 9.280/96 tem-se agora, ao entendimento de que os tributos referidos no *caput* do art. 1.031 [equivalente ao art. 659, § 2º] são apenas os referentes à transmissibilidade *mortis causa*, dispensadas as quitações. Neste caso, pagos os tributos respectivos, a partilha deve ser homologada, ficando apenas a expedição de formais e alvarás na dependência de pronunciamentos das Fazendas, federal, estadual e municipal sobre a tributação comum". No mesmo sentido, José da Silva Pacheco (*Inventários...*, cit., p. 603) e Humberto Theodoro Júnior (*Curso...*, cit., p. 303), este último *in verbis*: "A sistemática do arrolamento sumário dos arts. 1.031 a 1.035 subtraiu do Judiciário o dever de controlar o recolhimento do imposto de transmissão *causa mortis*. Apenas são exigidas com a inicial as quitações dos impostos anteriores à sucessão (art. 192 do CTN, art. 1.031 do CPC [art. 659 do CPC de 2015])". Esse também é o entendimento

A lei prevê outros pressupostos de natureza procedimental especificados nos arts. 660 a 663 do Código de Processo Civil, que serão apreciados adiante (*vide* itens nºs 105 a 109, *infra*), destacando-se: a indicação na petição inicial de um inventariante; a atribuição do valor dos bens do espólio; o pagamento da taxa judiciária com base no valor atribuído pelos herdeiros; a reserva de bens suficientes para pagamento de eventuais credores.

104. POSSIBILIDADE DE CONVERSÃO DO INVENTÁRIO EM ARROLAMENTO SUMÁRIO

Em princípio, é perfeitamente possível converter o inventário em arrolamento sumário, desde que, evidentemente, preenchidos os requisitos legais. Tal situação pode ocorrer, inclusive, caso um dos herdeiros, inicialmente incapaz, tenha no curso do inventário adquirido a capacidade plena, seja pelo implemento da idade, emancipação ou qualquer outra causa legal.

Todavia, tal conversão somente poderá se dar enquanto o cálculo não tiver sido julgado por sentença, pois, caso isso ocorra, as partes não poderão dispor da coisa julgada material que se formou, inclusive no interesse da própria Fazenda Pública. Aqui, o imposto de transmissão deverá ser necessariamente recolhido antes da partilha. Nessa hipótese, não há por que convolar o procedimento, pois, no procedimento tradicional do inventário, só restará a própria partilha que poderá ser apresentada por todos os herdeiros, caso queiram.[11]

---

do Superior Tribunal de Justiça: "(...) 3. O arrolamento sumário, previsto no art. 1.031 do CPC, tem rito mais simplificado que o inventário e o arrolamento comum, este previsto no artigo 1.038, do mesmo diploma legal. 4. O pedido de partilha amigável será homologado de plano pelo juiz, mediante a prova da quitação dos tributos relativos aos bens do espólio e às suas rendas (art. 1.031, *caput*, do CPC combinado com o art. 192 do CTN). (...)" (REsp 910.413/PR, Rel. Ministro Luis Felipe Salomão, Quarta Turma, julgado em 06/12/2011, *DJe* 15/03/2012).

[11] O Professor Ernane Fidélis dos Santos (*Procedimentos...*, cit., p. 344) assentou: "Requerido, porém, o inventário e partilha e não o arrolamento sumário, nada impede que as partes façam acordo posterior e alterem o rito, apresentando partilha amigável, independentemente da lavratura de qualquer termo (art. 1.032)". A jurisprudência também considerou genericamente possível a conversão: "Ação de inventário. Decisão que converteu o procedimento em arrolamento sumário. Indeferimento do pedido de expedição de alvarás para venda de bens do espólio. Herdeiros não apresentam discordância concreta acerca da partilha, tendo nomeado de comum acordo um terceiro de confiança como inventariante. Conversão do rito que tem o objetivo de tornar célere o procedimento (...)" (TJSP, 3ª Câmara de Direito Privado, AI nº 2121223-27.2016.8.26.0000, Rel. Des. Marcia Dalla Déa Barone, j. em 02/08/2016).

INVENTÁRIO E PARTILHA: Judicial e Extrajudicial – *Paulo Cezar Pinheiro Carneiro*

Já a conversão do arrolamento sumário em inventário somente poderá ocorrer com a concordância de todas as partes que celebraram a partilha amigável, ou caso ocorra algum óbice que impeça o preenchimento dos pressupostos relativos ao procedimento do arrolamento, como a previsão na petição inicial do arrolamento da necessidade de avaliação dos bens,[12] ou mesmo a falta de consenso dos herdeiros com relação à indicação posterior de bens suficientes para pagamento de eventual credor.

105. A PETIÇÃO INICIAL DO ARROLAMENTO

A petição inicial do arrolamento sumário deverá conter todos os requisitos previstos para a petição inicial do inventário tradicional – art. 620, I a IV, e respectivos subitens (*vide* item nº 35, *supra*), destacando-se dentre eles a individuação dos herdeiros e a relação dos bens do espólio, com atribuição do valor de cada um deles. Além disso, a petição inicial deverá indicar o inventariante e apresentar a partilha amigável celebrada por todos os herdeiros e, ainda, se for o caso, a indicação de bens a serem reservados para o pagamento das dívidas.[13] Enfim, o procedimento do arrolamento sumário concentra

---

Igualmente TJSP, 9ª Câmara de Direito Privado, AI nº 9042555-35.2007.8.26.0000, Rel. Des. Piva Rodrigues, j. em 09/04/2007. Pode haver peculiaridades no caso concreto, entretanto, que justifiquem a negativa da conversão, como nas seguintes hipóteses: "Inviabilidade de modificação do rito especial se a transação que se quer impugnar já está sacramentada em escritura pública lavrada com autorização judicial. Provimento do agravo" (TJRJ, AI nº 1988.002.141, 8ª CC, Des. Carpena Amorim, j. em 24/05/1988, *DJ* de 03/06/1988); "Inventário. Nada impede se converta o inventário em arrolamento pelo rito previsto na Lei nº 7.019/82. No entanto, se se trata de uma segunda sucessão, quando ainda não encerrado o inventário da primeira, tal conversão não é de ser deferida" (TJRJ, AI nº 1989.002.1270, 2ª CC, Des. Murillo Fabregas, j. em 17/04/1990, *DJ* de 30/04/1990); "Apuração de haveres (art. 993, CPC). Não cabe no processo de arrolamento sumário da Lei nº 7.019, modificativa dos arts. 1.031 a 1.038 do CPC. Logo, descabe convolar o processo de inventário em arrolamento sumário. Desprovimento do recurso" (TJRJ, AI nº 1988.002.290, 2ª CC, Des. Sampaio Peres, j. em 14/06/1988, *DJ* de 20/06/1988).

[12] Veja-se o julgado proferido pelo TJRJ: "Arrolamento. Herdeiros maiores e capazes. Pretensão de serem os bens avaliados judicialmente. Inadmissibilidade. Art. 1.033, CPC. Recurso improvido, ressalvado o direito de procederem à conversão do arrolamento em inventário" (TJRJ, AI nº 1989.002.694, 8ª CC, Des. Fernando Celso Guimarães, j. em 19/06/1990, *DJ* de 06/09/1990).

[13] Nesse sentido: "A petição de arrolamento sumário, com partilha amigável, é independente de qualquer termo, exigindo-se, apenas, partes capazes, nomeação do inventariante que for designado, declaração dos herdeiros e bens, com a atribuição do valor destes, para fins de partilha. Art. 1.032 do CPC. O instrumento de partilha

praticamente num único momento a petição de abertura do inventário com a indicação do inventariante, as primeiras declarações, a avaliação, através da indicação dos valores dos bens, o eventual pagamento de dívidas ou reserva de bens e a própria partilha.

O arrolamento deverá ser distribuído no mesmo prazo previsto para o início do inventário tradicional, ou seja, dois meses a contar da abertura da sucessão, sob pena de incidência de cominação prevista para o atraso.[14]

Importante destacar que a indicação do inventariante ficará a exclusivo critério das partes, não cabendo ao juiz discordar da indicação, salvo no caso de impedimento legal expresso para que o indicado exerça a função.[15]

---

pode ser embutido nas próprias declarações da petição inicial, não exigindo, a lei, o instrumento público ou particular como ato imprescindível. Os poderes contidos na cláusula *ad judicia* são suficientes para o procurador firmar a partilha amigável entre pessoas capazes. Agravo provido" (TJPR, *PJ* 40/50).

[14] A doutrina não é uniforme quanto a esse posicionamento. Comungam dele Hamilton de Moraes e Barros (*Comentários...*, cit., p. 195: "O prazo de abertura do arrolamento sumário é o mesmo dos inventários solenes, ou seja, o de 30 dias a contar da abertura da sucessão") e Pontes de Miranda (*Comentários...*, cit., p. 295: "O prazo para se iniciar o arrolamento é o mesmo que a lei fixou para o inventário e partilha a que se não aplica o critério excepcional"). Em sentido contrário, Ernane Fidélis dos Santos, sustentando não incidirem as sanções fiscais "que decorrem da não instauração do inventário em trinta dias e da sua não ultimação em seis meses (artigo 983), se o tributo for recolhido no prazo" (*Procedimentos...*, cit., p. 347).

[15] Os autores divergem sobre a aplicação do art. 990 aos casos de arrolamento. Pontes de Miranda (*Comentários...*, cit., p. 279) sustenta: "Não se tem de observar o art. 990. Os artigos 991-993, sim. (...) A escolha é apresentada pelo juiz, conforme o art. 1.032, II, ou só há nomeação pelo juiz, no artigo 1.036. (...) Se a espécie é a do art. 1.031, II, o inventariante é nomeado, conforme o art. 990, pelo juiz, que há de obedecer à ordem legal, e como se passa com o art. 1.031, I, assunto dos arts. 1.031-1.035". Diversamente entende Hamilton de Moraes e Barros (*Comentários...*, cit., p. 200): "Se, ao despachar a inicial, estiver armado de dados certos e relevantes, capazes de fundamentar uma contraindicação da investidura, pode e deve negá-la o juiz. Esses dados tanto podem ser atos ou fatos do seu conhecimento pessoal, como os notórios. Os mesmos motivos determinantes da remoção ou da destituição do inventariante já analisados nos comentários dos arts. 995 a 998 deste CPC são igualmente prestadios e de possível exame por ocasião da investidura. A escolha do inventariante, de resto, não é livre, arbitrária ou caprichosa, ainda que feita pelas partes ou pelo juiz. Ela é de decidir num dos indivíduos relacionados no art. 990 deste CPC. A ordem ali estabelecida deve ser observada". Antonio Carlos Marcato (*Procedimentos...*, cit., p. 181), quanto ao arrolamento sumário, apenas afirma que "o inventariante é indicado pelos herdeiros". Ao se referir ao arrolamento comum, porém, afirma que: "A nomeação do inventariante recairá numa das pessoas indicadas pela lei (...), sem necessidade de compromisso". Humberto Theodoro (*Curso...*, cit., p. 304) também se manifesta

Como afirmado anteriormente, o procedimento do arrolamento sumário é de jurisdição voluntária, pelo que caberá tão somente ao magistrado, uma vez presentes os requisitos que o autorizem a tal, proferir sentença homologatória da partilha. Caso isso não seja possível e desde que os herdeiros não possam cumprir eventual exigência legal, a hipótese será de inventário tradicional e, assim, deverá o juiz proceder, de ofício, à modificação do procedimento.

Pela mesma razão, não será necessária a intervenção do Ministério Público,[16] uma vez que não se encontra presente qualquer daquelas hipóteses do art. 178 do CPC, nas quais é obrigatória a sua intervenção. Nem se afirme que a eventual existência de testamento determinaria a intervenção do órgão com atribuição do *Parquet*. Isso porque os direitos em jogo no arrolamento sumário são disponíveis, podendo as partes, e nesta condição estarão os herdeiros testamentários e os legatários, acordar sobre a destinação dos bens da forma que melhor lhes aprouver, salvo na hipótese da existência de gravame, que ensejará a intervenção do Ministério Público para vê-lo cumprido, como também na anterior fase do registro do testamento.[17]

---

pela observância da ordem normativa: "Mas aqui, ao contrário do que se passa no arrolamento sumário do art. 1.031, não está excluída a hipótese de divergências e de um contencioso entre as partes. (...) A escolha do inventariante, por exemplo, observará a ordem de preferência legal, mas o compromisso fica dispensado (art. 1.036)".

[16] Apenas excepcionalmente, caso presente uma das hipóteses do artigo 178 do CPC, será justificada a intervenção do MP no âmbito da jurisdição voluntária (CPC, art. 721).

[17] Quanto à intervenção do Ministério Público, Hamilton de Moraes e Barros (*Comentários...*, cit., p. 200) faz duas observações diferentes em relação a cada um dos tipos de arrolamento. No sumário, diz: "Além disso, em havendo testamento, o Ministério Público tem de oficiar e sua presença não está prevista no arrolamento sumário, onde, a rigor, nada tem ele a fazer". Ao tratar do arrolamento comum, averbou: "A eventual presença no feito de incapazes, menores e até de ausentes vai determinar que nele intervenha o representante do Ministério Público, sendo que a não-intervenção é causa de nulidade". Ernane Fidélis dos Santos (*Procedimentos...*, cit., pp. 348 e 350), ao comentar o art. 1.036, afirma: "Conforme já se falou, o juiz deve marcar prazo de habilitação aos citados e, se não o fizer, deve ser o supletivo de cinco dias, a contar da última citação (art. 241, II e III), a partir do qual inicia-se o prazo de dez dias para falarem sobre declarações, valores e plano de partilha, inclusive o Ministério Público (art. 1.000)". Antonio Carlos Marcato (*Procedimentos...*, cit., p. 181) também estabelece a distinção: "Além das peculiaridades apresentadas pelo arrolamento sumário (...), o comum apresenta ainda as seguintes: a) o Ministério Público intervirá no feito, acautelando os interesses dos herdeiros incapazes". Humberto Theodoro Júnior (*Curso...*, cit., p. 303) aduz: "A presença de incapazes entre os herdeiros não afasta o procedimento do art. 1.036. Impõe, porém, a citação do Ministério Público para funcionar na causa". A jurisprudência considerou "essencial e inarredável a in-

106. A DESNECESSIDADE DE AVALIAÇÃO DOS BENS DO ESPÓLIO

No procedimento de arrolamento sumário não está prevista a avaliação dos bens do espólio, pelo simples fato de que não existe qualquer divergência quanto a esse aspecto pelas partes que firmaram a partilha amigável (CPC, artigo 661). Por outro lado, não haverá qualquer tipo de prejuízo para a Fazenda Pública, na medida em que ela não se vincula aos valores atribuídos aos bens, podendo questioná-los na via própria, tendo inclusive o poder de promover o lançamento de créditos que entenda legítimos.

A única exceção ocorrerá na hipótese em que os herdeiros convencionarem a notificação do credor, para que ele se pronuncie se concorda com o valor atribuído ao bem reservado para a satisfação do seu crédito (*vide* item n° 109, *infra*). Nesse caso e somente nele será promovida a avaliação dos bens reservados. Todavia, tal fato não impedirá que, no futuro, se tal bem não for suficiente, possa o credor buscar satisfazer seu crédito através de outros bens recebidos pelos herdeiros.

107. TAXA JUDICIÁRIA. QUESTÕES RELATIVAS AOS TRIBUTOS INCIDENTES SOBRE A TRANSMISSÃO DE BENS DO ESPÓLIO

Conforme examinado no item anterior, não se procede à avaliação dos bens do espólio no procedimento de arrolamento sumário. Daí por que o valor da taxa judiciária será calculado e recolhido com base no valor dos bens atribuídos pelos herdeiros.

Poderá a Fazenda Pública exigir eventual diferença que vier apurar na via administrativa utilizando-se dos meios adequados ao lançamento dos créditos tributários em geral.

Os tributos incidentes sobre a transmissão *causa mortis*, *inter vivos* ou de reposição da propriedade dos bens do espólio serão recolhidos diretamente na via administrativa.

O herdeiro ou os herdeiros munidos da carta de adjudicação ou do formal de partilha, conforme o caso, apresentarão o respectivo título à re-

---

tervenção do Ministério Público, em inventários, mesmo sob o rito do arrolamento, onde há influência de testamento" (TJRS, RJTJRS 171/282). No mesmo sentido: "Inventário. Arrolamento. Existência de testamento. Participação obrigatória do Ministério Público. Anula-se a sentença proferida ao arrepio do art. 82, inciso II, do CPC, c/c o art. 84 do mesmo diploma legal. Recurso provido" (TJRJ, Ap. Cív. n° 1992.001.4665, 3ª CC, Des. Torres de Melo, j. em 30/03/1993, *DJ* de 27/05/1993).

partição competente para o processamento e lançamento do imposto, não estando as autoridades fazendárias adstritas aos valores dos bens do espólio atribuídos pelos herdeiros.[18]

Assim, o arrolamento sumário, como procedimento de jurisdição voluntária que é, não se presta a dirimir conflitos e muito menos a resolver questões, quaisquer que sejam, postas pelas partes ou terceiros interessados.

Do mesmo modo que os valores atribuídos pelos herdeiros aos bens não vinculam a Fazenda, a avaliação administrativa, procedida por esta última, desses mesmos bens, em nada interfere nos quinhões constantes da partilha já realizada e homologada por sentença. Nenhum herdeiro, salvo a hipótese de ter ocorrido um dos vícios de vontade, como o erro, poderá pleitear a anulação da partilha amigável em decorrência da diferença das avaliações.

108. DA OBRIGATORIEDADE OU NÃO DA INTERVENÇÃO DA FAZENDA PÚBLICA

Não existe qualquer razão, inclusive de natureza prática, que autorize o entendimento de ser obrigatória a intervenção da Fazenda Pública no procedimento de arrolamento sumário.

Aliás, o texto da lei exclui expressamente a possibilidade de serem conhecidas ou apreciadas questões relativas "ao lançamento, ao pagamento ou à quitação de taxas judiciárias ou de tributos incidentes sobre a transmissão da propriedade dos bens do Espólio" (artigo 662 do CPC). Portanto, se as questões que interessam à Fazenda Pública não podem ser conhecidas,

---

[18] A propósito de não se proceder ao cálculo do imposto de transmissão *causa mortis* em arrolamento, confiram-se os acórdãos a seguir: "(...) Por seu turno, os artigos 1.031 e seguintes, do CPC [de 1973, arts. 659 e ss. do CPC de 2015], estabelecem o procedimento a ser observado no âmbito do arrolamento sumário, cujo rito é mais simplificado que o do arrolamento comum previsto no artigo 1.038 e o do inventário propriamente dito, não abrangendo o cálculo judicial do imposto de transmissão *causa mortis*. (...)" (STJ, 1ª Seção, REsp 1150356/SP, Rel. Ministro Luiz Fux, j. em 09/08/2010, *DJe* 25/08/2010); "(...) No arrolamento não são conhecidas ou apreciadas questões relativas ao lançamento, ao pagamento ou à quitação de tributos incidentes sobre a transmissão da propriedade dos bens do espólio (...)" (TJRJ, 5ª CC, AI nº 0053998-19.2016.8.19.0000, Rel. Des. Cláudia Telles de Menezes, j. em 01/11/2016); "(...). Não se evidencia qualquer irregularidade no aludido recolhimento feito ao Fisco, pois cumprida a formalidade pelo inventariante. Registre-se, outrossim, que em sede de arrolamento sumário de bens, tampouco é a via adequada para se rediscutir questões afetas ao lançamento, ao pagamento ou à quitação do tributo em tela, nos termos do artigo 1.034 do CPC [de 1973, art. 662 do CPC de 2015] (...)" (TJRJ, 9ª CC, AI nº 0042760-37.2015.8.19.0000, Des. Adolpho Correa De Andrade Mello Junior, j. em 23/02/2016).

discutidas e apreciadas no curso do procedimento, não há porque exigir-lhe a intervenção.[19] A ideia é reforçada com o CPC de 2015, que não exige mais a comprovação do pagamento de tributos em qualquer fase do rito de arrolamento.

Não haverá qualquer óbice à intervenção da Fazenda na qualidade de assistente, limitada a arguições de natureza formal, como, por exemplo, a falta da indicação pelos herdeiros do valor de alguns bens do espólio, a correta descrição de imóveis etc.

Já se afirmou que o Cartório de Registro de Imóveis não poderá registrar qualquer título translativo da propriedade sobre bens imóveis sem a comprovação do recolhimento do imposto de transmissão próprio para aquele ato. O mesmo princípio se aplica à instituição de direitos reais sobre tais bens.

109. O ARROLAMENTO SUMÁRIO E A POSIÇÃO DOS CREDORES

Na petição inicial do arrolamento, os herdeiros deverão indicar obrigatoriamente (art. 660, II, *fine*, c/c o art. 620, IV, letra *f*, ambos do Código de Processo Civil) as dívidas do *de cujus*, a origem da obrigação, o nome dos credores e, ainda, os bens que ficarão reservados para o cumprimento de tais

---

[19] Nesse sentido, Hamilton de Moraes e Barros (*Comentários...*, cit., p. 200): "No procedimento de arrolamento, a Fazenda Pública não tem qualquer atuação, tanto assim que não deve ser citada para neles funcionar ou representar-se (arts. 1.033 e 1.034 e seus parágrafos)"; Ernane Fidélis dos Santos (*Procedimentos...*, cit., pp. 348 e 350): "Quando todos os interessados não estiverem representados nos autos, mister se faz a citação que se procederá na forma do art. 999 e seus parágrafos, com exclusão da Fazenda Pública". Em sentido contrário, Antonio Carlos Marcato (*Procedimentos...*, cit., p. 181), ao comentar o arrolamento comum, diz: "Em seguida, serão citados os interessados e intimados os representantes do Ministério Público e da Fazenda Pública, na forma prevista no art. 999 (...), a fim de que se manifestem sobre as declarações (...)". Interessante destacar a opinião de José da Silva Pacheco (*Inventários...*, cit., p. 602): "O art. 1.033, em sua nova redação, determina que não se procederá à avaliação dos bens dos autos do arrolamento". A jurisprudência do STJ também entende descabida a intervenção da Fazenda Pública, como se depreende: "5. Antes do trânsito em julgado da sentença de homologação da partilha ou adjudicação proferida no procedimento de arrolamento sumário, inexiste intervenção da Fazenda Pública, a qual, contudo, condiciona a expedição dos respectivos formais, à luz do disposto no § 2º do artigo 1.031 do CPC. Precedentes. 6. Nessa linha, eventuais questões tributárias deverão ser resolvidas pela via adequada, ficando suspensa a expedição do formal de partilha e respectivos alvarás, ante a manifesta prejudicialidade do processo que discute a relação jurídico-tributária na esfera administrativa (art. 1.034 do CPC) ou judicial" (REsp 910.413/PR, Rel. Ministro Luis Felipe Salomão, Quarta Turma, julgado em 06/12/2011, *DJe* 15/03/2012).

compromissos. A existência de credores, entretanto, não obsta o arrolamento sumário, conforme o artigo 663 do CPC.

Poderão os herdeiros, a seu exclusivo critério, requerer notificação do credor para se manifestar sobre o bem indicado com o valor estimado para fazer frente ao seu crédito. Tal medida poderá trazer certa tranquilidade aos herdeiros no que toca à distribuição dos respectivos quinhões. O credor, enquanto não excutido o bem reservado que ele considera bom e suficiente para satisfazer o seu crédito, não poderá promover em face de herdeiros individualmente considerados medidas judiciais visando à constrição dos bens que receberam.

Caso os herdeiros optem por não promover a notificação do credor, ele não estará obrigado a esperar a alienação em praça ou leilão dos bens reservados. Poderá, desde logo, tomar medidas próprias diretamente em face dos herdeiros individualmente considerados, que serão responsáveis pelo pagamento das dívidas, no limite das forças da herança que receberam.

Feita a notificação e desde que o credor impugne o valor atribuído ao bem ou à sua qualidade, o juiz determinará, tão-somente, que se proceda à avaliação do mesmo.

Nessa fase, não caberá a indicação de assistentes técnicos e, muito menos, o laudo ensejará decisão ou homologação do juízo. Poderá assim, também, o credor, insatisfeito com o bem indicado ou com o valor que resultar da avaliação, promover nas vias próprias as medidas que entender cabíveis para defesa de seus direitos.

Caso o valor da avaliação seja inferior ao da dívida, deverão os herdeiros alterar a partilha amigável, para o fim de reservar outros bens que cubram o valor da dívida, alterando-se, assim, os quinhões. Na falta de acordo entre os herdeiros, o procedimento de arrolamento sumário transformar-se-á em inventário tradicional.

Se houver sobra após a alienação dos bens reservados, ela será distribuída, nas respectivas proporções, para os herdeiros, independentemente da celebração de sobrepartilha.

110. ARROLAMENTO COMUM. CABIMENTO

O inventário observará obrigatoriamente o procedimento previsto para o arrolamento comum sempre que o valor dos bens do espólio for igual ou inferior a mil salários mínimos, independentemente da capacidade das partes e de estarem elas de acordo com a partilha proposta pelo inventariante, conforme determinado o art. 664, *caput*, do CPC.

Trata-se de procedimento de jurisdição contenciosa, no qual o juiz dirimirá as questões duvidosas, salvo aquelas relativas ao cálculo do imposto, julgando por sentença a partilha (*vide* item nº 101, *supra*).

A expressão "bens do espólio" deve corresponder ao patrimônio que será inventariado e transmitido para os herdeiros e legatários. Assim, nele não estarão compreendidos os bens do cônjuge supérstite ou da(o) companheira(o), como também não serão abatidas as dívidas do *de cujus*. É importante não confundir os bens que compõem o monte mor, com aqueles de propriedade do falecido, parte integrante do espólio.[20]

111. PROCEDIMENTO

Antes de tudo, deverá o administrador provisório (*vide* item nº 14, *supra*), se houver, ou qualquer das pessoas indicadas no art. 616 do Código de Processo Civil (*vide* item nº 19, *supra*), apresentar junto ao juízo competente requerimento para a abertura de inventário, com pedido de nomeação do inventariante.

A nomeação do inventariante, diferentemente do que ocorre no arrolamento sumário (*vide* item nº 109, *supra*), deverá obedecer à ordem prevista no art. 617 do Código de Processo Civil, aplicando-se aqui as mesmas regras e princípios previstos para o procedimento tradicional do inventário (*vide* itens nºs 20 e 21, *supra*).

O inventariante nomeado está dispensado da assinatura do termo de inventariança e deverá apresentar, desde logo, as primeiras declarações com a atribuição do valor dos bens do espólio e o plano de partilha. Nada impede que o inventariante requeira, nesse momento, alvará para a venda de bem de

---

[20] O entendimento de Pontes de Miranda (*Comentários...*, cit., p. 281-282), com base na redação anterior da lei, foi assim expresso: "Valor total da *herança*, não do monte (herança *mais* meação do cônjuge sobrevivente). Valor, isto é, ativo *menos* passivo". No entanto, Ernane Fidélis dos Santos (*Procedimentos...*, cit., p. 349) pondera: "Em face do sistema atual, não mais prevalecem os ensinamentos de Pontes de Miranda, pois houve substancial mudança de redação do art. 1.036. Não se falando, agora, em valor de herança, o passivo em nada influenciará no valor apurado. Da mesma forma, procuram-se valores de bens que não estão no espólio, não importando que apenas parte ideal deles pertença ao espólio, quando se trata de meação que também vai ser apurada na partilha, pois o processo liquidatório é uno, englobando, em consequência, todas as partes da liquidação. As soluções acima encontradas na própria linguagem do Código são mais coerentes com as próprias finalidades do instituto, pois não se pode esquecer de que a meação é quinhão importantíssimo que se apura no processo. Daí não poder deixar de ser levada em conta, para a fixação de procedimentos reduzidos, com fundamento no valor dos bens".

difícil divisão, aplicando-se aqui as regras previstas no art. 619, por força da autorização concedida pelo art. 667, ambos do Código de Processo Civil.[21]

Em seguida, o juiz determinará a citação das partes para no prazo de 15 dias reclamar contra a nomeação do inventariante; arguir erros ou omissões constantes das declarações, especialmente os valores atribuídos aos bens; contestar a qualidade de quem foi incluído como herdeiro ou credor; solicitar a colação de bens;[22] impugnar o plano de partilha. Enfim, cabe aqui discutir

---

[21] A jurisprudência reconhece a possibilidade de concessão de alvará em arrolamento. A propósito, os seguintes julgados: "Agravo de Instrumento. Inventário. Arrolamento. Sentença de partilha já homologada. Requerimento de expedição de alvará para venda de imóvel pertencente ao espólio, objetivando a obtenção de recursos para quitação dos tributos devidos. Possibilidade. Interessados maiores, capazes e acordes. Vultoso valor do tributo. Princípios da celeridade, instrumentalidade das formas e efetividade. Medida que se impõe, sob pena de se postergar indefinidamente a efetivação do processo de inventário. Valor obtido com a venda do imóvel que deverá ser depositado em conta judicial a disposição do juízo. Recurso a que se dá provimento". (TJRJ, 22ª CC, AI nº 0031778-27.2016.8.19.0000, Rel. Des. Odete Knaack de Souza, j. em 20/09/2016); "(...) 1. Trata-se de procedimento de jurisdição voluntária em que se pretende o arrolamento e partilha dos bens deixados por Júlio Francisco, bem como o levantamento de quantias depositadas em nome do *de cujus*. 2. Em havendo dependente habilitado junto ao órgão empregador e crédito relativo a reajuste de vencimentos de 28,86% e 3,17% concedido aos funcionários públicos federais, não há óbice à expedição de alvará judicial para levantamento das respectivas quantias, conforme dispõe o artigo 1º da Lei nº 6.858/80 aplicável à espécie. 3. Provimento do recurso" (TJRJ, 17ª CC, AI nº 0022305-03.2006.8.19.0021, Rel. Des. Elton Martinez Carvalho Leme, j. em 15/04/2015).

[22] Os tribunais já admitiram a colação de bens em arrolamento: "Sucessão. Arrolamento. Adiantamento de legítima. Colações. Com a abertura da sucessão, é o herdeiro obrigado à colação devendo conferir nos autos, no inventário do doador, por termo, os bens que antes havia recebido em adiantamento de legítima. Só é possível a dispensa dessa formalidade, se tiver sido desobrigado na respectiva escritura, tudo constando no pacto de transmissão, devidamente registrado no RGI, nos seguintes casos: primeiro, se os demais herdeiros compareceram ao ato assinando-o, concordando com ele, ou determinado o doador, que o bem doado saia de sua metade disponível, calculado, *ex vi*, art. 1.722 do Código Civil. Nada desses fatos constando no termo de transmissão, será o herdeiro obrigado à colação, para conferencia, por termo nos autos. Provimento do recurso" (TJRJ, AI nº 1995.002.1787, 6ª CC, Des. Luiz Carlos Perlingeiro, j. em 09/04/1996, *DJ* de 22/04/1996); "Agravo de instrumento. Arrolamento sumário (...). Necessidade de colação por caracterizar o adiantamento de legítima, com vistas a igualar os quinhões hereditários - Parcial provimento" (TJSP, 4ª Câmara de Direito Privado, AI nº 9030422-63.2004.8.26.0000, Rel. Des. Enio Zuliani, j. em 15/12/2011). O art. 1.772 do CC de 1916 guarda correspondência com o art. 2.013 do CC de 2002.

todas as questões duvidosas que decorram do inventário e da partilha, salvo aquelas que digam respeito ao cálculo do imposto.

Após o pronunciamento das partes e ouvido o Ministério Público, se houver interesses de incapazes ou testamento, o juiz, havendo discordância quanto aos valores atribuídos aos bens,[23] nomeará um avaliador para que apresente laudo, em 10 dias (CPC, artigo 664, § 1º). Poderá, também, o juiz, se necessário para formar seu convencimento sobre outras questões porventura levantadas, determinar a oitiva das outras partes diretamente interessadas.

Concluída a avaliação, se for o caso, ou havendo outro tipo de impugnação, o juiz marcará necessariamente audiência para decidir as questões controvertidas que a lei lhe autoriza (*vide* item nº 10, *supra*), julgando, neste momento, a partilha (CPC, artigo 664, § 2º), salvo se não estiver comprovada nos autos a quitação dos tributos relativos aos bens do espólio ou de suas rendas (*vide* item nº 78, *supra*), conforme o artigo 664, § 5º, do CPC.

Se o valor da avaliação superar o limite máximo previsto para a utilização do procedimento de arrolamento comum, o juiz não designará audiência e determinará, imediatamente, a conversão desse procedimento no tradicional, comum, do inventário, cabendo a qualquer das partes ou ao Ministério Público, se estiver oficiando, apresentar recurso de agravo de instrumento em face desta decisão de natureza interlocutória (CPC, art. 1.015, parágrafo único).

O legislador entendeu que a sede para decidir as questões duvidosas e a deliberação sobre o plano de partilha seria a da audiência, até porque sempre, em tese, será possível a conciliação.[24]

---

[23] Humberto Theodoro Júnior (*Curso...*, cit., p. 305) leciona que não há necessidade de avaliação, mesmo havendo herdeiro incapaz, se houver concordância: "A simples participação do incapaz não torna obrigatória a avaliação judicial. Somente quando algum herdeiro ou o Representante do Ministério Público discordar da estimativa do inventariante é que tal medida se tornará indispensável (art. 1.036, § 1º)". Nesse mesmo sentido: "Ainda que haja herdeiro menor, o processo simplificado de arrolamento dispensa avaliação de bens" (*RT* 590/85, *apud* Nery, cit., p. 1.342).

[24] Essa opinião não é uniforme. Há quem discorde. Hamilton de Moraes e Barros (*Comentários...*, cit., p. 206) entende ser facultativa a realização da audiência: "A linguagem da lei, *em audiência que designar*, ou seja, *que vier a designar*, mostra que esse ato poderá ser dispensado pelo juiz". No mesmo sentido, Ernane Fidélis dos Santos (*Procedimentos...*, cit., p. 350): "A audiência pode ser feita, é lógico, mas é perfeitamente dispensável e até desaconselhável, em face do sistema do Código que, neste particular, presta vênia ao princípio da celeridade e economia. Para que a audiência, se nos inventários não se produz prova oral? Mais lógico, e atingindo os mesmos fins, que o juiz, ao invés de designar audiência, mande ouvir as partes, decida as reclamações, determine lançar a partilha e a homologue". José da Silva Pacheco

Não cabe no procedimento de arrolamento comum, a exemplo do procedimento de arrolamento sumário (*vide* item nº 103, *supra*), qualquer discussão sobre o lançamento, o pagamento e a quitação da taxa judiciária e do imposto sobre a transmissão da propriedade dos bens do espólio.

112. LEVANTAMENTO DE VALORES SEM NECESSIDADE DE INVENTÁRIO OU ARROLAMENTO

A Lei nº 6.858, de 24 de novembro de 1980, uma das iniciativas do então Ministério da Desburocratização, regulamentada pelo Decreto nº 85.845, de 26 de março de 1981, permitiu o levantamento dos valores nela especificados, independentemente da realização de inventário ou de arrolamento, a saber: a) quantias devidas a qualquer título pelos empregadores a seus empregados, em decorrência de relação de emprego; b) quaisquer valores devidos, em razão de cargo ou emprego, pela União, Estado, DF, Territórios, Municípios e suas autarquias aos respectivos servidores; c) saldos das contas individuais do Fundo de Garantia do Tempo de Serviço e do Fundo de Participação PIS-PASEP; d) restituições relativas ao imposto sobre a renda e demais tributos recolhidos por pessoas físicas; e) saldos de contas bancárias, saldos de cadernetas de poupança e saldos de contas de fundos de investimento, desde que não ultrapassem o valor de 500 Obrigações Reajustáveis do Tesouro Nacional e que não existam, na sucessão, outros bens sujeitos a inventário ou arrolamento.[25]

Tais valores, de acordo com o artigo 2º do Decreto anteriormente citado, serão pagos em cotas iguais, diretamente pelos órgãos próprios, mediante requerimento dos dependentes habilitados do falecido, cuja qualidade será comprovada por meio de documento fornecido pela instituição de previdência ou, se for o caso, pelo órgão encarregado, na forma da legislação própria, do processamento do benefício por morte.

Importante aqui consignar que a Lei nº 6.858/80 introduziu regras de direito material alterando a ordem de vocação hereditária prevista no Código

---

(*Inventários...*, cit., p. 613) reconhece: "A Lei nº 7.019/82 tem em vista simplificar e acelerar o processo de arrolamento. Contudo, não levou em conta que um dos nódulos procrastinantes de qualquer processo judicial é a designação de audiência. Tanto é assim que se tem procurado evitá-la ou suprimi-la, quando desnecessária, no próprio sistema do novo CPC. (...) Entretanto, assim determina a nossa lei. Deve o juiz designar a audiência, intimá-la às partes, e realizá-la".

[25] A Lei nº 8.213/91, que dispõe sobre os planos de benefícios da Previdência Social, prevê a possibilidade, independentemente de inventário ou arrolamento, de os dependentes habilitados à pensão por morte ou, na falta deles, seus sucessores na forma da lei civil receberem valores não percebidos em vida pelo segurado.

Civil então vigente ao favorecer, nas hipóteses nela contempladas, os dependentes habilitados perante a Previdência Social ou, na forma da legislação específica, os servidores civis e militares, os quais podem não ser necessariamente herdeiros na exata ordem da vocação hereditária. Ao que tudo indica, o legislador considerou tais verbas como de cunho alimentar a serem pagas àqueles que dependiam do falecido.[26] É certo que tal entendimento é coerente em se tratando de valores devidos pelos empregadores aos empregados e não recebidos em vida pelo obituado, ou cotas do FGTS, PIS-PASEP etc.

Pela lei sequer existe necessidade de requerimento de alvará para o levantamento de tais valores, salvo à falta de dependentes habilitados no instituto de previdência próprio (artigo 5º do Decreto nº 85.845/81). Porém, se houver recusa do órgão próprio,[27] poderá o dependente habilitado ou,

---

[26] A respeito do tema, confira-se a jurisprudência: "(...) Os valores pertencentes ao FGTS e restituição do imposto de renda existentes em contas bancárias em nome do obituado devem ser pagos ao(s) dependente(s) habilitado(s) perante a Previdência Social. Na hipótese é a viúva do *de cujus*, sendo desnecessária a habilitação de eventuais outros herdeiros para tal finalidade. Decisão afastada. Agravo provido." (TJRJ, 21ª CC, AI nº 0032927-73.2007.8.19.0000, Des. Maria Inês da Penha Gaspar, j. em 10/10/2007); "(...) os valores relativos a restituições de imposto de renda não recebidos pelo falecido em vida, observado o teto legal, devem ser levantados pelos dependentes habilitados junto a Previdência Social, nos termos dos arts. 1º e 2º da Lei n. 6.858/80. 3. Recurso especial não provido" (STJ, 4ª T., REsp 1085140/SP, Rel. Ministro Luis Felipe Salomão, Quarta Turma, julgado em 07/06/2011, *DJe* 17/06/2011). Há acórdãos entendendo que devam ser os valores divididos entre os dependentes habilitados e os sucessores do falecido. Nesse sentido: "(...) Requerente pensionista militar do posto de Tenente Coronel. Rendimentos mensais superiores a R$ 10.000,00 (dez mil reais). Ausência de provas de quaisquer gastos. Requerimento autônomo de alvará judicial. Levantamento de valores junto à Receita Federal. Restituição de imposto de renda de pessoa falecida. Levantamento deferido à razão de um terço, ante a existência de outras duas herdeiras legítimas. Sentença mantida. Recurso desprovido" (TJRJ, 5ª CC, Ap. Cív. nº 0020591-14.2015.8.19.0208, Rel. Des. Cláudia Telles de Menezes, j. em 06/12/2016); "(...) Requerimento de levantamento apenas da sua parte, pela viúva, ora apelante. Possibilidade, devendo ficar resguardada a parte do filho maior que deve permanecer depositada. Provimento do recurso, para julgar procedente o pleito autoral, determinando a expedição de alvará judicial para levantamento junto ao Banco do Brasil, apenas da parte a que faz jus a autora-apelante" (TJRJ, 16ª CC, Ap. Cív. nº 0007786-95.2002.8.19.0204, Rel. Des. Gerson Silveira Arraes, j. em 21/03/2006).

[27] Isso na prática acontece, pois as instituições bancárias sempre exigem alvará judicial. Com relação à restituição de saldos bancários, no Estado do Rio de Janeiro, pela Lei nº 7.174/2015, tais valores são tributados e, consequentemente, pagam imposto de transmissão, caso o valor total ultrapasse 13.000 UFIRs-RJ (Unidades Fiscais de Referência). Logo, os herdeiros terão de buscar a via judicial para obtenção do alvará para o levantamento desses valores.

caso não haja nenhum, o herdeiro requerer, junto ao juízo competente para o inventário, o alvará para que possa levantar a importância a que faz jus.[28]

O levantamento de saldos de contas bancárias, saldos de cadernetas de poupança e saldos de contas de fundos de investimento, e desde que não ultrapassem 9.480,70 reais (que correspondem a 500 Obrigações Reajustáveis do Tesouro Nacional),[29] só poderá ser feito sem processo de inventário ou de arrolamento, caso não existam na sucessão outros bens sujeitos a tais procedimentos.[30]

---

[28] "A Lei nº 6.858/80 disciplina o recebimento, por dependentes ou sucessores, de valores não recebidos em vida pelos titulares. Independe de inventário e de alvará o recebimento dessas importâncias. Se, contudo, o juiz deferir a expedição de alvará, ele não é nulo, porque serve para corrigir injusta dificuldade oposta pelo banco" (TJRS, *RJTJRS* 112/432, *apud* Nery, *Código...*, cit., p. 1.344).

[29] *Vide* nota de rodapé nº 13 para a atualização, em reais, dos valores das ORTN.

[30] Sobre o tema na doutrina, veja-se Sérgio Sahione Fadel (*Código de Processo Civil comentado*, Rio de Janeiro, Forense, 1983, vol. III, p. 221): "(...) O alvará judicial, previsto no art. 1037 do CPC destina-se ao pagamento aos dependentes ou sucessores do falecido de valores previstos na Lei 6858/80 e que não foram recebidos em vida pelos titulares. O recebimento de tais quantias deve obedecer à natureza e aos critérios legais. Assim sendo, poderão ser levantadas as quantias relativas ao FGTS e PIS-PASEP, restituições de tributos ou os valores depositados em cadernetas de poupança e fundos de investimento. No que tange aos saldos bancários a lei exige que inexistam outros bens a inventariar. *In casu*, afirma a apelante que pretende levantar quantias depositadas em caderneta de poupança. No entanto, compulsando os autos infere-se a existência de outros bens (móveis e imóveis) a inventariar, fato que por si só, impede a expedição de alvará, tendo em vista o óbice legal. (...)" (TJRJ, 9ª CC., Ap. Cív. nº 0006499-39.2012.8.19.0207, 6ª CC, Rel. Des. Roberto de Abreu e Silva, j. em 27/11/2012); "(...) Independentemente da existência ou não de outros bens, o valor do saldo existente é superior ao limite legal de 500 OTN's. Pretensão veiculada por meio de via inadequada. Sentença que se mantém. Negado provimento ao recurso". (TJRJ, 17ª CC, AI nº 0011412-40.2012.8.19.0021, Rel. Des. Wagner Cinelli de Paula Freitas, j. em 22/06/2016). Contra: "(...) Hipótese em que não se aplica o disposto no art. 2º, § 2º, da Lei nº 6.858/80, que impede a expedição de alvará judicial, quando existentes bens sujeitos a inventário, apenas nos casos de pedido de levantamento de saldos bancários, de valores em contas de cadernetas de poupança e de fundos de investimento de até 500 (quinhentas) ORTN's. Pleito autoral amparado por lei específica, art. 112 da Lei 8.213/91, que não condiciona o recebimento de valores pelos sucessores do falecido segurado à inexistência de bens a inventariar, nem estipula teto máximo para o pagamento. Entendimento ora adotado que visa prestigiar a desburocratização pretendida com a edição da lei aplicável ao caso, bem como os princípios da celeridade e da economia processual, inexistindo dissenso entre as requerentes quanto à parcela que pretendem receber por esta via. Reforma da sentença, determinando-se a expedição do alvará judicial pelo juízo de origem, como requerido na inicial, com a observância da cota parte devida a cada autora. Recurso

O Decreto nº 85.845/81 dispõe que para levantamento dos saldos de contas bancárias, saldos de cadernetas de poupança e saldos de contas de fundo de investimentos, nos limites anteriormente examinados, bastará que o requerente apresente declaração, conforme o modelo constante de anexo do próprio decreto, firmado pelos interessados, perante a instituição onde esteja depositada a quantia a receber (artigo 4º).

113. LEGITIMIDADE

No que concerne à legitimidade para pleitear o levantamento de tais valores, seja diretamente na via administrativa ou por alvará judicial, quando necessário, ela será em princípio dos dependentes habilitados na instituição de previdência à qual o *de cujus* fora filiado ou de outro órgão encarregado pela lei para o processamento do benefício por morte. Caso não existam dependentes habilitados na forma da Lei nº 6.858/80, a legitimidade para pleitear tais valores será dos herdeiros na forma da lei comum das sucessões, ou seja, observar-se-á a ordem da vocação hereditária prevista no Código Civil, sem prejuízo, evidentemente, da meação do cônjuge supérstite, se for o caso.[31]

Caso os beneficiários sejam menores, o Decreto nº 85.845/81 dispõe que tais valores ficarão "depositados em caderneta de poupança, rendendo juros e correção monetária, e só serão disponíveis após o menor completar 18 anos, salvo autorização do juiz para aquisição de imóvel destinado à residência do menor e de sua família ou para dispêndio necessário à subsistência e educação do menor" (artigo 6º). Relativamente a levantamento da verba de seguro de vida não se pode aplicar, ainda que analogicamente, tal dispositivo legal, até porque presume-se que o pai e a mãe saberão aplicar o produto da melhor forma possível para a manutenção dos seus filhos.[32] Não existindo norma

---

conhecido e provido". (TJRJ, 11ª CC., Ap. Cív. nº 0058899-65.2014.8.19.0205, Rel. Des. Cesar Felipe Cury, j. em 25/11/2015).

[31] "Alvará Judicial. O Recorrente pretende expedição de alvará autorizando o levantamento de saldo de conta de poupança existente na CEF. Sentença que julgou procedente, em parte, o pedido, concedendo 1/3 do saldo existente. Recurso de Apelação Cível objetivando a integralidade do *quantum*, ou ao menos, 5/6 considerando ser meeiro da extinta. Reforma. Com aplicação da Lei nº 6.858/80, pela qual, inexistindo dependentes habilitados perante o INSS, os valores devem ser pagos aos sucessores, no caso, o autor que era casado com a falecida. Ademais, houve a intimação por edital dos pais que não compareceram ao feito. Provimento do Recurso" (TJRJ, 11ª CC, AI nº 0004325-43.2006.8.19.0021, Rel. Des. Otávio Rodrigues, j. em 19/10/2011).

[32] A jurisprudência não é uniforme nesse ponto. Pela inexistência de necessidade de depósito em poupança, *vide*: "Seguro de vida em favor de filhos menores. Inventá-

expressa em tal sentido, não se pode exigir, salvo se consultar o interesse do menor, o depósito de outros valores.

114. APLICAÇÃO SUBSIDIÁRIA DO PROCEDIMENTO COMUM DO INVENTÁRIO. CESSÃO DE DIREITOS

O arrolamento é uma das modalidades de inventário, assim, em caso de falta de norma específica, as seções que tratam do procedimento comum do inventário e da partilha devem ser aplicadas ao procedimento de arrolamento, conforme dispõe o artigo 667 do CPC, desde que, evidentemente, seja mantida sua essência, sua finalidade.

Como exemplo, pode-se mencionar a hipótese bastante comum relativa à cessão ou renúncia de direitos hereditários. Apesar de não existir norma expressa a tal respeito, nada impede que o cessionário participe do arrolamento, firmando a partilha amigável com os demais herdeiros ou, em caso

---

rio dos bens deixados pelo pai. Pretensão da mãe, acolhida pela decisão agravada, de expedição de alvará para levantamento da quantia relativa ao seguro. Recurso do Ministério Público no sentido de que os valores venham a ser depositados em Cadernetas de Poupança judicial, por aplicação analógica do art. 1º, § 1º, da Lei nº 6.858/80 e sob o entendimento de que a interlocutória violaria o imperativo do artigo 386 do ordenamento civilístico, já que se permitiria à genitora a prática de atos de disposição sem prova da necessidade que atendesse o interesse dos menores. Provimento do agravo (...)" (TJRJ, AI nº 1996.002.1573, 5ª CC, Des. Miguel Pachá, j. em 18/06/1996). O art. 386 do CC de 1916, mencionado no acórdão, equivale ao art. 1.691 do CC em vigor. Vedando o levantamento pela genitora: "Ação de cobrança de cota parte de seguro de vida, em razão de morte do pai do autor, e, de indenização a título de danos morais. Não houve a prescrição alegada. Prescrição trienal a contar da maioridade. Não comprovação de pagamento de sua cota à sua mãe. Sentença em pedido de alvará anterior, determinando o depósito de sua cota em conta poupança, em seu nome, vedada a retirada de valores antes de completar 18 anos. Sentença procedente para condenar o réu ao pagamento da indenização e improcedente para o pedido de danos morais. Despesas processuais a serem pagas pelo réu, ante a sucumbência mínima do autor. Recurso desprovido" (TJRJ, 19ª CC, Ap. Cível nº 0135453-52.2006.8.19.0001, Rel. Des. Renato Ricardo Barbosa, j. em 22/09/2009). Em posição intermediária, está o posicionamento que permite que os valores sejam levantados caso imprescindíveis à subsistência digna: "(...) Ausência de necessidade de levantamento do valor do benefício, conforme estudo social. (...) Existência de pensão, deixada pelo genitor da autora, que lhe garante subsistência digna. Afigura-se de todo injustificada a pretensão formulada para o levantamento da quantia depositada em poupança, pela representante legal da menor. Interesse de menor que importa na intervenção do MP. Sentença que se mantém. Recurso improvido" (TJRJ, 16ª CC, Ap. Cível nº 0019378-94.2004.8.19.0066, Rel. Des. Ronald dos Santos Valladares, j. em 26/09/2006).

de cessão total, que promova tal procedimento visando à adjudicação da totalidade da herança. Aplicam-se os princípios do inventário e ao mesmo tempo se mantém a finalidade do arrolamento, sendo certo, finalmente, que o art. 659 do CPC fala de partilha amigável celebrada entre partes capazes, não exigindo que sejam necessariamente os herdeiros.[33] Todavia, nesse caso, o cessionário deverá comprovar o recolhimento do imposto de transmissão inter vivos relativo à cessão dos direitos hereditários.[34]

---

[33] A jurisprudência tem se manifestado em muitas oportunidades sobre esse tema, considerando no mais das vezes possível a cessão e a renúncia de direitos hereditários nos autos de arrolamento. "Arrolamento de cota parte de único bem deixado pelo pai a cinco filhos. (...) Cessão de direitos hereditários que, por outro lado, pode se fazer tanto por escritura pública, quanto por termo nos autos. Economia processual; aproveitamento dos atos processuais, sempre que possível. Possibilidade de serem os promissários cessionários chamados aos autos, neles requerendo o que de direito. Adjudicação cabível em tese, desde que preenchidos os requisitos formais, sob supervisão do Judiciário. Agravo de instrumento a que se dá provimento" (TJSP, 10ª Câmara de Direito Privado, AI nº 2166378-87.2015.8.26.0000, Rel. Des. Cesar Ciampolini, j. em 31/05/2016); "Agravo de instrumento. Arrolamento de bens. (...) Situação dos autos que configura cessão gratuita de direitos hereditários, e não renúncia propriamente dita à herança. Transmissão dos direitos à cônjuge supérstite, que não sucede o *de cujus* (com relação aos bens do patrimônio comum) por ter sido casada com ele sob o regime da comunhão universal de bens. Possibilidade de se fazer a cessão de direitos hereditários por termo nos autos. Nulidade de todos os atos processuais praticados anteriormente à constituição de advogado por parte da inventariante. Inocorrência. Outorga posterior de mandato. Ratificação dos atos anteriores. Concordância expressa da inventariante com o termo de cessão de direitos hereditários constante dos autos. Decisão mantida. Recurso improvido" (TJSP, 10ª Câmara de Direito Privado, AI nº 2207254-84.2015.8.26.0000, Rel. Des. Hamid Bdine, j. em 05/11/2015).

[34] "Inventário sumário. Sentido lógico do termo 'herdeiro', contido na norma, não afasta o cessionário de direitos hereditários, ou da meação, à sua utilização, da mesma forma que não se erige como biombo ao legatário. 'A aplicação da lei, na imagem perspícua de Du Pasquier – lecionou Benjamin Antunes de Oliveira Filho –, não se faz sempre, pois com a mesma desenvoltura com que se introduz uma chave numa fechadura sem segredo'. Nenhuma interpretação deve conduzir a contradição, negando o escopo da lei, o objetivo visto, previsto e desejado pelo legislador. Improvimento do apelo. Ementa do voto vencido do JD. Subst. do Des. Geraldo Batista: Inventário. Cessão no curso do arrolamento sumário. Obrigatoriedade da avaliação. Imposto *inter vivos* devido. A redação dada aos arts. 1.031 e seguintes do CPC, pela Lei nº 7.019/82, disciplina o procedimento do arrolamento entre herdeiros. Se no curso do arrolamento houver cessão de direitos relativa a imóvel, torna-se indispensável a avaliação para o pagamento do imposto *inter vivos* que é devido" (TJRJ, *RDTJRJ* 08/171). Note-se que não será necessária a avaliação não só porque incabível no arrolamento sumário, como também pelo fato de que o imposto relativo à cessão dos direitos deverá ser recolhido na via administrativa, previamente.

Capítulo X
DISPOSIÇÕES COMUNS

115. TUTELA PROVISÓRIA NO INVENTÁRIO

No curso do procedimento do inventário podem ocorrer situações controvertidas em relação às quais o juiz, mesmo não podendo decidi-las, pode, contudo, determinar a aplicação de medidas cautelares, a saber: a) art. 627, § 3º, e art. 628, § 2º, ambos do CPC – reserva de quinhão quando houver disputa sobre a qualidade de herdeiro ou sobre a exclusão de um deles, respectivamente; b) art. 641, § 2º, do CPC – impede que o herdeiro receba o seu quinhão sem prestar caução correspondente ao valor dos bens, enquanto pender a demanda na qual se discute a necessidade de colacionar bens; c) art. 643 do CPC – reserva de bens em poder do inventariante para pagar o credor, quando a dívida for comprovada por meio de documento e a impugnação não se fundar em quitação; d) art. 663, parágrafo único, do CPC – reserva de bens no arrolamento para pagamento de dívidas, nas mesmas condições previstas na letra c anterior.

Em todas essas situações expressamente previstas nos procedimentos de inventário e de arrolamento, assim como em outras análogas não contempladas expressamente, está claro que o juiz do inventário, apesar de competente para tal, não dispõe de meios de convencimento para decidir a própria questão controvertida, havendo necessidade de dilação probatória, razão pela qual remete as partes para as vias ordinárias (*vide* item nº 10, *supra*). Aliás, o juiz do inventário só tem competência para determinar medidas cautelares naquelas hipóteses em que ele poderia, em tese, decidir a própria questão principal – art. 612 do CPC (*vide* itens nºs 10 a 13, *supra*). Fora daí, a competência para conceder tutelas provisórias é do juiz competente para o julgamento do conflito de interesses existentes.

Essas situações previstas na lei são bastante peculiares, pois o juiz do inventário tem competência para decidir sobre tutelas de urgência, mas não pode julgar a questão principal. Por outro lado, o juiz do processo principal – que se originou da remessa das partes, pelo juízo do inventário, para a via ordinária – não pode novamente dispor sobre tais medidas, cuja competência é reservada ao juízo orfanológico. Ficam ressalvadas aquelas situações em que a parte interessada optou por promover diretamente, no juízo também competente, ação própria para reclamar seu direito, como, por exemplo, a ação de petição de herança. Nesse caso, a competência para eventual medida cautelar, visando à reserva do quinhão será a do juízo onde foi promovida a ação principal, pela relação de acessoriedade que ela guarda com o pedido principal, nos termos dos arts. 294, parágrafo único, e 299, todos do Código de Processo Civil (*vide* item nº 46, *supra*). Em resumo, se a parte optou por discutir a matéria no juízo do inventário (art. 612 do CPC), caberá a este determinar a medida cautelar; caso contrário, se resolveu promover diretamente ação principal em outro juízo – cível ou de família, conforme o caso –, caberá a este último decidir sobre eventuais medidas cautelares.

Poderá também o juízo do inventário conceder tutela provisória mesmo naquelas hipóteses em que ele possa decidir a própria questão principal. Assim, poderá o juízo do inventário determinar que a administração de uma empresa fique a cargo de um executivo, ou de um herdeiro mais habilitado, e não do inventariante, enquanto não julgada a partilha. Do mesmo modo, poderá determinar o depósito em juízo de determinadas importâncias devidas ao espólio; proibir o acesso de herdeiro à residência do falecido etc.

Registre-se que o CPC de 2015, ao utilizar a expressão mais ampla ("tutela provisória") do que a do CPC de 1973 ("medida cautelar"), deixa claro que, observados os pressupostos próprios, o magistrado pode também conceder a antecipação da tutela por urgência (art. 300 do CPC)[1] ou por evidência (art. 311 do CPC). Assim, poderá o juízo do inventário outorgar, desde logo, presentes os requisitos legais, parte da renda de imóveis para o herdeiro necessitado, que não possa esperar o término do inventário. Aliás, a todo momento, na prática, acontece nos inventários a antecipação dos efeitos da sentença de partilha – por exemplo, naqueles casos em que determinados bens são vendidos no curso do inventário e o produto da venda é distribuído, desde logo, para os herdeiros, mediante a reserva de um percentual para atender ao pagamento dos impostos. Nessas situações, o que ocorre, na realidade,

---

[1] Quanto ao requisito da irreversibilidade (CPC, art. 300, § 3º), é preciso interpretá-lo com as devidas cautelas. Manifestamos, anteriormente, entendimento de que o pedido de antecipação de determinados efeitos do futuro provimento pode ser atendido, "ainda que de forma irreversível, na medida em que a sua não concessão, ou a sua falta, possa acarretar, em função dos interesses em jogo, prejuízo igualmente irreversível e de maior monta para o autor" (*Acesso à justiça – juizados especiais cíveis e a ação civil pública ...*, cit., p. 83).

é a satisfação do direito – antecipação dos efeitos que a sentença de partilha operaria – e, portanto, não se deve confundi-las com as medidas cautelares de que antes se falou. Todas essas providências são gêneros, contidos na espécie tutela provisória.

116. CESSAÇÃO E SUBSTITUIÇÃO DA TUTELA DE URGÊNCIA CAUTELAR

Seguindo a regra da parte geral (arts. 308 e 309, I, do Código de Processo Civil), o artigo 668, I, do CPC estabelece um prazo de trinta dias para que o interessado deduza o pedido principal, contados da data em que foi intimado da decisão do juízo do inventário que concedeu a medida cautelar e determinou que as partes discutissem, na via ordinária, a questão.

Apesar de o legislador ter identificado, no inciso I do artigo 668 do CPC, somente três hipóteses passíveis de terem seus efeitos cessados pela não propositura da ação principal no prazo de trinta dias anteriormente aludido – correspondentes ao art. 627, § 3º; ao art. 628, § 2º, e ao art. 643, parágrafo único, ambos do CPC –, tal situação também ocorrerá em qualquer outro caso de tutela provisória concedida no processo de inventário, sempre que ocorrer a remessa das partes para as vias ordinárias.

Bastará para caracterizar a tempestividade da propositura da ação o mero protocolo da petição inicial (art. 312 do CPC).

A cessação dos efeitos da tutela provisória não ocorrerá, de pleno direito, pelo simples decurso do prazo de trinta dias sem que a ação principal tenha sido promovida. Ela dependerá de decisão do juízo do inventário, sujeita a recurso de agravo de instrumento.[2]

A cassação da medida liminar não impedirá, é evidente, a propositura da ação principal no juízo competente. Todavia, não poderá mais o juízo do inventário conceder novamente a medida, nem tampouco o juízo com-

---

[2] Ao comentar o art. 808 do Código de Processo Civil de 1973, Pontes de Miranda leciona que a perda de eficácia é *ipso iure* e, por isso, estaria dispensada a declaração pelo juiz (*Comentários...*, cit., vol. XII, p. 81). Galeno Lacerda, porém, invocando a lição de Frederico Marques, observa que apesar de a eficácia cessar de pleno direito, na prática é necessária a revogação da medida liminar ou da sentença cautelar, e exemplifica: "Claro está que, apesar de cessada a eficácia *ipso iure*, um sequestro, p. ex., não se levanta, nem se cancela a respectiva averbação no registro de imóveis, sem ordem judicial, com declaração prévia de extinção da medida. Se, acaso, o interessado comparecesse ao cartório do registro para pedir cancelamento da averbação exibindo, apenas, certidão de que a ação principal não ingressou no prazo de trinta dias, receberia em resposta um rotundo e categórico 'não'" (*Sucessões...*, cit., p. 291).

petente para a ação principal, em face da vedação expressa, contida no art. 309, parágrafo único, do Código de Processo Civil, regra geral aplicável ao procedimento do inventário.

A cessação dos efeitos da tutela provisória concedida pelo juízo do inventário também ocorrerá quando houver a extinção do processo de inventário com ou sem o julgamento do mérito. Essa última hipótese de extinção poderá ocorrer, por exemplo, quando for reconhecida a existência de coisa julgada, litispendência, perda de objeto do processo em face da inexistência de bens a inventariar etc.

Quanto à hipótese de extinção do processo de inventário com o julgamento do mérito, ela somente ocorrerá quando transitar em julgado a sentença que julgar a partilha – não havendo mais bens a sobrepartilhar – e, portanto, somente será factível no caso de ser possível ao juízo do inventário julgar a questão principal, da qual a cautelar se originou. É evidente que, naquelas hipóteses em que a questão principal estiver sendo discutida na via ordinária, por determinação do próprio juízo do inventário, não poderá ele extinguir o processo com o julgamento da questão principal, como, por exemplo, atribuir na sentença que julgar a partilha bens componentes do quinhão, reservados a determinado herdeiro. Poderá, sim, julgar a partilha, sem, contudo, dispor sobre os bens reservados, que serão sobrepartilhados tão logo encerrado o processo principal.

Questão interessante se coloca no que concerne à duração dos efeitos da medida cautelar concedida pelo juízo do inventário em face da sentença proferida pelo juízo onde tramita a ação ordinária, que tenha julgado improcedente o pedido principal. Em outras palavras, a superveniência de sentença no processo em que se discute a questão principal acarretará a cessação dos efeitos da medida cautelar concedida pelo juízo do inventário ou tal situação somente ocorrerá com o trânsito em julgado daquela questão?

Em regra, salvo disposição especial em contrário, como ocorre na ação de alimentos – art. 13, § 3º, da Lei nº 5.478, de 25.07.1968 –,[3] a sentença que julga improcedente o pedido principal enseja *ipso facto* a cessação dos efeitos da medida cautelar anteriormente concedida ao autor. Isso porque não se justifica a permanência do *fumus bonis juris* quando a questão principal, após a necessária dilação probatória, tenha sido julgada pelo próprio juízo que originariamente concedera a cautela.

Diferente, todavia, parece ocorrer nas hipóteses em que o juízo do inventário concede a tutela provisória e remete as partes para discutir a questão

---

[3]   Lei nº 5.478/68: "Art. 13. (...) § 3º Os alimentos provisórios serão devidos até a decisão final, inclusive o julgamento do recurso extraordinário".

principal na via ordinária. A dicção dos artigos que contemplam essas hipóteses – art. 627, § 3º, do CPC: "Até o julgamento da ação"; e art. 628, § 2º, do CPC: "Até que se decida o litígio" –, está a indicar que a tutela provisória deverá perdurar até que o litígio seja decidido definitivamente, ou seja, com trânsito em julgado da sentença. A lógica dessa construção está em que a sentença que julga a partilha encerra o processo de inventário e, portanto, caso a sentença do processo principal venha a ser reformada, reconhecendo, por exemplo, o direito de herdeiro excluído, a partilha terá de ser desconstituída por meio de ação rescisória para que ele possa ser contemplado com quinhão a que faz jus, situação que, além de ilógica, seria absurda. Em outras palavras, a partilha de bens reservados por medida cautelar do juízo do inventário somente poderá ocorrer quando do trânsito em julgado do processo principal.

Nesse passo, o legislador optou, de um lado, pela segurança das relações jurídicas, especialmente porque após a partilha haveria grande dificuldade na recuperação do quinhão ou do bem a ser atribuído ao interessado vencedor do pedido principal; por outro lado, o legislador não quis exigir desse mesmo interessado tarefa tão árdua e desproporcional quanto a de promover uma ação rescisória com todos os inconvenientes, para que pudesse ver reconhecido seu direito obtido no pleito principal.

Uma vez preclusa a decisão do juiz do inventário que concedeu a tutela provisória, os bens que constituem o seu objeto, em princípio, não poderão ser substituídos, salvo com a concordância de todos os interessados ou em decorrência de fatos novos. Especificamente no que toca à situação prevista no art. 643, parágrafo único, do Código de Processo Civil – reserva de bens para garantir dívida do *de cujus* –, será possível a substituição, no interesse da partilha, independente da concordância do credor, desde que sejam reservados bens que garantam o seu crédito.

Os bens objeto da caução prevista no § 2º do art. 641 do Código de Processo Civil poderão ser substituídos sempre que os novos bens tenham valor correspondente àqueles sobre que versar a conferência.

117. SOBREPARTILHA

A sobrepartilha é um procedimento destinado a atribuir a cada um dos herdeiros a porção que lhe couber dos bens e direitos do acervo que não foram objeto da partilha anteriormente realizada. Do mesmo modo que a partilha, a sobrepartilha não significa tão somente divisão e distribuição de bens remanescentes, mas sim forma de extinção da comunhão *causa mortis* existente sobre esses bens. Ela dependerá de decisão do juízo nesse sentido, a qual desafiará, em qualquer hipótese, recurso de agravo de instrumento (CPC, art. 1.015, parágrafo único).

INVENTÁRIO E PARTILHA: Judicial e Extrajudicial – *Paulo Cezar Pinheiro Carneiro*

A lei indica no artigo 669 do CPC as situações em que seria possível proceder à sobrepartilha de bens, a saber: a) dos sonegados; b) daqueles descobertos após a partilha; c) dos litigiosos, assim como os de difícil e morosa liquidação; d) daqueles situados em lugar remoto da sede do juízo onde se processa o inventário.

É nítida a preocupação do legislador com a rápida ultimação do inventário. Fixa prazo para o início e para o término do processo (*vide* item nº 8, *supra*). Assim, a sobrepartilha constitui importante instituto para que tal finalidade possa ser alcançada. Todas as hipóteses anteriormente elencadas revelam que, dificilmente, o inventário chegaria a bom termo caso a partilha aguardasse a solução de disputa judicial sobre eventual sonegação ou discussão sobre propriedade de bens e, ainda, o processamento de carta precatória, ou mesmo rogatória, para a partilha de bens situados em local remoto.

A sentença de sobrepartilha tem a mesma natureza da sentença que julga a partilha: constitutiva. Ela extingue o processo de inventário com o julgamento de mérito e, assim, desafia recurso de apelação (*vide* item nº 88, *supra*).

118. SOBREPARTILHA DOS BENS SONEGADOS

Ocorrerá sonegação de bens da herança quando o herdeiro (art. 1.992 do Código Civil): a) não os apresentar no inventário quando estejam em seu poder, ou, com ciência sua, no de terceiros; b) não os trouxer à colação, quando obrigado a tanto; c) deixar de restituí-los no momento próprio.[4]

A sobrepartilha deverá ocorrer necessariamente sempre que a descoberta dos bens sonegados ocorrer após o término do prazo previsto no art. 637 do Código de Processo Civil – manifestação das partes sobre as últimas declarações apresentadas pelo inventariante (*vide* item nº 69, *supra*).

Antes da propositura da ação de sonegados no juízo próprio, qualquer legitimado deverá promover no processo do inventário a prévia intimação do pretenso sonegador (*vide* item nº 69, *supra*), podendo o juiz decidir a questão

---

[4]   Carvalho Santos, citando Cunha Gonçalves, leciona que a sonegação de bens dá-se mediante o concurso dos seguintes elementos: a) serem os bens pertencentes ao inventário; b) existirem em poder do herdeiro acusado de sonegá-los; c) conhecimento, por parte deste, de que eles pertencem ao inventário; d) omissão deles na descrição dos bens do inventário, com a intenção de prejudicar os demais interessados (*Código Civil...*, cit., vol. XXV, p. 6). O Superior Tribunal de Justiça entendeu descabida a pena de sonegados ao herdeiro que, por errônea interpretação do art. 1.040, III, do CPC, pensou devesse aguardar o final da ação demarcatória para sobrepartilhar o bem (STJ, Ag. nº 258239/GO, Rel. Min. Carlos Alberto Direito, *DJ* de 05/11/1999, p. 124).

Primeira Parte · Cap. X · DISPOSIÇÕES COMUNS | 241

controvertida à luz de prova documental inequívoca. Caso contrário, deverá remeter as partes para as vias ordinárias, área própria e única para eventual imposição da pena de sonegados, ou seja, a perda do direito que sobre os bens eventualmente caberia ao sonegador.

Como já examinado, somente o herdeiro necessário ou o Ministério Público, quando um deles for incapaz, pode provocar o juiz do inventário visando à colação de bens; contudo, nas outras modalidades de sonegação, tal legitimidade se estende ao herdeiro instituído por testamento, aos legatários – quando houver possibilidade de redução de seus respectivos legados – e aos credores da herança em geral (*vide* item nº 68, *supra*). Assim, dependendo da situação concreta, caberá a um desses legitimados requerer a sobrepartilha dos bens que vierem a ser reconhecidos como sonegados pelo juiz do inventário ou, havendo necessidade de dilação probatória, pelo juízo cível competente, neste último caso por meio de sentença transitada em julgado (*vide* item nº 70, *supra*).

119. SOBREPARTILHA DOS BENS LITIGIOSOS

A sentença que julga a partilha faz cessar o estado de indivisibilidade, de comunhão *causa mortis* dos bens componentes do acervo hereditário, além de atribuir a propriedade exclusiva dos bens ou de porção deles – com efeito, desde a abertura da sucessão – a um ou mais herdeiros e, eventualmente, a legatários. A partir desse momento, na exata dicção do artigo 2.023 do Código Civil, "fica o direito de cada um dos herdeiros circunscrito aos bens do seu quinhão".

Todavia, em decorrência do princípio da igualdade da partilha, o legislador procurou garantir os quinhões hereditários, determinando a recíproca obrigação dos coerdeiros a indenizar-se, no caso de evicção dos bens aquinhoados (art. 2.024, Código Civil), qualquer que seja a espécie deles: móveis ou imóveis, corpóreos ou incorpóreos.

Justamente para evitar tais problemas, a lei processual permite que não se partilhe, desde logo, os bens litigiosos, mas sim após o término do conflito, pelo procedimento de sobrepartilha.

Discussão interessante consiste em saber se os bens litigiosos poderão ou não ser objeto de partilha desde logo ou se deverão, necessariamente, ficar para a eventual sobrepartilha.[5]

---

[5] Hamilton de Moraes e Barros sustenta que nada impede que sejam os bens litigiosos desde logo partilhados: "O risco é perderem, os que assim quiserem, o imposto de

Se, por um lado, não seria conveniente a partilha de bens sem que estivesse estabelecida a correta propriedade deles, por outro não se deve aceitar que a existência de disputa judicial impeça, paralise o pleno exercício do direito do herdeiro ou sucessores, em especial o de receberem tais bens, por meio de partilha, no estado em que se encontram.

O fundamental é que os herdeiros estabeleçam as regras do jogo relativamente aos bens litigiosos que resolverem partilhar, bem como sejam preservados os direitos da parte contrária, se vencedora do litígio e, em especial, de terceiros.

O primeiro ponto pode ser alcançado com a realização de uma convenção entre os herdeiros quanto à eventual evicção do bem partilhado (art. 448, Código Civil), fato que afasta a incidência da regra do art. 2.024 do Código Civil – obrigação de indenização recíproca entre os herdeiros.

No que tange à preservação do direito da parte contrária, ele em nada será afetado, pois caberá ao herdeiro ou herdeiros aquinhoados com os bens litigiosos suceder o *de cujus*, ou o seu espólio (art. 110, Código de Processo Civil), na ação judicial em curso, além do que, em qualquer hipótese, os efeitos da sentença proferida naquele litígio alcançarão os sucessores.

Relativamente ao terceiro eventual adquirente do bem partilhado, ele poderá ter ciência do litígio através do título do próprio herdeiro (formal de partilha) ou da certidão do distribuidor, na qual estará anotada a existência da ação. Tal anotação é uma decorrência obrigatória da sucessão processual, além do que o adquirente do direito litigioso estará sujeito aos efeitos da sentença proferida entre as partes originárias (art. 109, § 3º, do Código de Processo Civil).

120. SOBREPARTILHA DOS BENS DESCOBERTOS DEPOIS DA PARTILHA, DAQUELES SITUADOS EM LOCAL REMOTO OU DE DIFÍCIL OU MOROSA LIQUIDAÇÃO

Tecnicamente, os bens que não foram partilhados não constituem objeto da sentença de mérito, que encerra o processo de inventário: sentença de partilha. Daí por que será necessário inventariar e partilhar os bens não alcançados por aquela decisão, sucedendo-se tantos procedimentos de sobrepartilha quantos forem necessários para alcançar esse objetivo.

---

transmissão pago" (*Comentários...*, cit., p. 216). No mesmo sentido, a lição de Pontes de Miranda: "Quanto aos bens litigiosos, cujos valores são apontáveis, podem os herdeiros acordar em que já se incluam no inventário e sejam partilhados. Assumiram os perigos da lide ou das lides. Há, certamente, o de perderem o que pagaram como imposto de transmissão" (*Comentários...*, cit., p. 302).

Esse fenômeno ocorrerá, é evidente, sempre que forem descobertos outros bens de propriedade do falecido, não alcançados pela anterior partilha. O mesmo se diga daqueles bens situados em local remoto ou de difícil liquidação que, por conveniência das partes e do próprio interesse do Estado, não deveriam ser inventariados e partilhados juntamente com outros bens, cuja situação e características permitissem um rápido encerramento do processo de inventário.

Aliás, o processo, qualquer que seja, enquanto mero instrumento, não deve exigir formalidades tais – como a partilha de todos os bens em uma única sentença – que possam determinar dificuldades procedimentais de tal ordem que impeçam ou dificultem a realização do direito material.

121. A GUARDA E A ADMINISTRAÇÃO DOS BENS LITIGIOSOS, DE DIFÍCIL LIQUIDAÇÃO OU SITUADOS EM LUGAR REMOTO. A INVENTARIANÇA NA SOBREPARTILHA

O procedimento de sobrepartilha pode significar na prática a realização de um novo processo de inventário, contemplando as suas duas fases: o julgamento do cálculo, precedido da avaliação com os seus possíveis incidentes, e a sentença de sobrepartilha, precedida dos pedidos e da deliberação sobre os quinhões dos herdeiros.

Portanto, naquelas hipóteses nas quais já é certa a necessidade de futura sobrepartilha de bens, deverão os herdeiros, de comum acordo, se possível, deliberar sobre quem deverá ser o inventariante dessa futura segunda fase, cabendo ao escolhido, desde logo, a guarda e a administração de tais bens, sujeitando-se, por outro lado, a todos os ônus que decorrem deste encargo. Caso não haja consenso entre os herdeiros, deverá o juiz decidir a quem caberá a inventariança. Em qualquer hipótese, tal decisão desafiará recurso de agravo de instrumento.

122. PROCEDIMENTO DA SOBREPARTILHA

Conforme observado no item anterior, a sobrepartilha representa, nas mais das vezes, na prática, um novo e quase completo processo de inventário, ainda que, fisicamente, tal fenômeno ocorra nos próprios autos do processo originário.

É perfeitamente possível que no curso dele sejam levantadas questões de direito para serem decididas pelo juiz do inventário (art. 612 do Código de Processo Civil); ocorra a habilitação de eventuais credores; seja procedida a colação de bens; ocorra incidente de remoção de inventariante; discussões sobre a avaliação e o cálculo do imposto; expedição de novo formal de partilha ou de carta de adjudicação e assim por diante.

Aplicam-se, em regra e no que couber, as linhas anteriormente traçadas para o procedimento do inventário e partilha,[6] desde a citação das partes,[7] passando pelo cálculo,[8] até a sentença de partilha.[9]

Será sempre possível a reabertura do inventário independentemente de sobrepartilha, para a apreciação de pedido de alvará para possibilitar o cumprimento de obrigações já existentes do falecido.[10]

123. NOMEAÇÃO DE CURADOR ESPECIAL

No artigo 671 do CPC, estabelecem-se as hipóteses de nomeação do curador especial. No inciso I, o legislador utilizou incorretamente a expres-

---

[6]   Hamilton de Moraes e Barros ressalta que a disciplina da sobrepartilha é a mesma da partilha, já que são institutos da mesma natureza (*Comentários...*, cit., p. 216). No mesmo sentido, Humberto Theodoro Júnior (*Curso...*, cit., p. 308), Antonio Carlos Marcato (*Procedimentos...*, cit., p. 184) e Ernane Fidélis dos Santos, que escreve: "Com a partilha houve extinção do processo, estabelecidos os direitos de cada um (art. 1.801 do Código Civil) [o art. 1.801 do CC de 1916 guarda correspondência com o art. 2.023 do CC de 2002]. Logo, há mister nomeação de inventariante, citações, etc. A procuração, outorgada a advogado anteriormente, também não prevalece, pois o mandato se extinguiu com seu efetivo cumprimento (...). A não ser que o mandato já contenha expressos poderes, com referência à sobrepartilha" (*Dos procedimentos...*, cit., p. 355). Pontes de Miranda observa, tecnicamente, que sobrepartilha é outra ação de inventário e partilha no mesmo processo (*Comentários...*, cit., p. 303). Em idêntico sentido, Nelson Nery Junior (*Código...*, cit., p. 1.345) e Freitas Câmara (*Lições...*, cit., p. 426).

[7]   "O processo de sobrepartilha é independente do processo de inventário, não se instaurando, portanto, por meio de carta de sentença tirada daquele. Por outro lado, a intimação dos advogados das partes, no processo de inventário, não supre a exigência legal de citação dos herdeiros e interessados para os termos da ação de sobrepartilha" (TJPR, *RT* 284/670 e Wilson Bussada, ob. cit., p. 2.624).

[8]   "Tratando-se de sobrepartilha, efetivamente se tem como provisório o cálculo feito no inventário. E somando-se os valores dos bens inventariados e dos sobrepartilhados, para efeito de obter-se na tabela progressiva a taxa percentual" (TJSP, *RJTJESP* 2/210 e Wilson Bussada, ob. cit., p. 2.622).

[9]   "Inventário. Sobrepartilha. Recolhimento de custas e taxa judiciária, independentemente de terem sido pagas integralmente quando da partilha. Precedentes em sede administrativa e na jurisprudência. Recurso a que se nega seguimento" (TJRJ, 12ª CC, AI nº 0008631-21.2006.8.19.0000, Des. Custódio de Barros Torres, j. em 24/10/2006); "Inventário. Duas sucessões num só processo: taxa judiciária única. A taxa judiciária é devida por processo e não por óbito. Recurso improvido" (TJRJ, AI nº 1998.002.8435, Des. Mauro Nogueira, j. em 08/03/1999).

[10] Neste mesmo sentido: TJSP, *RT* 713/101.

Primeira Parte · Cap. X · DISPOSIÇÕES COMUNS | 245

são "ausente". Isso porque, do ponto de vista técnico, a ausência pressupõe o desaparecimento de uma pessoa de seu domicílio, sem que dela haja notícia, desde que não tenha deixado representante ou procurador a quem toque administrar-lhe os bens (art. 22, Código Civil).

Ocorrendo tal fenômeno, caberá ao juízo competente, a requerimento de qualquer interessado ou do Ministério Público, declarar por sentença a ausência, bem como nomear curador ao ausente (art. 744, Código de Processo Civil), seguindo-se a arrecadação de seus bens (art. 745, Código de Processo Civil).

Assim, a expressão "ausente", utilizada no inciso referido, significa, na realidade, a falta de comparecimento de herdeiro, cônjuge ou legatário no processo de inventário, após regular citação editalícia, porque é desconhecido o paradeiro deles.[11]

A rigor, não haveria necessidade dessa disposição legal. A uma porque todo o ausente assim reconhecido pela nossa legislação já terá um curador nomeado. A duas porque já existe norma expressa prevendo a obrigatoriedade da nomeação de curador ao réu revel citado por edital ou com hora certa, em qualquer procedimento judicial (art. 72, II, segunda parte, do Código de Processo Civil).

Outra hipótese de nomeação de curador no processo de inventário, esta sim importante, ocorrerá sempre que um incapaz concorrer na partilha com o seu representante, desde que exista possibilidade de colisão de interesses (CPC, art. 671, II). Assim, não basta que haja concorrência na partilha, pois ela, em tese, sempre ocorrerá entre os herdeiros necessários, categoria na qual se insere o cônjuge supérstite, com o advento do Código Civil de 2002 (art. 1.845), se, ao tempo da morte, não estava separado judicialmente nem de fato há mais de 2 (dois) anos, salvo se provado, nesse caso, que a impossibilidade de convivência conjugal ocorrera sem culpa do sobrevivente (art. 1.830, Código Civil). Ademais, o cônjuge sobrevivente concorre com os descendentes, exceto "se casado este com o falecido no regime da comunhão universal ou da separação obrigatória de bens; ou se, no regime da comunhão parcial, o autor da herança não houver deixado bens particulares", nos termos do artigo 1.829, I, do Código Civil. É preciso que exista a real possibilidade de conflito, aferida no caso concreto, até porque o interesse do incapaz restará sempre protegido em decorrência da indispensável participação do órgão

---

[11] A propósito, a lição de Ernane Fidélis dos Santos: "a interpretação deverá ser mais ampla, abrangendo-se ali todos aqueles que, estando em lugar incerto e não sabido, são citados por edital, inclusive os que não residiam na comarca do inventário" (*Dos procedimentos...*, cit., p. 356).

do Ministério Público com atribuição para oficiar no processo de inventário (art. 178, II, do Código de Processo Civil).

124. CUMULAÇÃO DE INVENTÁRIOS DE HERDEIROS COMUNS

No artigo 672 do Código, cuida-se da possibilidade de cumulação de inventários. A primeira hipótese trazida pela lei, no inciso I, é a de identidade de herdeiros. Trata-se de casos de partilha de bens de diferentes heranças às mesmas pessoas.

A lei criou uma nova hipótese de cumulação de ações, sem que se possa afirmar a existência de conexão na espécie, isso porque não há a identidade de partes, além de a causa de pedir e o pedido de um e o do outro inventário serem diferentes.

Tal norma, em regra, traz benefícios não só para os herdeiros, especialmente no que toca à possibilidade de uma partilha que atenda melhor às conveniências de cada um, muitas vezes evitando indesejadas comunhões sobre determinados bens, como também para o próprio Estado, em decorrência da economia processual gerada pela cumulação, com o provável aproveitamento de inúmeros atos já praticados, como avaliações, qualificação de herdeiros etc.

125. CUMULAÇÃO DE INVENTÁRIOS DE CÔNJUGES OU DE COMPANHEIROS

É bastante comum na prática judiciária que no curso do inventário de um dos cônjuges o outro venha a falecer. Atento a essa realidade, o legislador resolveu permitir expressamente a possibilidade da cumulação dos dois inventários (CPC, art. 672, II).

Essas duas regras de cumulação, estudadas até agora, não são absolutas, podendo o juiz, se houver consenso entre os herdeiros e conveniência prática, dispensar a aglutinação dos inventários. Pode-se imaginar determinada situação em que haja interesse na imediata partilha dos bens do primeiro inventário, não só pela qualidade de que eles se revestem, por exemplo, diversas empresas que precisam ser administradas pelos herdeiros aquinhoados com as respectivas ações; ou mesmo porque a partilha é perfeitamente cômoda e permitirá, desde logo, que os herdeiros possam dispor dos bens recebidos. Por outro lado, a economia processual seria praticamente nenhuma, na medida em que a partilha já se encontra pronta para ser homologada. Enfim, dependendo do caso concreto, a cumulação poderá ser dispensada.[12]

---

[12] Pontes de Miranda averbou não ser obrigatória a cumulação dos inventários. Para o autor, a regra é a da conveniência e da economia, para que não se repitam atos apro-

126. CUMULAÇÃO DE INVENTÁRIOS PELA RELAÇÃO DE DEPENDÊNCIA ENTRE ELES

Além daquela possibilidade de cumulação de inventários entre cônjuges (*vide* item nº 125, *supra*), a lei prevê outra possibilidade de cumulação, entre herdeiros (CPC, art. 672, III). Tal fenômeno poderá ocorrer no caso de morte de algum herdeiro na pendência do inventário em que ele concorre, desde que seu único patrimônio corresponda justamente ao quinhão a que faria jus naquele inventário.

Normalmente, quando ocorre a morte de um herdeiro, será o mesmo substituído pelo seu espólio (artigo 110 do Código de Processo Civil). O quinhão que vier a receber será levado – como patrimônio – ao seu próprio inventário e ali partilhado entre seus herdeiros, juntamente com seus outros bens. Todavia, e novamente por uma questão de economia processual, a lei autoriza que os próprios sucessores do herdeiro falecido se habilitem no inventário já em curso para receber naquele mesmo processo, diretamente, os quinhões que fariam jus por força da sucessão do herdeiro falecido.

Aqui, em regra, não existirá qualquer possibilidade de prejuízo para quem quer que seja, mas só vantagens. Não haverá necessidade, em princípio, de praticar qualquer outro ato processual, bastando a habilitação dos sucessores e o pagamento do imposto de transmissão relativo à transferência dos bens componentes do quinhão do herdeiro falecido para os seus sucessores. O valor desse imposto incidirá sobre o percentual da herança que caberia ao herdeiro falecido, calculado, em princípio, sobre o valor das avaliações eventualmente existentes. Caso o herdeiro falecido seja o inventariante, será substituído, cabendo tal preferência para um outro herdeiro novo, no caso de herdeiro falecido.

É evidente que o juiz poderá, de ofício ou a requerimento de algum outro herdeiro do primeiro inventário, determinar a separação dos inventários se

---

veitáveis e outras despesas que a duplicidade de procedimentos acarretaria. Nelson Nery Junior também afirma: "O juiz deve ter em conta o princípio da celeridade e economia processual para determinar o que convier à rápida e eficiente solução da questão. Se entender que não devam tramitar juntos, deve, ao menos, determinar o julgamento conjunto por conexão (CPC 105)" (*Código...*, cit., p. 1.346). O Tribunal de Justiça de São Paulo, por outro lado, já decidiu que "não podem existir dois processos distintos de inventário, quando são os mesmos os bens a serem conferidos aos herdeiros" (TJSP, *RT* 677/120). No mesmo sentido, entendendo que a reunião dos processos seria um poder-dever do magistrado: WAMBIER, Teresa Arruda Alvim [et al], coordenadores, *Breves comentários ao Novo Código de Processo Civil* – São Paulo: Editora Revista dos Tribunais, 2015, p. 1.571.

verificar que a cumulação não atende ao princípio da economia processual. Tal situação pode ocorrer, por exemplo, quando surgem inúmeros incidentes no inventário do herdeiro falecido, como, por exemplo, a habilitação de dezenas de credores, questões relativas à qualidade de herdeiros ou de companheira(o), possível existência de outros bens e assim por diante. É fundamental que a cumulação não implique prejuízo para a tramitação do inventário em curso e, portanto, não prejudique as partes originárias.

Nesse sentido, a lei é expressa, no parágrafo único do art. 672 do CPC, ao afirmar que, caso haja outros bens a partilhar no inventário dependente, é possível que o juiz determine a tramitação em separado, se melhor convier às partes ou à celeridade processual.

A decisão do juiz do inventário, qualquer que seja ela, sobre a possibilidade de cumulação de inventários ou a que vier determinar a separação deles, desafiará recurso de agravo de instrumento, porque de natureza interlocutória.

127. PROCEDIMENTO DO SEGUNDO INVENTÁRIO

Haverá um único inventariante para os dois inventários. Caso o cônjuge supérstite que veio a falecer estivesse exercendo a inventariança no primeiro inventário, um outro deverá ser designado para tal encargo, obedecidas as regras e princípios que regem tal escolha (*vide* item nº 20, *supra*).

Se a morte dos cônjuges for simultânea ou se um deles falecer sem que tenha ocorrido a abertura do inventário do outro, a cumulação se dará nos mesmos autos. Caso contrário, se um inventário já estiver em curso, o outro será distribuído por dependência, processando-se em apenso ao primeiro.[13]

---

[13] "Inventários. Falecimento do cônjuge meeiro supérstite. Distribuição do seu inventário por dependência. Ao determinar que a herança do cônjuge supérstite seja cumulativamente inventariada com a do cônjuge premorto, o artigo 1.043 do CPC não autoriza falar-se em um só inventário, tanto assim que nos seus parágrafos fala em dois inventários com um só inventariante, e que o segundo deve ser distribuído por dependência e processado em apenso ao primeiro. Desprovimento do recurso" (TJRJ, 6ª CC, AI nº 1991.002.1476, Des. Sergio Cavalieri Filho, j. em 25/02/1992); "Inventário. Partilha dos bens deixados por J. R. P. Inventário com partilha de bens homologada e transitada em julgado. Extinção do feito sob o fundamento de se tratar, em verdade, de mera petição intermediária nos autos do inventário. Necessidade de sobrepartilha de bens. Possibilidade de distribuição por dependência aos autos do inventário. Observância do princípio da economia processual. Precedentes. Recurso parcialmente provido" (TJSP, 6ª Câmara de Direito Privado, AC 10023494420198260114, Rel. Des. Costa Netto, j. em 26/02/2021, *DJe* 27/02/2021).

Serão aproveitados os atos processuais que forem comuns aos dois inventários, como as primeiras declarações, laudos de avaliação, cálculos já existentes e assim por diante (*vide* item n° 128, *infra*). É evidente que os pedidos de quinhão já formulados não prevalecerão. Será necessário que o segundo inventário alcance o primeiro para, a partir daí, proceder-se à fase da partilha, que deverá ser necessariamente comum a ambos os processos.

128. CUMULAÇÃO DE INVENTÁRIOS. PREVALÊNCIA DAS PRIMEIRAS DECLARAÇÕES E DA AVALIAÇÃO

A expressão contida no artigo 673 do CPC, no sentido de que prevalecerão as primeiras declarações e a avaliação significa que não será necessário, em princípio, realizar novamente esses atos processuais.

No que toca às primeiras declarações, isso é bastante óbvio, pois os bens que serão partilhados nos dois inventários são comuns e já foram descritos nas primeiras declarações. Todavia, pode ocorrer que outros bens não declarados tenham sido descobertos, assim como dívidas do cônjuge supérstite falecido, situações que determinarão a modificação, ou melhor, o aditamento das primeiras declarações.

Por outro lado, a regra é a de que não haverá outra avaliação, na medida em que os bens, repita-se que são os mesmos, já foram avaliados. Pode ocorrer, todavia, que o processamento do segundo inventário venha a sofrer demora de tal ordem que as avaliações anteriormente realizadas fiquem desatualizadas, fato que determinará nova avaliação não só no interesse do Fisco, como também para garantir a igualdade da partilha, dependendo da situação concreta. Aliás, como já foi sustentado anteriormente, o juiz, em qualquer hipótese, independente ou não de cumulação de inventários, poderá determinar a realização de uma nova avaliação sempre que a primeira não se revele como elemento adequado ao correto esclarecimento do valor dos bens inventariados (*vide* item n° 53, *supra*). Assim, havendo alteração no valor dos bens anteriormente avaliados, nova avaliação deverá ser realizada.

Se a alteração do valor do bem decorreu de fato posterior ao pagamento do imposto de transmissão do primeiro inventário, a nova avaliação servirá para o pagamento do imposto devido no segundo inventário, assim como deverá servir de norte para a partilha comum, que se sucederá. Nessa hipótese, não será possível exigir a complementação do imposto de transmissão no primeiro inventário se a nova avaliação tiver aumentado o valor do bem. Do mesmo modo, não se poderá exigir repetição se o valor do bem tiver diminuído.

129. POSSIBILIDADE DE PARTILHA, NO INVENTÁRIO DO CÔNJUGE HERDEIRO SUPÉRSTITE, DE BENS OMITIDOS NO INVENTÁRIO DO CÔNJUGE PREMORTO

Aqui não se trata de cumulação de inventários, mas sim da possibilidade de serem inventariados os bens que foram omitidos no inventário do cônjuge premorto, já encerrado, no inventário do outro cônjuge.

Nessa situação, não é necessário proceder à sobrepartilha no inventário do cônjuge premorto, pela mesma razão – economia processual e comodidade das partes – que a lei permite cumulação de inventários entre cônjuges, quando um dos processos ainda não estiver encerrado pela sentença de partilha. Portanto, na realidade, ao inventariar no processo do cônjuge supérstite falecido os bens omitidos no inventário do cônjuge premorto, estar-se-á cumulando uma sobrepartilha, relativa aos bens omitidos neste último inventário, com uma nova partilha, decorrente do inventário do cônjuge supérstite.

O imposto de transmissão incidirá sobre a totalidade do bem: 50% correspondente à transmissão do inventário do cônjuge premorto (valor que deveria ser pago na sobrepartilha, referente à meação do cônjuge premorto) e 50% por conta da transmissão da outra metade, pertencente ao cônjuge meeiro supérstite falecido.

Aplicam-se aqui, no que couber, os mesmos princípios da cumulação de inventários, anteriormente examinados.

Segunda Parte:
INVENTÁRIO E PARTILHA EXTRAJUDICIAL

Capítulo XI
DISPOSIÇÕES GERAIS

130. DESJUDICIALIZAÇÃO DE PROCEDIMENTOS NA PERSPECTIVA DO ACESSO À JUSTIÇA

Diversas leis foram editadas nos últimos tempos no sentido de facilitar o acesso à justiça forte na desjudicialização de procedimentos.[1] Ou seja, a retirada do âmbito da atuação do Poder Judiciário dos processos de jurisdição voluntária nos quais inexiste, tecnicamente, conflito de interesses. Nessa linha, a Lei nº 8.951/1994 já previa a possibilidade de consignação em pagamento perante instituições bancárias com base na adição dos parágrafos 1º a 3º ao artigo 190 do CPC/1973.

A Lei 11.441 de 2007 trouxe a possibilidade de se realizar o inventário, o divórcio e a separação consensual também em sede extrajudicial.

Mais recentemente, pelo CPC/2015, a usucapião (artigo 1.071), a ação de divisão e demarcação de terras (artigo 571) e a homologação do penhor legal (artigo 703, §§ 2º a 4º) também passaram a poder ser realizadas sem necessidade de ingresso em juízo nas hipóteses de consenso. Aliás, como sabido, os processos de jurisdição voluntária, só eram realizados perante o juiz em decorrência da importância da solenidade e também dos direitos neles envolvidos, pelo que não havia qualquer impedimento e até era reco-

---

[1] "As novas funções, que foram transferidas para os cartórios extrajudiciais em decorrência da desjudicialização, o foram precisamente com o escopo de garantir, em maior grau, o acesso à justiça nos dias atuais. Trata-se de movimento inerente à noção de Justiça Multiportas, em que novos agentes são convocados a oferecer ao jurisdicionado outros mecanismos igualmente legítimos e adequados para a solução dos litígios (ou o exercício da jurisdição voluntária) e que se colocam ao lado da adjudicação estatal. Abrem-se vários possíveis caminhos para se chegar, no Estado Democrático de Direito contemporâneo, à pacificação com justiça" (HILL, Flávia Pereira. *Revista Eletrônica de Direito Processual*, ano 15, v. 22, n. 1, jan.-abr. 2021, p. 379-408.

mendável que alguns destes procedimentos pudessem ser realizados perante outros órgãos, mantidas determinadas solenidades.[2]

Ratificando o movimento de desjudicialização, foram editadas diversas leis esparsas e atos normativos pelo Conselho Nacional de Justiça, mediante a autorização para a prática atos, perante os cartórios extrajudiciais, que até então somente poderiam ser praticados em juízo, tais como: (i) retificação de registro público (art. 110 da Lei Federal nº 6.015/1973, com a redação dada pela Lei Federal nº 13.484/2017, e Provimento nº 82/2019 do CNJ); (ii) reconhecimento espontâneo de paternidade biológica (Provimento nº 16/2012 do CNJ); (iii) reconhecimento espontâneo de paternidade ou maternidade socioafetiva (Provimento nº 83/2019 do CNJ); (iv) habilitação de casamento sem intervenção judicial, salvo nos casos em que haja impugnação do Ministério Público ou de terceiros (artigo 1.526 do CC/02, com a redação dada pela Lei Federal nº 12.133/2009); (v) averbação da alteração do sobrenome dos genitores em virtude de subsequente casamento, divórcio ou viuvez no registro dos filhos e, no caso de viuvez, também no registro de casamento do cônjuge supérstite (Provimento nº 82/2019 do CNJ); (vi) alteração de prenome e gênero no registro de nascimento em virtude de transexualidade (Provimento nº 73/2018 do CNJ); (vii) registro de nascimento decorrente de reprodução assistida (Provimento nº 63/2017 do CNJ); (viii) averbação direta de separação e divórcio puros decretados no exterior, dispensando-se a ação de homologação de sentença estrangeira da competência do Superior Tribunal de Justiça (artigo 961, § 5º, do CPC/2015 e Provimento nº 53/2016 do CNJ); (ix) registro tardio de nascimento de maiores de 12 anos (artigo 46 da Lei Federal nº 6.015/1973, com a redação dada pela Lei Federal nº

---

[2] "Não se pode negar, entretanto, que atualmente o processo de desjudicialização é uma realidade cada vez mais presente e que vem crescente no início deste terceiro milênio, sendo tratado como prioridade para a administração das justiças de vários países. Esse processo, que busca a diminuição ou ao menos a contenção dos processos que lotam os tribunais, se dá, dentre outros meios, pela revisão do conceito e principalmente da função da jurisdição: algumas das atividades de competência exclusiva do Judiciário agora são desempenhadas por outros profissionais, dentre os quais, o notário. (...) Portanto, é possível a desoneração do Poder Judiciário, retirando de sua esfera de atuação os casos não conflituosos, de modo que esse poder poderá se dedicar à sua função precípua: a jurisdição contenciosa. Trata-se de uma questão fundamental para a administração da justiça: a desjudicialização permite, em tese, a diminuição ou atenuação da demanda judiciária, liberando o magistrado para se ocupar das soluções de litígios de maior importância social e proporcionando-lhe mais tempo para o necessário estudo do processo" (LOUREIRO, Luiz Guilherme. *Manual de direito notarial da atividade e dos documentos notariais*. Salvador: Jus-Podivm, 2020. pp. 253-258).

11.790/2008); (x) transcrição de registro de nascimento, casamento ou óbito lavrado no exterior, dispensando-se intervenção judicial, em regra (Resolução nº 155/2012 do CNJ).[3]

De igual modo, no âmbito do processo judicial, diversas previsões contidas no CPC/2015 indicam clara tendência de *aproximação e maior cooperação recíproca entre as esferas judicial e extrajudicial com vistas ao incremento da efetividade e da duração razoável do processo*,[4] tais como: (i) da Ata Notarial como meio de prova típico (artigo 384 do CPC/15); (ii) averbação premonitória (artigo 828 do CPC/15); (iii) protesto de decisão judicial transitada em julgado (artigo 517 do CPC/2015); (iv) desburocratização, no processo judicial, da efetivação penhora de imóvel, admitindo-se a sua formalização por mero termo nos autos, independentemente de onde se localizar, caso o imóvel penhorado esteja devidamente matriculado no Registro de Imóveis, cabendo apenas ao exequente promover, subsequentemente, perante este cartório extrajudicial, o competente ato registral de penhora para todos os fins de direito (artigo 845, § 1º, do CPC/15), (v) ampliação das hipóteses de cabimento da hipoteca judiciária (art. 495), entre outros.[5]

Cumpre consignar que o Conselho Nacional de Justiça editou a Resolução nº 350, de 27 de outubro de 2020, que, em seu artigo 1º, inciso II, amplia o conceito de cooperação judiciária nacional, com vistas a abarcar a cooperação interinstitucional entre o Poder Judiciário e outras instituições e entidades que possam, direta ou indiretamente, contribuir para a administração da justiça, bem como, em seu artigo 6º, traz rol exemplificativo de atos processuais que podem ser objeto de cooperação entre os diferentes segmentos, o que reforça o ambiente de colaboração entre as esferas judicial e extrajudicial, jogando luzes sobre a interpretação e a aplicação das normas desjudicializante, inclusive as que regulam o inventário extrajudicial, de modo a delas extrair o seu máximo potencial, em prol do acesso à justiça e da tutela do jurisdicionado.[6]

---

[3] HILL, Flávia Pereira. Lições do isolamento: reflexões sobre Direito Processual em tempos de pandemia. Rio de Janeiro: edição do autor. Versão digital. 2020. pp. 87-88.

[4] HILL, Flávia Pereira. "Desjudicialização e acesso à justiça além dos tribunais: pela concepção de um devido processo legal extrajudicial". Revista Eletrônica de Direito Processual. Ano 15. Volume 22. Número 1. Janeiro a Abril de 2021. pp. 379-408.

[5] HILL, Flávia Pereira. Lições do isolamento: reflexões sobre Direito Processual em tempos de pandemia. Rio de Janeiro: edição do autor. Versão digital. 2020. pp. 81-82.

[6] HILL, Flávia Pereira. PINHO, Humberto Dalla Bernardina de. "Desjudicialização e atos probatórios concertados entre as esferas judicial e extrajudicial: a cooperação

131. GENERALIDADES

A Lei nº 11.441, de 4 de janeiro de 2007, alterou o artigo 982 do então CPC de 1973, inaugurando, em nossa ordem jurídica, a possibilidade de realização de inventário extrajudicial, desde que presentes determinados requisitos. Tal regime foi mantido sem maiores alterações substanciais pelo CPC de 2015, no artigo 610, §§ 1º e 2º.

O CPC/2015 contém um único artigo tratando do tema, sendo que o detalhamento do procedimento administrativo junto ao tabelionato foi regulado pela Resolução nº 35, de 24 de abril de 2007, do Conselho Nacional de Justiça (CNJ). Por outro lado, os tribunais estaduais, no âmbito das suas corregedorias, também estabeleceram procedimentos com normas de serviço dos cartórios extrajudiciais.[7]

O nosso estudo limitar-se-á ao exame do inventário e da partilha extrajudiciais a partir das previsões do CPC/2015 sob todos os ângulos, notadamente os aspectos que possam gerar controvérsias e dos entendimentos que se formaram em âmbito doutrinário e regulamentar. A partir de tal análise, lograr-se-á constatar que o procedimento extrajudicial se desenvolve a partir de balizas claras, que condizem com as garantias fundamentais previstas na Constituição Federal, razão pela qual se vem construindo a noção de "devido processo legal extrajudicial", segundo a qual a desjudicialização, ao autorizar o exercício da jurisdição voluntária pelos cartórios extrajudiciais, resguarda o mínimo existencial de todos os consectários do devido processo legal, adaptando-os, em seus aspectos periféricos, às especificidades ínsitas ao regime jurídico que norteia a atividade extrajudicial e, com isso, resguardando precisamente o que a Justiça Multiportas oferece de melhor: a variedade de mecanismos igualmente democráticos de acesso à justiça.[8]

É preciso frisar desde logo que a atividade extrajudicial ora em exame abrange apenas a espécie de inventário conhecida como arrolamento sumá-

---

interinstitucional online prevista na Resolução 350 do CNJ". *Revista Jurídica Luso- -Brasileira.* Ano 7. Número 5. 2021. p. 895-924.

[7] No âmbito do TJRJ, encontra-se nos arts. 268-308 da Consolidação Normativa da Corregedoria – Parte Extrajudicial. Em São Paulo, as previsões estão nos itens 75-83 e 105-129, nas subseções III e VII, respectivamente, do Capítulo XIV do Tomo II das Normas de Serviço dos Cartórios Extrajudiciais.

[8] HILL, Flávia Pereira. Desjudicialização e acesso à justiça além dos tribunais: pela concepção de um devido processo legal extrajudicial. *Revista Eletrônica de Direito Processual,* ano 15, v. 22, n. 1, jan.-abr. 2021, p. 379-408.

rio, especificada nos artigos 659 a 663 do CPC/2015. Nos demais casos, fica mantida a obrigatoriedade do inventário judicial.[9]

132. APLICABILIDADE DA NORMA NO TEMPO

A Lei nº 11.441/2007 tem aplicação imediata inclusive para óbitos anteriores à sua vigência. Trata-se de norma de natureza processual cuja regra é a da sua imediata aplicação, conforme já previa o artigo 1.211 do CPC de 1973 e, agora, o artigo 14 do CPC/2015. Destaque-se, também, que essa orientação foi prestigiada pelo artigo 30 da Resolução nº 35/2007 do Conselho Nacional de Justiça.

Assim, mesmo que já exista inventário judicial em curso, é possível que as partes, desde que presentes os requisitos próprios (*infra* 6), possam proceder ao inventário extrajudicial com a consequente desistência da via judicial ou mesmo a suspensão dos atos processuais por 30 (trinta) dias, nos termos do artigo 2º da Resolução nº 35/2007 do CNJ.

133. A FACULTATIVIDADE DO PROCEDIMENTO

O § 1º do artigo 610 do CPC/2015 é claro no sentido de que o inventário e a partilha "poderão ser feitos por escritura pública", daí porque a facultatividade deste caminho, desde que presentes todos os pressupostos exigidos pelo mencionado artigo e respectivos parágrafos. O artigo 2º da Resolução nº 35/2007 do CNJ também prevê a facultatividade da via cartorária, entendimento este prestigiado pela jurisprudência.[10]

---

[9] OLIVEIRA, Euclides de. *Inventário e partilha por escritura pública. Separata de atualização de inventários e partilhas*: direito das sucessões, teoria e prática – 20ª edição – São Paulo: Leud, 2006, p. 3.

[10] *Vide* "Arrolamento sumário. Extinção do processo sem julgamento de mérito, tendo em vista ter sido ajuizado e extinto o mesmo procedimento anteriormente. (...) Princípio da inafastabilidade da jurisdição. Lei nova que não obriga, senão e apenas faculta às partes optar entre o procedimento judicial e o extrajudicial. Precedentes jurisprudenciais. Recurso provido para afastar a extinção do processo, para que prossiga em seus ulteriores termos" (TJSP, 10ª Câmara de Direito Privado, Ap. Cível nº 9155839-50.2009.8.26.0000, Rel. Des. João Carlos Saletti, j. em 13/09/2016). No mesmo sentido, no âmbito daquele Tribunal: 4ª Câmara de Direito Privado, AI nº 0103782-72.2013.8.26.0000, Rel. Des. Natan Zelinschi de Arruda, j. em 20/06/2013; 1ª Câmara de Direito Privado, Ap. Cível nº 9196804-41.2007.8.26.0000, Rel. Des. De Santi Ribeiro, j. em 28/02/2012; 5ª Câmara de Direito Privado, Ap. Cível nº 0120722-88.2008.8.26.0000, Rel. Des. A.C. Mathias Coltro, j. em 14/05/2008; 1ª Câmara de Direito Privado, AI nº 9041846-97.2007.8.26.0000, Rel. Des. Laerte Nordi, j. em

Caso as partes optem e esgotem a via extrajudicial por meio de escritura pública, não há que se falar de ingresso em juízo para mera homologação do ato, vedado, de igual forma, o ajuizamento de ação para a mesma finalidade. Se houver qualquer tipo de vício no ato praticado, a sua invalidade deverá ser buscada na via própria.[11]

30/03/2007. Igualmente, no TJRJ: "(...) Faculdade – e não obrigatoriedade - que tem a parte de optar pelo procedimento judicial ou extrajudicial, esse último se atendidos os requisitos necessários - Art. 610, § 1º do Código de Processo Civil – correspondente ao 982 do CPC/73, vigente à época do ajuizamento do Inventário. Cassação da sentença que se impõe em prestígio à garantia constitucional de acesso à justiça e ao princípio da inafastabilidade da jurisdição – artigo 5º, inciso XXXV da CF. Precedentes desta Corte de Justiça. Recurso a que se dá provimento" (TJRJ, 18ª CC, Ap. Cível nº 0031412-14.2014.8.19.0014, Rel. Des. Maurício Caldas Lopes, j. em 26/10/2016). Também no Tribunal de Justiça fluminense, veja-se 11ª CC, Ap. Cível nº 0012677-02.2010.8.19.0004, Rel. Des. Otávio Rodrigues, j. em 21/05/2014. O mesmo entendimento também se registra no âmbito do TJMG (*Vide* 7ª CC, Ap. Cível nº 0016776-70.2016.8.13.0295, Rel. Des. Peixoto Henrique, j. em 22/11/2016; 8ª CC, Ap. Cível nº 0025343-24.2015.8.13.0878, Rel. Des. Ângela de Lourdes Rodrigues, j. em 16/03/2016; 4ª CC, Ap. Cível nº 0013330-28.2015.8.13.0058, Rel. Des. Dárcio Lopardi Mendes, j. em 03/12/2015) e do TJRS (8ª CC, AI nº 70058820101, Rel. Des. Rui Portanova, j. em 24/04/2014; 8ª CC, Ap. Cível nº 70037687910, Rel. Des. Alzir Felippe Schmitz, j. em 28/07/2011).

[11] "(...) Inventário extrajudicial finalizado que constitui obstáculo intransponível ao andamento do procedimento na via judicial. Inventário extrajudicial que deve ser anulado por meio da ação própria. Recurso a que se nega provimento" (TJRJ, 13ª CC, Ap. Cível nº 0431828-19.2015.8.19.0001, Rel. Des. A.C. Mathias Coltro, j. em 15/02/2017).

Capítulo XII
PROCEDIMENTO. ALIENAÇÃO DE BENS

134. LOCAL DA REALIZAÇÃO DA ESCRITURA

A Lei nº 11.441/2007 e o CPC/2015 não estabelecem nenhuma limitação quanto à competência territorial para a lavratura da escritura pública de inventário. O Conselho Nacional de Justiça fixou, no artigo 1º da Resolução nº 35/2007, que é "livre a escolha do tabelião de notas, não se aplicando as regras de competência do Código de Processo Civil", portanto existe plena liberdade na escolha do tabelião, desde que o ato seja praticado nos limites da área de sua atuação funcional conforme a regra do artigo 8º da Lei nº 8.935/94.

Se de um lado esse regime de livre escolha facilita a celebração do ato, especialmente quando os interessados residem em lugares distantes do domicílio do autor da herança, pode, por outro lado, trazer situações de risco para credores do espólio, terceiros adquirentes de bens cujos contratos ainda não foram efetivados e até mesmo para herdeiros distantes que, eventualmente, não tenham sido incluídos e que não tiveram conhecimento do falecimento. Em razão de tais temores, o CNJ editou, em 2012, o Provimento nº 18, que determinou a criação de uma central de escrituras de separações, divórcios e inventários, bem como de um registro central de testamentos.

Tal exigência acarretou o lançamento, pelo Conselho Notarial do Brasil, de plataforma na internet que permite o acesso instantâneo a todas as escrituras de inventário, de separação e de divórcio, realizadas extrajudicialmente no País.[1] Mais do que isto, existe a obrigação de se alimentar quinzenalmente a Central Notarial de Serviços Eletrônicos Compartilhados[2] de sorte a proporcionar a segurança necessária para evitar fraudes, não só de duplicidade

---

[1] Disponível em: <http://www.censec.org.br/Cadastro/Centrais/Cesdi/Consulta Ato-1.aspx>. Acesso em 19/02/2017.

[2] Disponível em: <https://www.censec.org.br/Censec/pdf/faq_censec_adm_221112. pdf>. Acesso em 10/04/2017.

de partilhas, como também para superar outros obstáculos tais como aqueles anteriormente mencionados.

135. REQUISITOS

O artigo 610, *caput*, §§ 1º e 2º, do CPC/2015, na linha do que já estabelecia o artigo 982 do CPC de 1973, com a redação dada pela Lei nº 11.441/2007, define os requisitos para possibilitar que os interessados optem pela via extrajudicial, a saber:

a) As partes forem todas maiores e capazes;

b) Houver acordo de partilha;

c) Estiver presente um advogado para assistência às partes;

d) Não houver testamento.

Preenchidos tais requisitos, que serão estudados a seguir, e atendidos os encargos fiscais, será lavrada a escritura pelo tabelião, valendo como título para o registro imobiliário e outros efeitos correspondentes à transmissão dos bens, sem necessidade de homologação ou ordem judicial.

a) **As partes forem todas maiores e capazes** – a capacidade das partes é um requisito inerente à prática de ato para que a vontade dos indivíduos possa ter relevância no mundo jurídico. Ela é adquirida nos termos da lei civil, sendo exigida a capacidade plena para a realização do inventário por meio de escritura pública, compreendendo-se aqui os emancipados nos termos do artigo 5º, parágrafo único, do Código Civil.[3] De se consignar que, de acordo com o artigo 6º da Lei Federal nº 13.146/2015 (Estatuto da Pessoa Portadora de Deficiência), a deficiência não afeta a capacidade, razão pela qual a existência de interessado que seja pessoa portadora de deficiência não afasta, *ipso facto*, a via extrajudicial.[4] Com o fortalecimento do fenômeno da desjudicialização e da confiança da prática de novas funções pelos

---

[3]   Nesse sentido: VIEIRA DE CARVALHO, Luiz Paulo. *Direito das sucessões* – 2ª ed. – São Paulo: Atlas, 2015, p. 891. A permissão consta expressamente da Resolução nº 35 do CNJ, no art. 12.

[4]   Luiz Guilherme Loureiro traz entendimento mais restritivo ao acesso à via extrajudicial nesse caso, a saber: "Logo, se um dos herdeiros for interditado ou estiver impossibilitado de exprimir sua vontade de forma refletida, em decorrência de desenvolvimento mental incompleto ou de qualquer outra causa, ainda que transitória,

cartórios extrajudiciais, verifica-se que, paulatinamente, a doutrina[5] e os tribunais[6,7] tendem a interpretar esse requisito legal de forma contextualizada e restritiva. Ganha fôlego o entendimento segundo o qual a existência de interessados incapazes não inviabiliza a via extrajudicial, bastando que a minuta de escritura pública seja submetida à manifestação do Ministério Público e, subsequentemente, à chancela pela Vara de Registros Públicos da Comarca previamente à sua efetiva lavratura pelo cartório extrajudicial. Trata-se de uma crescente tendência ao incremento da cooperação entre as esferas judicial e extrajudicial, de forma coordenada, de modo que cada qual delas desempenhe o seu papel com sincronicidade e dinamicidade, contribuindo, assim, para que o ato seja praticado da forma mais célere possível, sem descurar da proteção dos interesses de todos os envolvidos.

b) **Houver acordo de partilha** – é condição para utilização da via extrajudicial, como anteriormente examinado, o consenso entre todos os herdeiros. Questão interessante pode surgir na hipótese de haver consenso dos herdeiros quanto à realização do inventário extrajudicial, abrangendo determinados bens a serem atribuídos a um e a outros, relegando para o inventário judicial, através de sobrepartilha, os bens sobre os quais não existe consenso. Tal situação pode ocorrer, por exemplo, quando houver impasse quanto à avaliação de determinados bens ou quanto à atribuição dos mesmos a este ou aquele herdeiro e assim por diante.

É possível utilizar tal mecanismo – inventário extrajudicial e partilha judicial – na medida em que a lei não exige que o inventário seja realizado sempre e necessariamente através da mesma forma e até prevê a possibilidade de sobrepartilha (artigo 25 da Resolução nº 35/2007 do CNJ).

Imagine-se, por exemplo, uma situação na qual o herdeiro que participou da escritura pública tornou-se, posteriormente, incapaz

---

o inventário deverá ser processado pela via judicial" (LOUREIRO, Luiz Guilherme. *Registros Públicos*: teoria e prática. 11. ed. Salvador: JusPodivm, 2021. p. 1.326).

[5] GERMANO, José Luiz; NALINI, José Renato; GONÇALVES, Thomas Nosch. *Um passo adiante*. Disponível em: <https://www.migalhas.com.br/coluna/migalhas--notariais-e-registrais/349886/um-passo-adiante>. Acesso em: 20 ago. 2021.

[6] TJSP, Processo 1002882-02.2021.8.26.0318, 3ª Vara Cível de Leme/SP.

[7] TJAC, Portaria 5914-12, de 08/09/2021, editada pelo Juiz Edinaldo Muniz dos Santos, *Diário Oficial* de 09/09/2021.

INVENTÁRIO E PARTILHA: Judicial e Extrajudicial – *Paulo Cezar Pinheiro Carneiro*

e surgiram bens que não foram inventariados. Nessa hipótese, a sobrepartilha será realizada, necessariamente, pela via judicial. Portanto não existe nada que impeça a utilização dos dois caminhos, desde que não sejam colidentes.

c) **Estiver presente um advogado para a assistência das partes** – a lei exige a participação do advogado para a validade da realização do inventário por escritura pública (§ 2º do artigo 610 do CPC/2015). Se o advogado estiver representando todas as partes, deverá orientar, esclarecer e buscar que a escritura corresponda ao interesse legítimo de todos. O atual CPC prestigia o disposto no artigo 8º da Resolução nº 35/2007 do CNJ, permitindo que as partes possam ser assistidas por Defensor Público, concretizando o mandamento constitucional de assegurar a assistência jurídica gratuita integral (CF, artigo 5º, nº LXXIV). Não há necessidade do instrumento de mandato, que só será necessário caso as partes não estejam presentes por ocasião da realização do ato notarial.[8]

d) **Não houver testamento** – a previsão do artigo 610 do CPC/2015, no sentido da obrigatoriedade da realização do inventário judicial no caso de existir testamento, deve ser interpretada com um certo tempero.

Não existe nenhuma incompatibilidade lógica para a realização do inventário extrajudicial com a existência de um testamento.[9] Nem sequer há de falar-se em ato jurídico viciado ou inválido.

O que é necessário, sim, é que o testamento seja apresentado e processado em juízo e o seu cumprimento pode se dar por meio de escritura pública que deverá ser levada, posteriormente, para o juízo onde se processou o testamento de sorte a demonstrar que as suas cláusulas foram efetivamente observadas, não só pelo órgão do Ministério Público, cuja intervenção é obrigatória, como também do próprio juízo. Não há que se falar em qualquer tipo de prejuízo na utilização desse mecanismo, pois o ato alcançou todas as finalidades que lhe são próprias e não gerou qualquer tipo de prejuízo para as partes.

---

[8] ALBUQUERQUE, J.B. Torres de; FIDA. Orlando. *Inventários, arrolamentos e partilhas* – 10ª edição - Campinas, Servanda, 2011, p. 127.

[9] No mesmo sentido, ROSA, Conrado Paulino da; RODRIGUES, Marco Antonio dos Santos. *Inventário e partilha*: teoria e prática. 2. ed. Salvador: JusPodivm, 2020. p. 372.

A doutrina tem sustentado pontos de vista semelhantes àquele anteriormente colocado. Alguns sustentam que seria possível separar os bens objetos de testamento com base no artigo 215;[10] outros sustentam que herdeiros capazes podem elaborar a partilha amigável por escritura pública, mesmo existindo o testamento, desde que ela seja levada a juízo para homologação nos termos do artigo 659 do CPC/2015.[11]

Em 2015, a VII Jornada de Direito Civil do Conselho da Justiça Federal (CJF) editou o Enunciado nº 600, dispondo que, após o registro judicial do testamento, seria possível que os interessados, se capazes e concordes, realizassem a partilha extrajudicialmente.

No ano seguinte, o CJF realizou a I Jornada de Prevenção e Solução Extrajudicial de Litígios, fixando-se a tese (enunciado nº 77) de que, havendo registro do testamento ou autorização do juízo sucessório, os atos de abertura e de cumprimento de testamento podem se dar por escritura pública. Nesta linha, os Tribunais de Justiça dos Estados de São Paulo[12] e do Rio de Janeiro,[13] passaram a entender possível que as serventias notariais realizassem o inventário e a partilha por escritura pública, mesmo havendo testamento, se houver autorização expressa, nos autos da respectiva abertura e cumprimento, caso as partes sejam capazes e estejam em concordância. O Superior Tribunal de Justiça aderiu a esse entendimento para, a partir de uma leitura sistemática do *caput* e do § 1º do art. 610 do CPC/2015, c/c os arts. 2.015 e 2.016 do CC/2002, entender que se mostra "possível o inventário extrajudicial, ainda que exista testamento, se os interessados forem capazes e concordes e estiverem assistidos por advogado, desde que o testamento tenha sido previamente registrado judicialmente ou haja a expressa autorização do juízo competente".[14]

---

[10] "Art. 2.015. Se os herdeiros forem capazes, poderão fazer partilha amigável, por escritura pública, termo nos autos do inventário, ou escrito particular, homologado pelo juiz."

[11] VIEIRA DE CARVALHO, Luiz Paulo. *Direito das sucessões* – 2ª ed. – São Paulo: Atlas, 2015, p. 892.

[12] Provimento CGJ/TJSP nº 37/2016, alterando o art. 129 das Normas de Serviço de Cartórios Extrajudiciais.

[13] Provimento CGJ/TJRJ nº 21/2017, que alterou o artigo 297 da Consolidação Normativa da Corregedoria-Geral da Justiça.

[14] STJ, REsp 1.808.767/RJ, Rel. Min. Luis Felipe Salomão, 4ª Turma, Decisão unânime, j. 15/10/2019.

Coerentemente, entende-se que, tendo o falecido deixado apenas codicilo, podem os interessados optar por recorrer diretamente à via extrajudicial, em homenagem ao princípio da legalidade estrita, visto que o artigo 610 do CPC/2015 não faz qualquer alusão a codicilo como requisito negativo.[15]

136. RECONHECIMENTO DA CONDIÇÃO DE HERDEIRO. UNIÃO ESTÁVEL

A condição de herdeiro é comprovada através da respectiva certidão expedida pelo cartório de Registro Civil de Pessoas Naturais, seja certidão de nascimento ou casamento, documento legalmente apto a demonstrar o vínculo jurídico entre o interessado e o autor da herança (artigos 1.543, 1.544 e 1.603 do CC/2002).[16]

Havendo união estável entre o autor da herança e outra pessoa, será apresentada a escritura pública, a sentença judicial ou a certidão do registro da união estável no livro E do Registro Civil de Pessoas Naturais, contendo a data de início da relação de companheirismo.

À falta de tal documentação, é perfeitamente possível, na escritura de inventário, o reconhecimento da condição de herdeiro ou de eventual união estável desde que todos os demais herdeiros estejam de acordo.[17]

O artigo 18 da Resolução nº 35/2007 do CNJ tem dispositivo expresso a respeito, *verbis*: Artigo 18 – "o companheiro que tenha direito a sucessão

---

[15] LOUREIRO, Luiz Guilherme. *Registros públicos*: teoria e prática. 11. ed. Salvador: JusPodivm, 2021. p. 1.326.

[16] *"A condição de herdeiro deve ser documentalmente comprovada (ex.: certidão de óbito, certidão de casamento, certidão de nascimento). A escritura de partilha não pode se basear em fato incerto, dependendo de prova aliunde, isto é, de prova a ser produzida em processo judicial. Problemas poderão surgir, na prática, quando se tratar de sucessão de companheiro, visto que a união estável por sua própria natureza, é uma relação jurídica informal. Nessa situação, é importante a demonstração não apenas da relação de companheirismo, mas também de seu termo inicial, para que seja possível quantificar o quinhão do companheiro sobrevivente. Quando não houver parentes sucessíveis, o notário deverá exigir documento autêntico para a prova da união estável (ex.: contrato escrito entre os companheiros, sentença judicial escritura declaratória deixada pelo falecido etc.), a fim de evitar que pessoa inescrupulosa se apresente falsamente como companheiro e, consequentemente, sucessor da totalidade da herança"* (LOUREIRO, Luiz Guilherme. *Manual de direito notarial da atividade e dos documentos notariais*. Salvador: JusPodivm, 2020. p. 299).

[17] No mesmo sentido, ROSA, Conrado Paulino da; RODRIGUES, Marco Antonio dos Santos. *Inventário e partilha*: teoria e prática. 2. ed. Salvador: JusPodivm, 2020. p. 367.

Segunda Parte · Cap. XII · PROCEDIMENTO. ALIENAÇÃO DE BENS

é parte, observada a necessidade de ação judicial se o autor da herança não deixar outro sucessor ou não houver consenso de todos os herdeiros, inclusive quanto ao reconhecimento da união estável".

137. LEVANTAMENTO DE DINHEIRO E ALIENAÇÃO DE BENS

Quando houver necessidade de prévio levantamento de dinheiro ou de venda de bens do falecido afasta-se, em princípio, a possibilidade de inventário extrajudicial. Todavia é possível o pedido de alvará autônomo com a concordância de todos os herdeiros para que a venda seja realizada previamente à escritura pública de inventário com o depósito da importância à disposição do juízo, procedendo-se ao levantamento dos valores necessários para o pagamento dos impostos, emolumentos e da escritura de inventário. Aliás, existem determinados bens que até dispensam qualquer espécie de inventário, judicial ou administrativo[18], conforme o disposto no artigo 666 do CPC/2015, independe de inventário ou de arrolamento, o pagamento dos valores previstos na Lei nº 6.858 de 24 de novembro de 1980. São valores deixados pelo falecido como FGTS, saldo de salários, PIS/PASEP, devolução de tributos e depósitos bancários, desde que não ultrapassem R$ 9.480,70 (que correspondem a 500 Obrigações Reajustáveis do Tesouro Nacional – ORTN), conforme analisado no item 112, *supra*, no capítulo sobre inventário judicial.

Também, é perfeitamente possível que, em vez de recorrer à via judicial para obtenção de alvarás, os interessados realizem uma cessão de direitos hereditários ou mesmo uma promessa de cessão de direitos hereditários que será efetivada concomitantemente à assinatura da escritura de inventário, num único ato, permitindo que se obtenha, previamente, numerário suficiente para fazer frente a todos os custos desta modalidade de inventário.

A Resolução nº 35/2007 do CNJ prestigia esse entendimento, rezando, em seu artigo 16, a possibilidade de o cessionário promover o inventário extrajudicial, desde que todos os herdeiros estejam presentes e concordes.

Destaque-se que, por serem negócios jurídicos distintos, a cobrança de emolumentos da efetivação da cessão e do inventário será feita individualmente, ainda que sejam lavrados em conjunto, inclusive quanto à incidência dos respectivos impostos *inter vivos* pela cessão e *mortis causa* para o do inventário.

---

[18] OLIVEIRA, Euclides de. *Inventário e partilha por escritura pública. Separata de atualização de inventários e partilhas*: direito das sucessões, teoria e prática – 20ª edição – São Paulo: Leud, 2006, p. 7.

138. BENS LOCALIZADOS NO EXTERIOR

O artigo 29 da Resolução nº 35/2007 do CNJ estabelece que os bens localizados no exterior não podem ser objeto de escritura de inventário extrajudicial. Tal regra só é aplicável nos casos em que os bens situados no exterior devam, necessariamente, ser submetidos à jurisdição estrangeira para que a respectiva transferência possa ser efetivada para os herdeiros. Caso contrário, e desde que o país onde se situem os bens admita como título hábil a escritura pública de inventário para a transmissão de tais bens para os herdeiros, não vemos nenhuma vedação quanto a possibilidade de eles serem inventariados por escritura pública. Veja-se, por exemplo, a hipótese de o autor da herança ter uma conta no exterior devidamente declarada no seu imposto de renda. Não há óbice em que tais valores sejam declarados na escritura, partilhados entre os herdeiros e que o banco onde o dinheiro está depositado possa liberá-lo para os herdeiros à vista da escritura pública, desde que não haja vedação na legislação daquele país. Se for caso de recolhimento de tributo no local onde se situa a conta, ele será pago pelos herdeiros os quais, depois, levantarão as quantias na proporção de seus quinhões.

Na realidade, tudo depende da legislação do país onde os bens se encontrem e assim, desde que presentes todos os requisitos necessários para a realização do inventário através de escritura pública, não vemos por que a obrigatoriedade da utilização da via judicial.

139. FUNÇÃO DO TABELIÃO

Compete ao tabelião fazer os esclarecimentos necessários pertinentes ao procedimento da escritura, agindo de forma ética e proporcionando às partes a melhor experiência possível no inventário pela via administrativa. A sua atividade, portanto, não é passiva ou meramente executiva do ato de partilha, devendo prestar as informações necessárias para a adequada realização da escritura.

Recomenda-se, por exemplo, que o tabelião verifique a observância das regras gerais balizadoras da partilha, previstas no artigo 648 do CPC/2015, dentre as quais foi observado o princípio da igualdade das legítimas – caso contrário, presume-se a cessão da herança.

Tal orientação, entretanto, é subsidiária, guardando algumas limitações no que toca à assessoria jurídica dos interessados, a qual deve ser prestada pelo advogado ou pelo defensor público que deverão prestar assistência e participar do ato.

Caso o tabelião note indícios de fraude ou tenha dúvidas acerca da declaração de vontade dos interessados, deverá se negar a lavrar a escritura, justificando sua recusa por escrito, conforme determina o artigo 32 da Resolução nº 35/2007 do CNJ. Da mesma forma, caso perceba indicações de prejuízo ao cônjuge ou companheiro supérstite ou algum dos herdeiros, o tabelião, também, poderá fundamentadamente recusar a realização da escritura.[19]

Admite-se a delegação da lavratura da partilha por escrevente habilitado, como na atividade notarial em geral, conforme o artigo 20 da Lei nº 8.935/1994. Todavia, o tabelião deverá orientar e se responsabilizar integralmente pelos atos do seu preposto. De igual forma, como examinado posteriormente (item nº 148 do Capítulo XIV), o tabelião deverá fiscalizar o recolhimento de impostos.

---

[19] Como exemplo, "Apelação Cível. Direito das Sucessões. Inventário Extrajudicial. Dúvida suscitada pelo oficial dos registros públicos. Recusa de registro da escritura pública de inventário extrajudicial. Inexatidão da meação do cônjuge sobrevivente. Diferença pequena que se justificada para fins de divisão cômoda do patrimônio imóvel. Desproporcionalidade entre os quinhões. Infringência à norma disposta no art. 2.017 do CCB – divisão igualitária da herança. A manifestação da vontade dos herdeiros filhos favorecendo apenas um deles exige cessão de direitos hereditários, por escritura pública ou por termo nos autos do inventário, incidindo, em tal hipótese, a dupla tributação, ou seja, a referente à aceitação da herança (transmissão *causa mortis*) e a que diz respeito à cessão em si (transmissão *inter vivos*). Apelo parcialmente provido" (TJRS, 7ª CC, Ap. Cível nº 70061043154, Des. Rel. Sandra Brisolara Medeiros, j. em 25/03/2015).

Capítulo XIII
REQUISITOS E REPRESENTAÇÃO

140. PRAZO PARA ABERTURA DO INVENTÁRIO

O artigo 611 do CPC/2015 estabelece o prazo de 2 (dois) meses para a abertura do inventário, que deve ser aplicado tanto à via judicial quanto à administrativa.[1,2]

Os prazos estabelecidos não são fatais e o inventário, por qualquer das vias, poderá ser realizado a qualquer tempo conforme permite o artigo 31 da Resolução nº 35/2007 do CNJ. Todavia, poderão ser aplicadas penalidades de natureza fiscal (multas e juros de mora, no caso de se exceder o prazo legalmente previsto).[3] Cumpre observar as normas da legislação local a esse respeito.

---

[1] HILL, Flávia Pereira; PINHO, Humberto Dalla Bernardina de. "Primeiras reflexões sobre a Lei nº 11.441". *Revista Dialética de Direito Processual*, vol. 50, maio 2007. pp. 42-59.

[2] Luiz Guilherme Loureiro, embora entenda que o prazo previsto no artigo 611 do CPC/2015 dirija-se apenas ao inventário e à partilha judiciais, reconhece que caberá ao tabelião igualmente exigir o pagamento de eventual multa prevista em lei estadual para o caso de decurso do prazo legalmente fixado, o que acaba por, na prática, redundar na mesma posição ora defendida (LOUREIRO, Luiz Guilherme. *Registros públicos*: teoria e prática. 11. ed. Salvador: JusPodivm, 2021. p. 1.328).

[3] A multa por atraso está prevista no art. 37, I, da Lei nº 7.174/2015, no âmbito do Estado do Rio de Janeiro. Fixa-se a multa em 10%, mais 10% a cada doze meses adicionais de atraso, até o limite de 80%.

141. DOCUMENTOS EXIGIDOS PARA A REALIZAÇÃO DA ESCRITURA DE INVENTÁRIO

Quanto aos aspectos formais da escritura, a Resolução nº 35/2007 do CNJ estabelece, nos artigos 20[4], 21[5] e 22,[6] as exigências de qualificação e de documentos que devem ser observados pelo interessado, a saber:

a) A qualificação completa do autor da herança (*de cujus*) e das partes interessadas;

b) Certidão de óbito do autor da herança;

c) RG e CPF do autor da herança e das partes;

d) Certidões comprobatórias do vínculo de casamento e do vínculo de parentesco dos herdeiros (certidão de casamento e certidão de nascimento);

e) Certidão de óbito de eventual herdeiro premorto, para habilitação de seus representantes ou de outros sucessores;

f) Certidão de casamento dos herdeiros, se for o caso;

g) Pacto antenupcial, se houver;

h) Certidão negativa da existência de testamento (a ser obtida do Colégio Notarial – Central de Testamentos).

---

[4] "Art. 20. As partes e respectivos cônjuges devem estar, na escritura, nomeados e qualificados (nacionalidade; profissão; idade; estado civil; regime de bens; data do casamento; pacto antenupcial e seu registro imobiliário, se houver; número do documento de identidade; número de inscrição no CPF/MF; domicílio e residência)."

[5] "Art. 21. A escritura pública de inventário e partilha conterá a qualificação completa do autor da herança; o regime de bens do casamento; pacto antenupcial e seu registro imobiliário, se houver; dia e lugar em que faleceu o autor da herança; data da expedição da certidão de óbito; livro, folha, número do termo e unidade de serviço em que consta o registro do óbito; e a menção ou declaração dos herdeiros de que o autor da herança não deixou testamento e outros herdeiros, sob as penas da lei."

[6] "Art. 22. Na lavratura da escritura deverão ser apresentados os seguintes documentos: a) certidão de óbito do autor da herança; b) documento de identidade oficial e CPF das partes e do autor da herança; c) certidão comprobatória do vínculo de parentesco dos herdeiros; d) certidão de casamento do cônjuge sobrevivente e dos herdeiros casados e pacto antenupcial, se houver; e) certidão de propriedade de bens imóveis e direitos a eles relativos; f) documentos necessários à comprovação da titularidade dos bens móveis e direitos, se houver; g) certidão negativa de tributos; e h) Certificado de Cadastro de Imóvel Rural – CCIR, se houver imóvel rural a ser partilhado."

142. DESCRIÇÃO DOS BENS

Deverá constar da escritura a descrição dos bens sujeitos a inventário. Os bens da herança constituem o patrimônio deixado pelo falecido na sua totalidade, abrangendo a meação do cônjuge sobrevivente ou do companheiro, se for o caso, e a herança propriamente dita, que será transmitida aos herdeiros legítimos.

Assim devem ser descritos os bens imóveis e móveis, direitos e obrigações do autor da herança, com seus eventuais ônus e encargos. A descrição de bem móvel deve ser instruída com a prova da aquisição, se houver (assim, para veículo o certificado de propriedade).

Não só a propriedade, mas igualmente direitos sobre imóveis (promessa, cessão etc.) e mesmo os direitos de posse são suscetíveis de inventário e partilha com a precisa indicação de sua natureza, origem e os documentos comprobatórios.

Os semoventes serão descritos pelo número, espécies, marcas e sinais distintivos. Outros bens, como dinheiro, depósitos, joias, objetos de valor, mobiliário etc., serão indicados com a especificação da qualidade, peso e importância.

Quotas societárias, ações e títulos também devem ter as devidas especificações e atribuição de valores, com os documentos comprobatórios: contrato social, certificados ou cautelas, levantamento contábil (balanço, cotação em bolsa e outros meios adequados).

143. GRATUIDADE

A gratuidade dos atos relativos aos procedimentos de inventário e de divórcio estava previsto expressamente no artigo 982, § 2º, do CPC de 1973, por força da Lei nº 11.965/2009, assim como no artigo 6º da Resolução nº 35/2007 do CNJ.

A gratuidade, entretanto, não está reproduzida no atual CPC. Contudo, tal omissão legislativa não pode ser interpretada como vedação à gratuidade em razão do texto constitucional (CF, artigo 5º, LXXIV), que assegura o direito à assistência jurídica gratuita e integral para os necessitados.

Além disso, a via cartorária não pode se tornar uma "justiça de primeira classe" para as partilhas consensuais de pessoas com maiores condições financeiras, obrigando as camadas populares a se socorrerem do Poder Judiciário em procedimento mais moroso, mesmo sem qualquer lide a ser resolvida. Seria uma flagrante violação à isonomia impedir o acesso das classes menos favorecidas aos serviços cartorários. Nessa linha, permanece, portanto, válida e eficaz a previsão de gratuidade constante do artigo 6º da Resolução nº 35/2007 do CNJ.[7]

Para obtenção da gratuidade, basta a simples declaração dos interessados de que não possuem condições de arcar com os emolumentos, ainda que as partes estejam assistidas por advogado constituído. Reconhece-se a possibilidade de o tabelião exercer um juízo mínimo sobre a veracidade do pleito, podendo, se for o caso, recusar a prática do ato, comunicando, por precaução, essa recusa à Corregedoria de Justiça do respectivo Estado onde se situa o cartório, ou, se houver previsão legal própria, como no Estado do Rio de Janeiro (artigo 38, § 1º, da Lei Estadual nº 3.350/99 e no artigo 127 da Consolidação Normativa da Corregedoria Geral da Justiça do Estado do Rio de Janeiro – Parte Extrajudicial Aviso 2/06 da Corregedoria Geral do TJ/RJ), suscitar dúvida acerca da gratuidade.

144. EMOLUMENTOS

No que toca ao pagamento dos emolumentos, os Tribunais de Justiça dos respectivos Estados deverão editar provimentos com a tabela de emolumentos referentes aos atos contemplados na Lei nº 11.441/2007 e no CPC de 2015. Atualmente, no Estado do Rio de Janeiro, eles serão pagos de acordo com a Portaria CGJ nº 2.684/2016, sendo atualizados em periodicidade anual.

O valor dos emolumentos deverá guardar proporção com o valor dos bens objeto da escritura pública, que deverão ser classificados de acordo com seus valores em faixas ou escalas.[8]

Existem Estados que estabeleceram que a cobrança dos emolumentos relacionados aos atos previstos na Lei nº 11.441/2007 deve se dar de acordo com a tabela em vigor relativa às escrituras públicas, como o Estado de São Paulo. Tal solução parece razoável de ser adotada também onde não exista previsão específica com relação ao pagamento de tais emolumentos.

---

[7]   Em sentido contrário: "(...) 2. De acordo com o que dispõe o art. 98, § 1º, inciso IX, do NCPC, a possibilidade de extensão do benefício da gratuidade restou limitada aos atos necessários à efetivação de decisão judicial ou à continuidade de processo judicial no qual o benefício tenha sido concedido. Inviável, portanto, sua extensão para registro de inventário extrajudicial. Apelação conhecida em parte e, na parte conhecida, desprovida" (TJRS, 17ª CC, Ap. Cível nº 70070902614, Des. Rel. Marta Borges Ortiz, j. em 23/03/2017). Para o julgado, sem previsão expressa em lei, apenas os atos necessários à efetivação de decisões judiciais podem ser objeto da gratuidade de justiça, a teor do art. 98, § 1º, IV, do CPC.

[8]   HILL, Flávia Pereira; PINHO, Humberto Dalla Bernardina de. Primeiras reflexões sobre a lei 11.441 in *Revista Dialética de Direito Processual*. Vol. 50, maio 2007. pag. 6.

145. COMPARECIMENTO DOS HERDEIROS

Para a lavratura do ato, é dispensável o comparecimento dos herdeiros, que podem ser representados por procuradores com poderes especiais conforme mencionado no item 6 *supra*. Exige-se, entretanto, que eles estejam presentes ao ato se houver cessão de direitos hereditários, bem como na hipótese de renúncia que importe em transmissão, nos termos dos artigos 16 e 17 da Resolução nº 35/2007 do CNJ.

Havendo cessão de direitos hereditários, o cessionário possui legitimidade para deflagrar o inventário e a partilha extrajudiciais e, independentemente disso, deverá estar presente ao ato da lavratura da respectiva escritura pública de inventário e partilha.[9]

146. A REPRESENTAÇÃO DO ESPÓLIO NA ESCRITURA

O artigo 11 da Resolução nº 35/2007 do CNJ exige a nomeação de um herdeiro ou mais de um com os mesmos poderes de um inventariante, para a representação do espólio no cumprimento de obrigações ativas ou passivas pendentes, dentre elas: levantamento de FGTS; de restituição de imposto de renda ou de valores depositados em bancos; comparecimento para lavraturas de escrituras etc.

Não existe necessidade de se seguir a ordem de nomeação estabelecida no artigo 617 do CPC/2015, bastando que haja consenso entre as partes quanto à indicação.

No período que antecede a lavratura da escritura, o espólio, se necessário, será representado pelo administrador provisório (artigo 1.797 do Código Civil e 613 do CPC/2015). Pode ser necessário, como visto anteriormente, que haja necessidade de requerimento de alvará para levantamento de valores depositados em banco e assim por diante, pelo que tal função caberá ao administrador provisório, que por ocasião da escritura deverá fazer constar as medidas tomadas em benefício do espólio.

---

[9] LOUREIRO, Luiz Guilherme. *Registros públicos*: teoria e prática. 11. ed. Salvador: JusPodivm, 2021. p. 1.321-1.322.

Capítulo XIV
DÍVIDAS E BENS

147. DAS DÍVIDAS E DEMAIS OBRIGAÇÕES PENDENTES

Na escritura deverão ser declaradas as dívidas do espólio e respectivos credores, não só aquelas anteriores ao passamento, mas também as referentes a fatos ocorridos após este evento, como as dívidas fiscais de responsabilidade do espólio, despesas com o funeral e aquelas decorrentes da própria administração do espólio. É evidente que deverá haver o consenso quanto a elas de todos os herdeiros, não havendo a necessidade da intervenção dos credores. O importante é que haja reserva de valor suficiente para fazer frente ao pagamento de tais dívidas.

Além de dívidas de natureza pecuniária, o espólio pode ser devedor de outras obrigações líquidas e certas, como, por exemplo, de entregar coisa certa, ou prestar determinado fato e assim por diante, *v.g.* a necessidade da realização de escrituras definitivas de bens imóveis que foram objeto de promessas de venda celebradas anteriormente ao falecimento do *de cujus*.

Todas essas obrigações do espólio deverão ser cumpridas pelo herdeiro indicado na escritura com poderes de inventariante, devendo o mesmo prestar contas aos demais herdeiros acerca do cumprimento das obrigações estabelecidas.

148. PAGAMENTO DE TRIBUTOS. FISCALIZAÇÃO

Como examinado anteriormente, o recolhimento dos impostos ocorrerá antes da lavratura de escritura de inventário, devendo ser apresentadas ao tabelião as respectivas guias de recolhimento dos impostos eventualmente devidos. Cada Estado editará os atos próprios dispondo sobre os procedimentos a serem adotados para o lançamento do imposto de transmissão em partilhas, adotando-se quanto aos demais, como, por exemplo, cessão de direitos, aqueles já estabelecidos na legislação estadual própria. No Rio de Janeiro, a Secretaria Estadual de Fazenda editou a resolução nº 48/2007 dispondo sobre os procedimentos a serem adotados para o alcance de tal finalidade.

Importante destacar que a Lei Federal nº 8.935/1994 erige como dever dos tabeliães fiscalizar o recolhimento de impostos incidentes sobre os atos que devam praticar (artigo 30, inciso XI). Aliás, tal obrigação não constitui nenhuma novidade, na medida em que ela sempre foi realizada pelos notários com relação a escrituras outras lavradas no âmbito das suas respectivas atribuições.

A propósito, no Estado do Rio de Janeiro existe uma consolidação normativa expedida pela Corregedoria Geral de Justiça que estabelece a obrigatoriedade, antes da lavratura de escritura, de comprovação pelos interessados perante o tabelião da quitação dos impostos devidos.[1]

Sem as certidões não será possível lavrar-se a escritura de inventário e partilha sob pena de responsabilizar-se o tabelião pelos débitos pendentes e de inviabilizar o registro imobiliário.

De se consignar que o dever do tabelião se consubstancia na verificação da comprovação documental, pelos interessados, do pagamento dos tributos incidentes, não se imiscuindo, portanto, na aferição do valor do tributo devido, que incumbe à Fazenda Pública credora.[2]

149. TRANSFERÊNCIA DE BENS MÓVEIS E IMÓVEIS

A escritura pública de inventário e partilha, por si só, constitui título hábil para transferir a propriedade de bens imóveis ou móveis, não havendo necessidade de nenhum ato judicial para a concretização de tal finalidade.

A possibilidade de essa escritura basear qualquer ato de registro é expressa no artigo 610, § 1º, do Código de Processo Civil. Apesar de não haver norma expressa quanto à transferência de bens móveis, por óbvio a escritura pública também é meio apto à transferência de bens móveis junto aos órgãos que tenham atribuição administrativa para tanto.

Seria um contrassenso permitir que o inventário fosse feito por escritura pública e ao mesmo tempo exigir que as partes recorram ao Judiciário para obter eventuais alvarás, como, por exemplo, para transferência de propriedade de automóvel junto ao Detran, levantamento de dinheiro em instituição financeira, seguro de vida e assim por diante. Somente será necessário recorrer à via judicial, como anteriormente estudado, item 137, nos casos de existir necessidade de expedição de alvarás previamente à realização da escritura pública.

---

[1] Consolidação Normativa da Corregedoria Geral da Justiça do Estado do Rio de Janeiro - Parte Extrajudicial – art. 291. O recolhimento dos tributos incidentes deve anteceder a lavratura da escritura.

[2] LOUREIRO, Luiz Guilherme. *Manual de direito notarial da atividade e dos documentos notariais*. Salvador: JusPodivm, 2020. p. 142.

Capítulo XV
DISPOSIÇÕES COMUNS

150. CUMULAÇÃO DE INVENTÁRIOS

O artigo 672 do CPC/2015, analisado nos itens 123 a 126 do capítulo sobre o processo judicial, permite a cumulação de inventários na hipótese da existência de herdeiros comuns, os autores das heranças serem cônjuges ou companheiros ou se houver entre as partilhas relação de interdependência. Tal possibilidade aplica-se ao inventário por escritura desde que presentes os mesmos requisitos, não havendo que se falar em eventual prejuízo para quem quer que seja. O importante é que haja o preenchimento tanto das condições que autorizam a realização do inventário pela via extrajudicial (item 135, *supra*), assim como daqueles relativos à cumulação anteriormente mencionados.

151. INVENTÁRIO NEGATIVO

Conforme estudado no capítulo sobre o inventário judicial, no item 4, a existência de inventário negativo é uma verdadeira aberração jurídica. Como examinado, naquela ocasião, o instituto não faz sentido tanto do ponto de vista moral, já que despreza o valor das declarações dos indivíduos, quanto do ponto de vista legal, pois não se admite mera declaração de um fato.

Seja como for, apesar dessas considerações críticas, o Conselho Nacional de Justiça, na Resolução nº 35/2007, no artigo 28, admite a realização de inventário negativo por meio de escritura pública.

152. SOBREPARTILHA

Como mencionado anteriormente (item 135), admite-se que haja partilha parcial dos bens do espólio[1], em juízo ou fora dele. Tal fato pode

---

[1] OLIVEIRA, Euclides de. Inventário e Partilha por escritura pública. Separata de atualização de Inventários e partilhas: direito das sucessões, teoria e prática – 20ª edição – São Paulo: Leud, 2006, p. 12.

ocorrer em razão de bens que não foram trazidos à colação ou daqueles de difícil acesso ou mesmo que não foram encontrados. Nesses casos, será necessária a realização posterior de sobrepartilha que, uma vez obedecidos todos os requisitos previstos no Código de Processo Civil, também poderá se dar perante o notário, conforme expressa autorização do artigo 25 da Resolução nº 35/2007 do CNJ. Reitere-se que é perfeitamente possível que a sobrepartilha seja realizada por meio de instrumento público, por escritura pública, desde que presentes os requisitos próprios, mesmo que a partilha tenha sido feita pela via judicial, como pode ocorrer, por exemplo, no caso do herdeiro incapaz que veio, posteriormente, a adquirir a capacidade que permite a realização do inventário na via extrajudicial.

153. INVALIDADE DA PARTILHA

A escritura pública, para a sua higidez, deve atender aos requisitos constantes do artigo 2.015 do Código Civil. Se faltar algum ato ou formalidade considerados imprescindíveis por lei, como, por exemplo, capacidade, ausência de participação do advogado ou do defensor público, o instrumento será nulo. Nessa hipótese ele não produzirá efeitos e, portanto, o titular do registro de imóveis poderá negar registro de transferência de propriedade de bem imóvel, assim como a transferência de bens móveis, como automóvel, pelo departamento próprio do Estado, levantamento de dinheiro junto à instituição financeira, independente da declaração judicial de nulidade de partilha. A falta de tais requisitos, desde que possam ser aferidos objetivamente, será suficiente para permitir que aqueles que devam dar cumprimento às disposições constantes da escritura pública de inventário deixem de fazê-lo. Caberá, em qualquer hipótese, ação declaratória da nulidade de partilha nessas situações, de igual forma no caso de preterição de algum herdeiro que também poderá promovê-la cumulada com petição de herança (Código Civil, artigo 1.824).[2]

---

[2]   O TJSP já chegou a reconhecer, inclusive, dano moral, se houver conluio para excluir um dos herdeiros. *Vide*: "Anulação de inventário e adjudicação de bens, cumulada com indenização por danos morais. Apelantes, agindo em conluio, excluíram o apelado do inventário extrajudicial realizado. Recorrentes tinham conhecimento da existência do recorrido, inclusive o coapelante, advogado, funcionara no feito na condição de representante processual do genitor do autor na ação de investigação de paternidade, cumulada com alimentos. Correcorrente também já se manifestara na demanda representada pelo mesmo causídico. Comportamento irregular dos apelantes afrontara a dignidade da pessoa humana do apelado, trazendo angústia e desgosto. Danos morais configurados. Verba reparatória compatível com as peculiaridades

Sendo a partilha amigável um negócio jurídico, a ela se aplicam as mesmas hipóteses de anulação dos negócios jurídicos em geral, ou seja, a existência de vícios: erro, dolo, coação, estado de perigo, lesão e fraude contra credores. A peculiaridade é o prazo decadencial de 1 (um) ano, a teor do artigo 2.027 do Código Civil. Quanto à competência do juízo para a ação de declaração de nulidade ou de anulação da escritura de inventário deverá ser aquela indicada na lei de organização judiciária do respectivo Estado. Se não houver previsão legal, a competência deverá ser do juízo da vara de sucessão, se existente no local onde a ação deva ser promovida. Caso contrário, deverá ser de uma das varas cíveis ou do juízo único do local, pois existe questionamento acerca de validade de negócio jurídico e, portanto, compreendido na competência residual das varas cíveis.[3]

---

da demanda. Apelo desprovido" (TJSP, 4ª Câmara de Direito Privado, Ap. Cível nº. 0017021-26.2012.8.26.0565, Rel. Des. Natan Zelinschi de Arruda, j. em 12/02/2015). No caso, registre-se que o TJSP falou em anulação do ato, não em nulidade. Pronunciando o vício como de nulidade, mas negando possibilidade de concessão de danos morais: "(...) É nula a escritura de inventário extrajudicial lavrada sem a inclusão de herdeiro. É devido o pagamento de indenização pela fruição do bem, na proporção do quinhão cabível ao autor, a ser paga pelo tio e esposa que adquiriram o bem por meio de cessão de direitos hereditários invalidada parcialmente. Os danos morais, passíveis de serem indenizados, são aqueles que ultrapassam a fronteira dos meros aborrecimentos cotidianos e de indignação pessoal, e configuram real ofensa à honra, dignidade, reputação pessoal da vítima, como também de seu conceito perante si mesmo e/ou da sociedade (TJMG, 5ª CC, Ap. Cível nº 0016671-10.2010.8.13.0520, Rel. Des. Versiani Penna, j. em 18/06/2015). Sem abordar a questão do dano moral, mas reputando o vício como de ineficácia, veja-se julgado do TJRJ: "Agravo de instrumento. Inventário judicial aberto pela companheira. Decisão agravada declarou ineficaz perante s companheira o inventário extrajudicial realizado pela genitora da *de cujus*; (...). Diante do reconhecimento do vínculo de companheira da Agravada, correta a decisão agravada ao declarar ineficaz o inventário extrajudicial em que constou adjudicação do imóvel em favor da Agravante. (...) Provimento parcial do recurso" (TJRJ, 6ª CC, AI nº 0061249-25.2015.8.19.0000, Rel. Des. Teresa de Andrade Castro Neves).

[3] *Vide:* "Conflito Negativo de Competência. Ação anulatória de inventário extrajudicial e partilha de bens. Herdeiros necessários preteridos na partilha. Sentença a ser prolatada na demanda que terá efeitos sobre os direitos sucessórios aos bens do falecido. Matéria afeta à Vara da Família e das Sucessões (...)" (TJSP, Câmara Especial, CC 0021213-43.2015.8.26.0000, Rel. Des. Lidia Conceição, j. em 26/10/2015). No caso, o TJSP analisou conflito de competência entre vara cível comum e vara de sucessões. Os fundamentos, entretanto, ao que tudo indica, podem ser aproveitados para qualquer discussão nesse âmbito. Em sentido contrário, reputando que esses casos são de competência da vara cível: "(...) 2. O pedido principal da ação é a de nulidade do inventário realizado por escritura pública. Tal pleito não se insere

no rol de competências do Juízo da Vara de Órfãos e Sucessões, elencado no art. 28 da Lei de Organização Judiciária do Distrito Federal. 3. Trata-se, na realidade, de matéria que deve ser apreciada pelo Juízo da Vara Cível, a quem compete processar e julgar os pedidos residuais (...). Dessa forma, não há dentro do rol de competência da Vara de Órfãos e Sucessões a hipótese de nulidade de inventário extrajudicial, que, aliás, é um ato jurídico. Portanto, se não é de competência da aludida Vara, resta claro que a competência e da Vara Cível (...)" (TJDFT, 2ª CC, CC 0033649-28.2016.8.07.0000, Rel. Des. João Egmont, j. em 30/01/2017). O Tribunal da Capital Federal assim entendeu também no caso de ação de exigir contas relativa à inventário extrajudicial "(...) I – A pretensão dos autores de prestação de contas, decorre do inventário e partilha realizados pela via extrajudicial, nos termos da escritura pública apresentada. II – Aplica-se o disposto no art. 25 da Lei de Organização Judiciária do Distrito Federal, o qual atribui ao Juízo Cível a competência residual" (TJDFT, 2ª CC, CC 0003387-95.2016.8.07.0000, Rel. Des. Vera Andrighi, j. em 14/06/2016).

BIBLIOGRAFIA

ALBUQUERQUE, J. B. Torres de; FIDA. Orlando. *Inventários, arrolamentos e partilhas.* 10. ed. Campinas: Servanda, 2011.

ALMADA, Ney de Mello. Petição de herança. *Revista de Jurisprudência do Tribunal de Justiça do Estado de São Paulo*, São Paulo, 1990, n. 127, p. 9.

AMARAL, Francisco de Assis do. Conexão. Inventário e ação declaratória. Inexistência. Inaplicabilidade do art. 96 do Código de Processo Civil. Conflito de competência procedente. *Justitia*, São Paulo, 1982, n. 118, p. 237.

AMORIM, Sebastião Luiz. A sociedade de fato ante o processo de inventário. São Paulo, *RT,* 1986, n. 563, p. 265.

AMORIM, Sebastião Luiz et al. As custas no inventário: incidência sobre o monte-mor. São Paulo, *Revista de Processo*, n. 39, p. 262.

ASSIS, Araken de. *Manual do processo de execução.* 6. ed. Porto Alegre: Lejur, 1987. São Paulo, Revista dos Tribunais, 2000. v. 2.

ARAÚJO, Nádia. Constituição brasileira e sucessão internacional: a aplicação da lei mais benéfica. *Revista dos Tribunais*, São Paulo, 1998, n. 747, p. 56.

ARRUDA ALVIM et al. Ação declaratória incidental em processo de inventário. *Revista de Processo*, São Paulo, 1977, n. 7/8, p. 167.

ARRUDA ALVIM. Incidente de falsidade ideológica em processo de inventário. *Revista de Processo*, São Paulo, 1979, n. 16, p. 201.

ASCENSÃO, José de Oliveira. *Direito Civil – Sucessões.* Coimbra: Coimbra Editora, 1989.

AZEVEDO, Antônio Junqueira de. *Negócio jurídico – existência, validade e eficácia.* São Paulo: Saraiva, 1974.

AZEVEDO, Antônio Junqueira de. O espírito de compromisso do direito das sucessões perante as exigências individualistas de autonomia da vontade e as supraindividualistas da família – herdeiro e legatário. *Revista Brasileira de Direito de Família,* Belo Horizonte, 2000, n. 4, p. 56.

BARBI, Celso Agrícola. *Comentários ao Código de Processo Civil.* 2. ed. Rio de Janeiro: Forense, 1998. v. I.

BARBOSA MOREIRA, José Carlos. *Direito Aplicado – Acórdãos e Votos*. Rio de Janeiro: Forense, 1987.

BARBOSA MOREIRA, José Carlos. Questões processuais e questões preliminares. *Direito Processual Civil, ensaios e pareceres*. Rio de Janeiro: Borsói, 1971.

BARBOSA MOREIRA, José Carlos. Tutela sancionatória e tutela preventiva. *Temas de direito processual*, 2ª série, São Paulo: Saraiva, 1980.

BARBOSA MOREIRA, José Carlos. Alienação de bem individualizado de acervo hereditário por instrumento particular. *Revista dos Tribunais,* São Paulo, 1975, n. 472, p. 48.

BARREIRA, Wagner. A ação de petição de herança. *Revista dos Tribunais,* São Paulo, 1990, n. 659, p. 24.

BARREIRA, Wagner. A responsabilidade das partes por dano processual no direito brasileiro. *Temas de direito processual*, 1ª série, São Paulo: Saraiva, 1977.

BARROS MONTEIRO, Washington de. *Curso de direito civil*. 15. ed. São Paulo: Saraiva, 1976. v. 6.

BARROSO, Luís Roberto. Razoabilidade e isonomia no direito brasileiro. *Temas de direito constitucional*. Rio de Janeiro: Renovar, 2001.

BARROSO, Luís Roberto. *Interpretação e aplicação da Constituição*. São Paulo: Saraiva, 1996.

BERMUDES, Sergio. Inventário – Alienação judicial de bens do espólio. *Revista Forense*. São Paulo, 1999, n. 347, p. 248.

BEVILÁQUA, Clóvis. *Código Civil dos Estados Unidos do Brasil comentado*. 5. ed. Rio de Janeiro: Livraria Francisco Alves, 1944. v. 6.

BUSSADA, Wilson. *Direito sucessório interpretado pelos tribunais*. São Paulo: Editora Jurídica Brasileira, 1998. v. 4.

BITTAR, Carlos Alberto. *Direito das sucessões*. Rio de Janeiro: Forense, 1992.

CABRAL, Antônio do Passo; CRAMER, Ronaldo (org.). *Comentários ao novo Código de Processo Civil*. Rio de Janeiro: Forense, 2015.

CAHALI, Yusef Said. *Divórcio e separação*. 7. ed. São Paulo: Revista dos Tribunais, 1994. t. I.

CÂMARA, Alexandre Freitas. *Lições de direito processual civil*. Rio de Janeiro: Lumen Juris, 2000. v. III.

CARVALHO NETO, José Rodrigues et al. Ação declaratória incidental em processo de inventário. *Revista de Processo*, São Paulo, 1977, n. 7/8, p. 167.

CARVALHO SANTOS, J. M. *Código Civil Brasileiro interpretado*. 6. ed. Rio de Janeiro: Livraria Freitas Bastos, 1938. v. XXII.

CARVALHO SANTOS, J. M. *Código de Processo Civil interpretado.* Rio de Janeiro: Freitas Bastos, 1940. v. VII.

CARVALHO, Afrânio de. Reflexos do inventário e partilha no registro. *Revista de Direito Imobiliário,* São Paulo, 1989, n. 23, p. 33.

CHIOVENDA, Giuseppe. *Instituições de direito processual civil,* trad. do original italiano por Paolo Capitanio, anotado por Enrico Tullio Liebman. Campinas: Bookseller, 1998. v. 1.

COLTRO, Antonio Carlos Mathias. Algumas considerações acerca da decisão que julga o pedido de remoção de inventariante e do recurso contra a mesma cabível. *Revista de Processo,* São Paulo, n. 28, p. 104.

COUTO E SILVA, Clóvis do. *Comentários ao Código de Processo Civil.* São Paulo: Revista dos Tribunais, 1977. t. I, v. XI.

CRETELLA JÚNIOR, José. *Curso de direito romano.* 21. ed. Rio de Janeiro: Forense, 1998.

CUNHA GONÇALVES, Luis. *Direitos de família e direitos das sucessões.* Lisboa: Ática, 1955.

DANTAS, Francisco Clementino de San Tiago. *Direitos de família e das sucessões.* Rio de Janeiro: Forense, 1991.

DIDIER JR., Fredie, et al. *Curso de direito processual civil:* teoria da prova, direito probatório, decisão, precedente, coisa julgada e tutela provisória. 10. ed. Salvador: JusPodivm, 2015. v. 2.

DIFINI, Luiz Felipe Silveira. Direito de *saisine. Revista da Ajuris,* 1989, n. 45, p. 245.

DINAMARCO, Cândido Rangel. *Fundamentos do processo civil moderno.* 3. ed. São Paulo: Malheiros, 2000.

DINAMARCO, Cândido Rangel. *Execução civil.* 5. ed. São Paulo: Malheiros, 1997.

DINIZ, Maria Helena. Efeitos da transação judicial. *Revista Síntese de Direito Civil e Processual Civil,* Porto Alegre, 2000, n. 7, p. 16.

DOLINGER, Jacob. *Direito internacional privado.* 3. ed. Rio de Janeiro: Renovar, 1994.

ERICEIRA, João Batista. Direito hereditário. *Revista Forense,* São Paulo, 1984, n. 285, p. 482.

FADEL, Sérgio Sahione. *Código de Processo Civil comentado.* Rio de Janeiro: Forense, 1983. v. III.

FABRÍCIO, Adroaldo Furtado. *Comentários ao Código de Processo Civil.* Rio de Janeiro: Forense, 1980. t. III, v. VII.

FABRÍCIO, Adroaldo Furtado. Alguns aspectos atuais do usufruto vidual no direito brasileiro. *Revista Forense,* São Paulo, 1999, n. 345, p. 3.

FALCÃO, Alcino Pinto. Da necessidade de nova intervenção do legislador para restabelecer a harmonia entre o direito civil e o processo civil. *Revista de Informação Legislativa*, 1979, n. 62, p. 211.

FALCÃO, Alcino Pinto. Doação e partilha entre vivos. Colação. Preclusão e coisa julgada implícita. *Revista Forense*, São Paulo, 1978, n. 264, p. 131.

FARIA, Mario Roberto Carvalho de. Cônjuge de herdeiro e inventário dos sogros. *Revista de Direito do Tribunal de Justiça do Estado do Rio de Janeiro*, 1993, n. 16, p. 42.

FARIAS, Cristiano Chaves de; ROSENVALD, Nelson. *Curso de direito civil*: sucessões. São Paulo: Atlas, 2015. v. 7.

FERREIRA, Pinto. *Inventário, partilha e ações de herança*. 2. ed. São Paulo: Saraiva, 1988.

FIDA, Orlando; GUIMARÃES, Carlos A. M. *Inventários, arrolamentos e partilhas*. 6. ed. São Paulo: Albuquerque Editores Associados, 1998.

FIDÉLIS DOS SANTOS, Ernane. *Dos procedimentos especiais do Código de Processo Civil*. 3. ed. Rio de Janeiro: Forense, 1999.

FISCHAMANN, Gerson. *Comentários ao Código de Processo Civil*. São Paulo: Revista dos Tribunais, 2000. v. 14.

FORNACIARI JÚNIOR, Clito et al. Ação declaratória incidental em processo de inventário. *Revista de Processo*, São Paulo, n. 7/8, 1977, p. 167.

FORNACIARI JÚNIOR, Clito. Partilha judicial. Via processual adequada à desconstituição. *RT*, São Paulo, 1981, n. 551, p. 55.

FRANÇA, Rubens Limongi. Direito de representação em herança testamentária. *RT*, São Paulo, 1987, n. 625, p. 27.

FRANÇA, Rubens Limongi. *Jurisprudência do inventário e partilha*: direito e processo. São Paulo: Revista dos Tribunais, 1984.

FREDERICO MARQUES, José. *Jurisdição voluntária*. São Paulo: Saraiva, 1959.

FREIRE, Maria Berenice Dias. Considerações sobre o arrolamento em face da Lei nº 7.019, de 31.08.1982. *Revista da Ajuris*, 1983, n. 28, p. 203.

GAGLIANO, Pablo Stolze; PAMPLONA FILHO, Rodolfo. *Novo curso de direito civil*: direito das sucessões. 5. ed. São Paulo: Saraiva Educação, 2018. v. 7.

GARCIA, Marco Tulio Murano. Herdeiro aparente. *Revista dos Tribunais*, São Paulo, 1999, n. 767, p. 725.

GRECO FILHO, Vicente. *Direito processual civil brasileiro*. 13. ed. São Paulo: Saraiva, 1999, v. 3.

GOMES, Orlando. *Sucessões*. 10. ed. atualizada por Humberto Theodoro Júnior. Rio de Janeiro: Forense, 2000.

GOMES, Orlando. Cessão de herança e venda de bens hereditários. *Revista da Academia Brasileira de Letras Jurídicas*, 1992, n. 3, p. 7.

GUIMARÃES, Jackson Rocha. Partilha em vida. Natureza jurídica. A legítima. Regras da partilha. Possibilidade de anulação de escritura pública de partilha em vida. *Revista dos Tribunais*, São Paulo, 1976, n. 490, p. 29.

HILL, Flávia Pereira. *Lições do isolamento*: reflexões sobre direito processual em tempos de pandemia. Rio de Janeiro: Edição do autor, 2020. Versão digital.

HILL, Flávia Pereira. *Revista Eletrônica de Direito Processual*, ano 15, v. 22, n. 1, p. 379-408, jan.-abr. 2021.

HILL, Flávia Pereira; PINHO, Humberto Dalla Bernardina de. Desjudicialização e atos probatórios concertados entre as esferas judicial e extrajudicial: a cooperação interinstitucional on-line prevista na Resolução 350 do CNJ. *Revista Jurídica Luso-Brasileira*, ano 7, n. 5, p. 895-924, 2021.

HILL, Flávia Pereira; PINHO, Humberto Dalla Bernardina de. Primeiras reflexões sobre a Lei 11.441. *Revista Dialética de Direito Processual,* maio-2007, v. 50, p. 42-59.

KDOURI, Roberto Latif. Processo de inventário: a habilitação de crédito. *Revista dos Tribunais,* 1993, n. 689, p. 304.

LACERDA, Galeno. *Sucessões e partilha (obras selecionadas)*. Rio de Janeiro: Forense, 2000. v. IV.

LEVENHAGEN, Antonio José de Souza. *Sucessão legítima, inventário e partilha*. São Paulo: Atlas, 1989.

LIMA, Alcides Mendonça. *Comentários ao Código de Processo Civil*. 3. ed. Rio de Janeiro: Forense, 1974. t. II, v. VII.

LIMA, Alcides Mendonça. Reserva de bens em inventário – Extensão aos rendimentos. Direitos do filho natural que propôs a ação de investigação – Deferimento da reserva quanto aos bens, excluídos os rendimentos – Interpretação do art. 1.001 do CPC. *Revista dos Tribunais*, São Paulo, n. 552, p. 43.

LOPES DA COSTA, Alfredo de Araújo. *A administração pública e a ordem jurídica privada:* jurisdição voluntária. Belo Horizonte: B. Alvares, 1961.

MACHADO GUIMARÃES, Luiz de Macedo Soares. A avaliação no processo de inventário. *Estudos de Direito Processual Civil*. Rio de Janeiro: Editora Jurídica Universitária, 1969.

MARCATO, Antonio Carlos. *Procedimentos Especiais*. 5. ed. São Paulo: Malheiros, 1993.

MAXIMILIANO, Carlos. *Direito das Sucessões*. 5. ed. Rio de Janeiro: Livraria Freitas Bastos, 1964. v. 3.

MELO, Luís Pereira de. Alienação de bens em inventários e arrolamentos. *Revista de Direito Processual Civil, São Paulo,* 1962, n. 6, p. 222.

MENDES, Gilmar Ferreira. O princípio da proporcionalidade na jurisprudência do Supremo Tribunal Federal. *Direitos fundamentais e controle de constitucionalidade – estudos de direito constitucional*. São Paulo: Celso Bastos, 1999.

MOREIRA ALVES, José Carlos. *Direito romano*. 9. ed. Rio de Janeiro: Forense, 1995. v. 2.

NAVES, Cândido. *Comentários ao Código de Processo Civil*. Rio de Janeiro: Forense, 1941. v. IV.

NEGRÃO, Theotônio. *Código de Processo Civil e legislação processual em vigor*. 30. ed. São Paulo: Saraiva, 1999.

NERY JUNIOR, Nelson; NERY, Rosa Maria Andrade. *Código de Processo Civil comentado e legislação processual civil em vigor*. 4. ed. São Paulo: Revista dos Tribunais, 1999.

NONATO, Orosimbo. *Estudos sobre sucessão testamentária*. Rio de Janeiro: Forense,1957. v. 3.

OLIVEIRA, Arthur Vasco Itabaiana de. *Tratado de direito das sucessões*. Rio de Janeiro: Freitas Bastos, 1952. v. 3.

OLIVEIRA, Euclides B. et al. As custas no inventário: incidência sobre o monte-mor. *Revista de Processo*, São Paulo, n. 39, p. 262.

OLIVEIRA, Euclides B.. Terceiro pode requerer alvará em inventário. *Revista dos Tribunais*, São Paulo, 1993, n. 692, p. 206.

OLIVEIRA, Euclides B.. *Inventário e Partilha por escritura pública*. Separata de atualização de Inventários e partilhas: direito das sucessões, teoria e prática. 20. ed. São Paulo: Leud, 2006.

OLIVEIRA, Wilson. *Inventários e partilhas*. São Paulo: Saraiva, 1975.

OLIVEIRA, Wilson. *Direito de representação no direito sucessório*. São Paulo: Saraiva, 1978.

OLIVEIRA, José Maria Leoni Lopes. *Alimentos e sucessão no casamento e na união estável*. Rio de Janeiro: Lumen Juris, 1997.

OTERO, Marcelo Truzzi. Os artigos 1.829, I e 1.830 do Código Civil a partir da legalidade constitucional – uma perspectiva funcionalizada do direito sucessório. Direito e Sociedade – *Revista de Estudos Jurídicos e Interdisciplinares*, v. 9, n. 1, jan.-dez. 2014.

PACHECO, José da Silva. *Inventários e partilhas*. 12. ed. Rio de Janeiro: Forense, 1998.

PASSOS, Calmon de. *Comentários ao Código de Processo Civil*. 2. ed. Forense: Rio de Janeiro, 1977. v. III.

PAULA, Alexandre de. *Código de Processo Civil anotado*. São Paulo: Revista dos Tribunais, 1998.

PELUSO, Antônio Cezar et al. Ação declaratória incidental em processo de inventário. *Revista de Processo*, São Paulo, 1977, n. 7-8, p. 167.

PEREIRA, Caio Mário da Silva. *Instituições de direito civil*. 10. ed. Rio de Janeiro: Forense, 1997. v. III.

PEREIRA, Caio Mário da Silva. Renúncia à herança. *Revista dos Tribunais*, São Paulo, 1977, n. 500, p. 46.

PINHEIRO CARNEIRO, Paulo Cezar. *O Ministério Público no processo civil e penal. Promotor natural. Atribuição e conflito*. 5. ed. Rio de Janeiro: Forense, 1999.

PINHEIRO CARNEIRO, Paulo Cezar. *Acesso à justiça*: juizados especiais cíveis e ação civil pública: uma nova sistematização da teoria geral do processo. Rio de Janeiro: Forense, 1999.

PINHEIRO CARNEIRO, Paulo Cezar. *A atuação do Ministério Público na área cível*. Rio de Janeiro: Lumen Juris, 2001.

PONTES DE MIRANDA, Francisco Cavalcanti. *Comentários ao Código de Processo Civil*. Rio de Janeiro: Forense, 1977.

PONTES DE MIRANDA, Francisco Cavalcanti. *Tratado de direito privado*. Rio de Janeiro: Borsói, 1969. t. 60.

PONTES DE MIRANDA, Francisco Cavalcanti. Renúncia à herança. *Revista dos Tribunais*, São Paulo, 1977, n. 500, p. 41.

PORTO, Mario Moacyr. Ações de investigação de paternidade e petição de herança. *Revista dos Tribunais*, São Paulo, 1989, n. 645, p. 7.

RIZZI, Luiz Sérgio de Souza et al. Ação declaratória incidental em processo de inventário. *Revista de Processo*, São Paulo, 1977, n. 7/8, p. 167.

ROSA, Conrado Paulino da; RODRIGUES, Marco Antonio dos Santos. *Inventário e partilha*: teoria e prática. 2. ed. Salvador: JusPodivm, 2020.

SANTOS, Moacyr Amaral. *Primeiras linhas de direito processual*. São Paulo: Saraiva, 1998. v. I.

SOARES, Orlando. *Comentários ao Código de Processo Civil*. Rio de Janeiro: Forense, 1993. v. III.

SOUZA, Orlando de. *Inventários e partilhas*. São Paulo: Sugestões Literárias, 1974.

SOUZA, Orlando de. *Partilhas amigáveis*. São Paulo: Saraiva, 1984.

STARLING, Leão Vieira. *Inventários e partilhas*. São Paulo: Saraiva, 1941.

TEIXEIRA, Sálvio de Figueiredo. *Código de Processo Civil anotado*. São Paulo: Saraiva, 1996.

TENÓRIO, Oscar. Sucessão: universalidade. Domicílio do defunto. Aplicação da lei brasileira. *Revista Forense*, São Paulo, 1976, n. 256, p. 171.

TEPEDINO, Gustavo. *Usufruto legal do cônjuge viúvo*. Rio de Janeiro: Forense, 1990.

TEPEDINO, Gustavo. Novas fórmulas de entidades familiares: efeitos do casamento e da família não fundada no matrimônio. *Temas de direito civil*. Rio de Janeiro: Renovar, 1999.

TEPEDINO, Gustavo. A disciplina civil-constitucional das relações familiares. *Temas de Direito Civil*. Rio de Janeiro: Renovar, 1999.

TEPEDINO, Gustavo; BARBOZA, Heloisa Helena; MORAES, Maria Celina Bodin. *Código Civil interpretado conforme a Constituição da República*. 2. ed. Rio de Janeiro: Renovar, 2007. v. I.

TEPEDINO, Gustavo; BARBOZA, Heloisa Helena; MORAES, Maria Celina Bodin. *Código Civil interpretado conforme a Constituição da República*. Rio de Janeiro: Renovar, 2014. v. IV.

TEPEDINO, Gustavo; NEVARES, Ana Luiza Maia; MEIRELES, Rose Melo Vencelau. *Fundamentos do direito civil*: direito das sucessões. Rio de Janeiro: Forense, 2020. v. 7.

THEODORO JÚNIOR, Humberto. *Curso de direito processual civil*. 17. ed. Rio de Janeiro: Forense, 1997.

THEODORO JÚNIOR, Humberto. *Processo de execução*. 6. ed. São Paulo: Leud, 1981.

THEODORO JÚNIOR, Humberto. A petição de herança encarada principalmente dentro do prisma do direito processual civil. *Revista Forense*, São Paulo, n. 294, p. 9, e *Revista dos Tribunais*, São Paulo, 1984, n. 581, p. 9.

THEODORO JÚNIOR, Humberto. *Sucessões*: doutrina e jurisprudência. Rio de Janeiro: AIDE, 1990.

THEODORO JÚNIOR, Humberto. Partilha: nulidade, anulabilidade e rescindibilidade. *Revista de Processo*, São Paulo, n. 45, p. 219.

VALLADÃO, Haroldo Teixeira. O princípio da lei mais favorável no direito internacional privado. *Revista dos Tribunais, São Paulo,* 1981, n. 549, p. 11.

VIEIRA DE CARVALHO, Luiz Paulo. *Direito das sucessões*. 2. ed. São Paulo: Atlas, 2015.

VIEIRA DE CARVALHO, Luiz Paulo. *Direito das sucessões*. 3. ed. São Paulo: Atlas, 2017.

WALD, Arnoldo. A decisão proferida em inventário não pode desconsiderar a propriedade alheia e anular cláusulas limitativas que incidem sobre a mesma. *Revista dos Tribunais*, São Paulo, 1998, n. 752, p. 67.

WAMBIER, Teresa Arruda Alvim et al. (Coords.). *Breves comentários ao novo Código de Processo Civil*. São Paulo: Editora Revista dos Tribunais, 2015.

WAMBIER, Teresa Arruda Alvim. O regime jurídico da partilha em vida. *Revista dos Tribunais*, São Paulo, 1987, n. 662, p. 7.

WERLANG, Arno. A prescrição do imposto de transmissão de bens imóveis no inventário. *Revista da Ajuris,* 1982, n. 25, p. 223.